中華譯學館

莫言題

中華譯學倡言倡學与

以中華為根 譯与學并重

弘揚优秀文化 促進中外交流

拓展精神疆域 驱动思想创新

丁酉年冬月 许钧撰 罗卫东书

中华译学馆·中华翻译家代表性译文库

许　钧　郭国良／总主编

梁启超 卷

贺爱军／编

ZHEJIANG UNIVERSITY PRESS
浙江大学出版社
·杭州·

图书在版编目(CIP)数据

中华翻译家代表性译文库. 梁启超卷 / 贺爱军编
. —杭州:浙江大学出版社,2023.6
ISBN 978-7-308-23810-6

Ⅰ.①中… Ⅱ.①贺… Ⅲ.①社会科学－文集②梁启超(1873－1929)－译文－文集 Ⅳ.①C53②I11

中国国家版本馆 CIP 数据核字(2023)第 089753 号

中華譯學館

中华翻译家代表性译文库·梁启超卷
贺爱军 编

出 品 人	褚超孚
丛书策划	张 琛 包灵灵
责任编辑	包灵灵
责任校对	董 唯 黄 墨
封面设计	闰江文化
出版发行	浙江大学出版社
	(杭州市天目山路 148 号　邮政编码 310007)
	(网址:http://www.zjupress.com)
排　　版	浙江时代出版服务有限公司
印　　刷	杭州高腾印务有限公司
开　　本	710mm×1000mm　1/16
印　　张	25.75
字　　数	430 千
版 印 次	2023 年 6 月第 1 版　2023 年 6 月第 1 次印刷
书　　号	ISBN 978-7-308-23810-6
定　　价	98.00 元

总　序

　　考察中华文化发展与演变的历史,我们会清楚地看到翻译所起到的特殊作用。梁启超在谈及佛经翻译时曾有过一段很深刻的论述:"凡一民族之文化,其容纳性愈富者,其增展力愈强,此定理也。我民族对于外来文化之容纳性,惟佛学输入时代最能发挥。故不惟思想界生莫大之变化,即文学界亦然。"①

　　今年是五四运动一百周年,以梁启超的这一观点去审视五四运动前后的翻译,我们会有更多的发现。五四运动前后,通过翻译这条开放之路,中国的有识之士得以了解域外的新思潮、新观念,使走出封闭的自我有了可能。在中国,无论是在五四运动这一思想运动中,还是自1978年改革开放以来,翻译活动都显示出了独特的活力。其最重要的意义之一,就在于通过敞开自身,以他者为明镜,进一步解放自己,认识自己,改造自己,丰富自己,恰如周桂笙所言,经由翻译,取人之长,补己之短,收"相互发明之效"②。如果打开视野,以历史发展的眼光,

---

① 梁启超.翻译文学与佛典//罗新璋.翻译论集.北京:商务印书馆,1984:63.
② 陈福康.中国译学理论史稿.上海:上海外语教育出版社,1992:162.

从精神深处去探寻五四运动前后的翻译,我们会看到,翻译不是盲目的,而是在自觉地、不断地拓展思想的疆界。根据目前所掌握的资料,我们发现,在 20 世纪初,中国对社会主义思潮有着持续不断的译介,而这种译介活动,对社会主义学说、马克思主义思想在中国的传播及其与中国实践的结合具有重要的意义。在我看来,从社会主义思想的翻译,到马克思主义的译介,再到结合中国的社会和革命实践之后中国共产党的诞生,这是一条思想疆域的拓展之路,更是一条马克思主义与中国革命相结合的创造之路。

开放的精神与创造的力量,构成了我们认识翻译、理解翻译的两个基点。在这个意义上,我们可以说,中国的翻译史,就是一部中外文化交流、互学互鉴的历史,也是一部中外思想不断拓展、不断创新、不断丰富的历史。而在这一历史进程中,一位位伟大的翻译家,不仅仅以他们精心阐释、用心传译的文本为国人打开异域的世界,引入新思想、新观念,更以他们的开放性与先锋性,在中外思想、文化、文学交流史上立下了一个个具有引领价值的精神坐标。

对于翻译之功,我们都知道季羡林先生有过精辟的论述。确实如他所言,中华文化之所以能永葆青春,"翻译之为用大矣哉"。中国历史上的每一次翻译高潮,都会生发社会、文化、思想之变。佛经翻译,深刻影响了国人的精神生活,丰富了中国的语言,也拓宽了中国的文学创作之路,在这方面,鸠摩罗什、玄奘功不可没。西学东渐,开辟了新的思想之路;五四运动前后的翻译,更是在思想、语言、文学、文化各个层面产生了革命性的影响。严复的翻译之于思想、林纾的翻译之于文学的作用无须赘言,而鲁迅作为新文化运动的旗手,其翻译动机、翻译立场、翻译选择和翻译方法,与其文学主张、文化革新思想别无二致,其翻译起着先锋性的作用,引导着广大民众掌握新语言、接受新思想、表达自己的精神诉求。这条道路,是通向民主的道路,也是人民大众借助掌握的新语言创造新文化、新思想的道路。

回望中国的翻译历史,陈望道的《共产党宣言》的翻译,傅雷的文学翻译,朱生豪的莎士比亚戏剧翻译……一位位伟大的翻译家创造了经典,更创造了永恒的精神价值。基于这样的认识,浙江大学中华译学馆为弘扬翻译精神,促进中外文明互学互鉴,郑重推出"中华译学馆·中华翻译家代表性译文库"。以我之见,向伟大的翻译家致敬的最好方式莫过于(重)读他们的经典译文,而弘扬翻译家精神的最好方式也莫过于对其进行研究,通过他们的代表性译文进入其精神世界。鉴于此,"中华译学馆·中华翻译家代表性译文库"有着明确的追求:展现中华翻译家的经典译文,塑造中华翻译家的精神形象,深化翻译之本质的认识。该文库为开放性文库,入选对象系为中外文化交流做出了杰出贡献的翻译家,每位翻译家独立成卷。每卷的内容主要分三大部分:一为学术性导言,梳理翻译家的翻译历程,聚焦其翻译思想、译事特点与翻译贡献,并扼要说明译文遴选的原则;二为代表性译文选编,篇幅较长的摘选其中的部分译文;三为翻译家的译事年表。

需要说明的是,为了更加真实地再现翻译家的翻译历程和语言的发展轨迹,我们选编代表性译文时会尽可能保持其历史风貌,原本译文中有些字词的书写、词语的搭配、语句的表达,也许与今日的要求不尽相同,但保留原貌更有助于读者了解彼时的文化,对于历史文献的存留也有特殊的意义。相信读者朋友能理解我们的用心,乐于读到兼具历史价值与新时代意义的翻译珍本。

许　钧

2019 年夏于浙江大学紫金港校区

目　录

第一编　政治小说

第二编　政　论

第三编　诗　歌

导　言

"故今日之责任，不在他人，而全在我少年。少年智则国智，少年富则国富，少年强则国强"，这一振聋发聩、脍炙人口的句子出自《少年中国说》，著名翻译家梁启超的杰作。

梁启超（1873—1929），字卓如，号任公、沧江、饮冰室主人，近代著名的政治家、文学家、思想家和翻译家。他不满清政府的卖国行径，发动了著名的"公车上书"，并与老师康有为一起策划了戊戌变法，开启了中国近现代史上第一次思想启蒙运动。他还支持孙中山的共和政体，与学生蔡锷一起发动了"讨袁救国"运动。他是晚清著名文学家，论著字数高达一千四百余万字，首创新文体和"政治小说"，发动了"小说界革命"和"诗界革命"运动，与王国维、赵元任、陈寅恪并称为"清华国学院四大导师"。他是近代中国思想启蒙先驱，其思想影响了毛泽东、陈独秀、胡适、郭沫若等人。① 他也是伟大的翻译家，不仅创办大同译书局，深入开展佛经翻译研究，提出了"翻译强国"思想，而且还身体力行，翻译《佳人奇遇》《十五小豪杰》《哀希腊》等小说和诗歌，开创了晚清一代白话文翻译风尚，极大地影响了鲁迅、胡适、郭沫若等翻译家。下文将从生平事迹、翻译实践、翻译思想、学术影响四个方面呈现梁启超的翻译人生。

---

① 魏宏运，陈建强. 梁启超对近代中国的影响. 光明日报，2014-04-07(06).

一、生平事迹

梁启超于 1873 年 2 月 23 日出生于广东省新会县熊子乡茶坑村,幼年在"神童"的赞誉声中度过,8 岁学做八股文,9 岁写出洋洋千字的好文章,11 岁中秀才,16 岁中举人,成为南海之滨的一颗璀璨新星。1890 年,踌躇满志的梁启超赴京参加会试,名落孙山。在返回广州的路途中,经过上海,在坊间购得了《瀛环志略》,"读之,始知有五大洲各国"①,自此眼界大开。就在梁启超少年得志、前程似锦的时候,他遇到了康有为。康有为独特的政治见解和学术观点如"大海潮音,作狮子吼",使他似"冷水浇背,当头一棒""尽失故垒",他的生活道路和思想追求从此发生转变。此后,他拜康有为为师,在万木草堂悉心听取教诲,整整四个春秋。在此期间,梁启超协助康有为编撰和校勘《新学伪经考》和《孔子改制考》,成为康有为的得力助手,康梁并称,闻名天下。

1894 年,梁启超开始涉足政坛,风尘仆仆来到北京,准备来年参加会试。然而再次名落孙山,又逢甲午海战惨败、《马关条约》被迫签订,这一切都让梁启超非常愤懑。于是,他和康有为联合在北京参加会试的 1200 多名举人发动了著名的"公车上书",提出"下诏鼓天下之气,迁都定天下之本,练兵强天下之势,变法成天下之治"②的政治主张。"公车上书"虽无疾而终,但却使梁启超看到了变法的希望,坚定了政治抱负和追求。于是,他开始办报和组织学会,1895 年 8 月,创办《万国公报》;11 月成立强学会(又称译书局),"日以翻译西书,传布要闻为事"③;1896 年 8 月,创刊《时务报》,自任主笔;1897 年,在上海南京路创立大同译书局,译介外国图书。就在这一时期他四处奔走,著书立说,逐渐构建起"讲进化、开民智、

---

① 梁启超. 三十自述//梁启超. 梁启超文选. 夏晓虹,编. 北京:中国广播电视出版社,1992:365.
② 李喜元,元青. 梁启超新传. 北京:商务印书馆,2015:45.
③ 李喜元,元青. 梁启超新传. 北京:商务印书馆,2015:47.

变科举、兴民权、设议院"的维新变法思想,在社会上产生了广泛而重要的影响。他本人成了"言论界之骄子","上自通都大邑,下至僻壤穷陬,无不知有新会梁氏者"①。

1898 年 6 月 11 日,在康有为、梁启超的策划和推动下,光绪皇帝"诏定国是",宣布变法,"百日维新"正式开始。其间光绪先后召见康有为和梁启超,任康有为总理衙门章京行走,特许专折奏事,授予梁启超六品衔,办理京师大学堂和译书局事务。然而不久,戊戌变法在慈禧等守旧派的武力镇压下宣告失败。同年 9 月 20 日,康有为逃亡日本;21 日,光绪皇帝被囚禁于瀛台;25 日"戊戌六君子"被捕,梁启超也被迫逃亡日本,开始了长达 14 年的海外流亡生涯。其间,他翻译《佳人奇遇》,创办《清议报》《新民丛报》《新小说》,与孙中山频繁往来,倡言革命。

辛亥革命爆发后,梁启超于 1912 年 11 月回到了阔别 14 年的祖国。回国后,他组织进步党,宣称"不争国体而争政体",并先后在袁世凯政府和段祺瑞政府担任司法总长、财政总长和币制局总裁,企图引导袁世凯走上宪政道路。不料反被袁所利用。当袁世凯企图复辟帝制时,他猛烈抨击,走上了反对袁世凯的道路。1915 年 12 月,他和学生蔡锷武装反袁,开启了护国运动,稍后又反对张勋复辟。因为他反袁反张,反对封建帝制,故被认为"有两度再造共和之功"。

经历了与袁世凯、段祺瑞两次合作的失败,梁启超的政治理想终成泡影,1918 年 10 月,他退出政坛,开始了人生中最后十年的文化教育生涯,其间先后游历了英、法、德等欧洲诸国,遍访名人。1920 年归国后,他立志培养人才,承办上海的中国公学,任教于南开、清华等校,并在全国各地巡回演说。他撰写了《清代学术概论》《佛典之翻译》《佛教东来之史地研究》《佛教与西域》《中国佛法兴衰沿革说略》《孔子》《老子哲学》《墨子学案》《翻译文学与佛典》《中国历史研究法》《中国近三百年学术史》《情圣杜甫》

① 蒋林. 梁启超//方梦之,庄智象. 中国翻译家研究(民国卷). 上海:上海外语教育出版社,2017:47.

《屈原研究》等作品,总字数达一千四百万字以上。他思想敏锐、涉猎广泛、视野宽广,著作涉及哲学、史学、文学、图书馆学、社会学、经济学、教育学、宗教学、翻译学等,被称为"百科全书式的学者","在近代文化、思想史上几乎无人能望其项背"①。梁启超有句名言:"战士死于沙场,学者死于讲席"②,他真的做到了。从 1918 年至 1929 年,他潜心学术研究,"埋头著书","平均每日五六千字",病笃依然不忘著述,活活累死在学者的岗位上。1929 年 1 月 19 日,梁启超与世长辞,终年 56 岁。

二、翻译实践

近代中国翻译家"对翻译作品的选择和取舍始终是以国家的前途命运、社会的现实需求为出发点"③。梁启超同样如此,他的翻译实践具有明确的目的性和功利性。他所有的翻译实践均服从于社会活动,服从于他的维新、改良和爱国活动。他是引介马克思主义到中国的先驱④,1902 年他在《新民丛报》上发表文章,提到了马克思,称其为社会主义鼻祖。梁启超还是 20 世纪中国译界的"三大巨擘"⑤。按照翻译内容,梁启超的翻译实践可以归结为三个方面:政治小说、政论、诗歌。

梁启超是中国译介政治小说的第一人。⑥ 早在 1898 年 12 月,他就在《译印政治小说·序》中首次提出了"政治小说"的概念,并在《清议报》上开辟"政治小说专栏",提倡翻译政治小说。他翻译的政治小说包括《佳人

---

① 李喜元,元青. 梁启超新传. 北京:商务印书馆,2015:460.
② 连燕堂. 二十世纪中国翻译文学史(近代卷). 天津:百花文艺出版社,2009:124.
③ 贺爱军. 浙江翻译传统及其对当下翻译实践与研究的启示. 中国翻译,2018 (2):60.
④ 马克思主义是在晚清西学东渐的过程中被译介到中国的。最早将其引进中国的是传教士李提摩太,1898 年他约胡贻谷翻译《泰西民法志》,文中首次提及马克思。
⑤ 连燕堂. 二十世纪中国翻译文学史(近代卷). 天津:百花文艺出版社,2009:291.
⑥ 孟昭毅,等. 中国东方文学翻译史(上). 北京:昆仑山出版社,2014:73.

奇遇》《世界末日记》《俄皇宫中之人鬼》《十五小豪杰》四部。

1898 年戊戌变法失败，梁启超在去往日本避难的军舰上，心情低落，苦闷不堪，看不到前进的方向。就在此时，正是《佳人奇遇》的翻译帮他找到了改造社会的武器。"戊戌八月，先生（梁启超）脱险赴日本，在彼国军舰中，一身以外无文物，舰长以《佳人之奇遇》一书俾先生遣闷。先生随阅随译，其后登诸《清议报》，翻译之始，即在舰中也。"①正是在逃往日本的军舰上，梁启超开启了政治小说的翻译。

《世界末日记》系法国文学家佛林玛利安（Nicolas Camille Flammarion）的作品，该作最初于 1893 年出版法文版 *La Fin du Monde*，次年被翻译成英文 *Omega：The Last Days of the World*，并得以出版。全书包含大量的天文知识和神秘情节，在星辰不断死亡和新生的宇宙景观中歌颂爱与灵魂的永生。梁启超认为，该作"以科学上最精确之学理，与哲学上最高尚之思想，组织以成此文，实近世一大奇著也"②。他翻译这部书，意在警醒国人：优胜劣汰、适者生存。他的译作于 1902 年 11 月出版，收入《饮冰室合集·专集》之九十。

《俄皇宫中之人鬼》（*The Ghost of the Winter Palace*）系英国作家艾伦·阿普沃德（Allen Upward）所著。梁启超依据德富芦花的日译本《冬宫の怪談》翻译，并进行了大量改写和发挥。原文虽然叙述的是 1894 年俄国皇宫隐情，而梁启超将其改译为晚清皇室，意在影射戊戌变法之后的中国社会，所谓"译此以为与俄同病者吊"③。译作于 1902 年 12 月出版，收入《饮冰室合集·专集》之九十一。

《十五小豪杰》为法国焦士威尔奴（Jules Verne，今译儒勒·凡尔纳）所著，叙述了一群少年潮头弄船，被飓风吹到一个荒凉小岛，经过团结奋

---

① 丁文江，赵丰田. 梁启超年谱长编. 上海：上海人民出版社，1983：158.
② 梁启超. 世界末日记//梁启超. 梁启超全集（第十八集）. 汤志钧，汤仁泽，编. 北京：中国人民大学出版社，2018：275.
③ 梁启超. 世界末日记//梁启超. 梁启超全集（第十八集）. 汤志钧，汤仁泽，编. 北京：中国人民大学出版社，2018：276.

斗,战胜自然,最终获救的故事。小说先被翻译成英文,日本森田思轩由英文译为日文。梁启超据日文译为中文,意在昭告国人,"救国救民需要激发青少年的冒险和献身精神,因为少年是救国的主角"①。

除了以上四部政治小说,梁启超还翻译了大量政论方面的文章,具体包括《各国宪法异同论》(1899 年 4 月)、《国家论》(1899 年 4—10 月)、《现今世界大势论》(1902 年 5 月)、《国家原论》(1906 年 2 月)、《论法律之性质》(1906 年 8 月)。

诗歌是梁启超翻译的又一主题。他注重诗歌创作与翻译,一生创作诗词近 200 首。他还在甲午战争后同黄遵宪、谭嗣同等人共同发起"诗界革命"。他们的基本观点是:"一、诗要为现实的社会政治服务,要反映新事物、新思想、新生活,要抨击旧事物、坏传统,成为引导人们奋发上进的号角。二、形式要自由活泼,'我手写吾口',不拘一格,不专一体。形式由内容所决定,不要有固定模式。三、诗歌创作要敢于吸收新传入的外来文化,从形式和内容都要大胆引进。"②

梁启超的诗歌翻译是在著作中以夹带的形式出现,虽然数量不多,但却产生了良好的社会效应。《渣阿亚》和《端志安》(今通译《哀希腊》)两首诗歌包含在《新中国未来记》中,系英国诗人拜伦所作,饱含了作者对古代文明之邦的后世子孙沦为异族之奴的慨叹与悲愤。身处晚清风雨飘摇、内外交困中的梁启超读了这两首诗歌后,产生了思想和感情共鸣,其新民强国主张与拜伦的国破家亡之痛、抚今追昔之感一拍即合,和鸣共振③。于是,他以散曲形式译出,意在激励国人奋起反抗。诗歌一经发表,就广受欢迎和重视。"短短几行跌宕起伏的译诗,深深打动了中国的读者"④,马君武、苏曼殊、胡适读过后,深深被拜伦的人格所感动,动手进行重译。

---

① 贺爱军,侯莹莹. 梁启超"翻译强国"思想的体系性探究. 中国翻译,2023(1):59.
② 李喜元,元青. 梁启超新传. 北京:商务印书馆,2015:484.
③ 贺爱军,侯莹莹. 梁启超"翻译强国"思想的体系性探究. 中国翻译,2023(1):59.
④ 邹振环. 影响中国近代社会的一百种译作. 北京:中国对外翻译出版公司,2018:150.

"许多有志于建立自由民主的中国知识分子是流着泪来吟诵的,在那残酷压迫的岁月里,这首诗深深震撼和抚慰了他们淌血的心灵。"①

除了身体力行,翻译政治小说、政论和诗歌之外,梁启超的翻译实践活动还包括筹办大同译书局,呼吁广译西书。1897 年 10 月,梁启超在上海集股创设大同译书局,主张"国家欲自强,以多译西书为本",提出"联合同志,创为此局,以东文为主,而辅以西文,以政学为主,而次以艺学"的翻译宗旨。他在《大同译书局叙例》中提出:"首译各国变法之书,及将变未变之际,一切情形之书,以备今日取法。"②大同译书局一年间出版了《日本书目志》《意大利侠士传》《俄土战纪》《孔子改制考》《新学伪经考》等书,介绍西方资本主义国家的社会学说、政治制度和变法改制理论,在当时产生了一定的影响。

三、翻译思想

"梁启超学术文化的灵魂是政治需求"③,他的翻译思想同样如此。他的翻译观点和主张均根植于维新变法、新民强国的政治需求。他以自己在社会上的地位和文坛上的声望,倡导翻译,疾呼翻译的重要性。他撰写系列翻译文章,提出翻译强国思想。这些文章散见于报纸、奏章和专著之中,如《奏请推广学校设立译局报馆折》④(1896 年 6 月)、《西学书目表》(1896 年 10 月)、《译书》(《时务报》1897 年 5—7 月第 27、29、33 册)、《大同译书局叙例》(《时务报》1897 年 10 月第 42 册)、《论学习日本文之益》(1899 年)、《东籍月旦叙论》(1902 年)、《章士钊〈论翻译名义〉的按语》

---

① 邹振环. 影响中国近代社会的一百种译作. 北京:中国对外翻译出版公司,2018:153.
② 梁启超. 大同译书局叙例//梁启超. 梁启超全集(第一集). 汤志钧,汤仁泽,编. 北京:中国人民大学出版社,2018:271.
③ 李喜元,元青. 梁启超新传. 北京:商务印书馆,2015:200.
④ 据罗惇曧撰写的《京师大学堂成立记》,这篇奏折是由梁启超起草,刑部左侍郎李端棻上奏。

(1910 年)、《佛典之翻译》(1920 年)等。从以上系列文章中,我们可以将其翻译思想归纳如下。

1."译书为强国第一义":梁启超的翻译强国论

早在 1896 年,梁启超就在《变法通议》第七章《译书》中,大声疾呼开展翻译:"处今日之天下,则必以译书为强国第一义","译书实本原之本原也"①;同年 10 月,他在《西学书目表序例》中提出"国家欲自强,以多译西书为本,学子欲自立,以多读西书为功"②;1897 年 10 月,他再次呼吁"译书真今日之急图哉","今不速译书,则所谓变法者尽成空言"③。从他的系列言论中,我们可以感受到强烈的拳拳救国心,他以翻译为手段,把译书和变法图强、提高国民素质结合起来,实现强国新民、开启民智的宏大目标。他指出翻译在西方各国历史上发挥过重大作用:"泰东西诸国,其盛强果何自耶? 泰西格致、性理之学,原于希腊,法律、政治之学,原于罗马。欧洲诸国各以其国之今文,译希腊、罗马之古籍,译成各书,立于学官,列于科目,举国习之,得以神明其法,而损益其制。故文明之效,极于今日。"④他指出欧洲诸国的强盛,源于翻译。近代俄国和日本就是通过翻译实现由弱国变为强国的成功范例,所谓"俄罗斯崎岖穷北,受辖蒙古,垂数百年,典章荡尽。大彼得躬游列国,尽收其书,译为俄文,以教其民,俄强至今"⑤。日本则"凡西人至用之籍,靡不有译本。故其变法,灼见本原,一

① 梁启超. 论学校七·译书//梁启超. 梁启超全集(第一集). 汤志钧,汤仁泽,编. 北京:中国人民大学出版社,2018:79.
② 梁启超. 梁启超全集(第一集). 汤志钧,汤仁泽,编. 北京:中国人民大学出版社,2018:133—134.
③ 梁启超. 梁启超全集(第一集). 汤志钧,汤仁泽,编. 北京:中国人民大学出版社,2018:271.
④ 梁启超. 论学校七·译书//梁启超. 梁启超全集(第一集). 汤志钧,汤仁泽,编. 北京:中国人民大学出版社,2018:79.
⑤ 梁启超. 论学校七·译书//梁启超. 梁启超全集(第一集). 汤志钧,汤仁泽,编. 北京:中国人民大学出版社,2018:79.

发即中,遂成雄国"①。中国当采用同样的方法,翻译西书,以救其弊,实现强国新民。他开出了两剂药方:"其一,使天下学子,自幼咸习西文。其二,取西人有用之书,悉译成华字。"②培养翻译人才,十年之后方可见效,而翻译西书见效快、效果久远。

他的翻译强国论还体现在"小说界革命"的主张中。这一革命运动旨在批判旧小说,倡导翻译小说,实现新民强国。1902 年,他在《论小说与群治之关系》中正式提出了"小说界革命"的主张:

> 欲新一国之民,不可不先新一国之小说。故欲新道德,必新小说;欲新宗教,必新小说;欲新政治,必新小说;欲新风俗,必新小说;欲新学艺,必新小说;乃至欲新人心,欲新人格,必新小说。何以故?小说有不可思议之力支配人道故。③

在梁启超看来,小说具有神奇的功效,不仅可以新民,而且可以涤新道德、宗教、政治、风俗、学艺、人心和人格,"小说为国民之魂"④。不仅如此,梁启超认为小说的功用不可思议,具有"熏""浸""刺""提"四种神力,"小说为文学之最上乘也"⑤。"这种略带夸张性的陈辞为小说的发展开辟了新的空间"⑥,也为翻译奠定了舆论基础,使得小说从文学的边缘走向了中心。既然小说的作用如此巨大,能够强国与新民,那么就应该充分利

---

① 梁启超. 论学校七·译书//梁启超. 梁启超全集(第一集). 汤志钧,汤仁泽,编. 北京:中国人民大学出版社,2018:79.
② 梁启超. 论学校七·译书//梁启超. 梁启超全集(第一集). 汤志钧,汤仁泽,编. 北京:中国人民大学出版社,2018:78.
③ 梁启超. 论小说与群治之关系//梁启超. 梁启超全集(第四集).汤志钧,汤仁泽,编. 北京:中国人民大学出版社,2018:49.
④ 梁启超. 译印政治小说序//梁启超. 梁启超全集(第一集). 汤志钧,汤仁泽,编. 北京:中国人民大学出版社,2018:681.
⑤ 梁启超. 论小说与群治之关系//梁启超. 梁启超全集(第四集).汤志钧,汤仁泽,编. 北京:中国人民大学出版社,2018:50—51.
⑥ 贺爱军. 译者主体性的社会话语分析——以佛经译者和近现代西学译者为中心. 北京:科学出版社,2015:125.

用,然而,一者中国传统小说,"不出诲盗、诲淫两端。陈陈相因,涂涂递附,故大方之家,每不屑道焉"①,再者,中国传统小说"其立意则在消闲,故含政治之思想者稀如麟角,甚至遍卷淫词罗列,视之刺目者。盖著者多系市井无赖辈,固无足怪焉耳"②。既然传统中国小说有如此缺点,那么关注的目光就顺理成章地转向引进西方小说、翻译西方小说的路径上,从而实现小说界的革命。

梁启超的翻译强国思想,不仅在当时产生了显著效应,而且影响了严复、林纾、鲁迅等后代翻译家,构成了优良的中国翻译传统。

2."译书三义":"翻译强国"思想的方法论

梁启超不仅提出了翻译强国思想,而且还勾画出实现翻译强国的具体路径。1897 年他在《译书》一文中指出:"故今日而言译书,当首立三义:一曰择当译之本;二曰定公译之例;三曰养能译之才。"③

"择当译之本"事关翻译内容的选择。梁启超指出当时中国的官方翻译,兵学最多,几乎过半,原因在于当时人们认为西方的强大在于兵学,但在梁启超看来,"西人之所强者兵,而所以强者不在兵"④,而在于制度和经济,所以应该翻译西方的律例章程、学校教材、政治书籍、经济书籍、农书、矿学书、哲学书等。

"定公译之例"关涉译名的翻译标准。梁启超提出的译名翻译方法与标准,成为学界遵守的规范。他认为人名和地名不过是记号"译音已足"。官制的翻译就不应该使用音译,而应"博采各国官制之书,译一通表,先用西文列西名,详记其居何品秩,掌何职守,然后刺取古今官制,与之相当

① 梁启超. 译印政治小说序//梁启超. 梁启超全集(第一集). 汤志钧,汤仁泽,编. 北京:中国人民大学出版社,2018:680.
② 衡南劫火仙.小说之势力//二十世纪中国小说理论资料(第一卷 1897—1916).陈平原,夏晓虹,编.北京:北京大学出版社,1997:48—49.
③ 梁启超. 论学校七·译书//梁启超. 梁启超全集(第一集). 汤志钧,汤仁泽,编. 北京:中国人民大学出版社,2018:80.
④ 梁启超. 论学校七·译书//梁启超. 梁启超全集(第一集). 汤志钧,汤仁泽,编. 北京:中国人民大学出版社,2018:80.

者,为译一定名。今有其官,则用今名,今无其官,则用古名,古今悉无,乃用西音翻出名之"①。名物的翻译"其为中国所有者,以中名名之;中国所无者,则编考已译之书,择其通用者用之;其并未见于译书者,则酌度其物之原质,与其功用,而别为一名"②。律度量衡的翻译"亟宜取万国之律度量衡,列为一表,一英尺为中国若干尺……其西国之名,皆宜划一"③。纪年的翻译"依名从主人之义,凡记某国之事,则以其国之纪年为正文,而以孔子生年及中国历代纪年旁注于下"④。

"养能译之才"涉及翻译人才的培养。他不仅提出了精通原文、译文和专业知识的翻译人才观,还号召建立翻译学堂,培养专门人才:"故欲求译才,必自设翻译学堂始。"⑤

3. "中印交通,以西域为媒介":梁启超的佛经翻译论

梁启超的一生与佛学结下了不解之缘,戊戌变法前后,他开始学佛,并将佛学作为自己实现政治理想的精神武器。晚年时期,他愈加全身心地投身于佛学研究。从 1920 年至 1925 年,他对中国古代佛经翻译做过系统深入的研究,撰写了《中国佛法兴衰沿革说略》《翻译文学与佛典》《佛典之翻译》《佛教与西域》等系列文章,系统总结了后汉至唐七百年间佛经翻译的过程、特点、代表人物以及佛经翻译对中国文化产生的影响等。

据梁启超统计,后汉至唐开元年间佛经译者有 176 人,共翻译佛经

① 梁启超. 论学校七·译书//梁启超. 梁启超全集(第一集). 汤志钧,汤仁泽,编. 北京:中国人民大学出版社,2018:84.
② 梁启超. 论学校七·译书//梁启超. 梁启超全集(第一集). 汤志钧,汤仁泽,编. 北京:中国人民大学出版社,2018:85.
③ 梁启超. 论学校七·译书//梁启超. 梁启超全集(第一集). 汤志钧,汤仁泽,编. 北京:中国人民大学出版社,2018:86.
④ 梁启超. 论学校七·译书//梁启超. 梁启超全集(第一集). 汤志钧,汤仁泽,编. 北京:中国人民大学出版社,2018:86.
⑤ 梁启超. 论学校七·译书//梁启超. 梁启超全集(第一集). 汤志钧,汤仁泽,编. 北京:中国人民大学出版社,2018:87.

2178 部，合 7046 卷。① 佛经翻译可以分成三个历史时段：东汉至西晋为译经启蒙期，译经大师主要有安士高、支谶、支谦、朱士行、竺法护等，翻译多为简略本，零散不全，不成系统。西晋至南北朝为译经拓展期，译经大师主要有道安、鸠摩罗什、法显、慧远等人，翻译力求真实，文体也非常讲究，译经达到了一个新的高度和水平。唐贞观至贞元为佛经翻译的全盛期。这一时期，翻译活动基本上由国家组织，所需财物亦由朝廷提供，译场组织日趋完备，翻译人员人数众多、分工明确。译经大师有玄奘、不空等，其中玄奘远赴印度求法，带回佛典原本 657 部，为佛经翻译做出了巨大贡献。

按照译者的构成，梁启超将中国的佛经翻译划分为三个时段——外国人主译期、中外人共译期、本国人主译期。第一期——外国人主译期："初则梵客华僧，听言揣意，方圆共凿，金石难和。碗配世间，摆名三昧，咫尺千里，觌面难通。"② 这一阶段描写的是东汉译经初开时的情况，西域胡僧讲梵语，汉地僧人讲汉语，相互倾听，揣摩大意。佛理博大深邃，即使译经高僧相对而坐，近在咫尺，也难以沟通与理解。第二期——中外人共译期："次则彼晓汉谈，我知梵说，十得八九，时有差违。"③ 这一时期外国的译经僧人学习了粗浅的汉语，汉地的僧人掌握了一定的梵语，他们相互之间能够理解对方意思的百分之八十，然而错讹时有发生。第三期——本国人主译期："后则猛、显亲往，奘、空两通。器请师子之膏，鹅得水中之乳，……印印皆同，声声不别。"④ 这段文字描写了东晋末年至唐代的译经情况。中国的僧人通过留学印度，掌握了梵语，在翻译中能够窥其堂奥，排除疑难，尽显佛经奥妙。

就佛经翻译对中国文化的影响，梁启超将其归结为三个方面。一是

---

① 梁启超. 佛典之翻译//梁启超. 梁启超全集（第十集）. 汤志钧，汤仁泽，编. 北京：中国人民大学出版社，2018:501.
② 梁启超. 佛学研究十八篇. 上海：上海古籍出版社，2011:173.
③ 梁启超. 佛学研究十八篇. 上海：上海古籍出版社，2011:173.
④ 梁启超. 佛学研究十八篇. 上海：上海古籍出版社，2011:173.

国语实质之扩大。直译和音译的使用,创造出许多新名词,如无明、众生、因缘、涅槃、般若、瑜伽、刹那等,极大地扩展了汉语词汇。二是语言及文体之变化。佛经中译本和汉语相比,至少有十大不同:佛经不用"之乎者也矣焉哉";佛经不用骈文家之绮词丽句,也不用古文家之绳墨格调;倒装句极多;提掣句法极多;一句中或一段中含解释语;常复述前文;名词多连缀,并含无数形容词;同格的语句,铺排叙列,多达数十个;一篇之中,散文诗歌交错;无韵的诗歌译本。随着佛经数百年间的翻译与传诵,汉语逐渐具备上述十个特征。三是文学的情趣之发展。佛经翻译影响了一大批文学家,而且佛经本身属于优秀的文学作品,译为中文后,为许多人所效仿。"此等富于文学性的经典,复经译家宗匠以极优美之国语为之迻写,社会上人人嗜读,即不信解教理者亦靡不心醉于其词缋。故想象力不期而增进,诠写法不期而革新,其影响乃直接表见于一般文艺。我国自《搜神记》以下一派之小说,不能谓与《大庄严经论》一类之书无因缘,而近代一二巨制《水浒》《红楼》之流,其结体运笔,受《华严》《涅槃》之影响者实甚多。即宋元明以降,杂剧、传奇、弹词等长篇歌曲,亦间接汲《佛本行赞》等书之流焉!"①通过以上文字,梁启超准确地总结了佛经翻译对于中国文学和文化产生的影响。

综上,梁启超的"翻译强国"思想构成了一个系统的体系结构,具体包括强国与新民的本体论、译书三义的方法论、广译西书的媒介论、佛经翻译的文化功用论。强国与新民是梁启超翻译实践的价值旨归与终极意义,译书三义是实现"翻译强国"的具体方法与途径,广译西书是实现"翻译强国"的媒介与桥梁,佛经翻译为实现文化强国提供借鉴。选择合适的翻译材料、制定恰当的翻译原则、培养专门的翻译人才,通过广译西书,借镜他者,实现强国与新民的终极目标,构成了梁启超"翻译强国"思想的体系性。"翻译强国"是梁启超翻译思想的核心内容和关键所在,他所有的翻译行为与翻译论述均围绕这一中心展开。只有充分理解这一思想的内

---

① 梁启超. 佛学研究十八篇. 上海:上海古籍出版社,2011:200.

涵与体系,才能够探明梁启超翻译实践与文学创作的终极目标,找到近代中国"救亡与启蒙"翻译传统的滥觞之地。①

四、学术影响

梁启超作为近代中国少有的百科全书式的人物,其思想、学术和行为方式对后人产生了巨大而深远的影响,有人说"过去半个世纪的知识分子,都受了他的影响"②。这种说法虽略带夸张,但必须承认,戊戌、辛亥时期和"五四"前后的两代青年均受到了梁启超的影响。毛泽东、胡适、郭沫若等人即为其例。

梁启超是毛泽东心目中的伟人,他曾学梁的"任公"笔名取名"子任",并在年轻时代经常阅读梁启超主编的《新民丛报》,总是读了又读,直到可以背出来。"在青年毛泽东眼里,梁启超的政治追求、理论构架、文章风格、道德水准都是第一流的。"③毛泽东在与美国记者斯诺的谈话中坦言,他在1918年4月创建的新民学会就是受到了梁启超《新民说》的影响。事实上,近代中国的许多知识分子,如鲁迅、陈独秀、胡适、郭沫若等都不同程度地受到了梁的影响。胡适说,他少年时代读了梁启超的文字,就像受到了电击,实现了知识启蒙,打开眼界:

> 从当代力量最大的学者梁启超氏的通俗文字中,我渐得略知霍布士、笛卡尔、卢骚、宾坦、康德、达尔文等诸泰西思想家。梁氏是一个崇拜近代西方文明的人,连续发表了些文字,坦然承认中国人以一个民族而言,对于欧洲人所具有的许多良好特性,感受缺乏……就是这几篇文字猛力把我从以我们古旧文明为自足,除战争的武器,商业运转的工具外,没有什么要向西方求学的这种安乐梦中,震醒出来。

---

① 贺爱军,侯莹莹. 梁启超"翻译强国"思想的体系性探究. 中国翻译,2023(1):59.
② 李喜元,元青. 梁启超新传. 北京:商务印书馆,2015:600.
③ 李喜元,元青. 梁启超新传. 北京:商务印书馆,2015:601.

它们开了给我,也就好像开了给几千几百别的人一样,对于世界整个的新眼界。①

郭沫若在回忆录《少年时代》中也坦言梁启超对他的影响,"梁任公的地位,在当时确实不失为一个革命家的一个代表",那时的一些青年"可以说没有一个没有受过他的思想或文字的洗礼的"②。

梁启超提出了大量的翻译观点和主张,"数量之众多,论证之透辟,规划之精详,当时诸家实无出其右者"③,他因此被称为"维新派领袖人物中对翻译问题论述最多、最有影响的"④翻译家。不仅如此,梁启超还被认为是"在晚清译学史上是最为突出的"⑤,他提出了"翻译强国"的伟大思想。梁启超也是"中国近代学术界精英中的代表",不理解梁启超,"莫谈理解近代中国和中国译学"⑥。

臧克家在纪念鲁迅逝世 13 周年时曾说过:"有的人活着,他已经死了;有的人死了,他还活着。"⑦梁启超毫无疑问属于后者。他的思想和学术是中国人民宝贵的精神财富,永远激励后人奋斗不息!

五、编选说明

本编著以中国人民大学出版社 2018 年版的《梁启超全集》第十七集、第十八集为底本,同时参酌《饮冰室合集》诸版本编订而成。编著收录了梁启超的政治小说翻译 4 篇——《佳人奇遇》《世界末日记》《俄皇宫中之

① 连燕堂. 二十世纪中国翻译文学史(近代卷). 天津:百花文艺出版社,2009:132.
② 蒋林. 梁启超//方梦之,庄智象. 中国翻译家研究(民国卷). 上海:上海外语教育出版社,2017:49.
③ 连燕堂. 二十世纪中国翻译文学史(近代卷). 天津:百花文艺出版社,2009:125.
④ 陈福康. 中国译学史. 上海:上海外语教育出版社,2011:77.
⑤ 陈福康. 中国译学史. 上海:上海外语教育出版社,2011:83.
⑥ 刘宓庆. 中西翻译思想比较研究. 北京:中国对外翻译出版公司,2005:xxvi.
⑦ 臧克家. 有的人活着,他已经死了//吴礼权. 感染力. 广州:暨南大学出版社,2017:136.

人鬼》《十五小豪杰》,政论翻译5篇——《各国宪法异同论》《国家论》《现今世界大势论》《国家原论》《论法律之性质》,诗歌翻译2篇——《渣阿亚》《哀希腊》,文末附有梁启超译事年表。本书在编撰体例方面尽量保持原样。梁启超在翻译时,使用了大量的文中注释,编者保留了这些注释,以不同字体,辅以括号形式予以标识。

随着社会的发展,语言文字的用法也不断发生变化。梁启超所处时代的语言文字使用习惯和语序到当代已经有了不少改变,因此在梁启超的译文中有许多在当时并不存在问题而与当前语言文字规范要求不尽相符的内容。在译名方面,梁启超译文中的不少人名、地名、作品名与今日通译有较大差异,而且不同时期的版本也有不同的修改,使译名看上去略显"混乱"。考虑到梁启超译文的表述基本不会对当今读者的阅读理解造成困难,反而有助于读者更贴近那个时期的文化原貌,对于历史文献的存留更有着特殊的意义,所以我们在编选中均采用了保留底本的做法,如今称"旁观"原作"傍观",今称"狂暴成性"原作"狂暴性成","西班牙""西斑牙"混用,"非立宾""菲立宾"混用,"耶苏""耶稣"混用,原文如此,本书不做订正。错别字、繁体字、异体字则尽量按照当前语言规范统一,如"拿破仑"之"仑"字,原作"伦"或"崙",本书统作"仑";"狐假虎威"之"狐"字,原作"孤",本书改为"狐"字;"其真相"之"其"字,原作"基",本书改为"其"字;"德儒倭儿弗(Christian Wolff)"之"Wolff",原作"Molff",本书改为"Wolff";等等。部分文字内容,如波兰之"兰"字原作"澜","莞"原作"筦","缓"原作"绥","掉"原作"棹","谨"原作"瑾","奥"原作"澳""墺"者,等等,均据《饮冰室合集》本改。

第一编

政治小说

佳人奇遇[*]

卷　一

东海散士一日登费府独立阁,仰观自由之破钟,欧米之俗,每有大事,辄撞钟集众。当美国自立之始,吉凶必上此阁撞此钟,钟遂裂,后人因呼为"自由之破钟"云。俯读独立之遗文,忾然怀想当时米人举义旗,除英苛法,卒能独立为自主之民。倚窗临眺,追怀高风,俯仰感慨。俄见二妃绕阶来登,翠罗覆面,暗影疏香,戴白羽之春冠,衣轻縠之短罗,曳文华之长裾,风雅高表,骀荡精目,相与指一小亭而语曰:"那处即是一千七百七十四年十三州之名士第一次会议国是之处也。"当时米为英属,英王蔑视国宪,擅重赋敛米人,自由权利扫地以尽。顾望之念绝,呼吁之途穷,人心激昂,殆将溃裂。十三州名士大忧之,相与会于此亭,谋救济其穷厄,扑灭乱机。时座中有巴土烈义显理者,乃激昂悲壮而发言曰:"不脱英轭,不兴民

---

* 《佳人奇遇》系日本柴四郎撰,共16卷。1898年戊戌变法失败后,梁启超逃往日本,在轮船上开始翻译此书,12月在23日起在《清议报》连载。《清议报》系梁启超在日本创设,以"维持之那之清议,激发国民之正义"为宗旨,设有"政治小说"专栏,意在"今特采外国名儒所撰述而有关切于今日中国时局者,次第译之于报末,爱国之士,或庶览焉"。首期刊载《译印政治小说序》,并连载自己翻译的政治小说《佳人奇遇》。梁启超非常注重这本书的翻译,他在《纪事二十四首》中提到了这本小说"曩译佳人奇遇成,每生游想涉空冥。从今不羡柴东海,枉被多情惹薄情"。

政,非丈夫也。"此亭至今独在,不改旧观,与独立阁同为费府名区之一云。

又遥指山河曰:"此丘呼为灶溪,那河称为蹄水,噫,晚霞丘晚霞丘在慕士顿府东北一里外,左控海湾,右接群丘,形势巍然,实咽喉之要地。一千七百七十五年米国忠义之士乘夜占据此要害,以遮英军之进路。明朝敌兵水陆合击,势甚锐,米人善拒,再破英军。敌兵三增,而丘上之军,外则援兵断,内则硝药竭,大将窝连战殁,力不能支,卒为敌所陷。后人建碑此处,以表忠死者之节云。之一举草独立之檄文于此阁,明自由之大义于天下。边郡之民,咸来云集,荷兵蜂起。织女绝布以为旗,仓父赍粮以响应,慈母谕子挥泪以赴战场,贞妇厉夫列队伍惟恐后。触白刃,冒铳丸,伤而不挠,死而无悔,誓为自由而毙。抗百万虎狼之英军,兵结莫解者七年,慕士顿府委于敌,新府继陷,费都亦为所蹂躏。于是大将华盛顿率疲兵退,而阵于灶溪。时天寒积雪千里,坚冰塞途,援兵不到,粮运难继,军气沮丧,士有菜色。诸将议曰:"若今不一战以厉军气,则四万忠义之师将瓦解。"即夜发灶溪,卷旗衔枚,渡蹄水,袭英骄兵,大破之,自由之师复振。是役也,将士贫困已极,履不覆足,衣不防寒,徒跣踏冰雪,胫足冻坼,流血淋漓,数里之积雪为之赤,军中冻死者不可数计云。噫,人情谁不乐生而恶死? 顾乃气高志远,急国家之难,忘其私身,而惟报国之知宜哉! 米人之能挽回颓势,凯歌振旅,外而制欧人犯掠邻国之政略,据公议以挫强护弱;内而修庠序,销锋镝,厉工商,课农桑,成此富强文明之邦,人享自由之乐,家作太平之讴。所谓凯歌声动风云色,兵气销为日月光。呜呼! 吾党何日得逢此盛?"言罢,相与太息者久之。

散士听之,窃窃疑之,以为今此佳人栖息自由之邦国,沐浴文明之德泽,而慨叹悲哀如此。恰如普廷末路,诸名士新亭之会,作楚囚之对泣,叹山河之已非,宁非异事? 时倦鸟归林,游客悉散,散士亦出费府郭门,步还西费,轻霭模糊,晚风吹袂。遥瞩灶溪之依稀,瞰蹄水之浩荡,感今念昔,情不能堪。乃赋《古风》一篇,行且吟曰:

　　晚降独立阁,行吟蹄水浔。蹄水流滔滔,灶溪烟沉沉。疏钟响夕阳,倦鸟还远林。微风吹轻裳,新月照素襟。对此风景好,何为独伤心？当年汗马地，沧桑不可寻。英雄皆枯骨，铁戟半销沉。义士建国檄，百年钦余音。成败有定数，白眼睨古今。

越日，春风骀荡，朝霞如烟，散士独棹轻舟，高歌放吟。溯蹄水之支流，渐近灶溪之岸。忽见一清流出自幽谷，两岸碧藓，与数种樱桃相掩映，水色澄潭，游鱼可数。散士停舟而笑曰："是真今世之桃源也，恨无避秦人，与之话前朝逸事耳。"乃吟曰："扁舟来访武陵春……"觅句未成，忽闻微风遥送琴声，倾耳听之，其声渐近。瞥见一小艇自上流来下，一妃操棹，一妃弹风琴，风姿绰约，望之若神仙中人。相去数武，二妃凝视散士，相与耳语，似作惊骇之色。散士不解其何故，目送久之，妃亦回眸再三。移舟回岸，终不知其所之，徒见河水渺茫，微波扬汨而已。

散士常叹米人乏风流雅致，不足共谈花月韵事。今残春花间，抚琴吟啸，忽邂仙妃，心振目醉，微波难托，无由寄词，脉脉寸心，愿达彼岸，追怀古人，惆怅无已。乃复遡流移舟，但见百花翩翩，随风乱飞；黄莺嘤嘤，绕树熟啭。枕水有一人家，虽不甚宏敞，然古雅清致，独脱尘俗。庭前松柳，任其自由。虽门前不见长者辙，然察其情景，似是伟人之居。散士维舟于门前之岸柳，越丘涉水，渐到灶溪。极目一眺，芳草如织，菜花随微风摇动，绿阴氄氄，群羊倦睡。回头遥望，汽车半残之黑烟，飞驰平野；帆樯如云，往来蹄水。

散士感今怀古，因念昔者波斯王势气佐师提百万之大军，欲并吞欧洲，至欧亚之境，立马高丘，慨然叹曰："呜呼！今百万之貔貅，与我共渡此海，百年之后，皆成枯骨，无复有人生存于此世界者。呜呼！世无万年之天子，国无不朽之雄邦。"言毕，泪涔涔下，不能自禁。又思英国文章之词宗，历史之大家麻浩冷，曾在海天仿佛间望故乡，万感交集。想念千载之后，威名赫赫，文物粲然之大英国，既就衰敝；壮丽之圣寺，鞠为蔬园；彩虹之西桥，无复畴昔。彼时墨客文人，追想英国盛时，坐西桥之朽梁，写圣寺之废观，必有惨然不乐者。俯仰古今，兴悲来者，徘徊战场，感慨无限。

因渐寻归路，经通谷，涉景山，越数十步，遥见二妃，拾翠于江滨，咫尺盈盈，不语脉脉，恨无微波以通寸素，彷徨踌躇者久之。既而一妃提轻裾而徐步,渐近散士,年二十三四,绿眸皓齿,垂黄金之缛发,细腰冰肌,踏游散之文履,扬彼皓腕,折一柳枝,态度风采,若梨花含露,红莲浴池。顾散士揖而言曰:"顷于河上相见者,非郎君也耶? 今此幽谷,渔牧之来者犹稀,况乎贵缙公子哉! 郎君发黑眼锐,无乃西班牙之士人耶?"散士答曰:"否。仆东海游士,负笈兹土者也。今杂花烂开,芳草被野,群莺乱飞,偶有所感。偷闲掉舟,乘兴以吊自由之战场,流连俯仰,吟咏忘归,幸释疑虑。"妃惊曰:"郎君由日本而来,山海相去三万里,得无有故乡之思否?"散士曰:"婵研仙姿,抚筝低吟,云梦洛川之神女,亦无颜色。妃莲希腊美人、苏皇苏兰女王以才美冠世之才美,亦当避舍。而振冠南岳,濯足沧浪,高蹈风尘,睥睨人表,风度潇洒,谁不云钦? 今仆卒然相逢,谚所谓一树之阴,一河之流,偶然交袖,亦有多少因缘也。《诗》曰:'有美人兮,清扬宛兮,邂逅相遇,适我愿兮。'仆何幸而得此哉!"妃以柳枝掩半面微笑曰:"郎君所言者,彼立柳阴之人也,妾岂敢当此? 伏问前日费府之独立阁上,倚窗吟眺之士,非郎君也耶?"答曰:"然!"妃曰:"妾名红莲,故有阿姊避世于此地。先是见郎君于河上,阿姊谓妾曰:'异哉! 前日相见于独立阁,今亦相遇于灶溪,游迹风流,不期而合,若得共语风流之韵事,可散胸怀无限之忧郁矣。'既而骇曰:'彼士眸与发俱黑,或恐西班牙之人欤?'妾欲探郎君之踪迹,苦无媒介敢托,折柳以试于郎君,幸恕其唐突不敬之罪,尤勿视妾为蹄水鹊桥,以客星渡之。"

因微笑疾行,直至柳阴,与一妃耳语,乃共入于临流之一家。复来告曰:"阿姊久待郎君,望高轩赐过。"散士举头,则已有一妃待于门外。远望之,仿佛如轻云之蔽新月;近视之,皎洁若白鹤之立仙阶。年齿二十许,盛妆浓饰,冷艳欺霜。眉画远山之翠,鬈堆螺顶之云。秋波凝情,炯炯射人,暗备威仪。红颊含笑,皓齿微露。纤腰曳轻绮之长裾,莲步践彩绣之轻履,余香袭人,徐步来迎。几疑姮娥降尘,洛神出世。于是散士心动胸悸,为之一揖。妃曰:"今郎君光临于此,妾之幸福,何以加之。"因起荐长椅以请坐。

其家临蹄水之支流,据灶溪之一丘,东对费府,西接芳林,深邃幽阒。

庭前樱花盛开,杨柳垂枝,翠荫婆娑。窗外挂一雕花笼,笼中畜一白鹦鹉,壁头揭一扁额,其文曰:"幽谷蕙兰空怀香,年年全节待凤凰。"架上横一玉箫,壁间挂一风筝,大琴小琴相对,备极楚楚。

须臾坐定,谈话温粹,谦态逊状。相接之顷豁然大开襟怀,胸中不置畛域。散士问以隐逸之故,妃怃然曰:"妾岂好为此者,时不我与,事与愿违,故守节幽谷,甘兹沉沦,不足为外人道也。"散士窃疑此美,以伉俪愿违,恨世幽隐,非薄幸人也。或者皇天无情,所遇非人,故甘守贞,遁迹斯境耳。散士曰:"昨相见于费府之独立阁,非令姊也耶?"妃曰:"然。"散士曰:"曩见二妃之感慨,不禁悲愤,心窃怪之,何为其然也?"妃答曰:"避世之士,逃难之人,若述往事,徒增伤感。"散士固问其故,妃沉默不答,如深有顾虑者。红莲进谓妃曰:"妾固知日本男儿之心肝,便谈阿姊之来历,可保无他。"

妃于是慨然而告曰:"妾名幽兰,世居西班牙京城,麻户立都之名族也。昔时吾人刚敢不挠,逾万里之鲸波,尝千百之艰难,发见米国之大陆。自归我版图后,国旗翻于四海,威名轰于欧洲,富强冠于天下。然满招损,盈生亏,上下骄傲,风俗颓坏。先王笃信旧教,目新教为邪教,以为逆天惑民。发百万之兵,助法王以剿灭新教,四出剽掠,所至残暴,孩儿妇女,悉遭屠戮。行政之权,委诸僧侣,于是僧侣自作威福,救民之法,变而为苦民之具也。僧侣互事杀伐,败法乱纪,污国虐民,以炮烙汤镬,杀人百万,其贪婪酷烈之事,稽之载籍,为千古所无。以铁锁御民,以鞭笞待众。诉民情者,名为诬上讥君;说自由者,目为不忠不义,大加刑戮。是以冤民无所诉情,志士无所展力,国势陵迟,纪纲弛废,内忧外患,并臻其害。海外之藩屏多叛,国内之朋党相轧,四分五裂,无所统括。一切财政,大失其宜。年年所贡南米,值亿万之金银,徒充呈笑献媚后宫之费,或供贪婪无厌僧侣贵族之奢侈。金银滥出,国力疲弊。森林荒废,地瘦民贫。人各救其生,无暇顾廉耻,盗贼横行,国无宁岁。女皇伊佐米刺追①皇兄顿加罗以窃

---

① 《梁启超全集》(北京出版社 1997 年版)为"迫"。

位,宠臣僧侣专权,贿赂公行,赋敛无常。外受邻国之侮,内失人民之望。惟上下宴安,歌舞游猎,驰驱醉饱,政纲日坏。

"妾父兄日夜叹国势之凌迟,哀人民之穷困,欲挽回此颓势,因密谋诸忠义之士,计画废其暴君,立其贤主,革其弊政,薄其赋敛。务使人民安于衽席,含铺鼓腹①,以贺太平。此事久待时机,于一千八百六十八年秋九月,我女王、佛帝拿破仑②三世将为会盟,乃从车骑以行。未及几里,从骑喧骚,皆呼曰:'我皇无道,德不及民,不能安其民生,宜速退位,以让于贤主。'市民闻之,雀跃群至,攀其凤辇以促之,仅三日而全国皆叛。女皇与近臣,遁于佛京,倚于拿破仑。仑掀髯而言曰:'奇货可居,时哉不可失。'于是拥废皇之王子,屯兵于境上,移檄我民曰:'敝邑据义,提不腆之兵,赴尔友邦之难。今尔正统之皇子在兹,尔何不早去乱民之胁迫,以归明主?皇子至德,诚能戡定乱虐,保全众生之真主也。若夫改图投诚,必许以自新之路。'

"当是时也,奉戴我皇兄顿加罗者,以其檄传之远近曰:"妇女之登天位握国政者,我宗祖大法之所禁也。曩者僧侣贵族,营其私利,而立彼妇女以为社稷之主,专其国政,恣横无忌。其聪明雄才之皇兄顿加罗,则斥逐之,使民离众散。今也女皇逃国,宗庙无主,吾人乃立皇兄顿加罗即王位,以从民心,除弊政,去私怨,立宪法,建公议,奉祖宗之大法。其有以国家为念者,宜速来劝助,万勿踌躇逡巡,失此风云之会,致为后日之悔云。'于是国民应之者甚多。

"时学士书生,有别说自立自由之利,唱道民政共和者;其抱才郁屈,及苦于贫困而思乱者,皆相和而煽动人心,势如满岸之涨,一时溃堤,不可收拾,欲壅塞之而反动激烈也。其共和党又分而为二:一主急进,一主渐进。党不相容,众论喧嗷,邦内扰扰,国中舆论,遂无可定。人心又不能归一,乃相共会于议院,议前途之国是。时国相风雷梦者,豪迈果断,因起以

---

① "含铺鼓腹",应为"含哺鼓腹"。

② "拿破仑"之"仑"字,原作"伦"或"崙",本书统作"仑",下不另注。

告众曰：'案我国今日之势，人心相离，党派大兴，二党合而四派分。一派灭而一派起，上下纷扰，何所底止，是岂激于一时之变使然耶？盖宿怨相积，私仇相结，不幸以见于今日。故为今之计，宜即立英主，以纠合人心，而离散朋党。今夫普国者，欧洲之强邦，而皇子理乌佛氏，其最贤也。品超贵胄，行冠宗潢，故欲系宗社于苞桑，奠国家于磐石，则必迎立而奉戴之也。'筹计已熟，在会之人，有乐从其议而赞成之者，有不以为然而排挤之者。民政党诸人大抗之曰：'宰相之谋，是陷于普相卑士麦克氏之策，畏普王之威而卖国者也。'于是痛责排挤，议论如涌。

"当此时，妾老父徐起而谓诸士曰：'废女皇之事，我实主之。是时我与将士共誓曰：废暴君而立正统之英主，以从民望。其营私利、抱私心之所为者，非我党也，又非我国民也。若夫犯此弊者，吾辈当戮力以除之，虽杀身所不顾也，岂可迎欧洲强国之皇子，而委以国政耶？若如相公之言，迎立普之皇子，天下将目我陷于普相术中，必谓我国无人矣。加以普王之雄豪，其相又富于权术，岂可默然而止乎？今也佛帝托言于我为姻戚，屯兵于境上，欲立废皇之皇子。虽然，凡我人民，恶女皇之无道，恨入骨髓，故立废皇之皇子，以维系人心。况佛帝之心事，亦有不可明言者。顷南方诸州，共推皇兄顿加罗即王位，赞助立君公议之政。抑皇兄者，正统之皇子，而立君公议者，天下之善政也。不若诸士共尽力于此也。'

"于是满场议论，为之愈激，有各相搏击之势，不知所定。然各人意中，与宰相所议，合者过半，其策遂决。于是遣使于普国，以表推戴之意，乞皇子即位，皇子诺之。既而佛之君臣，闻有此举，为之大愤，直飞书乞皇子以却其请，皇子又许之。而佛帝犹多不厌，傲慢不敬，犯普帝，促战事。盖佛之君臣，平日讲求富强之术，欲雄飞于欧洲，因普之羽毛未丰，乘势挫之，使其不能复振。不料普国光不外烁，养锐蓄精，以待一飞冲天之机。佛则君臣乖离，将骄卒怠，是以一败涂地，遂为城下盟。佛帝降虏，乃流寓他乡，至是我民迎伊国皇子而立之。

"先是大宰相风雷梦氏，为刺客所毙，党派之争日甚。皇子受国步之艰难，被朋党之分裂，即欲以定民心。然自风雷梦死后，各党主领，各抱自立之志,互不相下。其智略亦互相匹敌,无俊杰以统结之。而共和党激烈之论,放谈横议以建民政,是非混乱。比朝廷纷扰,干戈更乱。自是政权日倾,王益愤懑,告于众曰:'人生谁不希富贵,慕功名耶?初尔众庶,不以寡人不敏,举国政以委于寡人。寡人漫不自计,不以不敏,而肩此重任,庶几可无大过。于是辞父母,纳群臣之谏,誓以死生荣辱,与国共之。赖尔群臣之助,倚尔人民之力,垂功业于千载,愿尔臣民共受其庆。无如尔众庶浮薄轻动,以私害公,朋比为奸,是非不顾,终日嗷嗷,纷争于政路,以至国势日倾,寡人忧之。用是不厌诰诫,冀以自新。而尔有众顽固依然,不悛其行。今也,寡人智穷术乏,经国无方,亦奈之何哉?而尸位妨贤,大违民志,是寡人且夕所不能安也。兹辞王位,将归故乡。古人云:衣锦而归故乡,是人情之所荣也。而今不敏,抱憾去位,忧心悄悄,其何颜以见故乡父老耶?其哀情亦不言而喻矣。虽然,与尔臣民,曾有君臣之义,今其去此,犹有故山之思。愿尔众庶,解其旧怨,挽回国势之陵夷,力图富强,进乎文明之境,固所望也。'临别赠言,洒泪无已。于是皇子退位而归伊国。

"自是宗庙无主,民政党乘机煽动,而国政紊乱,无可如何。妾老父忧之,集众而言曰:'闻我士民,厌王政而希民政,其风气虽佳,然以时局观之,决非国家之福也。'盖以共和而建民政,文物粲然,富强骎骎而可证者,其惟北米合众国而已,此诸君所目击也。抑北米之人民,本生长于自主自由之俗,沐浴于明教礼义之邦,舍私心,执公议,不泥虚理而务实业,是所以能建民政,而冠于宇内也。而我民则不然,泥虚理,不务实业,轻佻锐进,忽于挫折,此其所以衰颓也。墨西哥国者,与米国接境,同时所建共和民政之国也。然朋党相忌,首领相仇。尔来五十三年,一帝一摄政,已更统领五十三人。其政府朝迭暮更,其人民托生斯土者,又安能寻进路于文明,求生路于自由之乡耶?墨西哥人者,我西斑牙①之后裔,而风教人情,无不相同,亦足借以自鉴矣。不知我典章文物,由国民之志操,远不及米

---

① "西斑牙",原文如此。当时译名,多与现代译名有出入,本处皆依原文,不作订正。下同。

人，而欲驱此轻佻不学之辈，驰骋于民政之界，余只知其害，不知其利也。设暂奋而为之，而政党相阋，国政迭乱，内外混淆，官民失职，陷于朝令暮改之弊政，其能自立乎？又政权归于奸雄掌中，开军人为政之祸端，干戈纷扰，其终能保久安乎？忆一千八百三十年，佛国革命之乱，人民厌其王政。其时将军罗柄斗氏，被以紫袍，将欲立为民政之首领。将军固辞而谕众曰：'余十八岁时，见米国独立之檄文，拜而读之，不觉发竖泪下，直挥袂而起，遂誓以孤剑而救兆民。泛孤舟于大洋，陷孤军于重围，与将士推衣分食，枕戈共苦，七年于兹。其间米人独立自治之诚心，确乎不可动，久拟取其风气以教我民。虽然，我民之气象风教，奈何不适于自治之用，故宜迎贤主，以倡立君公议之明政，是我佛国之妙策也，抑亦国民之幸福也。'将军之言，可为殷鉴。意气恳切，声泪俱下。

"呜呼！忠言逆耳，高论难行，此古今之常患也。党人等，却疾视老父为自由之公敌，而民权之伪党也。于是固为诬捏，务使恶声远扬，以至一犬吠影，百犬吠声，为清议所不容，诟骂唾斥，使人几欲食其肉而寝其皮。遂下命诬父兄为叛逆大罪，将捕以杀之。我父兄闻风逃难，而诚忠之士亦多去国。自是党人得势，益无忌惮，迷于民政之空理，梦入自由之乡，遂以民政布告于天下。其时京城之众庶，如醉如狂，会于寺院，集于道路，招群集众，大唱共和万岁之歌。既已栖息于自主自由之乐土，无为之空想，所在争杀僧侣，追捕贵族，所谓以暴易暴，不自知其非者也。当其党领所立之宪法，施行政令，而政党相轧，首领相忌。其议士徒争口舌之战，舍本求末，无益于实用。其人民徒嗷嗷于赋敛之轻，以致政令不行。仅及岁余，而统领内阁，五易其主，使民迷其途，商厌其令，士恶其行，兵侮其律，变自由乐境之迷梦，作寡人为政之苦境。各党轧轹，互弄干戈，以至枉杀无辜。

"至是老父之言尽验，人皆服其先见。而父兄在他乡，不忍傍观故国之难，乃纠合义旅，推皇兄顿加罗为盟主，以除弊政，去私怨。结合分裂之政党，退伪党之首领，建立宪公议之政，以治内乱而御外侮，破僧侣贵族之陋习，移其民于自由之真乡而后已。日为经营，誓传其檄以鼓舞同志。于是天下闻风，慕皇兄之贤名，四方云集，所至如归。旌旗蔽空，舳舻相望，歌吹盈耳,兆民悦服。士卒奔驰,相会如林,而兵势大振。自此党人每战皆败,势将溃散。

"当斯时也,普相逞其阴谋,窃赠兵饷以援之,乃死灰复燃,兵锋颇锐。于是两军再战,彼我互伤,智勇皆困。时废皇之子犹在境上,乘机而入国都,利诱士民。士民苦兵卒之剽掠,久望升平,因共归之,如流水之就下。而民政党首领,亦变其盟约,献降于马前,致质称臣,愿为新王前导。新王以其与妾父有旧,命作书以招老父。老父覆书责其变节,其词曰:

> 夫士所贵者,节义而已。苟士而无节义,亦何足贵哉?当足下提倡共和民政之先也,仆则主持立宪公议之良政。然忠言逆耳,众口铄金,视仆为自由之公敌,诬仆为国家之反贼。言犹在耳,亦足下所未忘。且足下曾于某日誓众曰:此身誓与民政共毙。何其壮哉!今也厚颜铁面,膝行就缚,献降于马前,惟恐在后。呜呼!是果何心耶?苟略解节义,抱廉耻之心者,其忍食言耶?前拿破仑三世,破民政而登帝位,是时佛名士咸区土留与飞豪等,慨然挥臂以抗之。自料势力不敌,莫奈伊何,遂愤然退隐于一岛以行其志,是真可谓大丈夫哉!夫蹈海之高节者,虽万乘亦不能屈其志也。今足下不能自洁则已,而又靦然受其封爵,绝无耻色,更欲陷其交友于不义与失节之罪,足下其有何面目以对天下哉?呜呼!疾风知劲草,世乱识忠臣。古人云盖棺然后论定,良不诬也。兵马倥偬,不能尽意。

"敌将见之大怒,进兵攻战。我将士大小百余战,多损命于锋镝,前功悉废。家兄战没,老父与皇兄饮泣,誓图恢复,临别携妾逃匿于此地。老父年逾古稀,跋涉欧美万里之海山,招结有为之士,其果敢之气,刚直之节,老而愈坚。况乎妾年尚壮,岂忍以死生穷达之故,而辜负父兄之宿志哉?今也,国破家亡,亲戚凋残,望月独坐则怨愤两集,对花行吟则忧愁交至。东望故国愤气如云,俯念同人激情风烈。每一念及,寝食俱废,妾之苦心,谅蒙怜察。"

言毕声泪俱下,散士亦为之感动,眉绉鼻酸。幽兰渐收泪正襟更谓散士曰："妾深感知遇,过信红莲女史之言,仅以邂逅一会,遂诉尽一生之履历,语尽终生之大事,交浅言深,实堪愧悔。虽然,此是积年沉郁,无可与语,恃君见谅,不觉缕陈。然此幽愁之语,恐令郎君厌倦耳。"散士答曰:"仆虽无似,然听之靡靡不倦,愿再聆其余。阿姐胸宇快阔,志趣可嘉,所谓青天白日之谈也,仆岂不感其情耶? 独惜其语尽而已。"顾谓红莲曰:"阿姐亦西斑牙之人欤?"红莲曰:"否,妾爱兰之产也。"散士曰:"阿姐幽兰女史退隐于此,想必有故,愿得闻其详。"红莲曰:"妾父长于寄赢之术,执牙筹而计画贩货,贸易美国。又估赀输出东洋,需用趋时,计画超算,富冠一世也。初英王用其诈术,欺我王,愚我民,阳约联邦相助,阴存吞并之心,名为联邦,实使为臣妾。迩来英苏相谋,嫉我国繁盛,忌我民富强,苛法虐制,无所不至。窘我工业,蹙我制造,害我贸易,妨我结会,夺我教法之自由,禁我出版之自若。于是工业颓废,商业疲弊,以至黎民颠沛疾苦。吏人则乘机掠我良田,急征暴敛,鞭挞下民。贵族务其苛征,不惜民力,斗升未输,忽遭酷罚,膏血已竭,搒掠未止。毒逾永野之蛇,猛过泰山之虎。受此之祸,距今仅数十年,于是爱兰之志士,奋脱英政之羁绊,施行独立之政策。当是时也,工业振兴,士风再盛,兆民皆望四海中兴,与群生来苏之美政,不图昊天不吊,大灾荐臻。再窘英国之虐政,杀其国权宪法之自由,夺回贵族污吏所掠之国土,无英王之暴戾残酷,无英民之奸黠贪婪,想其欺我国孤立无援也。以贱价沽我田地卒不还其值,或倍息贷于贫民以罔其利,我民不堪其虐,饿死者超八十万之数。妾闻刳胎杀夭,则麒麟不至其郊;覆巢破卵,则凤凰不翔其邑。此何故哉? 盖恶伤其类也。鸟兽于不义者尚且避之,况于人乎! 怪矣哉! 对岸之英民傍观不救,则已矣,却欣然喜而相告曰:'爱兰国之穷厄者,人民过多所至也。祸灾荐至,生民死亡相续,然后可以图富强。'谚曰:'非道行则正理退。'旨哉斯言。彼以邪说惑人,自老幼毙于沟渎,壮者散于四方,每年流离者不知几万人矣。自此国内生齿日减,人民结合之力愈衰,生民之艰,年增日加,乃以彼人口过多,祸患诬说邪言证之,盖足以见其惑众。盖英人之外交政略,谈笑之间藏以剑,杯酒之中置以鸩。狠似山羊,贪如狼虎,不可亲也。若为彼四海兄弟交通自由之甘言所欺,与彼贸易,招彼干涉,则土耳其、印度、埃及诸邦,生齿日减,国力日疲。有独立之名,无独立之实。年年岁岁,贸易失均,输出金宝,虽非入贡,实如削国民之膏脂以贡于英廷也。然世人惑彼空理,陷于英人之术中,喝之不醒,可为浩叹也!英廷遍布其苛政,谁谓英皇仁慈恤爱哉?今英女皇即位以来,英领印度,其土人饿死者五百万矣。

据英国烈女晓莺女史言之:女史以公义著名于世,尝著一书,痛论英领印度惨状。又区利美亚之役,军中恶疫流行,死亡相继,看护乏人,军气沮丧。女史闻之,慨然誓以身报国,供作牺牲,大集烈女,速赴战场,自尝汤药,奖励看护,备极勤劳。士卒感义,军气复振,遂奏凯旋之功,天下传为美谈。

"英之穷兵黩武①也,计二十五回之军饷,费金七亿五千万,然战事未已也。

又据英之贤相武赖士氏言之:一千八百八十二年,英国突起无名之师以伐埃及。氏廷争其非计,曰抑我自由党之宗旨也,决非如保守党喜功名弄威福之比,所欲则在避兵端、盛通商、厚友义而已。悲哉我女皇即位以来四十五年,我自由党执政间,动干戈二十四回,而保守党仅不过五回,岂自省而不耻哉?况如此远征而又出师无名耶?虽然,不听吾言,不用吾策,惟有挂冠以退隐而已云。

"合观晓莺女史与武赖士贤相,可谓异人矣。然其当道,不厌武事。蚕食诸邦之余,又犯日本,再攻清国。据兵威,劫清人,输入鸦片,清人毙于此毒者以千万数,其责其罪,果将谁归?独怪英之君臣放言曰:'敌我者犹爱之,四海皆兄弟,且汝永享天之福禄,何修而得此云。'此可见其夸文明,教慈爱,如耶苏②教国者,亦不足恃。妾闻洪波振壑,川无活鳞,惊飚拂野,林无静柯。此何故哉?盖大凌小,众暴寡者,势使然也,然亦视其人事

---

① "渎武",应为"黩武"。

② "耶苏",即"耶稣",此依原作,本书统作"耶苏"。下同。

何如耳。昔爱兰之议士，皆奋称信向之自由，主倡独立之正理，惜为逸言解体，屡以少数之故，见败于大英国议院，于今二百有余年。嗟乎！权威太峻而民命何堪？曾遇荒年而天灾莫恤，且助之为虐，掊克以干众怨。吾民虽结众为仇，惟少有畏死之心，每失机会，今者求生绝路，何暇顾自家也哉？阖国士民，切齿扼腕，痛嗟无策。妾老父自任挽兹厄运，即以家产分给贫民，倾资以结豪杰，经营爱国以独立。机谋已熟，垂将成功，不幸为匪人宣泄其谋，立执我父，忧愤酿病，遂死狱中。妾时尚幼，而家财既尽，亲戚亦亡，茕茕无所依。刺史暴留虎者，爱兰人也，其人乏节操，媚英主，故权势赫濯。彼乘妾幼而且孤，诱妾以甘言，饵妾以黄金，欲纳为侍妾。妾幽怀愤闷，无所排遣，责彼为不忠不义之人，骂彼污行丑状，以是触其大怒，诬妾以冤枉大罪，禁住爱兰之国，逐出四境之外。因愤恨不堪，痛入骨髓，临去誓曰：'妾终身不为英王之臣民，必谋独立于爱兰，以报英国之虐政。遂遁迹飘零于欧洲。今来美国，以待时机，曾与同志幽兰女史，早结断金之交。又与我义士波宁流之妹侄等密通声援，纠合在美之同胞，相戒轻举急成。内则养生威力，外则表明正理，深谋远虑，以冀他日一举成功。不料浅谋轻举之徒，狂暴性成，无智妄作，煽动顽民，妄陈独立自治之大计，乱其法纪，坏其道义，逞暗杀，试爆裂，遂于迨武林府杀其贤刺史加腕跎。惜哉痛哉！从此天下视爱兰国为凶恶之巢穴，爆裂党之渊薮，常为波宁流诸志士所痛哭浩叹也。抑爱兰国志士所期者无他，盖欲以天假我一国，据大义以脱英人之羁绊，夺回我人民被掠之政权，削去暴敛急征之虐政，援救下民涂炭之疾苦而已。苟能如愿以偿，妾虽九死犹且不避，何惮踏水火而畏斧钺哉？妾曾翻阅史籍，征之前代，如我国人厄运者，盖古今所无也。时刻思之，每愤闷忧郁，不能自禁也。今夫强凌弱，狡欺朴，世人见之不以为怪，岂可称之为开明之域、人文之世哉？此天下慕义之士，夙夜所痛恨，而奖励爱兰国之独立也。"

语语从肺腑中出，声声带愤怨之词，散士倾听，为之握腕，不觉三叹。既而红莲更问散士曰："妾昨阅新报，知有日本三士会于新府之某楼，痛论时事，愤英人之专恣。一士曰爱兰若举义兵以抗英人，君其如何？二士曰仗剑直抗，助彼独立。妾闻其义烈风高，曷胜钦佩。郎君与彼同邦，乞以前事为妾谋之。"散士答曰："其一士是不肖也。"红莲骤起执散士之手而挥泪曰："今何幸而得见其人！妾惟恨我邦人不知何日举义旗以行吾志耳，嗟乎，世事已矣！"凄然泪下，至不能言。

卷　二

　　散士具闻幽兰、红莲之言，激昂悲痛，如搅其胸臆，默然无语。长太息以掩泪，哀人生之多艰。幽兰谢曰："郎君幸恕，春风骀荡，变快乐之阳场，以为秋风肃杀之阴观，致郎君怏怏不乐者，妾之罪也。今贵国厘革旧政，取欧米之长而舍其短，撷欧米之实而去其花，文化月新，富强日进。旧邦维新，守柔执竞。见者拭目而骇，闻者倾耳以惊。其势如旭日升东天，东洋屹立。贵上许与自由之政党，人民誓以图报圣明，此事期可。干戈已定，天下太平，士民乐业。且朝鲜通使，琉球内附。方今东洋大有可为之秋，当执牛耳以为亚细亚之盟主，解亚东生民倒悬之艰，制英佛之跋扈，绝俄人之觊觎。而欧洲诸邦之蔑视东洋，干涉内治者，则拒而绝之。然后扬威四海，方驾全球，使五洲亿兆众生，尝自主独立之真味，发文物典章之光辉者，非贵国其谁当之？想郎君宿能涉猎东西之群籍，熟识古今成败之数，虽未身历干戈之惨状，战场之苦艰，放谪之辛酸，幽囚之忧愤，引颈之惨痛，然披览流籍之余，当亦能设身此境，易地以尝思也。妾等国亡家破，辛苦万状，流寓异域，怀望故乡，此事不能忘诸寤寐。而今不自忖度，以此言谈悲痛之事，冒触于尊前，可谓不解人意之甚矣，愿有以容之。今郎君负笈以从良师，周流以接贤达，且生于有可为之邦国，年富力强，志高气盛，功业可期而待也。呜呼！吉凶祸福，皇天之所命，穷达有运，虽人力亦无如何。设有小挫，亦何足悲。郎君何为带悲愤之色，妾等之过实深，幸荷宽容。"

　　此时慰谕恳到，情义溢于色，红莲亦进而乞罪。时散士涕零满睫，欲掩而不能自禁，滴滴偶洒于幽兰之衣，乃起而谢曰："乞令姊宽恕。"因执巾而欲拭之。幽兰急止之曰："郎君之泪,幸落于贱妾之衣裳,是不啻千金之赐也!譬彼婕妤唾花,不胜感谢,却怪郎君悲哀何太切耳。抑日本之士风,本挫强而助弱,为人尚义而急难。每有陷于囚牢,犹且挠情抑意所不辞,而今为此儿女之泣,是岂天下之大丈夫哉!抑忠孝仁义发自真情,今郎君之烈义高风,怜妾等之苦节,不禁为之凄然下泪,妾虽万死,不敢忘也。若夫天道果善,幸而祸福循环,终有达志之时,不幸而时机未到,则死守于道义之乡,不亦可乎!若命运之所遭,则亦何足悲怨乎哉!自古皆有死,而死者不一,若混浊于一世,与草木同腐,非妾之志也。所愿者,为国为民洒满腔之热血,视身命如牺牲,死而后已耳。闻之功不可以虚成,名不可以伪立,妾尝深味其言。夫薰以香而自烧,翠以羽而见杀,志士之处世,宁为玉碎,耻为瓦全。愿兰桂之被摧,厌萧艾以自存。夫生而无益于世,死何以闻于后?设使与天地同寿,亦复何益?是以蹈前圣之祸机而不顾,犯灾害而不悔也。夫道足以济天下而贵得其人,言足以经万世而有时不见用,其不能救陈蔡间之饿者,阙里之孔圣是也。德行应于神明,风教垂于万世,至今王公大人称道不衰,犹逢群小之愠,终不能免于惨酷之磔戮,我救世主是也。立言正大,卓迈千古,与圣贤齐驱并驾,视俗人为异端,诬言邪构,遂遇鸩毒之祸,希腊之名儒,曳虞刺铁其人是也。故知负独行之行,必不为流俗所容。是犹林木挺秀,风必摧之;抱道自高,众必非之。前鉴不远,覆轨可寻,而志士仁人,犹犯之而不悔者何耶?盖欲行其志达其道,以成功名也。欲行其志,故敢蹈险阻之风波,欲达其道,故不避当世之谤议。晨兴夜寐,勉精励神,岂忍饱食暖衣,载歌载舞,独耽安乐哉?噫!彼希世苟合之士,俯仰尊贵之颜,逶迤势利之间,心无是非,惟思媚势,言无可否,一意趋炎,戴得势者如玉冠之尊,弃失权者若敝屣之易。其言曰:名与身孰亲?得与失孰贤?荣与辱孰贵?饱与饥孰重?故烨其衣服,矜其车马,冒其货贿,淫其声色,诩诩然自以为得志者,岂可与谈天下之大计,同天下之忧乐耶?"

幽兰对散士议论纵横,义愤霜烈。散士初慕幽兰风采闲雅,容色秀丽,不图节义高才,言之足以感动人如是,由是敬慕之念愈切。散士熟视幽兰曰:"今日是何日耶?明良相遇,实千载一时。闻令姐之义烈高风,顽夫廉,懦夫有立志,况读书解理者,敢以散士之泪,为妇女之泣者耶?幸勿以为怪,散士亦亡国之遗臣,起卧弹雨炮烟之间,偷生孤城重围之中。国破家亡,穷厄万状,尽尝酸辛,何让令姊辈耶?不料今日天涯万里,参商隔绝之人,邂逅于他乡客舍,经历之难,前途之苦,殆如一辙。因怀往事,以慨时艰,万感攒心,悲喜交集,泪堕不能禁,遂至秽令姐之衣裳。"

言尚未终,二人齐惊叹曰:"郎君之言信乎?若果然,真可谓奇中之奇遇矣,其事可得闻乎?"散士慨然曰:"仆本日本良族子也,当二十年前,我国之与欧美缔盟也,尊王攘夷之说,纷纷而起。慷慨悲歌之士,愤幕府之专横,慨俗吏之偷安,当其欲以一死报国,挥臂呼号也。抱恨幕府之士,好乱之徒,乘机煽动良民,诱惑公卿,无有深谋远识,不知宇内大势,徒欲以螳螂之臂,攘欧美之兵,乃于深夜放火,而袭西人之馆,极其剽掠,甚至白日杀洋人于路,以自夸匹夫之勇。其儿戏轻佻,怯弱残暴,有不忍言者。井伊大老毙于前,安藤侯伤于后。倡开港者,人视之为秦桧;主锁港者,自比于韩、岳。于是外人愤怒,以兵威相劫,寇我海岸,乱我藩篱,种种跋扈强梁,至于不可复制。神州陆沉,命脉不绝,如千钧之悬于一线焉。然寻厥原始,虽起自幕府之失体,而实当时慷慨自任之士,亲自招者居多。其疮也深,其痍也大,疮痍未全愈,国辱未全雪,是慷慨有志之士,所深为浩叹于当年也。当时我主君护卫京师,蒙先帝之殊遇,纳佐久间、象山、横井、沼山诸名士之言,上谏攘夷之非计,下戒狂暴之轻举。然朝臣□□□□□□□□□□□□□□□□而外者,各国恃其兵威,责其盟约,其事亦严于秋霜也。当时英人包藏祸心,最为叵测。设无米公使巴理斯君,出以公平无私之心,周旋弥缝于其间,则我神州不为印度,亦如安南而已。外虞如此其股,内难亦如此其荐,而幕府享受三百年承平之福,凡百政治,积于苟且,兵势不振,财政大乱,大势已去,至于不能挽回。是国家存亡之秋,岂遑顾毁誉成败哉!故我公决意以京师定为坟墓之地,欲上以调和公武之轧轹,下以扑灭内乱之祸机。然虽奋而当之,以弱臂不堪负重,且州人有勇而寡谋,刚直而鲜通,孤忠介立于公武之间,志与事违,徒为天下所笑,可胜慨哉!先帝崩殂,大树亦继而薨逝。将军庆喜公,以英才当国步之艰难,与侯伯解旧怨,除弊政,复国权,欲以大有所为,然病入膏肓,复不能如之何。遂奉还大政,继我公亦失职而退于京师,而当时世人,却责我保庇霸府,妨维新之帝业。朝廷罪我为包藏祸心,抗帝命者,哀恳之途绝,愁诉之计穷,于是锦旗东征,大军压于我境。时有一二凶奸之辈,掠我家财,残我妇女,屠戮降人,殆失王师吊民之意。于是我君臣皆以为此一二雄藩,阳拥幼主,阴报私怨而已。阖国捍御,自春至秋,孤军百战,刀折矢尽。敌兵遂迫于城下,我将士枕藉而死者如麻,其疮者挥空拳抗敌兵,瞋目切齿,遮敌兵之进路,至于身首异处,血流漂杵,犹为抗敌之状。当时有年少一队,名为白虎队,年约十六七,皆良家之子弟也。此日初临于阵,与骄胜之兵战,众寡不敌,死伤略尽,所余仅十六人,奔上一丘,裹疮歃血而憩。少焉城市火光四起,炮丸焚其橹楼,皆以为城陷,大事去矣。乃向西而再拜曰:‘今也刀折弦绝,臣等事终,不苟偷生以背其君。’相与诀别,引刃自杀,真可怜也!然大丈夫裹尸于马革,伏波之壮语,亦壮士之常而已,何足嗟哉!唯酸鼻刺心,目见不忍,耳闻不堪。妇女之操烈,与国家共亡者,不可具数也。今或怀其惨状,茫然如梦,恍然若幻,时不觉泪下沾襟也。”

红莲在傍,闻而恻然,勉发悲声而问曰:“郎君之家,幸免其惨祸欤?”散士饮泪欲语而不能语,如是者数回。胸结臆塞,渐挥泪告曰:“其年八月廿二日,胜军山之败报到,士民呼曰:‘敌军飞来,迫于城下。’时散士有三兄一弟,慈母托幼弟于一仆,挥泪远去,盖有深意之存。大兄监军,战于越之后州,遂被伤。仲兄战没于野州,小兄督兵而拒于境上,家翁励疲兵而战,被创于郭门。叔父亦督客兵,裹其疮痍,犹激战不休。

“时晓雨濛濛,日色无光,炮声轰轰,呼声震天。散士时尚幼也,犹放一矢于敌,欲与俱死。不觉跪而诀别于家人,颜色凄怆,慈母叱而骂曰:‘汝虽幼,实武门之子也,宜一斩敌将,尸暴战场,勿损其家声。’散士蹶起,家人送至门外,祖母呼曰:‘待汝于泉下。’姊妹掩泪而呼曰:‘愿努力!’呜呼痛哉!百年之恩情永诀,言尽于兹矣。家人聚于神前,烧香而告于祖先之灵曰：'事已至此，无复可言。与其偷余生于乱离之间，宁洁身以死殉于国家，而绝父兄之顾虑，且以表明三百年①来所养成之士风，此其时矣。'只恨我公凤秉孤忠，同于泡影，而尤负反贼之恶名，是终天之憾，虽海枯山爝，难消此恨。妹时五岁也，慈母谓曰：'敌兵已迫我家，闻地下有乐土，与汝速赴泉下以待父兄。今我一族皆亡，又无人为供香火，汝相抱持，而勿迷离于其途。'遂放火从容就义。"噫！悲哉！座人皆为之歔欷呜咽。

散士续言曰："孤军陷于重围之中，硝焰覆空，日月无色，粮饷已尽。风雪刺肤，士卒日以伤亡，军兵又无外援，以孤城抗天下之大军，经三旬，至不得已，遂降之。是役也，妇女之窃从军而死伤者甚多。有一妇，闻其良人与父兄皆战没，乃手刃其母及子，咏辞世一首，而放火自杀。有一姬，闻一藩降，忧愤啮指，血书于壁上曰：'君王城上建降旗，妾在深宫何得知！'因缢于宫前之松树。又有一妇，乘月明以笄刻国歌于城中之白壁，因薙发为死者祈冥福。士卒亦有愤恚自杀者，主将因下令曰：'与其空死灭名，不若忍耻全生。一旦有外患之日，誓为神州委生命于锋镝，而是非正邪，任之死后也。'于是一藩吞泪忍恨，降于辕门。我公槛车送京师，将士虏于东西，幽囚数岁，受骂于俗吏，见辱于狱卒。后又放谪于极北之荒野，悲风肃杀，牧马夜嘶，饥则掘蕨薇于山下，穷而拾海藻于海滨，以保其余生，迭遭窜斥，犹且不悔，何哉？欲他日为我帝国鞠躬致命，伸往年之志于天下后世，谢死者于泉下而已。今也外人包藏祸心，蔑视神州。清则猥自尊大以轻我，而无信于邻交；俄、德则恃其威势而骄傲；英、法则老于狡智而荡逸，饮我以美酒，赠我以翠羽。而其酒其羽，往往用鸩毒所制，我士民受之而不疑，所谓甘餐其毒药，戏于猛兽之爪牙者也，是自取侮也。且彼口诵仁义，实有桀虏之行，外说天道之懿，内怀豺狼之欲。亚细亚北部为强俄所并，南方印度为英王之臣妾，安南为法国之隶属，土耳其与清国亦同萎靡，既已倾于灭亡之运。呜呼！鲸鲵蹴浪，纵横于东洋；豺狼求食，仰窥于户外；览彼殷鉴，不堪千岁之忧。加之我人民爱开明之域，慕自由之

① "年"，原无，据《饮冰室合集》本补。

理,欲达之而迷道。腐言邪说,无所取舍,矫枉过于却直,破毁祖宗百年之良法,扑灭农工数世之积累。无所顾虑,轻佻浮薄,伪辩而能言;摹[①]米拟欧,徒奔于理论,不务其实业;抗拒政令,以误自由之发畅;横议骂詈,以夸民权之朋党;投世俗之好,求誉于当世。惟此是务,不顾后世识者之讥,吠虚逐臭之徒,靡然响应,士风颓坏,德义拂地。朝则主唱民权,夕乃呼号于官权,甘作辕下之驹。士无常操,议无确论。甚矣哉士人之失节义也,为名利以变其往日之贞操,诈术权谋,互相中伤,徒相仇视,陷于善恶成败,胁于毁誉势利。于是轻薄干纪之辈,役奸智以乘之。自此良民困顿,奸徒宕逸,礼教凋衰,士民失所,卑利是务,而无救生之策。廉耻之心月消,贪婪之欲日增,遂忘护国之大义。毁体伤身,以避兵役,数百年来薰陶埋轮之士气,不数年而拂地矣。为王门之伶人者比比皆然,于是风宪愈薄,贿赂成风。富者买妾纳媵,贫者子女不愧丑行。鄙情赘行,坏其世教,污其家声。志士见之而伤心,老大闻之而流涕。赋税年加,而民力未伸。中央集权过重,地方失其钧,非帝京则不能起事举名。悠悠奔竞之士,觉政府场外,别无名利可图,乃皆狂奔于官途,而欲衣食于租税,百弊益从此生矣。饕餮之徒,哮望于有限之官途而不已。无恒产之民,怨泣穷路,无所适从。祸机阴伏,病人肺腑,浮言相动,渐遗大计。殊不知日本固有之国权,为欧人之所夺,吾人幸有之利福,亦为外商之所占。以散士观之,方今急务,与其伸十尺之自由于内,不如畅一尺之国权于外也。噫!□□□□□□□□□□□若悠悠不断,虚度岁月,则旧幕之末路,必将复见于今日。呜呼!救济大难之策果如何?宜上下弃小怨,舍旧恶,去私心,从公议,去游员,减冗费,励内结外竞之志操,各以国权恢复为自任,以国家盛运而自期。奖励外人之移住,利用外国之资本,破古来国人重官爵而轻天爵、傲清贫而贱商利之陋习。课农桑,起工商,隆盛海运,以保护沿海之航权。纵横铁路,以便内地之交通。四民一心,耐久努力,厄运渐去,自由始伸,则国家之富强文明,可期而待也。虽然,看今日之域

---

① "摹",原作"摸",据《饮冰室合集》本改。

中,我国之士人,志不远大,多安小成。歌舞游荡,耽于围棋点茶,玩好书画骨董,以偷一日之富贵,唯得一二州人之欢心是务。为私怨而忘公道,为情义而任庸人。若米人则不然,能舍私心,据公义,肝胆相照,保护国家。与吾人之所为不啻天渊,吾侪实不堪其忸怩也。是散士日夜积于胸臆,为国家前途之大计,所以悄悄愤懑也。天道而果,是耶非耶?散士不能无深疑之矣!"一座叹息者久之。

　　时金乌既沉,新月在树,夜色朦胧,少焉有皓彩照庭,清光入户。幽兰静起开窗曰:"光景如画,郎君幸临,栏外风清,花香袭人,良夜难以空度,盛会不可再期,徒相对而泣,亦何益之有哉!今宜鼓气奋勇,歌舞吟咏,以为自宽之时也。"顾而谓红莲曰:"汝奏小琴,我弹大琴。"散士曰:"法人麦须儿报国之诗,咏之可使人气跃心激,今试歌之可乎?"妃曰:"可哉,愿郎君歌之。"散士于是按其诗而歌曰:

> 法国荣光自民著,爰举义旗宏建树。
>
> 母号妻啼家不完,泪尽词穷何处诉。
>
> 吁王虐政猛于虎,乌合爪牙广招募。
>
> 岂能复睹太平年,四出搜罗困奸蠹。
>
> 奋勇兴师一世豪,报仇宝剑已离鞘。
>
> 进兵须结同心誓,不胜捐躯义并高。
>
> 惟今暴风已四播,屏王相继民悲咤。
>
> 荒郊犬吠战声哀,田野苍凉城阙破。
>
> 恶物安能著眼中,募兵来往同相佐。
>
> 祸流远近恶贯盈,罪参在上何从赦。
>
> 奋勇兴师一世豪,报仇宝剑已离鞘。
>
> 进兵须结同心誓,不胜捐躯义并高。
>
> 维王泰侈弗可说,贪婪不足为残贼。
>
> 揽权怙势欲壑张,如纳象躯入鼠穴。
>
> 驱使我民若牛马,瞻仰我王逾日月。
>
> 维人含灵齿发俦,讵可鞭笞日摧缺。

奋勇兴师一世豪,报仇宝剑已离鞘。

进兵须结同心①誓,不胜捐躯义并高。

我民秉政贵自主,相联肢体结心膂。

脱身束缚在此时,奋发英灵振威武。

天下久已厌乱离,诈欺相承徒自苦。

自立刀锋正犀利,安得智驱而术取?

奋勇兴师一世豪,报仇宝剑已离鞘。

进兵须结同心誓,不胜捐躯义并高。

妙音发于丹唇,哀声激其皓齿。二八迭奏,心激手敏,飞纤指以驰惊,琴声浏亮,如怨如诉,清响忽变,而牢落凌厉,逸气奋涌,缤纷交错。四坐唱和数回,幽兰更朗吟古诗,散士和之,曰:

今日良宴会,欢乐难具陈。

弹筝奋逸响,新声妙入神。

令德唱高言,识曲听其真。

齐心同所愿,含意俱未申。

人生寄一世,奄忽若飚尘。

何不策高足,先据要路津。

无为守穷贱,轗轲长苦辛。

其诗义气纷纷,雄心四满。幽兰止弹,执散士之手而起舞。歌舞既罢,各举玉觞,以祝成功为寿,悲怆之念稍散,豪慨之情,溢于眉宇。散士曰:"古人云,良辰佳景,赏心乐事,四者难并,今不期偕至,可谓意气初壮,胸襟豁如也。"幽兰曰:"肝胆相照,气概相投,各新制一赋,以歌所怀,以写其怀抱如何?"皆曰:"善。"于是筹思移时,幽兰先赋成,徐抚琴歌曰:

春风吹兮水潺潺②,白云散兮月团圆。

---

① "心",原作"人",据《饮冰室合集》本改。

② "潺潺",原作"孱孱",据《饮冰室合集》本改。

室有宾兮臭如兰,坐有朋兮吐心丹。

五弦弹兮中情欢,怨歌唱兮发冲冠。

乘风云兮冲九天,潜龙跃兮还胡渊。

红莲亦弹琴而歌曰:

清夜会良友,花下酌芳樽。

春雁向北翔,遥遥烟树昏。

落花随风摧,翩翩敷庭园。

残春看将尽,难挽日月奔。

臂弱不堪戈,幽愤空含冤。

国仇未全雪,甘心思丧元。

情悲弦声急,和我慷慨言。

散士在于坐隅,击花瓶而歌曰:

讨闲桴沧浪,飘然入仙乡。

幽兰秀空谷,清香引凤凰。

红莲映绿池,淡影锁鸳鸯。

仙妃抚鸣琴,余音空断肠。

客击渐离筑,哀响泪沾裳。

意气谈平生,慨慷说兴亡。

功业未及建,雄心转悲伤。

好取万斛忧,清酌付一觞。

红莲举杯谓散士曰:"此佳作也。至情显于诗赋,更贺郎君以双杯。"散士敢问其故,红莲微笑指壁上之扁额曰:"幽兰之清香,能引凤凰,妾则如锁于空虚淡影之中,而无顾者。"散士欲有所辩,红莲伪为不闻,急奏大琴,以乱散士之语,而高歌终命之诗。

俄国大学之诸生,奉书于俄帝,促立宪公议之政。俄之君相,以其事托之左右,禁压书生妄谈政事。于是彼言语激昂,颇犯其俄帝,

被囚于狱中,仅以二十三年之星霜,空消如朝露。于其临刑场之前,血书终命之长篇于牢壁。今录其一:

> 夜静漏声响,窗暗月色清。是非盖棺定,笑为自由暝。

当其歌也,初如莺声之出自幽谷,终若秋雁之叫于北沙。宫商响切,而悲彻云际,舒蓄思之悱愤,奋久结之缠绵。幽兰急止之曰:"红莲咏此感慨之歌,令人再起悲怆之情,请勿终其曲矣。"回首遥指费府而谓散士曰:"如一湾描,如万家烟,风清月白,庭柯带霜,恰若秋夜观月之景色矣。"散士微吟一诗曰:

> 据丘临水一层楼,中有东人学楚囚。
>
> 夜冷虫声声断续,月高费府万家秋。

歌毕,乃曰:"是仆昨秋所作也。时仆侨居费府外之一江村,避世俗之风尘,汲汲于读书。一夜风静霜寒,明月清冷,与江水相掩映。旅寓荒凉,实不堪于秋感。此诗固写当时之状,亦赋此以述怀也。"坐人遂感叹而唱和之,逸兴愈加。夜色殊静,湘妃汉女,交相劝杯。于是散士鼓风筝,红莲吹玉箫,幽兰起舞,翩兮若惊鸿,矫兮如游龙,凤鬟参差,情态妩媚,颜赤耳热,醉眼生花。红莲亦微醉笑语,情调殊浓,秋波斜通。既而幽兰收其乱发,襄其华裳,与红莲相携散士,扶翼下阶,徐步园囿。红露沾衣,芳香袭人,落花狼藉,柳絮如茵,月白风清,天水澄明,汉皇倾城,楚王无灵,爱恋之情,其恼人何其深也。

散士仰窥云汉,俯视世间,感于天地盈亏之数,人生盛衰之理,顾谓二妃曰:"钧天之广乐难再闻,试看茫茫宇宙之大,煌煌星辰之众,造化之妙,悬于空中。闻光线之速,一时可奔数百万里,亦犹星光之达于地,有经三岁而始到者。漫漫南溟八千里,天高地厚,垂亿万千年,亦犹此世界之命数。以彼茫茫无限比于宇宙,犹沧海之一滴,以吾人比天地之大,其数果如何哉?故穷天文之数,讲玄玄之理,使吾人茫然而有所失,况从造化见之者耶?各国构兵,相竞功名,无异蜗牛角上之争也。老子之玄道,释氏之寂灭,至微玄妙,使吾人迷之,亦非无故。古人秉烛夜游,良有以也。"

幽兰曰:"悲极而乐生,乐极而悲生,今欢乐将尽,亦勿生悲哀欤? 且夜将五更,郎君须就寝可也。"因导散士登西楼曰:"是即郎君结好梦处也,明朝复相见。"握手行礼,微笑而别。

散士乃独入卧房,轻衾覆榻,残月入窗,久不成寐。恍惚入梦,忽见羽檄之驰,如星驰电掣,又闻鼙鼓如雷声,若两军交锋之状。烽火列于边亭,旗帜连于原野,千军万马,奔走驰驱。炮烟涨天,剑花闪地,枪铳交接,叫喊大振。既而一军失利,敌军乘势迫近京城,呼声撼山,旌旗摇动,全军大乱。忽有流弹飞来,散士被其洞中心胸,流血淋漓,昏仆于地,气息奄奄,求救不得。须臾而有美人挥博爱之旗,冲犯于矢石之间,急下车抱起散士而呼曰:"郎君安心,敌军败矣。"散士忽开目,而见幽兰侍于侧,乃惊悟此一场怪梦,冷汗湿背,胸中激动不止。举头则朝日已高,乃整衣与幽兰相对语。忽有从后连呼曰:"郎君勿舍妾去。"惊顾之,则笼中之白鹦鹉也。

时红莲适来,各相视而笑。红莲曰:"谁人窃教鹦鹉为此语者?"幽兰俯头不语,满靥潮红,眉带羞状,流波一转,如露花之恼风,踟蹰而不安焉。红莲抚银瓶,煮茶捧茗而祝曰:"茗花有吉兆,可为两贤贺之。"散士曰:"昨夜结恶梦,今朝逢吉祥,不知孰是孰非。人间万事,盖如塞翁之失马也。"幽兰闻散士所言,于邑嗟叹,有沉默不乐之色。散士辞曰:"今者桃源仙妃,不期而会,洛川神女,不约而逢。古人高会桃园,知己谈心,胸怀洒乐,殆不是过。夫知己之难,昔人之所叹息也。今也萍水相逢,尽他乡流离之客,一朝倾盖,如弟兄姊妹之情,岂非奇遇哉? 假令世路多艰,天涯离别,音耗久绝,死生难知,此交情正不可泯也! 岂同富贵轻薄之徒,其结交也,初则慷慨誓生死,及黄金已尽,即为反目之人。其事主也,始则委质称人臣,及大难已临,又为背君卖国之贼。幸际清时,贪糜爵禄,有事则相舍而背去者哉! 人情之所尊,在于信义,苟无其实,其孰信之? 重相见,幸珍重!"幽兰渐改愁颜曰:"闻郎君昨夜梦有凶兆,恐无复相见之期。"说至此,红泪满睫,几不能自禁,急强笑而谓红莲曰:"我心惨而悲伤,惕而忧郁,何为其如此耶?"红莲拊其背而笑曰:"欧人有谚曰:'溺于爱者心神迷'。今以两贤之才,说痴人之梦,足测他日之吉凶,与两情相投之深浅矣!"

　　散士语不知所出,幽兰亦含笑而不答。红莲曰:"郎君幸速临,今日之交,以风流契合,以义气相投。所谈论者,非圣贤遗训,则忠臣义士之遗行也;所吟咏者,非慷慨悲歌,则古贤往哲之遗音也。淑女君子,乐而不淫,有遗训矣。愿常往来,叙怀抱,勿使吾人抱别离之叹,则幸甚!"散士曰:"过承奖誉,深自愧赧。虽然,时相过从,得以接清诲,厚交义,正仆之所愿也。"由是殷勤握手而别。

　　将出门,幽兰折白蔷薇一朵,插于散士之襟而呼曰:"郎君,此花虽凋残,勿相弃而去。"散士对而笑曰:"仆固惜花人也,但解语之花,不知欲飞向谁家耳。"幽兰掉头微笑,目送散士者久之。

　　范卿者,支那志士也,愤世嫉俗,遁迹江湖,与散士交最契,过从甚密,久耳幽兰红莲之名,散士此行,早约其舣舟相待。至则范卿已久待河边,一见各相行礼。散士登舟,二妃呼曰:"郎君珍重!"散士脱帽答曰:"必重相见!"由是遂别。散士回顾者数次,遥见二妃立于柳树之下,挥白巾以相招,饶有眷恋不释之情。范卿休棹任流,舟下蹄水,与散士慷慨谈时事。范卿曰:"仆曾有一良朋,夙负经济,慨然以天下自任。悲清国之不振,愤朝廷之弊政,不惮大声疾呼,倡言改革,盖隐然为改进之首唱焉。遂为朝吏所忌,脱险而避难美国。曾为贤武律地大学之博士,惜其一朝抱病,遂以不起,今长为泉下客矣!"散士曰:"戈彦先生欤?仆亦数接其謦欬,约其结交,誓他日戮力同心,共为兴亚之举,今若此,可哀也已!夫支那之在大地,统四百余州,实为宇内一大邦域,徒以内政不修,外交不讲,致累受挫辱,莫克自振。果能禁绝鸦片之鸩毒,振起国民之精神,是可为兴亚之第一策。"范卿曰:"是仆之素志也,不期胸中积蕴,与君相合。噫!世岂无卧龙凤雏哉?只难遇顾庐之先主耳!"两人计谋奇策,历历可听,讨论密议,亹亹不倦。时已不觉日轮西下矣,因泊舟于费府之东岸,相约他日而别。

卷 三

至于期日，散士盛服饰妆，驱车至于蹄水之滨。时轻云带雨，西风拂面，河伯跃，冯夷叫，波浪飘荡，舟无可渡，怏怏而徘徊岸上。忽而黑云四布，大雨如覆盆。转瞬之间，衣裳尽湿，乃回辕而归于寓居。夜间感病，终宵弗能寐，因咨嗟太息，偏怨昊天之无情。客舍寂寥，独苦长夜，怀人之感，如一日三秋。将托于鱼腹，以先通眷恋之情乎？越十有七日，病少间，即勉病痾而临于蹄水，不觉水镜照颜色之枯槁，叹曰："为他憔悴至于此，岂羞再相见乎？"已而舟达前岸，乃至幽兰之居。门户萧条，百花零落，而兔麦燕葵，丛丛满目。门径之青草，乱无人除，复无应门者。呜呼！昨夕之游迹，果成梦幻，伤后会之莫续，怅前事之难追，锁杨柳春风之院，闭梨花夜雨之门，音容杳而靡接，心绪乱而纷纭，欲去而不忍去，徒盘踞于柳阴嗟叹而已。忽见白柳树有书一行，春蚓秋蛇，几不能卒读。其词云：

> 昔聂政殉严遂之难，荆轲慕燕丹之义，意气之间，糜躯不悔，虽非达节，其庶几乎！

散士既观毕，心疑范卿所为之书，然不详其何故，疑念交集。彷徨久之，有一伧父，年七十许，肩竿傍于岸而来揖曰："郎君非东海之游子乎？老奴守此屋者，以二妃有故，仓皇束装而去，临行留一书曰：'他日刘郎来访，幸呈之。'"乃将尺素呈散士，复负竿而去。散士披读之，其文曰：

> 惨莫惨于乱离，悲无悲于生别。昊天不吊，灾厄再临。昨有飞鸿告予曰："老父就缚，槛车送于西都。"妾闻之，胸中如割，情怀何可堪乎？今单身赴于虎狼之秦，将与老父共生死。欲一见郎君，以叙其怀抱，而时不我延，郎君其怜察焉。哀哀鸿雁，垂翼北行，嗟余命薄，事与愿违，怅良会之永绝，伤素怀之难通。欧云米水，万里异乡，萍踪无定，彼参此商。离梦踟蹰，别魂飞扬，风流雨散，一别堪伤。兰摧凤去，只搅妾肠，命运也夫！夫大丈夫志在四方，五洲若比邻。苟恩爱

不亏，虽万里犹然觌面，何必区区共朝夕，同衾裯，乃为亲爱哉？郎君立功马革，垂名汗青，良时在兹，千万勿失。异日者闻东洋之男子，仗正义，倡自由，树独立之旗，以与欧人争国权。斯时单身赴难，驰驱戎马之间，侍汤药于郎君之侧者，必贱妾也！郎君凯旋，迎于马前，握手而祝功业者，亦必贱妾也！若当年郎君不见妾，则妾身命早供国家之牺牲，知非现世之人，成道义之鬼矣。呜呼！恶梦成谶，怀君而泪滂沱，携手之期，邈而如梦，思心如结，谁与解之？挥泪谨告别离，愿郎君为邦家努力自爱。

封中又有一书，寄波宁流女史者，红莲介散士之书也。散士读幽兰书数回，黯然失声，久之乃怅然曰："幽兰能以伶俜弱质之姿，奋身而赴父难，余感其一见之知遇，与订终世之交约，此书慷慨悲歌，言言忠愤，表今世之永诀，奖散士之前途，岂所谓一世之女丈夫者耶？呜呼！节烈如是，才德如是，尚于时不会，流离飘徙，皇天后土，何其酷耶！盖闻梅蕾魁春，必经霜雪而香始妙，豪杰冠世，必历灾厄而名始成，天道至微，真不可测。而思红莲、范卿之前途，共不顾一身之荣辱，怀恢复国家之大志，其任也重，其道也远。今幽兰以老父之故，惨遭厄运，岂昊天别有深意存耶？抑其妙龄弱质，奋不顾身，而交情不忍相离，与俱赴死耶？"独问独语，忧愁幽思，疑团愈难以解。而举首四顾，山河如旧，麦秀草乱，人去时移。落晖捣西山，晚风扬水波，杜鹃牵离情，极目萧条，不堪景况。散士当此，不益动其离情哉？乃回棹而归于费府。

自是之后，怏怏不乐，忧溢眉宇。旁人皆不知其故，以为其病痫再发，群以保养加餐相劝勉。而散士窃藏幽兰之书于筐里，时取而读之，忽而丽容遮眼，温语来耳，忽而愤恨交集，忧郁不解，至废书忘餐焉。于是日傲放于山水之间，欲以写其幽怀，摅其胸臆。不觉年流水逝，春去夏来。一日引杖而步于景山之公园，过春园桥，下凯旋街，凯旋街者，在于费府之中衢。美国革命之役，佛将罗柄斗年尚少，感米人之义举，倾产不顾身，尽力助米国独立。奋战勇斗，见者为奋，闻者为起，战功亦多。米人感其义，凯旋之后，造凯旋形以缋将军。后人想慕将军之功，欲其垂于不朽，因取以名街衢。芙兰麒麟之墓亦在于此。散士深慕芙公之为人,因谒公之祠堂。入门跪而拜之,微见一苔石孤立于青草之中而已。呜呼!公者自由之泰斗,而学术之先进也,儿童走卒,无不知公之名。当国家艰难之时,公年过五旬,能超万里之山海,伏英阙而谏英主之非,归而挥泪戒米人之轻举。或欲说佛王,使解两国之纷乱,英王漫容之,先以兵威抑压之。事势至此,知不可,乃奋誓与米国独立。当斯时也,间关奔走,席不暇暖,游说欧洲强国之君王,感激佛、西两邦之君相,以结合从之盟,成独立之举。惟公之力居多,而墓碑仅刻有芙兰麒麟数字而已。嗟乎!夫富贵之徒,骄侈逸乐,无益于国,有害于世。或擅弄威权,以凌轹下民;或文饰碑铭,以欺瞒后世,或建立寺院,以祈死后之冥福者,方之于公,真不可同日而语也。且公学贯天人,数侵危险,立于霹雳之下,遂悟电气之理。

当时世人皆嘲曰:"腐儒空谈,无补实用。"公闻之曰:"众人顾目前之利,忘远大之志,志士虑永久之策,轻须臾之名,百年之后,必有知我者。"今也电线如织,万里海外,瞬息可通,陆驰铁路,海荡汽船,至用以陷城,用以疗病,电气之功,其利薄哉?公之言不其验欤?

夫布衣韦带之士,能倾动王公将相,一国兴废,决于片言者,何也?为道存学博也。孔子云:吾闻其容体不足观,其勇力不足惮,其祖先不足道,而终有令名以显于四方,芳声流于后世者,岂非学之效乎?所以君子黾勉修学也。散士既近卧龙出庐之年,犹负笈而漂零海外者,慨文章之未著,功业之未成也,故窃比韩昌黎祭田横之志,独自解曰:"我志不迷,虽流离颠沛,亦何悲乎?"低徊墓前,不忍去者久之。

瞥有一士吸烟而过,逍遥墓边,揖散士曰:"君何国人哉?"散士曰:"东海之游子也。"士问以东洋之形势,散士具语其状,且曰:"欧人贪欲无厌,蚕食日甚,东洋之势殆日危矣!"士复问曰:"贵国北接强俄,仅隔一苇之水,其北门锁钥之状如何?"散士曰:"俄人以一骑渡江,无一兵之防也。"士愤叹不已,少焉指一榆树曰:"是高节公之所手植,以供芙公之灵者也。"散士问曰:"高节公何如人哉?"士厉声曰:"君不闻乎,波兰之名士也。"散士曰:"余夙闻其名,然未详其所为,希为吾语之。"士乃踞草间谈曰:"昔者波兰威名震动欧洲,执牛耳而朝四邻,物换星移,国势萎瘁,遂至灭亡,而追溯其源,则因国无常主,互相构阋。盖波兰虽名为王国,实无异于民政,唯其所以异者,在选贵族为王而已。故当选王之期,每弄权术,造蜚语,放刺客,二三州人独专擅政权,力持偏见,汲汲互保权位。其弊也至于不顾国家之名誉,不问下民之疾苦,其致败亡岂无故哉?"散士曰:"往者我大使过波兰①,当晓会有角声破梦,开窗视之,贫民成群,如林如鲫,惨状可掬,乞怜旅客。时木户孝允从行见之,深感国家末路之惨,扼腕咨嗟,愤叹不置,归于朝廷,告庙堂诸老以为炯戒。虽然,是固波兰人自取之过,而俄、普、奥三国之暴戾无道,岂以文明自许,深信西教者之所为哉?"士曰:"真如君所谓世人皆以救世主之心为心,推友义教会之诚以及人,友义教会者,英国之高僧,北驹趋之所创,新教之一派也。如米之芙兰麒麟、英之武赖土诸杰,皆为其会徒。其宗旨则博爱众,厚友义,重隐德。最戒战争,防乱人之侵掠,不许攻击之行,一据耶教之本旨,而又不建寺院,不置僧侣,不行洗礼。其说曰:幼蒙之时,心思未定,虽受洗礼,不能遽分别善恶也。是故别不设洗礼,世人各随有善恶,其所愿望,亦各异也。然而僧侣以一人之身,而诵同一之经,欲使遂各异之愿望,其可得哉?是故不敢置僧侣,以祈冥福也。则天下之乱,干戈之惨,期日可绝,而大进于文明矣。惜季世浇漓,趋于势利,奸雄伪僧,营营以教法为饵,岂得不慨然哉!且夫波兰今日之祸,详细论之,其故亦非一朝一夕也。一千七百六十四年,波兰贵族陷于俄女皇峨嵯嶙第二之术中,信其甘言,纳其贿赂,选希腊之王子,使即王位。希腊教者,戴俄帝为神,一意遵奉,是非善恶,皆听其命,以是为教法之大本。故俄人每假之为吞噬之器,侵掠之具,天下之所共知也。当时俄帝煽动希腊教徒,使起内乱,而后遣大兵援之,大败波兰之军,至割地为城下盟。呜呼!沉溺于教法之害如是,岂可不深鉴哉!波兰之兵,虽既大败,彼都人士,尚怀敌忾之气,不忘戴天之雠,卧薪尝胆,谋恢复者,所在多有,四海之志士亦多援之。

---

① "兰",原作"澜",据《饮冰室合集》本改。

"普、奥亦大悔向日之暴行,普国乃至更奖励其独立。于是波兰人新创起宪法,废共和之政,设立宪公议之制,选皇子而奉戴之。飞檄告之文明诸邦,欧米各邦亦皆承认之,而俄独执拗不可。虽然,波兰之民,固守不动,上下一心,誓死以恢复国权。若其是非则待天下之公判而已,倘得一二强国之助,以胁俄国,则光复旧物,固不难也。惜哉波兰之贵族,见旧法之有利于已,遗国家独立之大计,掣独立党之肘,而拒之不与同盟,俄帝因扬言曰:'波兰之独立,非全国人民之志意,乃学士书生之奢望,欲以报私怨泄不平而已。非镇压此辈,难保欧洲和平之局。'于是发大军而伐独立党,贵族乃箪食壶浆迎之,举兵相应。贵族专横之害,岂不可深鉴哉? 至是普国亦变所缔之约而与俄合,三军来攻,独立党推高节公为大元帅以拒之。公者波兰之名将,以高义闻于天下。当米国独立之日,召集同志,参华盛顿之帷幄,多所献替,而与芙兰麒麟最亲善。米国独立之后,米人大嘉公之战功,欲以高位待公。公固辞曰:'烈士趣难,不谋其报;忠臣虑国,不顾其身。余所以为米国冒万死,栉风沐雨,驰骋于矢石之间者,恐天下自由之消灭也,岂为贪功名慕富贵哉? 今也怆怀故山,慷慨太息,欲以血泪誓脱俄人之羁绊,罚贵族之不忠。鼓舞人民,兴复国家,我之素愿也。加以贵邦人独立不羁之风,百折不挠之气,奖励于余者,亦复不少。余若贪荣官,留此土,世人将谓我藉口米国之独立,不顾本国之危急,舍难就安者也。大丈夫岂忍栖恋于乐土哉?'决然挥袂,卒归故国。天下闻之,皆高公之节,无不称誉者。一千七百九十二年七月十七日,公将孤军邀击俄之大军于治闵加而不胜,波兰皇子闻之,魂落魄褫,赠书请俄人,乞止兵。公大怒,让其反覆怯弱,皇子夜逃归于贵族党。时虽有谋臣,而民无匡合之志,远绩屈于诈术,雄图挫于昏主,烈士扼腕,委寇雠之手,中人变节,助虐国之桀,事至于此,虽有善者,无如之何。公亦挥血泪遁逃他邦,以待时机之至矣。明年波兰忠义之士等,计欲再举,高节公之诸将,亦纷纷来集。辄传檄举兵,攻假王而擒之,大刑戮反国之贵族。普王闻之,直遣兵来攻,公邀击又破之,驱敌兵于境外,遂至不见敌之一骑,兵势大振。波兰之独立,期日可待。俄帝峨嵯嶙闻报,集诸军议曰:'朕不征服波兰,不复见尔等。'命名将数和老付兵十万,与普军合而来攻,高节公奋勇尽智,抗俄、普两国之大军。十月十日募死士与将士诀别,与俄之大军血战,呐喊之声动山谷,鼓鼙之响震天地,尸积为陵,血涌成浪。俄之援军益加,波兰之军,遂以不支。高节公取旌指挥残兵,纵横驰突,遂蒙重伤,落马疾呼曰:'波兰国命,尽于今日。'遂被擒。俄将频劝降,高节公曰:'自古谋军者,师败则死之;谋国者,邑危则殉之,士之常道也。仆又有何面目再见天下之士耶?'遂不降。波国风落华之守兵,感公之高节,城陷之日,男女一万二千人,奋战勇斗,死伤略尽,余悉投于水火而死,曾无一人降者云。呜呼!报国之赤心,至死不挫,遗芳余烈,流于百世,感人之深如是,此岂非真大丈夫乎?彼榆树者,公辞米国之日所手植者也。夫表墓推善,思人爱士,甘棠且勿翦,矧名士之遗爱乎?"散士闻之,感叹不置。士举首曰:"谈话入于佳境,不觉移晷,若有嘉会,更图相见,请自是辞。"遂昂昂而去。

散士独徘徊树边,悲英雄之晚节,伤强国之末路,他日游于欧洲,欲访波兰之丘墟,吊高节公之英魂。又慕芙兰麒麟功成身退之荣,感时会之变化,慨天命之无常,再拜芙公之墓而去。时阴云含雨,电光闪空,霖雨达地,散士奔避之于春园桥下。又有五六辈避雨于此处者,相指曰:"此百年前芙公飞纸鸢以捉雷之地也。"既而雨过晴放,暑熟渐去,晚凉殊清,散士沉吟得短古一首:

> 凯旋门上白日沦,春园桥下凉味新。
>
> 孤杖来吊芙公墓,追怀往年感叹频。
>
> 自由栖处是我乡,千古格言扫俗尘。
>
> 报国心肝坚于铁,手奉檄书诉苍昊。
>
> 孤身乞援三万里,国家存亡聚一身。
>
> 八寸之笔三寸舌,诚忠凛烈泣鬼神。
>
> 合从盟成巴黎夕,锦帆直还北米晨。
>
> 愁云笼光龙京月,群芳添色华府春。
>
> 钦君天边巧擒雷,能驱电霆代邮传。
>
> 一线通处坐可语,不论乾端与坤垠。

雷也犹能听君命,何况济济四海人。

君不见如今自由光八表,英魂当游东海滨。

其后欲访波宁流女史,复罹微恙,未果。一日阅《新报》,载西班牙之电报曰:"顿加罗党之将被囚于西都者,越狱而逃,未知所之。"散士拍节曰:"莫非幽兰女史之老父耶?"窃思见波宁流女史问之,必得知其状。于是怀绍介之书,渡蹄水,投汽车,向于纽濑流州。女史者,爱兰独立党之魁首,波宁流氏之妹也。其侄亦在本国,与父共奖励贫民,招集义士,抗英人之暴政,欲脱羁绊。而女史与其老母留于米国,激励寓米之爱兰人,募资积粮,以恤赠本邦贫乏,以救济为己任,隐然为在米爱兰独立党之首领。曾作一长歌,述爱兰人之困厄,英人之虐政,其歌慷慨淋漓,使闻者流涕滂沱,不能自禁。世虽或有尤其轻佻过激者,然以一女子之身,弃生取死,据天道之大义,志国家之回复,驱一瘠土之饥民,欲与济济多士相搏,亦可谓一世之女丈夫矣!且躬行高洁,赤心许国,不顾一身之欢娱,婥妁华年,未结良偶,视彼之牵于痴情,忘身忘家者何如哉?既而下汽车,敲女史之门,绝无应者。

散士伫立稍久,一婢开扉,显其半面,赤发挛耳,低鼻厚唇,历齿吃声,黴糟满面。见散士意色甚恶,傲然诘来意。散士殷勤答曰:"仆东海之游士,乞谒令娘者也。"婢掉头曰:"女史卧病,不能接宾客,况新来如足下者乎!"散士心愤其不敬,欲唾其面,又以为是固无智之贱婢耳,且爱兰人常恶支那人之无利于己,今彼殆误认予为支那人也。乃更取红莲之书,挟刺而托曰:"仆所以不远千里而来者,欲得一见令娘,表一片之冰心也。他日若有期,更图相访,望令娘自爱。"快快遂辞,至停车场,倚阶长啸,以待汽车之发。

时有爱兰人数辈亦在焉,敝衣垢颜,年皆二十五六,相共指目散士而嘲笑,或高呼为辫发之贱奴。散士故为不知,眺望远近,忽有一少年疾行来前,敬揖曰:"足下非东海之士人乎?"散士曰:"然。"少年曰:"仆波宁流女史之家人也,前枉足下之高步,贱婢不知,有失唐突。今女史令仆急追足下,乞再辱临,望足下勿惜玉步。"散士曰:"仆今日再受爱兰人之侮辱,一婢一伧,无学之徒,虽固不足怪,仆岂快之耶?且仆归心既决,请更约他日。"少年曰:"女史病在床蓐,殆有月余,杜门谢客,以养心神。今喜足下之远至,扶病求一相见,欲以开胸怀。贱婢遇足下之如何,女史所未知也。愿足下勿移怒,婢之不敬,仆乞当其罪。且女史气锐性豪,精神越溁,自罹病痫,喜怒无常。闻足下愤贱婢亡状而舍去,其病再发,亦不可知,仆将何辞以对女史哉?贱婢不敬,已听命矣。足下又云再受侮辱,敢问之。"言未终,傍有爱兰人脱帽进曰:"侮郎君者奴辈也。奴辈不通事理,又不知为波宁流女史之客,以为支那人,误失敬礼,盖非有他意也。小君为奴辈幸谢郎君。"覤面汗额,彷徨失措。散士怜其质朴悔过之速,又知波宁流女史之真病,疑团冰解,怒气渐尽。

乃与少年再至波宁流女史之家,待于客堂,有颁白之老媪来迎曰:"妾波宁流之母也,曾寄书红莲女史,告以郎君为人,劝结交焉。贱儿闻之,日待郎君之至,真不唯一日三秋。既而罹病,辗转床上,将一月矣。医士恐儿见客,为悲壮之谈,精神激昂,酿身体之瘦弱,禁使勿接客。且小婢亦不知郎君远来,以为常客,误而失礼,至使再劳玉趾,虽是小婢无智所致,抑亦妾等之罪也。海量容宥,贱儿所切祈也。"散士曰:"是何足以为罪耶?唯得见令娘,仆不胜喜幸。"老媪曰:"贱儿病卧于床,久不妆饰,固不可以见高宾。郎君察其不得已,请勿尤之,得相见而辱一言,幸甚幸甚。"散士曰:"令娘若不弃,岂敢辞之乎?"少焉女史徐步而入,散士鞠躬而立,女史促散士使坐,亲安坐榻。年二十七八,肌肤欺白雪,皓齿如连珠,两颊肉寒,双眼光冷,结绿鬓而垂于后,眉宇如有忧者。女史徐语曰:"妾曾见《新报》,知日本人有义气,又因红莲之书,闻郎君高风,久愿一相见。郎君不弃,不远千里而枉玉趾,妾喜罔极也。"散士曰:"仆聆令娘之高操卓节,心窃慕之,兹有年矣。今忽得接謦欬,仆喜可知也。闻令娘久染病痫,今少间否?"女史曰:"妾之病者乃不自量力,忧国慨时,心郁气结,所使然也。昨来少闲,愿假郎君半日之暇,为我说卓伟之高论,谈风流之韵事,又话东洋之奇谈,使得以散幽情。"散士曰:"仆唯欲聆令娘之卓说而已。"女士微笑,暂不言。时郊外之制造厂,汽笛已报四点,日轮西匿,微风卷窗,女史命婢解窗,则平畴崇田,参错目下,青山翠霭,出没云间。禽鸟则弄音于丛林之上,鹭鸶则刷羽于青草之滨。执锄者翁,曳牛者童,皆足添登临之兴。回垣有一川焉,流于枯岩瘤石之间,声响湲湲,如奏笙瑟。凡兹景物,莫不令人乐而忘忧。女史指而示散士曰:"彼山谓何丘,彼水为何川,昔为用武之场,今为掘矿之地,村落在于彼处,墓碑隐于彼边。"散士叹称不止。女史曰:"妾常爱好景,卜居得此。朝之出也,而说正理,论大道,锄暴援弱,斥贪利之徒,而救罹厄之穷民。夕之归也,缃书清风之中,钩深极奥,穷览妙旨,时踏月歌风,欲以排终日之郁闷,是妾无上之乐。而芙公所谓自由栖处是吾乡之意,其在斯乎?"散士曰:"仆生平之望,亦不外此。"既而女史更指前川曰:"妾又有纶钓之锢疾,彼水者,妾日夕所垂竿之处也,郎君亦好之乎?"散士曰:"奇哉!令娘所嗜,何其与仆相同哉!仆在乡之日,投纶东江之涯,垂竿西水之上,概无虚日。其后丁内难,南辕北辙,席不暇煖,况西游以来,书窗之日易倾,以是不试者又数年矣,仆好之实深。"女史曰:"然则请俱钓于前川,投尘事于一竿,以散除忧郁。"乃命婢装纶丝。

步至川岸,沿水而下,百余步,流忽止,洄而为潭,广十二三弓。两岸之垂杨覆空,一二奇石,横于潭中。藉氍毹而共垂纶,先相约曰:"请以钓鱼决雌雄。"少焉泼刺上竿者数尾。至于薄暮,各算所钓,散士输一尾,女史大笑之,且欲归去。散士尚未止,依然注目于竿头。女史嘲笑不措,乍见一鳞活活跃水,与纶共上,大二尺强。女史大惊,哑哑之声未终,忽为鸣呼之声。散士顾而曰:"失于东隅,收于桑榆。谚曰:'功业观其终',令娘以为如何?"女史曰:"郎君何傲之甚,所得非相同乎?"散士曰:"无如仆之所钓,其大殆倍于令娘。"女史曰:"始约岂以大小乎?唯在其数之如何耳。且妾所得者虽小,色鲜而味美也。郎君所得,容体大矣,而色味俱不及。请譬之于人物可乎?夫不知戎骊鞍乎,一鞭跃马,所向无前,旬日而纠合罗马帝国,即帝位,进而蹂躏亚细亚诸州。又不见若逊乎,驱市民而指挥之,与英国雄军,三战大破之,遂为大统领。拿破仑者,自一孤岛起,即佛国帝位,其用兵如神,席卷欧洲,威震四海,欧之君相,纳降惟恐后。智亚者,抱经济之才,虽贵不骄,虽贱不怨,许国之志,白发不渝,回已颠之国势,复既覆之宗社,遂升佛国大统领之位。和通土之为人,虽多病薄弱,然其为事则百折不屈,且能采物理之奥,遂驱蒸汽而代人力,海则浮巨舰,陆则奔铁车,自生民以来,有益于世者,殆无及也。是数人皆盖世英杰,智丰材高,而其长皆不及中人,所异者脑里而已,岂可以身体之大小决雌雄哉?今十九世纪者,才艺竞争之世也。岂若往古野蛮,徒以单骑勇斗,夸身体筋骨之强,凌弱压寡,优胜劣败者哉?呜呼!如郎君之说,则将谓八尺农叟,南方黑奴,贵国角觚,无敌于天下欤?可谓不通今日之事情者矣!"散士哂曰:"岂非以仆矮少故,欲婉折之耶?但所得大鱼甚多,其小者乞再放之。"女史曰:"妾闻男子之情,变易如秋气,信哉言乎!郎君以后得之大,忘先钓之乐,得无谓怜新疏旧者哉?"散士曰:"令娘言语抑扬,殆使仆不能启齿,今恨不使令娘得大鱼。"女史大笑。

时已黄昏,乃收竿而归,导至客堂,谓散士曰:"今日之乐,实近来所无,郁忧全散,乐不可言。然少觉身疲神惝,郎君幸恕之。"徐起,凭于长椅。母氏推闼来顾女史曰:"心神果如何?"女史曰:"二竖已退,盖郎君之赐也。"三人团乐,纵横谈笑,兴亦渐酣。倏而耀以华灯,羞以晚飧,良肉鲜鱼,杂陈案上,粲然如玉。所钓之鱼味最甘美,共赏不止。散士置箸问曰:"闻英人奖励己国人之航海,妨害爱兰人之富强,令曰:'爱兰人非乘英船者,禁渔于海。'真有此事乎?"女史张眉曰:"有之。其他可推矣!百世之国雠,不可不报!"声渐激,语将烈,母止之,更移语而谈及东洋妇人情态。女史笑曰:"东洋甚多美人,想有闭月羞花之娘,倚窗望南来之雁,傍门看入岫之云,眷眷然迟郎君之归者。"散士莞①尔答曰:"仆少狂狷不检,其后旧邦丧乱,飘零东西,殆无宁日。且性不好歌舞游荡,乏洒洒落落之风,穿纨绔,衣轻裘,喔咿嚅唲,以事妇人,生平所耻为。以故绝无顾仆者,仆亦以是为自得,将于鳏衾孤灯之下,虚度一生,未可知也。"女史曰:"闻君之言,妾有感焉。抑妇女欲挥柔软之臂,有为一世,势不能迎夫以谐偕老,盖生产则动辄掣肘,子女则屡多累心,遂有不能如意者。男子则不然,妇护

---

① "莞",原作"筦",据《饮冰室合集》本改。

于内，教子育孙，无所不至，但勉其外，以求志之所欲为，何累之有哉？唯在女子怜窈窕而不淫其色而已。观欧米古时义妇烈女，终身不嫁者甚多，而男子毕生孤独者甚鲜。呜呼！人非枯木顽石，孰无怀春之情哉？惟天下事有更重于此者，遂不遑顾耳。"散士曰："令娘之言，可谓有理。然仆所闻，如哲学之大家感堵，理学之泰斗纽顿，大史麻浩冷，词家华圣顿、于留赞之数人者，终身不娶妻。米之大统领婉美伦，舞云河南，亦然。男子岂特无累哉？且夫歌楼舞馆，固多腰细身轻，水郭山村，岂乏明眸皓齿哉？但欲得契心者，难如冀北之驹，是所以有美人薄命，才子难配佳人之叹也！若男儿一误娶奸妇，溺于淫女，大而失国，小而破家，污名玷节，其实不鲜。古人有言：'皓齿蛾眉，伐性之斧。'岂得谓无累哉？"语未终，女史笑曰："然苟有才丰容丽，大事足与共谋，小事不足为累，而谐伉俪者，将如之何？"散士曰："石桥朽于雨，羝羊孕于风，得如此好事，断非易遇①。斯仆之所梦见者耳，令娘非痴人，何须说梦耶？"女史忍笑曰："何说梦耶？近取之郎君之身而已，虽谓郎君知之，无如妾业已知之。"既而掩口曰："妾所谓者，幽兰女史之事也。郎君犹谓无情乎？将谓不知之乎？"散士含笑而不答。女史辄曰："噫！情义是天之所命，商参万里之客，一见如旧交，不能相弃，岂非奇遇哉？"散士渐得机问曰："红莲女史一去之后，情状如何，仆未详知，窃以为念。昨见《新报》揭电音曰：'西国顿加罗党之将，越狱而逃。'是仆为红莲诸娘所留意也，令娘若有所闻，幸告之。"女史含笑曰："郎君所问之人，无少失当耶？"散士曰："欲闻一知十也。"女史曰："自彼投书去后，未尝一接音翰，妾实夙夜不安。然两二娘虽年少，而才智并丰，谋略亦富，顾为竖儿之戏，危千金之身哉？"

　　且食且谈，少焉散士将辞去，女史乃止曰："人生如朝露，今日之我，焉知不为来日之鬼耶？今年米土之君，安知非为明年东海之人耶？若无要事，请永今夕。"乃导登南楼，时天月明净，绝无纤翳，江山千里，落于掌中。

---

① "得如此好事，断非易遇"，原作"得如此好事，断非易得"，疑前一"得"字衍；今据《饮冰室合集》本，改后一"得"字为"遇"。

散士谓女史曰："仆敢有请令娘者,若无关于病,幸许之。"女史曰："郎君若有所命,虽不知为何事,妾可能者岂敢辞之?"散士曰："仆性甚好音,曾闻有人吟《报国词》者,其音悲壮,其节激越,即知为令娘所作。其后行于南邦,去而来北,所至之处,脍炙人口,里童牧卒,犹歌令娘《报国词》,仆尤爱之。今令娘为仆抚鸣琴,奏一曲,其喜岂有加哉!"女史顾母氏曰："儿自罹病,未尝弄琴,我心亦觉寥寥。幸今有郎君之命,且今夕病亦已愈,请奏拙技,以慰嘉客。"母氏曰："亦甚可也,但勿大声。"女史乃起操琴,扬和颜,启皓齿,飞纤指而弹之,徐歌《报国词》。其词曰:

> 海可飜兮山可移,亡国怨兮永难遗。
>
> 请看故乡衰弊状,满目风光堪凄欷。
>
> 昔日豪华王侯家,台榭一空委茅茨。
>
> 罗织场荒炉灰冷,龙骨车朽水声微。
>
> 古城夜静老枭啼,废寺昼暗蝙蝠飞。
>
> 落落残村秋草死,处处寒墟虫声滋。
>
> 国亡王孙无人问,徒跣驱羊迷路歧。
>
> 最怜矮屋群居者,数个山薯才充饥。
>
> 一自版图入暴英,先世国力遂萎靡。
>
> 庚王奸①吏继世出,牧御又非昔时治。
>
> 重敛虐民膏血枯,前有铁锁后鞭笞。
>
> 苛政如虎极暴威,贪婪无厌事奢侈。
>
> 细民苦租卖田土,一家离散又何归。
>
> 子别慈亲妻别夫,年年流落向天涯。
>
> 宗祀不祭鬼神哭,饿殍横途鸡犬稀。
>
> 云黯淡兮山川愁,风凄飒兮草木悲。
>
> 呜呼! 乡国之惨既如是,杀身成仁是丈夫。
>
> 宁为玉碎忠义鬼,不愿瓦全亡国奴。

---

① "奸",原作"好",据《饮冰室合集》本改。

好除鄙夫兴新政，凯歌与众还旧都。

英声奋逸，风骇云乱，或曲而不屈，或直而不倨，时劫掎以慷慨，或怨嗟而踌躇。散士聆毕不觉而叹曰："悲哉！令娘所赋也。昔时师旷调律，以知南风之不竞，季札闻乐，以知诸侯之存亡。令娘忠义之诚，悲愤之念，自溢于弹琴歌曲间，能使人感动而不能已。散士虽不能音，岂得不感触哉？"女史歇弹而慨然曰："妾非歌之悲，其实出于境遇耳。呜呼！国之独立，天理之当然，地球之通义，他人不可压者也。而英人屡压之，遇我爱兰人，不啻禽兽。请观我南方民人之惨状，壁落屋破，莫蔽风雨，露繁无衣以御寒，霜陨无履以裹足。子孙不能就学，弟妹不能结婚，终身劳于田野，披星而出，戴月而归，冬夜苦寒，缝织弗息。地主暴敛，莫救饥饿。欲革制令之苛，除民人之害，并使英、苏二国之全力而压抑之，又不能为也。且彼倨傲无惮，向外人则曰：'爱兰之人，无教无学，虽诱掖犹弗识，鲁钝过于支那，愚陋匹于印度。妨大英国之文明，且伤荣名者，爱兰人民也。'噫！何其不思之甚耶！政事家则有威怒门土、暮留驹，雄辨则有于古宁留，将略则有于宁留、宄林顿，佛之大统领若马奔、美之大统领若逊等之数氏者，皆自爱兰所出。英雄学士之多，盖更仆难数哉。今也国弊民瘁，困苦极矣，犹谓人种使然，何其冤耶！方今英国军士之威，耀于五洲，通商贸易之盛，冠于宇内，人恐之惑之。而真鉴爱兰古今之成败，怜我穷厄，助我党之忠诚者，寥寥若晨星。徒目为凶昆之邪境，抑又悲矣。呜呼！夫霜雪可以杀柔柔蒲柳之质，而不可以夺亭亭松柏之操，英国之苛令虐刑，可以钤印度无气之民，不可以压爱兰必死之士。夫盖棺而论始定，人生之所愿，即后世之所耻，妾何顾当世之毁誉耶？"

议论风发，辨如奔马，更谓散士曰："夫亿兆之生灵，其所愿各有异也。发愤不顾身，为天下劝善除害，扶弱挫强，使大奸不能容身，志士仁人也。探茫茫空天，测漫漫苍海，寻至微之奥，穷玄妙之理，理学者也。意如涌泉，论如燎火，人以为文坛老将，读之者搁笔，对之者拑口，文学者也。马上叱咤三军，杀人如草芥，尸积为山，血流漂杵，以为自得者，将士者也。以徒手空拳，自布衣蹶起，际会时运，掌握生杀与夺之权，而以为乐者，英雄者也。不顾下民愁苦，急征暴敛，食饮方丈，侍妾数百，自以为得志者，暴君者也。终日终夜，造次颠沛，决输赢，为黄金，苦虑焦思，以有无相通，不知谋国家人民之福祉者，守钱奴也。一重诺，信片言，为情人辛酸万状，而犹不悔者，多情者也。巧言令色，俯仰权贵之颜色，汲汲以保终世之生命者，佞幸者也。饿无一饭之食，寒无一袍之布，流离疾病，遂毙沟渎，犹不逢救者，薄命者也。呜呼！人生祸福之差如此之甚，其所以然者，何耶？宿世之因缘之不得已耶？将其所受之性虽相同，而所志有殊耶？或教育所使然耶？抑感触交游使然耶？果天之赋与，命运有不可夺耶？然则生不足乐，死亦不足悲，任之天运，或我所信，施于社会，为生民而弃身命，终始不违道义也。"散士曰："汉国之硕儒司马迁有言曰：'古者富贵泯灭无名者，不可胜纪，唯称倜傥非常之人。'志士生世，百折不挠，在流芳千载而已。"女史曰："人生之幸福，果存于何处乎？妾有惑焉，愿郎君为妾语之。"散士曰："史云：有人从容问于希腊古圣楚伦曰：'以先生之所见闻，人生受最上之快乐者，抑何人耶？'楚伦答曰：'亚天之士贞流士其人哉，正直义烈，闻善若渴，视恶如仇，常营独立之策，有余力则救无赖之孤儿，贫弱之衰老。后与贞节佳人结婚，产数子，皆俊秀，有令名，事亲孝，交友信。贞流士当老年，邻国起兵来伐。贞流士攘臂荷戈，奋举义兵，血战勇斗，将士为之振，民心为之起，大破敌兵，京师赖以全，自由之义可再兴也。而贞流士已蒙重伤，遂陨于锋镝。举国之人，无论知与不知，皆为流涕，举国家之大典，以祭忠魂，建芳碑以垂功业于不朽。'呜呼！如此男儿，生无恨于世，死亦可瞑于地下矣！"女史闻而忾然曰："男儿则甚可羡，妇女则死无处所，其奈之何？"时案头之自鸣钟报十一点，散士惊起谢曰："请为逍遥之游，以散幽郁，发清亮之音，以乐心神。次以遒快之论，使更奋起散士之心。散士唯终夜侍于令娘之侧，问其所未知。虽然，时更已深，请自是辞。令娘之身，一国兴废之所关，幸自爱。"女史曰："郎君不弃妾之不才，远路来顾，无辞可谢，唯祈重枉玉趾，开妾胸怀。"散士曰："是仆所愿也。"殷勤握手而别，又投汽车，归费府，时夜既深，万响俱寂矣。

卷 四

越六日,散士阅《新报》,揭一报曰:"爱兰独立党之首魁波宁流女史,革于病急,昨日已逝幽冥之乡,年二十八。"呜呼!哀矣哉!散士一读,愕然而惊,默然低首,怃然太息者久之。既而喟然叹曰:"幽兰、红莲之二妃,濒遭殃祸,踪迹生死,亦未可知。今波宁流女史,亦弃世远逝黄泉。呜呼!天常厄非常绝特之人,助残暴无智之辈。颜回之夭,盗跖之寿,造物岂妒才忌智者耶?抑前世之凤因有不得已耶?古人有言曰:"天道福善祸恶。"余不能无疑也。"自此夕散士复感病疴。时国中闻女史之讣音,无不悼惜者,及其葬也,皆欲相共送之,云集雾合,拥棺不去。于是旅榇自新府回于慕士顿,亦还来费府,到处送葬者数万人。散士独以二竖之故,遂不能吊访。呜呼!以妙龄一女之身,为一世所景慕如此,非至诚感人,焉能如是哉!女史尝谓是非至盖棺而后论定,可谓所期大而不违者。

斜晖已收,暝烟全散,长空皦然,又见云翳。翘首而望,如一轮冰悬于松间。散士时开窗倚楼,四面临眺,遥怀故乡,追想旧交,良友半流离于四方,半化朽于黄土,怀彼想此,百感交集,殊觉难堪。忽而又感波宁流女史之事,时遗尸未及葬,旅榇尚在费府北邙,乃亲往吊之,欲全旧交。直步趋向之,过丘树之间,行小水之涯,乍而木叶蔽月,路暗影冷,乍而玉兔落水,潺湲成响。渐焉达北邙之上,万籁寂然,四无人影。已而近旅榇之边,见似一块人影,屈身凝视之,忽纤云隐月,茫不可分。唯见白衣蓬发,腰下朦胧,如烟如雾,如行如止而已。尖风一阵,叶鸣枝震,倏焉影消,鬼气袭人。散士幼未通事理,于时世闻有幽鬼者,虽素不信之,然少时习染,于脑里不无所感触,胸惕然而悸,肌忽尔而战,寒栗殆洽于体。自顾辗然而笑,是精神惑迷所致,所谓疑心生暗鬼耳,即进至旅榇之前。旅榇在一土室之中,广五六弓,散士开其一面,膝跪下而发微声,祭波宁流女史之灵曰:

> 维一千八百八十二年月日,爱兰之烈女波宁流女史卒,不幸短
> 命,春秋仅二十八。呜呼!哀矣哉!父为海军名将,母为独立党领

袖,兄爱兰之名士,皆名高一世,侄亦独立党梁柱。嗟乎! 厥姓斯氏,世奋芳烈,扬声四海。会遭阳九,旧都陨颠,外人专政,生民悲咤。君乃羁旅,隔此阻艰,忠肝如铁,力图恢复,忘身磨节,扶弱挫强,以为己任。无如命运偃蹇,自天降殃。呜呼! 哀矣哉! 神枢发新府,迄北慕士顿,经历山河,又至南费府,送葬者云集途次,号恸之声满天地。路人为之洒泪,征马为之悲鸣,悲风惨凄,愁云黯淡。呜呼! 哀矣哉! 君少负志节,不轻以身许人,至孝至诚,励行清洁,整躬率物,驭下有方。文如春花,思如涌泉,下笔成章,发言可咏。又深于韵乐,歌音遏云。旻天何心,夺此烈女? 呜呼! 哀矣哉! 君尝戏谓散士曰:'天命无常,不谋朝夕,今年西土之士,安知明年不为东海之人? 今夕同欢之友,焉知明朝不为黄泉之客?'何意谐语成谶,遂有今日。吁嗟神枢,将返故乡,长已矣,音容其莫接矣! 君又尝语散士曰:'为是为非,盖棺论定,在无愧于后世耳。'呜呼! 人谁不有死,身没名垂,先哲之所伟也,君亦可以瞑目矣。呜呼! 哀矣哉! 孤云结而日惨淡,中泉寂而夜深沉,白露滴而征衫冷,悲风起而丘树惊,幽兰摧而凤凰去,红莲折而鸳鸯离,生年浅而逝日长,忧患多而欢乐鲜。昔同志,今异世,忆旧欢,增新感。心悲郁而谁解? 泪滂沱而莫掩。呜呼! 哀矣哉! 尚飨。

吊毕,低首不语者久之。时云开月明,四面如昼,有一女露半面于苔碑之后,癯然面白,凄然眼冷。散士遽起见之,矍然失容,毛发森树。女徐起曰:"君非东海之郎君耶? 妾爱兰之红莲也。"散士熟视久之,徐谓之曰:"呜呼! 红莲女史,何来至此乎? 使仆一见之,犹疑梦中之梦,真可谓奇中之奇遇也。寸心仿佛,夫复何言?"红莲曰:"妾亦悲喜交集,一语一话,不知所出也。"散士更问曰:"幽兰、范卿,今在何处? 别后之状,愿详闻之。"红莲悄然曰:"此非一朝一夕所能尽也。盖妾等自与郎君话别,虽未至半载,而世运之隆替,人事之变迁,妾等困踬迍邅,其情事殆如隔世。"散士惊闻其言,急问曰:"二氏究何如乎?"红莲依违而不能答,既而曰:"郎君若欲闻之,亦徒增悲哀耳。"散士意愈不安,又将有问。红莲顾指土室曰:"呜乎！断金之友既如此，不其悲耶？"散士曰："仆以一面之交，且南北异国，及闻其死，犹悲悼不能堪，况生同国志同方者，其情当如何耶？"红莲曰："妾今夕自欧洲至，装未及卸，早闻波宁流女史之逝，惊愕失措。知旅榇尚在此处，故匆匆踏月而来，手折花枝，欲以供吊其遗灵。忽闻人声之近，乃隐避碑阴。其人亦至榇前，永留不去。妾数举首窥之，时痴云掩光，树下影暗，无由认其面。既而闻其所语，或引幽兰之名，或呼贱妾之名，愤恨悲歌，继之以泪。妾疑念愈滋，更翘首瞻望。忽而玉兔出云，始识郎君之面，窃怪郎君亦何事乘夜来此。"散士曰："对月怀人，情之常也。今仆之来吊者，亦出于情之不能已耳。夫山寂夜静，四无人影，照我双影者，天上之明月，闻我谈话者，一堆之土室。乞自是语别后之状可乎？"红莲曰："妾所愿也。"乃席草相对而坐。散士曰："溯自蹄水相见，仆心盖不能忘，昼之所思，夜之所梦，虽七日如七月矣。"红莲曰："妾等犹有甚焉，相待之切，直不啻七年之久也。"散士曰："溯当时既及期日，至蹄水滨，风云俄起，水波忽兴，大雨淋漓，衣裳尽湿，舟不能渡而归。自是感于小痾，辗转床蓐矣。"红莲曰："妾等日屈指以待郎君之至，到期日幽兰更喜溢于色。范卿割鸡烹鱼，妾拂室净席，以为大驾即临。何期风雨无常，人事多左，郎君竟尔不来。次日又有飞报曰，幽兰女史之父，入于西国，为间谍所知，缚送西都。女史闻之，痛哭彻骨，乃告妾等曰：'尝闻树欲静而风不停，子欲养而亲不存。往而不来者年也，再不可见者亲也。今老父被难，妾岂忍坐视不救乎？妾欲明朝入西都，以救父难，事若不成，相与俱死而已。抑此行极危险，挥手一别，后会难期，唯祈得闻妾死，即各分家财，以供兴国之用，则妾虽死之日，犹生之年也。'妾斯时辄答曰：'令娘何为出此言乎？妾自与令娘结交，心腹相倾，绝无崖岸，死生荣辱，誓与相俱。今令娘以弱质妙龄，怀匕首而入虎狼之国，其死生固不可知。然妾亦岂忍见令娘之危而袖手晏居哉？且虎窟狼栖，令娘既不畏避，夫何有于妾哉？惟范卿相交之深，不如令娘与妾，留以管家财可耳。'语未毕，范卿勃然而怒，进谓妾曰：'异哉！红莲女史之言也。仆与令娘等，名虽主仆，一自肝胆互倾，交情岂间深浅哉？今也或欲舍生而尽孝道，或欲取死而全交谊，其志气节义，足令闻者兴起。孔子曰：见义不为无勇也。孟子曰：舍生取义。今仆若不随令娘等而行，将平生所读何书，能无愧死，又何以见齐鲁奇节之儒，燕赵悲歌之士哉？况他日东海散士再访之日，必以仆为怯懦之夫，贪佞之辈，与寻常支那人无异，仆有何面再见散士乎？乞幽兰女史，姑从仆请，仆虽无能，亦乐从令娘等之耳。'察其意色，似甚决者。于是幽兰女史曰：'两君所言，皆非无理。虽然，两君皆负天下重望，一身之安危，系国家之存亡，岂可以蝼蚁之信，挫大鹏之志哉？私情与公义何重，皆两君之所常称也。抑妾之去国在十岁时，地势人情，皆不甚晓。倘得良友之力，援一臂之劳，固妾所愿。况妾自与红莲结交，曾经三载，自与范卿论志，亦过两年，遽尔分手河梁，情何能忍？无怪君等负一片之公义而不能舍也。虽然，妾若携两君去，人将笑妾之不明，嘲两君之浅谋矣。孰若留于此地，守身待时，以冀达夙昔之志，垂功竹帛耶？天运未尽，吾等岂无握手之日哉？惟两君酌之。'范卿掉头曰："否！否！昔者荆轲好侠，轻身而入秦庭，聂政重交，仗剑而刺韩相。是虽不合于大义，然交情之厚，意气之刚，足令懦夫闻风兴起。故天感其诚，白虹贯日，太史公亦记之，以传于万世。且夫事之成否，固关天运；人之生死，亦有命数。苟天命不与，一朝染病而死，虽留此地，亦奚补矣？语云：死或重于泰山，或轻于鸿毛。苟问于吾心而安，虽漂流于怒涛之中，陷溺于火泽之下，夫何惧耶？此行或有补于万一，亦未可知。吾意已决，乞令娘勿复言。'于是妾亦助其言，频劝女史整束行装，以明朝将航于海。女史乃允之曰：'今夜已深，前途之计略，俟船中相议可矣。'乃各散就寝，女史犹对灯沉思，依依而未能去。妾怪问其故，女史曰：'吾有一片愚诚，终不得达。临此大难，欲忘而不能忘。且后日郎君若再来访，见妾等之不在，且疑且怪，将如之何耶？妾苦无策以通其情，故不能寝也。'妾因问曰："令娘知郎君之所在乎？'曰：'否。实深憾也，然即知之，而时已迫，亦不能亲访，投书则恐事之泄漏，事势至此，亦无如何矣。'妾对曰：'然则令娘何不留尺素于家仆，使其达于郎君耶？'女史乃沉思移晷，即执笔而成一书，不觉晨星寥寥，东方渐白，乃托后事于老仆而行。范卿至河滨时，在白柳树题以文字，妾不知其意所在也。"

红莲说至此,因仰天曰:"河汉既倾,月落西山,夜短话长,语不可尽。请共赴蹄水旧家,然后徐语可乎?"散士曰:"携美人而同行,此事在东洋,难免讥刺。今在美国,幸无之乎,然只恐为令娘之累也。"红莲曰:"何为累哉?特蕙兰不引凤凰,而泥土莲花,反错悟之,诚所愧也。若使幽兰女史知之,其以妾言为何如乎?"两人且语且行,既下北邙,紫山孕旭日,万象渐明矣。乃下川岸,傛小舟,向蹄水。舟过绝景山之间,绝景山者,费府之游园也。地势高爽,境域广大,风光之美,眺望之奇,称五洲第一。时两岸树木郁茂,禽鸟和鸣,红莲右手指林头之一楼曰:"郎君知彼古屋乎?"散士曰:"咄!叛将阿能奴之旧居耶?"阿能奴者,美国之将,以才略显。革命之役,美军不振,兵势日蹙。时英国以重利饵之,阿能奴心动,约擒元帅华盛顿降于英。被觉,投于英军,乃将英兵数犯美之北境,及英军败归,住于英京。后美国独立,天下皆称华盛顿之略,芙兰麒麟之功,阿能奴独以叛将降敌,虽英人犹耻笑之,遂惭愧幽郁,发病而死。后其旧宅属于陆军,以为不忠者戒。既而舟至蹄水,同赴旧家。杨柳垂堤,蔓草迷路,壁挂茸茸①之葛,屋见喔喔之鸟。至门呼仆,仆应声而出,仰红莲之面,且惊且喜,相与入于内室。少焉红莲呼仆曰:"能得一杯鹅黄乎?"曰:"令娘等去后,所余葡萄美酒若干,仆性不嗜饮,故至今尚存。"散士曰:"酒肴非所望,唯令娘等行后之状,欲速闻之耳。"红莲喟然叹曰:"妾岂不欲急告之乎?无如胸塞舌结,实不能言。且恐郎君闻之,又将不禁悲哀也。故欲假醇酒以鼓其气,而后娓娓言之耳。"散士愈促之,红莲乃正襟曰:"幽兰女史与范卿,已葬鱼腹。妾独偷生,今日再见郎君,岂不耻哉?"乃取白巾掩面痛哭,散士闻之愕然,愈生悲哀之念,至手足不知所措,既而曰:"令娘何哭泣之哀也。人谁不死乎?"红莲渐举首窥散士,复痛哭。散士曰:"令娘虽痛哭,幽兰、范卿,岂可再生?毋宁纵谈往事,得以慰烈女节士之英魂矣。"时仆持酒瓶来,置于棹上,红莲强倾一杯曰:"自是可语妾等之履历也。"

"旅装既成,出于费府,直搭汽船。铁缆一解,舟行渐疾。女史携妾上甲

---

① "茸茸",原作"茸茸",据《饮冰室合集》本改。

板,相指点而语妾曰:'云树迷离,非此费府耶?费府者,是东海郎君之所在。呜呼!何日再相遇乎?非于蹄水之边,则在九泉之下也。'因相对流涕。"

散士曰:"果其如此,何与仆别后之情相似乎?"红莲乃继言曰:"三人在船中,相与计议,以为幽兰女史之去故国,在十年以前,西国人鲜知之者,以是假名漫游欧洲,有谁疑之?从此乘机应变图之可也。船去益远,至大西洋中,三人在甲板上,时月明星稀,四望无际,水波万里,浑不见云端一物。妾乃谓女史曰:'自出家既经三载,想今东海之郎君,当可到于蹄水。篱边之兰蕙,既散于疾风,后池之红莲,亦碎于骤雨。天时人事,转眼皆非,谅郎君抚物怀人,必有不能去者。'女史曰:'妾昨夜梦与郎君游于蓬莱,情绪方酣,忽为浪声所觉破。今又对此明月,思昔日之乐,怀旧日之情,殆不能堪也。'立于船头,沉吟稍久,既而顾谓妾曰:'余顷得一长行,请为尔歌之。'乃歌《我所思行》,慷慨淋漓,声出金石,及今妾犹忆当时景况也。"散士曰:"令娘若记之,何不为仆歌之?"红莲乃弹琴而歌曰:

> 我所思兮在故山,欲往从之行路难。
> 人生百事易蹉跎,几使遗臣长浩叹。
> 家国衰废日已远,君王蒙尘何处遁?
> 旧庐双燕归无家,满目昼阴草菀菀。
> 老父春秋超古稀,繁霜埋头雪印盾。
> 铁石之肝磨不磷,松柏之心死不移。
> 常秉正义排邪说,数提干戈除妖蘖。
> 经营如此谁不感,底事一朝罹缧绁。
> 月横太空千里明,风摇金波远有声。
> 夜寂寂兮望茫茫,船头何堪今夜情。
>
> 我所思兮老父身,欲往从之天造屯。
> 万斛深悲奈难遣,星河西落未成眠。
> 怀中匕首霜气冷,腰间佩环风声静。
> 自知此行难生还,情似荆轲辞燕境。

勿谓裙钗料事危，阳气向处山可摧。

勿谓妙龄不堪戈，至诚固有鬼神知。

去国匆匆十裘葛，姻戚半散半枯骨。

谈志俱是异乡人，照心惟有一轮月。

月横太空千里明，风摇金波远有声。

夜寂寂兮望茫茫，船头何堪今夜情。

我所思兮东海端，欲往从之水路难。

海端有国名扶桑，俗与风光皆雅娴。

绵绵皇统垂万世，昭昭威名及遐裔。

士重信义轻末利，小心翼翼仰圣帝。

孤棹啸风琶湖舟，万古含雪芙峰头。

花香一目千树春，月高八百八岛秋。

此地真个桃源洞，隔天夜夜入吾梦。

仙槎欲探犹未探，风尘之中至秋仲。

月横太空千里明，风摇金波远有声。

夜寂寂兮望茫茫，船头何堪今夜情。

我所思兮东海人，欲往从之关山难。

羡君锦衣归乡日，悲妾虎窟探儿辰。

妾今一去何日复？欧雨米烟梦相逐。

妾今一去何处会？青云黄壤豫难卜。

想昔蹄水乘兴船，东西奇遇残春天。

月下携手花落处，清风拾翠水流边。

呜呼！畴昔之日无此欢，今宵岂又有此叹？

千行泪沾红绡袖，一双影映亚字栏。

月横太空千里明，风摇金波远有声。

夜寂寂兮望茫茫，船头何堪今夜情。

歌词慷慨，红莲述之亦声声入破，秋角带霜，如号古戍，风泉和月，似泻寒滩。弹希铿尔，散士曰："睇怀往日，徒增悲伤。嗟乎！舟遭蹄水，花会灶溪，高谈娱心，哀音顺耳。白日已匿，继以朗月。歌舞渐止，携手共步庭园。花香馥郁，山河如烟。当时余顾曰：'此乐难再。'咸以为然。今果天涯离散，幽兰、范卿，化为异物。节同时异，物是人非，我悲如何？"红莲曰："当时船中又有使妾等疑者。有一妇人屡见妾等于甲板上，后与之语，辞气慷慨，频悲国家之倾覆，又能详东洋之形势，谈笑间涉及贵国之风光。该妇更艳称日本之志士某，妾询以志士之容貌行事，极像郎君。妾心有所惮，不敢问其姓名，郎君知之乎？"散士倾首曰："仆素不识此等妇人，岂非变身托事，探三君之形迹者乎？"红莲曰："妾等亦疑之，故不敢明其实。"又曰："自是羁旅之孤客，软弱之妇女，宜策奇谋，以欺西国之君臣，而语夺幽兰将军之事也。"

"经八日，船抵西国加亚津，直入西都，投一逆旅，犹恐国人有知女史者，托病不出。妾独步城边，窥牢狱之规制，探囚徒之形状，归而共议计略。既而闻幽兰将军在城西之狱，而此狱环深濠，筑高壁，虽云梯不能渡，飞鸟不可越。古来王公将士，死于此中者，不知几千。幽兰将军以名高为怨之府，故守卫警严，国人尚且不能近，是以百计千虑，亦无良策可救之。已而荏苒数日，衢说街谈，所闻不一，或谓将军病于狱中，或谓将临死刑。女史闻之，忧愁愈切。一日范卿出市，详探守城长之人，归告妾等。妾因拟往古之小说，策一奇计，而谋于二人。女史曰：'此儿戏耳。虽然，今亲戚故旧，半罹陷于干戈之惨酷，半放谪于万里之山海，无可与谋者。且夫如佛将罗柄斗逃澳国之狱，拿破仑三世遁破芜之城，其策固非天下之奇，以识者观之，不免类于儿戏。虽然，及陷于阱中，势积威约之渐，侥幸万一之外，无可为者。'范卿曰：'旷日弥久，常易酿变，变故一生，智者难施其策。不若速试之，至其成败，则听于天矣。且闻守城长好色贪财，往年丧妻，今求伉俪。乘其驱车而过城边，红莲女史之策，可以行乎？'

"翌日妾遂红粉盛服，乘凉城边，时行人渐稀，见有一二车马往来而已。少焉，有一雕车，辚辚蹴尘而至，则守城长之所乘也。心窃喜之，及车渐近，徐仰其颜，时秋波一转，亦少顾如笑者。妾故为迷途相失之状，其车亦行差缓，于是妾疾步先之，或顾或近。行五六町，白日已没，景物模糊。妾乃挹更近之，执其绥，留其车，殷勤告之曰：'妾美国之产，顷者游贵都，舍东街之逆旅。今携友乘凉城边，偶相失，数问路人以归路，以言语不通，莫能解者，而日暮途穷，进退两难，焦苦万状。且妇人夜行，君子之所戒，文明社会之所禁也。妾敢以无半面之识，冒渎尊严，为行路之妨，罪无可逭。虽然，幸怜异乡之困厄，指教归路，则铭感实深矣。'主城长曰：'仆守城长王罗也。令娘方此薄暮，彷徨道左，仆心已窃怪之。使令娘早告之，何至疲劳至此乎？若不妨令娘之事，乞同车，引至贵寓。'妾深谢其厚意，直上其侧，辄使御者疾驰，而故为媚态以试其心，似甚易交者。既而车至逆旅，彼执妾手曰：'他日更相访，幸自爱。'即欲回辕而去。妾知其尚有眷恋之情，止之曰：'阁下，贱妾之恩人也。若无阁下，妾不知如何困厄矣！深恩厚义，铭肝莫忘。夫岂可徒劳而归哉？'乃导之客房，迎意装情。更招幽兰女史曰：'此葡萄牙之人，久在美国，与妾最相善，今携手同来者也。尔来得淡水之交，蒙清明之教，是妾等所愿也。'又厚劳其御者。"

散士曰："以令娘之色，行此计略，谁不入于陷阱中乎？"红莲忽然红潮上颊，曰："郎君勿弄妾，且忍笑而听妾所谈，既而守城长辞旅馆去。翌日折简深谢其厚意，陈系恋不忘之情，且答以葡萄美酒，与珠玉锦绣。彼复表眷慕之意，以明日再来访。三人喜计之得行，频对时表，待晷阴之移。渐至次日薄暮，守城长策肥马，衣轻裘，来访旅馆。妾亦轻罗长绣，极装姿态，迎之客房。恭应敬对，如接王公者，而又绝不置眄睇于其间。守城长熙熙而语，怡怡而笑，尽倾腹心，情澜不竭。妾仍设言曰：'希期明日黄昏，共与令闺携手，枉驾敝庐，使妾得拜花颜接玉姿可乎？'守城长掀长髯曰：'仆实只身无偶。'妾曰：'阁下勿欺余哉。'守城长曰：'仆非虚言也，不幸妻丧，已经三载矣。'妾更谓曰：'以阁下有如此之丰采，有如此之仁慈，且有如此之尊位高爵，欲求伉俪，于美人才女，唯其所望。故虽未行六合之礼，两情已誓偕老矣。'守城长曰：'如令娘所言，令娘之事耳，仆何足钦羡哉！'

妾曰:"阁下未知之耳,且语妾之往事。妾原生美国之富家,父曾为汴州刺史,颇有令名。有一兄,夙潜心于博物学,及长,其志愈坚。有友某,其父西国之人也,学识深远,高出侪辈。至今想之,容貌言语,颇肖阁下,年龄亦与阁下相伯仲。常相往来,颇钟爱于妾,妾亦渐相亲,心私许之。遂纳币帛,收羔雁,不日结婚媾之义。虽然,未及移舆,偶老父罹病,无几而死。自是吾兄大结四方豪杰之士,欲周游五洲,以扩博物之学,探北洋之极,以计千载之名。虽然,以父老而未果,于是将欲纵其志。妾与母危之,力止之不可。某固赞兄之志,共告母曰:'不入虎穴,焉得虎子?吾辈岂可与市中少年为伍,徒乐太平无事,送一世于悠悠之间哉?'鞭劲风,叱怒涛,遂超北洋。当时天下之人,皆高其志,藉藉称誉,且悲且喜,惟翘足待其衣锦归故乡耳。无如自船一去,既至一年,而无片音之报。世人唯传云,船破北洋之坚冰,惊北海之鲲鲸,既近北极,后又经北海,更不接音问。母忧之,病发,骨肉日瘦,神心共疲。时《新报》报曰:'瑞典北洋巡船,过北极一岛,见美国北洋巡船,其船为积冰所封也。器破食尽,人畜悉死。'及母闻此报,病革空归黄土。妾丧兄,别良人,而又失母,悲哀痛悼不能堪,渐此身亦罹于病。病在蓐殆一年,至今春,身始觉快,交友亲戚,劝远游欧洲,逾秀山,渡明水,以清叙幽郁。妾乃航英国,游佛国,自瑞士至意大利,遂来贵国。贵国之风光,实使妾乐目,寒温亦适妾身,渐有忘归之思。但妾今受父母与兄之遗产,以妇女一人之力,不能管理之,欲得雄才高风之君子,以托一生,而素愿未达。天下之广,丈夫之多,妾无适意者。'彼慰曰:'若使令娘之言真,仆乞尽毕生之力,以护令娘之身,使安一生可耳。虽天荒地老,此心仍不渝也。'妾阳为喜悦之色,饰言构事,百媚千阿,唯恐有失其意之状。于是彼意气飞扬,喜不可言。其后每夕驰车来访,访必有绣罗之赠。妾等见熟于机业,知计略之可行。一日相与同车,过城西下,妾仰望城壁,问曰:'壮哉金城汤池,是国王之居乎?'守①城长曰:'否。我所典之圜堵也。古来侯伯之命,捐生此中者,不遑偻指,今亦有大逆无道之徒,待

---

① "守",原作"主",据《饮冰室合集》本改。余不另注。

命其间一二百人。'妾故惊曰:'噫! 果然乎? 虽身乘鹤翼,人架云梯,想难飞越,狱中坚牢壮严,复无可比。恨不能一见城中,以为谈柄。'守城长曰:'仆司其管钥,令娘欲见之,何难之有乎? 将卜吉日,携手而游,与令娘同行之女史,亦与俱往如何?'约次二日而去,三人仰天祝曰:'旻天未弃我,好运渐循环。'妾曰:'好运如此,尔后之计略,如何乃可? 欲偿宿望,在此一举。妾不知其奇谋之所出也。'幽兰女史曰:'妾有一计,想必能行。红莲女史与守城长携手,饰情巧言,以搅彼心。使妾寻认老父,得行密计。彼信妾等为美人,又侮妾等为妇女,必无介意。'乃语其妙计,皆曰妙计可行。至于期日,守城长来迎,勋章联于胸前,宝剑挂于腰际,灿烂夺目,煌煌与日光相映。殆所谓金玉其外,败絮其中,而胸无一物之贱丈夫哉。妾特止范卿,托之后事,且告曰:'若不幸计泄,而事不成,亦生无相会之期。'范卿厉声曰:'诚心一到,何事不成。今临大事,勿抱不祥之念,发不吉之言。令娘之妙计,必可适中,若不成,老奴别有一计存,无以为念。'相分到城门下车,妾与守城长携手,或巧言令色,使喜彼心,或怨言于嗟,以牵彼情。又思他事之无遑,幽兰女史尾其后,务为谈笑之态。已而入于牢狱,囚人惨状,诚不忍见。于是不觉凄然伤怀,泫然流涕,问于城长曰:'想此中不乏鼠窃狗盗之徒乎?'守城长曰:'然。'乃指南隅一室曰:'在彼处者,顿加罗之爱将,幽兰将军是也。彼与皇兄举兵,不胜而遁。游历欧洲诸邦,与意大利之娥马治,及佛国之岩氅跎相结托,窃自佛境入我国都,欲募同志以举兵,仆幸捕之,得以镇国乱于未萌也。'妾闻之,意飞气跃,且喜且愤,目指幽兰女史,女史亦渐首肯。到于南隅,守城长隔窗与将军一揖。将军容貌魁伟,肉落骨立,白发皎髯,蓬蓬如雪,虽年既老,犹有马上顾盼之风。妾时有蔷薇花挟于襟,执与将军曰:'妾美国之人也,谨祈将军自重。'将军仅出手于铁窗外,为握手之礼以谢。妾回首谓幽兰女史曰:'令娘亦且慰将军。'急执守城长之手,不顾而过。嗟乎! 幽兰女史,临大事矫情抑意,见父于狴犴之中,颜色不变,言语如常,有从容而行密计之状,深沉勇迈,虽古烈女不能远过。"更欲语,又拭泪。

少焉又谓曰:"至于日暮,出城门,还旅亭。范卿迎之,抚胸忙问曰:

'成否如何？成否如何？老奴今日消过一刻，恰如半岁之长。见路人之疾行，疑令娘之凶事，儿童之游戏，亦为惊心。婢仆剥喙之声，讶警吏之闯入，几至销魂。'幽兰女史止之曰：'范老勿高言。谚曰：窗隙壁空，犹有耳目。盖计以泄而破，可不谨乎？'徐曰：'奇计如意，宿愿可偿。虽然，悲喜交集，搅妾胸臆，愤叹之念，结而不解也。先见妾之老父，无由通一言，老父亦惊骇茫然，唯见老眼浮泪而已。'至于此，幽兰女史情不能禁，涕泪如雨，呜咽久之。妾慰之曰：'时运如此，成功可期也。然何为痛哭之甚乎？'范老备杯酒曰：'令娘开愁眉之期，亦不在远，谨举杯而祷成功。'时皓月初出，明光入户，幽兰女史徐起开窗曰：'明月如昼，柳影如织，使人不堪怀旧之念。'妾乃吟郎君之诗曰："好取万斛忧，清酌付一觞。"举杯与女史，女史微笑倾一杯，吟《我所思行》。于是三人共语蹄水之旧游，数旬之郁忧，散于一席之小宴，清兴大加，不觉夜之既深矣。自是后如守城长之再来时，则务为阿容媚态以诱之，若不来时，则亦折简寄言以赠之，冀以牵动其情，觇其动静。后经数日，彼偶不来，明日诘之，彼曰：'有朝议，夜深始退，以故不能来见。'隔一日又不来，诘之，答如初。妾以为彼所谓朝议者，无非妾等之密计乎，命范卿窥守城长之举动。果尔范卿归告曰：'今日守城长密从数辈之警吏，驱车马而到城南，移时而还，复入城门。'此夕守城长来见，妾卒尔问曰：'何来之迟乎？'彼又答如初。妾乃向隅久无语者，彼问妾曰：'今日令娘如甚有不乐之情者，得无染于病痾乎？'妾直答曰：'妾死生忧苦，于公何涉？'彼渐呈忧愁之色，又不敢仰见，徐曰：'仆自奇遇令娘，慕令娘之才学，爱令娘之姿容，祈月下之神，待六合之礼，驱车于花月，携手于山水，欲以慰令娘之思，又安我怀。然令娘今夕遇仆，非同昔日，冷眼带怨，言语含针，此何为乎？是仆所窃惑也。'妾顾他而独语曰：'人情所贵，在于信义。苟无其实，人谁信之？'彼颜色少变，进谓妾曰：'令娘之言，仆愈不解也。或恐谗间之易入，人心之易疑，敢问其故。'妾因责彼曰：'顷者阁下之动止，有可疑者。盖阁下不来两日，妾乃使人探之：阁下今朝与佳人同车，乘凉城南山水之隈。妾闻之，胸臆固结不能解，犹望阁下思旧交，履前言，而以实告乎。乃犹恬然欺妾曰，为君王使于城南。阁下岂非侮妾羁旅之一女,欺负嘲弄至于此乎?嗟乎!妾自一慕阁下,而萌春风心绪,加以夏时渐热,欲留不可留,今阁下与以秋风之扇,妾得其惠赐,觉三冬之寒冷。乞阁下去矣。无以妾为念。'守城长初抚胸曰:'谁为此语者,仆岂有此事哉?若其有之,乃出于公事之不得已耳。'妾犹掉头曰:'否!否!是亦所谓饰非者矣。果然,何必驱车于城南三里外寂寞无人之乡乎?妾耻对薄情之人,阁下去矣。'将开户入奥,守城长急牵妾衣,低声耳语曰:'仆乞告以实事,以解令娘之疑念。'急顾四边而说曰:'令娘先所见城中之幽兰将军,累日卧病,饮食日减,衰弱殊甚。彼今虽为朝廷反臣,虽然,先国家之元老,皇兄之爱将,其才略显世,名誉惊人,何可无礼乎?因问彼所欲,以慰不永之余命。彼曰:老夫之病,久闭居密室,不触新鲜之气,又无山林草木,足以怡情者。因此之故,欲请出游郊外,俾得保延余年。生前之恩惠,无以过之。仆曰:今国内叛逆之徒,亦未全治,慕皇兄,思幽兰将军,动则蜂起,欲成夙志者,所在多有。若许幽兰将军之请乎,其所夺也,更作一敌国,固知不可。然不许乎,又显国王之狭隘,示政府之怯弱。故君王密与近臣谋,使仆隔日与将军同车,警吏数骑护之,以逍遥城南无人之山间水隈,欲以保养其残命也。此乃国家之机密,出自仆之口,入于令娘之耳,千万勿泄。至此犹疑仆乎?'时妾不觉喜溢于色,急执守城长之手,谢曰:'贱妾不明,不知阁下之厚情,漫言妄语以辱阁下,死有余罪。虽然,是妾思公之深,神心迷乱,至此极也。幸阁下怜贱妾之真心,钟爱勿异昔日。阁下不以妾鄙陋,告以国家之机密,以表见至诚之丹心,疑团冰消,惑念澌尽,虽山颠海覆,此心犹不渝也。'于是两情相和,交欢如始。妾更谓曰:'妾亦久不游于野外,阁下若以今日之事,无介于意,明日与妾驱车,以拾翠山野之间,钓鱼流水之涯可乎?'守城长曰:'此仆所愿也。'既而妾招幽兰、范卿二人曰:'妾明日详观地理,可以行大事。'幽兰女史曰:'机会之来,间不容发。古人所谓出万死得一生者,将在此时。皇天不弃我,大事可就,若事不成,妾惟有与老父俱死耳。妾辞灶溪之日,亦以此为誓者也。'意色已如决者,妾与范卿赞之,以待期日之至。"

卷　五

　　"翌朝,守城长从仆御,驱雕车来迎曰:'乞履昨日之约。'妾乃单衣轻裳,绝去时世风流之态,肩悬远镜,手执蒲鞭,出揖守城长。守城长怪问曰:'令娘何为轻装若此?'妾答曰:'屡从仆御,驱雕车,易触人之耳目,且不能左顾右盼,开襟与阁下畅谈,兴味甚为索然。今日者千载之一时,而犹为仆御所烦累,不得娱情,岂不可憾哉? 故不若舍雕车,去仆御,唯与阁下相携,随意所欲,履云折花,藉青草,啸香风,庶能尽其乐耳。'守城长喜形于色曰:'是仆日夜所愿,唯恐忤令娘之意,未敢言耳。高意真如此,岂不好轻装之游哉?'呜呼! 彼迷于色,溺于欲,遗国家之大事,不觉妾等之计策,自进堕于陷阱中。"语至此忽而低首沉思纡虑,如不能语者。既而曰:"说至于此,妾聊向郎君而有愧者。盖彼本龌龊斗筲之才,贪财好色,忌忠害能之一贱丈夫,妾亦以一处女之身,效妆花柳之色,饰狭邪之情,骗之欺之,安得快心哉? 今郎君闻妾所言,恐萌贱妾疏妾之念也。惟是交友之谊,出于不得已,冀郎君察之。"

　　散士曰:"凡浮世之事,由时与世而变,若令娘为私欲,为色情,行此欺人陷人之计策,余恶令娘,疏令娘,不欲与令娘相见也。若夫不然,令娘果为天下欺小人,为国家陷奸臣,以为惩戒之鉴,以为劝导之阶,则令娘之伪言也,余助之,令娘之欺计也,余亦赞之,大可互相尽力。如今令娘重幽兰女史忠孝之嘱托,为正义屈身而陷奸徒,岂如浇季浮薄之流,或见利忘义,或临危变志,或不知时,不察势,偷安弄笔,兀坐鼓舌,徒贬议他人者乎? 余则怜令娘之志,感令娘之行,但憾不能同力而已。盖有人吐露其胸襟,请余救援者,义气之所激,精神之所感,碎骨杀身,犹不可悔。琐琐伪言诈术,岂足问哉?"

　　红莲闻之曰:"郎君之志果如此,妾可不详语之哉? 既而悉去雕车与仆御,妾与守城长乘一小车,出城市南去。有一里许,妾莞尔谓曰:'今日之游乐哉?'守诚长曰:'昨夕与反臣同车,今朝与仙妃共驾,真可谓昨非今是矣。'妾故笑曰:'前者阁下忘妾疏妾,不与同车携手,今者怡情乐心,何处是静闲幽邃,无妨尘客之至,可容吾两人私语之地乎?'守城长缓缓①笑指曰:'那处实萧岑也,真如令娘所言,今日亦欲憩于此以相语。闻我情话者,翠梢之孤鸟而已;嫉我艳语者,缘柯之残蝉而已。清流之潺潺,无心而写我双影;凉风之习习,无情而吹我衣裳。真不易得之胜地也。'且笑且语,渐入山横水流之边,妾出远镜而望,指点东西之村落,下瞰远迩之森林,问其山名,询其水性,阳赏风光之淑美,阴探地势之险夷。执铅笔,展白纸,以写其奇景,辨山径,析支川,以制一地图。又行数丁②,遥见石桥,横架溪流,时青天湛然,炎暑熏赫,热气特甚。守城长留车桥下,系马绿阴,回首指横一巨石之水涯曰:'仆始与幽兰将军游于此地,憩彼石上,当时仆负警卫之大任,伴反逆之大囚,入此无人之境,若有人来夺,不独仆受其祸,即国家之安危,亦系于此。以是见深林则恐有伏兵之潜,逢岭石则虑有刺客之匿,身虽在清幽之佳境,而常苦心焦虑,恨不能与令娘相见,以叙一日之欢娱。孤鸟之喃喃,为凄怨之声;流水之湲湲,为惆怅之响。其情何可堪哉? 虽然,今日卒然得与令娘携手游于此地,昨日苦心焦虑之境,顿转为娱目怡神之处也,昨日凄怨惆怅之音,忽转为适情悦耳之声也。唯恨明日复与彼老余之囚徒同车,又不能见令娘耳。鄙语曰:月欲明而浮云掩之,花渐发而风雨散之。人事不能如意,真可叹哉!'妾愀然下车,秋波凝情,斜视守城长曰:'月有浮云,花有风雨,如阁下之言,妾亦感今日之行乐,思明日之感情,无如怨恨恒自笑悦中生,盖妾虽非敢疑阁下,而痴情之所结,未知阁下果与将军同驱车于此间否乎? 将如妾所闻,与佳人携手乘凉于那处否乎? 妾明日欲骑马逍遥此地,冀邂逅阁下,以证阁下之言,而决其虚实也。'守城长愕然曰:'仆所语者,实国家之秘事,虽父子之间,不可泄也。令娘如信我言,明日勿来会。不然,见之者谁不疑仆泄漏机密哉? 不特仆终世沉沦,实误国家之大事也。愿令娘勿来,后日重相游耳。'

---

① "缓",原作"绥",据《饮冰室合集》本改。
② "数丁",《饮冰室合集》本作"数武"。

妾掉①头曰：'阁下以此拒妾者是使妾疑也。妾既欲以终身托于阁下，岂可不明阁下之行为哉？'守城长且慰且说，辨解甚曲。妾少作色厉声曰：'此地为静幽之佳境，来游者固不独妾等，且妾羁旅之一女子耳，虽有知与阁下相逢者，安敢深怪哉？然而阁下痛拒不许来见，岂更得不疑哉？妾心非石，不可转也，妾心非席，不可卷也，妾不见阁下与将军共车，誓不止也。'斯时或如疑，或如怨，或如恋，或如愤，以搅乱彼之心思。守城长恐失妾欢心，增妾愤怨，渐和声曰：'令娘之真意如此，则宜如令娘所欲，唯勿为警吏所怪耳。'妾心窃喜，转语移步，又乘车鞭马，更入幽邃之中，更逢幽逸之境，施施而行，漫漫而游，终就归路。妾喜计策之可行，又虑前途之难测，胸中纷扰，欲语而不能语，欲笑而不能笑。又恐为彼所疑，曲作笑容，务以掩之，遂相伴还于旅馆。时日已西沉，街上之电灯，灿然耀目。又以事机已迫，心绪忙乱，忡忡不安，欲守城长之速返，乃得与幽兰、范老二人，共议计策，而守城长犹留旅馆而不去。晚餐既毕，乃呼幽兰女史语当日之游兴，狎昵忘迹，谐谑之语，不可听闻。妾独忧闷愁思，如刺肺肝，如碎头脑。郎君察妾当日之苦心否乎？"

言毕，倒酒倾杯，抚胸太息，已而又语曰："妾谓守城长曰：'阁下今日为妾携绥执鞭，亲当仆御之任，其疲劳如何哉？'守城长笑曰：'仆在令娘之侧，恍如游于蓬莱，何暇辞苦艰耶？唯恐为令娘之累耳。'渐起身辞去。吾三人直入密房，妾不觉为声曰：'咄！彼痴汉，消我黄金之光阴。'幽兰女史慰问曰：'且柔声怡色，而语今日之吉凶。'妾乃探怀出所写之小地图，示曰：'密计殆中于窍，是妾今日谈笑行步中所作也。虽不甚分明，亦足以讲计策。'乃相与语其山势水态，计其行装准备。时夜既深，四面阒寂，幽兰女史曰：'今更已阑，市店皆已就寝，不能购器械以为明旦之备，如之何则可？'范老曰：'吾亦以是为虑。'呜呼！吾毕生大事，劳生尽智，渐欲其成，而以深宵之故，终不能达其志。妾叹曰：'使彼贱丈夫早去，我岂有此憾哉！'声未了，窗外闻滴滴之响。范老开户，一阵之凉风吹雨，飒飒入里。

---

① "掉"，原作"棹"，据《饮冰室合集》本改。

翠帘飘,彩灯消,范老急掩户,妾大喜曰:'噫!皇天未弃我,惠以今朝之雨,我计策必成矣!此际无庸悲叹。'幽兰女史曰:'何故?'妾曰:'王罗守城长。之游郊外也,在欲将军之保养,第冒风雨,凌泥泞,想必不行,应待新晴,乃命驾耳。妾等因得一二日间,徐得计画密议。'风雨益甚,檐滴之声愈喧,妾等前途之计画,亦知非于明旦,胸怀仅得绰然。妾又把地图,反覆说其计策,且曰:'此事若成,奔于何地而可乎?佛国虽便,而境界严肃,电线无处不通,追迹亦必急激,戴皇兄慕将军,遁于南方,是亦人所最注意处。而政府之警察,亦无如彼处之密,妾不得不甚惑之。'幽兰女史曰:'妾始迷之,虽然渐得其计,盖幸得夺老父,直取路于东北,出其不备,力晦踪迹,渡伊武浪河,航意大利。有峨马治者,欧洲之侠勇,自由之泰斗也,得其一诺,而决去就,虽天下之强国,亦不能奈何者。想老父所见,或亦同之。'范老拍案曰:'此计最妙,孙子曰:水之形避高而趋下,兵之形避实而击虚。又曰:行千里而不劳者,入无人之地也。今日之事,虽非兵事,鉴之以决谋,可无大过。'妾亦赞之,此议遂决。

"时案头之自鸣钟,铿铿报第四点,明早风渐收,雨未歇。范老称英船之水手,购三枝之短铳,与二袭之男装,妾等在房中,整行李,火书册,各为明日准备。日既过午,烟霏雨散,清凉似初秋。幽兰女史曰:'王罗亦是奸猾多智之老汉也,尚宜详其动静,饰情迎意,使彼更无所疑。'妾乃遣人招之,幽兰女史故装娴雅愉悦之状,谐谑怨言,以试其动止。彼既心骨荡然,悠悠软语,又不见怪讶之态,谈笑良久,彼将归去。妾握其手微笑曰:'夜雨多情,实导今朝之握手,而东风无赖,恐误明朝之把臂也。虽然,若幸得晴时,必逍遥于翠野碧溪之间,远认玉姿,以慰妾相思之念。'彼乃回首笑曰:'是亦仆之所望也。但令娘必勿为他人所疑。'遂出门而去。此夜,妾呼馆主托曰:'妾等明日欲联骑游于郊外,愿为备二头之骏马,性柔顺而疾足者。'又展地图示范老曰:'先至松林,待妾等。'范老即夜负行李①,侨扮农装而去。至于翌旦,妾等亦素饰轻妆而出,幽兰女史骑白马,妾鞭骊驹,

---

① "范老即夜负行李",原作"即夜负范老行李",据《饮冰室合集》本改。

驰至郭门,有二警吏,夹道而立,一人进遮马前,止幽兰女史,将有所问,他有一人急来,扑其肩,暂耳语,相视而笑。徐开路曰:'贵娘行矣,行矣。'并无有所问。盖彼守城长之家奴,能知妾等者,不敢怪也。一夜之雨,半日之晴,泥路新干,马蹄飏尘,既而见松林蓊郁,妾乃入于其中。范老犹踞树根,侧置行李,妾等至。"

红莲尚欲有言,时老仆有数颗果实,盛入于竹篮来曰:"邸后之苹果渐熟,何不试甘酸?"红莲直把小刀,切一颗而为两片,以一片与散士,自吃一片,曰:"呜呼! 是胜仙掌之甘露,妾仅得浥于喉舌,请更语其后之状。于时范老乃开行李使变妆束,妾等直脱衣而穿男装,头戴乌黑之高帽,目挂鸭绿之眼镜,假髯掩于鼻下,短铳在于腰间,自远望之,堂堂焉伟丈夫也。相见不觉一笑,笑声未终,前头有匹马嘶鸣,我马亦欹耳而欲相和。范老急取木枝,衔于马口,更以一条麻索,固结其上,使不能鸣。暂有二骑并辔,左视右顾而过,范老自林间见之,拍节曰:'皇天未弃我,今日之事既成矣。'妾问曰:'何为出此言?'范老曰:'彼即警吏斥候于路上者也。使彼迟来一刻乎? 使我早去一刻乎? 若我策为彼所觉,积日之苦心,转瞬之间,徒归画饼而已。诚哉机会之来,间不容发欤!'乃疾奔至于桥边。妾与幽兰女史望之,范老屈身运转数团大石,极力乱列于路上,礧落崎岖,使车马不可通,既还来曰:"虽造父举鞭而御八龙,亦留于彼处耳,况王罗之车哉? 老奴伏于其侧,发铳为号以劫彼,两娘直驱马大声叱呼而来迫,再转身而去。'妾等年犹壮,意气最雄,然以其成否未可知,骨柔肱弱,似不能制。如范老其人,经历已多,老成练达,临事而惧,好谋而成者,真不易得之才也。今妾等得此人,亦是旻天之怜忠诚耳。时幽兰女史上于小邸,直下忙告曰:'一辆之马车向桥边来。'妾闻之心胸鼓动,脉脉如波澜,乃鼓气振勇,跃而跨马。隔草叶木枝见之,历历可辨,御者执鞭坐于车前,警吏带剑倚于其左,守城长与幽兰将军相语,并坐其中。马车方渐近桥边,炮声忽轰于树间,守城长大惊,放声曰:'有贼有贼,鞭马速走!'语未终,乍又轰然一声射警吏,伤之,警吏倒堕路侧。妾等乘机提短铳鞭马迫之,守城长与御者魂散魄褫,不知所出,唯极力轮鞭,乱挞马背。马亦大骇,振鬃扬蹄,向桥畔而走。忽逢巨石横于路间,狭隘崎岖,又追骑在后,欲进不能进,欲退不能退,周章狼狈之状,可想而知也。幽兰女史急以西语疾呼曰:'伏兵速出,诛奸贼,救忠良,在此一举!'御者闻之,舍鞭自投水中,守城长亦欲跳身而遁。范老认之大怒,一拳击倒于车下,直进而拟以短铳。妾止之曰:'彼奸恶虽已贯盈,岂忍漫杀乎?'时幽兰女史下马在于其傍。乃解马口之麻索与范老,使缚守城长,自向车上,执将军之手,自车扶下,挥泪告曰:'此二人者刎颈之友,皆舍身而救阿爷危急者也。先遁此处,而后详语颠末。'范老缚守城长,且以白巾裹其面,引至林中,固系于树根。又携前所脱之女装,来与妾等,妾即与幽兰女史相扶而去男装,使将军与范老着之,再变身而跨马上。范老亦变服,直毁车辕,断马绥,解其二马,右手执缨辔,左手摩将军,呼曰:'请阁下先骑之。'更执旧衣投于河流,自跨一马。幽兰女史问将军曰:'将欲遁何地?'将军曰:'委命于皇天,取路于东北,向于意士利而已。'女史曰:'老父所见,亦与儿同。'于是四人并辔鸣鞭,飏尘卷沙,将军先导,取路于无人之境,向于东北而驰。约十余里,饥渴交迫,将军勇壮矍铄,虽本有意气盖世之风,然久在囹圄之中,肉癯神衰;加以当日所骑之马,无鞍无镫,最劳四肢,困惫殊甚,既而日暮马疲,虽牵之不动,虽鞭之不进,四人不得已,弃马步行。

"时云暗而星河无光,风起而山雨欲降,路上暗暗,不辨险夷,一步一息,唯任足行。夜渐深而疲饥亦极,回首有一歧路,茅屋在其旁,相去甚近,皆私喜冀可求一饱。行近见之,乃路上之马厩也。荒寥阒寂,并无人迹,皆大失望。然以疲倦而不能再行,乃相携登于楼上,蛛网纵横,尘埃寸积,而不以为陋,转身直卧其中。范老举首,遥见窗外孤灯掩映,隐于林间,起身曰:'老奴请去求食,'直下楼循途而去。妾等积劳之余,不觉入眠,忽而霹雳一声,惊破吾梦,开目视之,金蛇闪闪,穿壁而入,雷声隐隐,破山而来,狂风欲卷茅檐,骤雨似倾江海。未久,又有人马之声,雨响雷轰,相混而至。妾急起身而语幽兰女史曰:'彼声岂非追兵之迫乎?'语未终,户外喧骚,或呼曰:'发见,发见!'妾闻之以为命运极于兹矣,心胸惕惕而悸,怒气勃勃而发。乍而十数士卒,排户而入,一人持火曰:'幸甚,幸甚！薪炭在此，火炉在彼。'相集然火于楼下，喧哗谈笑，各解湿衣而烘之，妾等意少不安。士卒然火益炽，焰烟充于楼上，掩袖防之，亦不可避。呼吸出入于鼻口之间，欲唤不能唤，欲起不能起，艰苦烦闷，真不可堪。妾潜声曰：'空失命于烟焰之中，不若决斗而洁死。'幽兰女史止妾曰：'是所谓血气之勇，何轻身死于贱兵弱卒之手乎？可忍而忍之，寻常之人耳；不可忍而忍之，非妾等之所望乎？忍死于此，慎勿妄动。且彼不知妾等匿于楼上，唯来避风雨而已，不久必去。'妾不得已俯首而待其去。楼下燎火，或缓或猛，烟焰犹升腾不止，气息欲绝者数次。将军卒然发苦声而咳息，楼下一卒闻之，告众曰：'楼上有人，似为咳息之声。'一卒曰：'否，小鼠之响耳，厩舍何得有人？'或怪或笑，谈论不决。一人曰：'登而探之。'欲动身，乃曰：'无阶梯，不能登。'一人曰：'既无阶梯，安得有人，曷足怪乎？'一笑而止。

"既而士卒等相语曰：'东方渐白，雨声亦微，贼徒自是必奔南方，寄于顿加罗党。虽然，彼徒步而已，追捕固自不难。'遂整顿行装，步骑相闲而去。夫妾等脱虎口之难如此，伊时心神少定，然犹余烟漠漠，室内如布余霞，乃欲启窗散之，支两手而半起。忽为残烟所薰灼，目炫魂迷，扑然而卧，楼下范老有声曰：'将军与两娘无恙乎？敌兵已去南方矣。'妾闻之发微声曰：'范老速启窗户，并求与一杯之水。'范老盛水于马槽，登来与妾，开窗振巾，扫去烟焰。妾一吃而苏，引手而挥幽兰女史，又欲进水，女史俯卧而不应。视之则与将军互相保持，气息如欲绝者，惟幸血脉之微动而已。妾与范老惊愕殊甚，乃开其口注水拥背而呼。既而二人豁目，精神稍定。女史顾谓范老曰：'范老去后，追卒沓至，妾以为范老途中被捕，妾等潜踪之被发觉，既而知其不然。又以为范老虽未就缚，归来之困苦，真不可量。战战如履薄冰，兢兢如临深渊，加以烟焰充于楼上，气息难通，妾等之愁苦，亦可想见。虽然，今众皆得无恙，岂非天哉？'范老曰：'老奴先至林下，认一农家，敲户述情，求食而还。时雷雨骤至，不能移步，因暂避树下，遥闻人马之声，自西方来，心大讶之，而大雨淋漓，追卒忽然而至，相率而入于屋内。老奴见之，抚胸曰呜呼已矣！乃取短铳佩于腰间，欲进而与决死。潜自壁间窥之,人人蹲踞。燎火烘衣。于是神魂始安,潜匿屋后,以待其去。'言毕,四人握手相庆无事,相携下楼。饥疲既极,踉跄而不能步,范老出馒头以供妾等,妾等得以疗饥,气力乃少加焉。将军顾谓范老与妾曰:'卿等出万死以救老夫,今得至此,若踌躇不速去,倘再逢危险,其如之何?宜速出国境,庶少避危机也。'三人乃出茅屋,潜自歧路迤逦而走西方。

"行经险路深山,峭壁万重,悬崖千仞。云淡淡兮遥闻孤猿之啸,风寂寂兮四无飞鸟之声。渐至一高山,登其绝顶,放目伊武浪河,蜿蜒而流翠崖之下,出没隐见,如银蛇之奔草间。又有一道汽车,向北而过山岩之侧,风驰电掣,如蜈蚣之渡孤绳。将军敛足岩角,指告妾等曰:'彼铁路即通北境者也,此间僻陋,警卫颇缓,又无有疑吾辈者,何不下而乘之?'范老曰:'吾心已奔于百里之外,惟足软而不能步,将假大鹏之翼而搏青穹乎?抑借长房之术而缩地脉乎?是皆不能得者,今幸有彼铁路,请从将军之言。'乃排荆棘,下峻阪,既出铁路上。更傍铁路而西行里余,至一车站,入待良久,至夜十下钟,汽车既发。妾等以跋涉之故,身疲神倦,不觉熟睡车中,直至天晓。忽闻汽笛一声,则车已至矣。

"相携下车,入一酒店,来往之客,充斥室内。妾等伫立一旁,左顾右盼者久之。有一老翁,状貌丑恶,额上有一创痕,熟视将军,进前揖曰:'敝庐别有小室,敢以屈驾。'遂导至一楼,装致清丽,又无别客。暂而主翁独自往来,每来皆餍以酒食,必注目将军。妾心疑之,及主翁去,幽兰女史谓将军曰:'主翁之举动异常,言语亦有可疑者,得无侦吏之徒欤?'范老变色曰:'若然,则计宜何出?'斯时户外似作声,低呼将军者,四人忽然起立,相视未发一言。户外又忙语曰:'果然,果然。'直排户而入,主翁伴一壮士也。范老瞑目举短铳射之,妾亦执短铳以指主翁。主翁与壮士大惊,挥手呼曰:'勿误!勿误!某等非不利于将军者。'将军与妾顾止范老曰:'暂听彼所言。'壮士乃跪下,谛视将军,潸潸然流泪曰:'不拜尊容,于兹数载,顾将军既不记某,某请言之,某伊黎也。'将军曰:'然则武罗之役,足下非在贱儿之军乎?'伊黎曰:'然。回忆一千八百七十四年,从将军之贤息,冲共和党大将魂沙之中坚,以先登第一之功,擢为军长。'将军曰:'呜呼! 彼魂沙年过八旬,壮勇无双,叱咤奔驰,以当我军。我军将披靡不支,时挥剑跃马入于彼陈,遂殪魂沙于锋镝者,真足下也。老眼无识,几不认非常之勇士,愧赧实甚焉。'伊黎曰:'当时某蒙重伤,家居养病,更无所为。其后哑奔象王即位,皇兄之军不利,贤息又战没,闻将军远遁,愤恨彻于骨髓。'说至此,以巾拭泪。更指主翁曰:'此即某老父也。'主翁接言曰:'老奴亦从皇兄之军者。'即以手指额上之创痕曰:'此即当时之负伤者。皇兄既败,某遂匿迹北方,与豚儿营此生计。昨相传谓三勇士夺将军于山野,未知踪迹,何期将军光临敝庐。某一见之,容貌憔悴,异于昔时,所伴亦非三勇士,心窃疑之。然而眉目非常,宛似将军,且疑且怪,而不能决。故私招豚儿自户隙以窥尊容也。'范老听之,仰天叹曰:'呜呼天也! 呜呼天也! 使我铳随手而发,则徒伤毙志士,且无容身之地,幸射而不发,得免此祸。'少焉。伊黎问曰:'将军自此将欲何之?'将军曰:'航意大利。'伊黎曰:'谚曰白龙鱼服,绁预且之网。今将军从者甚少,而前路之戒备甚严,岂不危哉?将军不若传檄募壮士,向京城,扬言返旗,东入佛境,此地仰慕皇兄及将军者,不乏其人。某父子虽不才,亦愿荷戈以应。不出半日,数百乡勇,必可召集,势如飓风之卷沙砾,使敌疾雷不及掩耳,得志何难哉?'将军曰:'余败军之将,死不足惜,岂忍使有为之壮士,委身锋镝之下,无辜之百姓,罹陷兵马之惨哉?'主翁曰:'此非为将军计,实为社稷计也。大行不顾细谨①,独断而行,鬼神亦避之。若迟迟不举,再受不虞之辱,吾党之兴复,不可期也。'将军曰:'若起兵而不能成功,徒以轻举妄动,招天下之议,遗后世之笑。今取路伊武浪河,渡意大利,是入无人之境,曷足危乎?'乃皆穿粗服,易为农装,僦一辆村车,将军伏于车中,覆以氍毡,伊黎父子,倚于左侧,幽兰女史,坐于右侧,范老为御,薄暮至于奇洲河。伊黎父子,东西周旋,急僦一小舟,使妾等乘之,遂握手涕泣而别。

"白帆孕西风,舟行如矢。翌日正午,始泊河港,更转橹入于多岛海。

---

① "谨",原作"瑾",据《饮冰室合集》本改。

西国之山,仿佛见于白烟之中。意国之船,缥缈出于苍波之上。如青螺之浮者,群岛之横也;如白鹤之翔者,布帆之走也。奇观佳景,迎面而来。斯时既无追蹑之忧,捕获之虑,精神亦不觉疲倦,胸怀亦颇得自如,谈往计来,悲喜交集。将军曰:'忆余之被捕也,窃以为事已至此,唯待死期耳,何期卿等救出,喜何如乎?且夫蔷薇花之计,实出人意表。余密破花蕾,得片纸藏其中,披而读之,乃从其计,绝饮食,阳称病,请逍遥郊外,故有今日。卿等之大恩,实再世而不能忘也。'妾曰:'此策原出于令娘,妾等不过遵行之耳。'女史曰:"全赖令娘与范老之力也。'将军曰:'两君各抱旷世之才,不顾利害死生,轻身而蹈于虎狼之下,天下之人之知者,谁不感叹者哉?'范老曰:'仆闻君子乐奋节以显义,烈士甘杀身以成仁,以是英杰之徒,重义轻命。故田光伏剑于北燕,公叔毕命于西秦,果毅轻断,虎步谷风,威慑万乘,华夏称雄。奴辈虽老,岂无志气哉?'数人慷慨悲愤,扼腕而谈。既而舟近意国之华风丽岛,将军举首而望港湾,大惊曰:'吾事已矣!'言毕,怳然者久之。妾等怪问其故,将军曰:'不见夫樯头之旗帜乎?'又遥指市街曰:'所见皆半旗,以表凶礼也,岂非峨马治之死乎?'急泊舟上岸,叩之路人,果峨马治之死也。

峨马治者,意大利之人,一千八百七年,生于内须岛之贫家。自幼卓荦不羁,好谈兵说剑。及长,讲航海之术,周游四方,察视五洲之形势,大有所悟。与意国之名士马说难诸士交,深恶当时欧洲专横之暴政,誓扩张自由,以革法王之世权,断奥国之干涉,一统意大利,为终世之事业。方善能和之民,举自由之兵,加奋其军,事破而去国。后经二岁,复谋继前图,被捕,将处死刑,越狱遁奔于佛国。千八百三十六年,航于南美,明年宇流愚威国乱起,峨马治杖策赴之,助共和之政,得举为海陆之将,建内乱平定之功。千八百四十八年,归意大利。先是意大利频为奥大利所凌轹,邦域日缩,峨马治见之,慷慨不能自禁,即率手兵以伐奥军,遂败降于军门。明年,意大利之民,与罗马人通谋,纷然蠢动,揭竿竞起,皆以逐君自主为辞,邦内汹汹。峨马治蹶然挥袂曰:"时不再来,机不可失。"直入罗马,将义勇兵,数破佛奥之兵,逐法王,据城坚守。时那不流人与佛兵合势来攻,峨马治自驰驱矢石间而战,前后三十日,众寡不敌,孤城陷于重围。知不能守,劝众议降,独携贞节勇敢之妻,冲围乘渔船,将欲逃于他邦。奥之海军觉之,追蹑甚急,乃舍舟登陆,潜逾山谷,寝食共废者数日,而敌之追探益严。其妻饥饿困惫,寸步难行,至掬饮流水,语峨马治曰:"妾今为国家人民,牺牲生命,死亦无恨,唯憾自不见丈夫之成功耳。丈夫宜不屈不挠,期青云于后日,留英名于千载。"笑枕峨马治之手,自缢而死。呜呼!真可谓不愧峨马治之妻也!峨马治其后得免,再航南美,千八百五十六年,左流濡亚与佛国连合,而与奥国战。及峨马治归,募义勇兵,自为先锋,屡奏奇功,割其一郡,为己版图。当时那不流王暴戾,无所不至,狮子利之人怒之,相与谋叛。善能和之人亦应之,将举兵,乃推峨马治为元帅。峨马治将其兵,渡狮子利,传意大利一统之檄,远近响应,来投幕下者,不胜其数。所向无敌,势如破竹,诸城皆下,四邻震慑。乘势直侵入那不流,府民逐守兵,欢然逢迎,唱自由万岁。峨马治以为救生之魁首,自由之泰斗,奉为三军之首,偶立左流濡亚王马宁流,为意大利王。峨马治因解兵权,自归卒伍,实一千八百六十年也。于是意大利遂兼并诸州,得为一统。王赏其功,授以大将之印绶。峨马治辞之,飘然归于海岛。意大利虽一统境内,佛、奥之横恣,犹不异昔日。峨马治见之,悲愤之情,自不能禁。千八百六十二年,呈书政府,劝与奥国绝,不报,峨马治怒之。千八百六十年,募义勇兵,将袭罗马,追佛之戍兵。政府大惊,遣兵止之,不肯。因大遣兵讨之,峨马治蒙重伤被擒。明年集义勇兵,事未成而被幽于凤丽岛。既而又脱入于罗马,驱国民以破法王之兵,会佛国之援军来攻,军败又被生擒。会有哀请赦者,是以归得海岛。千八百七十年,闻普佛构隙,佛军连败不振,慨然募兵,赴于佛国,将以一木支大厦之倾。和成之后,佛人待以高位,峨马治笑曰:"助难望赏,士之所耻也。"乃解兵权而退隐故园。盖峨马治者,鲁仲连之徒也,为人赴艰难,为世除祸害,挫强扶弱,高位重爵,视之不啻敝屣,而其自奉极薄,褐巾敝衣，与士卒同食，七擒而大志不变，百折而素意不屈，终始一统意大利全国，以恢复堕地之国威，使与欧洲雄邦，连鑣驰骋，以为己任。其举兵每曰事成归于王，不成自当其罪而已；其能一统全土，革法王之世权，使竟立于强国之间者，盖峨马治之力居多。至峨马治一举一动，为欧美君相所注目，一言一行，关于欧美自由之消长，岂非旷世之豪杰哉！

"将军茫然自失者久之，既而曰：'余自少游诸国，于一国人杰，无不结交。而世以为雄俊英杰者，非诡辩之徒，则权谋诈术之辈，勇于义而好道，不以盛衰改节，存亡易志者，未尝有之也。夫天下之广，人物之多，意之峨马治，佛之岩鳖跎，其庶几乎。故余常曰：足与言志谋事者，独有此二子耳。而今峨马治则亡矣，岂不悲哉！败残潜伏者，固不可以会葬仪，既不能图事，亦不得会丧，永留此地，亦无所成，不若速赴佛国，见岩鳖跎以决去就。'乃投一逆旅，经一日，乘汽船而往佛国。"

量行之余，红莲低首若有所思者。散士曰："令娘胡不言之？"红莲曰："请自是谈死别之话也。"散士曰："速语速语，如不语则令娘悲哀之情，永无能解，且仆悼惜之念，亦不能抒。"红莲挥泪吞声，渐举首曰："然则自是将语将军父子及范老死没之状耶。"乃语曰："此际四人对坐船中，快快不乐，忧形于色。姜乃促幽兰女史散步于甲板上，女史曰：'方初出灶溪，航太平洋，精神激昂，意气发越，奋然有拔山之概。今壮心挫折，志力衰疲，真不堪郁郁之情也。'姜曰：'姜亦无异令娘，本无所思，而如重有思者，实不知何故。今天雾气爽。光景极佳，且眺望以娱神而已。'既而风云倏起，大雨骤至，迅雷霹雳，海潮沸腾，姜等大惊，匍匐而入于舱内。怒涛汹涌，势愈簸荡，忽如升于九天，忽如入于九地。乘客惶怖，或支抱柱楹，或辗转床上。已而浪破窗牖，惊波滚滚入于船中，时船夫号叫之声，器物破碎之响，凄凄惨惨，耳不忍闻。未久，有大声疾呼曰：'船触暗礁，今将沉没，乘客速上甲板。'姜等亦攀援而上，惟惟见满天暗黑，逆浪如山。求救乞援者，与激浪之声相和，真有地为之裂、天为之覆之状。时船长拼死以救众人，急下数小艇，使乘客移渡上岸，而浪势益暴，小艇动摇益甚，相争飞渡，失足沉溺波间者,不可胜数,妾亦以为万死无一生矣。转眼又与将军、女史、范老相失,忽又见女史与将军已在小艇之中,妾乃决意将欲飞下,谁知漫天之巨浪,卒然而至,小艇竟被沉没。女史与将军忽不见人影,范老又不知所之。妾时仓皇失措,必死之心已决,茫然立在飞沫之中,忽耳边有声曰:'可速逃去,何故踌躇在此?'直将妾扶移于小艇,至一小岛,登岸时回首汽船,则已覆没矣。嗟嗟!三友既葬鱼腹,妾独偷生,生同其志者,死不能同其处,今日再逢郎君,岂不愧哉!夫天下之人,吟春花,弄秋月,坐瑶台,饱太牢,安富尊荣,不知艰难迍邅,以了一生者,正复不少,妾等何独辗轲偃蹇,惨遭厄运,曾不能享人生之幸福哉?"愀然太息,不知所云。

卷 六

散士既闻红莲所言,慨然叹息者久之,既而厉声谓红莲曰:"令娘遭逢不偶,屡遇艰危,劳骨焦心,可云至矣。今日悲哀,亦固其所。虽然,欲为正义排杂乱,为交友解患难,奚得辞辛酸哉?且如幽兰女史之死,虽最可哀,然亦不必深悲者。以余始相遇于踬水也,女史告曰:'宁为兰桂而摧,愧为萧艾而存。'今女史为国为民,与父投海而死,所谓为兰桂而摧者,亦可以瞑目无恨矣!至令娘则不然,有不与戴天之深雠,而未能遂其志,岂可不自重乎?"红莲举首答曰:"妾感喟交集,心绪忙乱,遂为郎君所疑。虽然,妾心如莫邪之剑,历锻炼而愈锐,妾情如卞和之璧,经琢磨而益洁,请郎君勿以为念。"散士曰:"令娘其后逃于何处,愿闻其详。"红莲曰:"妾既与数人登岸,相伴入一渔家,休养数日,心神复旧。窃以为航于佛国,见岩鳖跎,告幽将军之死,而后徐决去就。适方出米国之时,幽兰女史分金券三千,藏之三人怀中,使以备不虞之用,故遇有此厄,妾亦得无囊橐之虑。因付船赴佛国,入巴黎,见岩鳖跎,具语其颠末。岩公深惜将军之死,慨然曰:'仇雠未报,老将既逝,人生几何?真如草上朝露,欲为己所欲为,以垂功业于不朽,亦难矣哉!'更告妾曰:'敝邦与英国缔交甚久,故民情国俗,互相蹈袭,而余最爱爱兰人。盖爱兰人虽有轻举暴动之迹,而蹶辄愈奋,倒辄益兴,处屯蹇坎壈之间,常晏如也。其敢为之气象,万国或无有及者。阖岛一心戮力,借米、佛人民之舆论,以乘英国之隙,施自治之政,复独立之权,拯黎民于水火之中,顾当不远也。"散士曰:"闻严公识见深远,近复注意东洋之形势。就如我日本,岩公曾有所论议否乎?"红莲依违如不能言者,既而曰:"贵国之事,非无所论。"散士曰:"希为我语之。"红莲犹未言,散士频叩之,红莲乃曰:"请郎君恕妾,妾且告其实。妾问于岩公曰:'顷传日本革除宿弊,文化大开,民心振兴,无不倡自主自由之论。公如深感其义,航海而东赴扶桑,为自由之声援,是妾所尸祝者也。且以贵邦之人,重义敢为,昔赞襄米国之义举,近奖励敝邦之独立,如今日复有此举,日本自是脱欧人之羁绊,免强暴抑压,废治外法权,国民渐得自由,妾知佛国之高义,吾公之义举,共发扬于五洲也。'语未毕,岩公瞋眼喝声曰:'咄!是齐东野人之语耳! 先吾国与普国战,拿破仑三世败于师丹,身降为虏,巴黎亦受围,国家灭亡,朝不保夕。当是时,吾辈倡主战,一民心,欲粉身碎骨,以雪国辱。乃单身乘气球,脱重围,至浪华河上,招募兵勇,励以克复国家之大义,将进而破新胜之普军,复阿连郡城。与蔑土之军相应,三军合击普军于坚城之下,拟进屠其都城,安吾社稷于磐石,以传威名于万世。谁料巴彦辈怯懦无为,首鼠两端,爱身卖国,率十五万之雄兵,甘为降虏,使我民气挫折,爱惜生命,失重义之丹心,哓哓然而倡和议,割地偿款,甘为城下盟。遂使普国逞雄于欧洲,遗憾何堪哉! 此余所以卧薪尝胆,日夜而不能忘也。今则内有王政党之思故主,而恶共和之政,社会党与虚无党相结,欲断行过激之改革;外有普之秃奸阴与奥、意、西三国连衡,以窥伺我,马岛、埃及、安南三国亦抗制我,实国家多事之秋也。余虽不肖,负此大任,何暇趋贫弱之小邦,掷光阴于虚牝乎? 虽然,日本人民,上下一心,愤外人之专横,慨国权之不振,真有如昔时米国之义举,如圣土奴民嗷之独立,如爱兰人之抗拒英国,民心之固,士气之振,虽经百折而不屈,余感其孤忠,诚欲助一臂之劳也。'

　　圣土奴民嗷者,西印度中之一岛,佛国殖民地之一也。一千八百一年,拿破仑第一世布实施奴隶之令于此岛。岛民愤其暴戾残虐,所在蜂起，推名将东山党老亚智勇为盟主，啜血仰天，相共誓曰："死虽为自由之鬼，生不为奴隶之民。"遂举兵而叛。老亚智勇者，亚非利加卖奴之子也，一千七百四十三年，生于此岛，及佛国革命之乱起，立共和之政，令全岛解放奴隶，与以自主之权，使人人得就其业。既而英人见佛国内乱，乘隙欲夺此岛，遣大兵来围，以甘言诱之，以兵威胁之，殆略其半。时老亚智勇属于佛之提督励武礼麾下，屡与英军战，建奇功，累迁为偏将，会有部下将士，窃通谍于英军者，卖提督而降其军。于是岛兵狼狈不知所为，皆将弃干戈而降。老亚智勇在外闻之，大惊，星驰归来，督励士卒，一战而破英军，夺还提督，振作士气，以挽既覆之狂澜，乃举为大元帅。老亚智勇奋然以克复全岛为己任，与士卒同甘苦，频破英军，急追围英将，歼其全军，于是一岛皆定。岛民推尊其功，奉为首领，使摄岛政。然老亚智勇为人，谦退逊让，不伐其功。自奉极薄，最恶华侈，量民情而施政策，执法公，断事敏，民皆感其德，服其智，敬之如父，慕之如母。商工之业，由之振兴，岛民渐富。

　　一千八百年，安眠之和议成，欧洲之平和，可得而望。会拿破仑再施奴隶之政，敕令下于此岛，老亚智勇不奉敕命，上书谏曰："天下之人，久苦贵族僧侣之暴政，陛下提三尺之剑，建自由之基，内则救我民于乱离之中，外则拒强敌于千里之外，南征北怨，四海钦仰，皆以陛下为自由之真主。今干戈仅定，疮痍未愈，敌国犹有窥伺者，正宜收人心，协民望，卧薪尝胆，与民更始。卖买奴隶之制，乃人间无上之恶德，窃为陛下不取也。且其无道，陛下既所知悉，天下既所厌恶，固不待微臣喋喋。今陛下欲强施之，臣恐不能免天下后世之诽谤，为盛德之累焉，岂不大可惜哉？我全岛人民，先依政府之恩命，初脱奴隶之苦厄，得拜自主之天日，尝自由之真味，岂肯再入禽兽之群，与牛马为伍乎？陛下若强逆天命，不顾人心，断行此恶德，微臣虽死，不敢奉命。臣非为一身一家计，实忧国爱民之情所不能已也。忠言逆耳，良药苦口，敢冒触天威，罪当万死，伏待斧钺。"书上，拿破仑见之大怒，骂曰："竖子何为饶舌！"乃授义弟区令贝以精兵三万五千，战舰五十四艘,欲一击而屠圣土奴民嗷。老亚智勇闻之,大修战备,誓告人民,励以自由之正义,激以奴隶之残虐。全岛之民,不满三万,皆感奋振起,勇气百倍,虽积骨为山,流血成濠,举全岛归于赤土犹不顾。老亚智勇固善用兵,临机应变,拒战累日。拿破仑亲任之名将,再率精兵三万五千,艨艟五十余艘以攻之,又无如何。会佛之军中多病疫者,佛将知不可为,乃佯遣使以议和曰:"公忠勇深得士卒之心,百战不屈,诚可壮矣!虽然,以孤岛之众,抗天下之雄,孰难孰易,公必审也。孰若速讲和以改旧约,俾救苍生于干戈之中乎?"老亚智勇大喜曰:"是臣之志也,臣岂好弄干戈贪功名哉?"乃与佛将议和。佛人预伏兵于围幕之中,议次,伏兵起,捕老亚智勇,缚以铁锁,送至佛京,幽于狱舍。论以大逆无道,老亚智勇怒其不法,辨论法庭曰:"臣于陛下,固非有私怨,又非欲营私利,逞私欲,其所以交干戈者,乃人生之权利,国家之大计。盖陛下欲再施奴隶之恶法,使牛马人民,臣欲弃奴隶之恶德,而伸张大义,是非曲直,瞭如睹火。今虽不能争于口舌之间,天若有灵,当鉴臣之愚诚,人若有心,当感臣之孤愤。陛下①独不审其是非,辨其曲直,悍然欲以兵力相凌,可谓暴甚矣。事既如此,惟从其所欲为,男儿所不能忍而相见以干戈者,固战国之常事,固不足怪。臣原奴隶之子也,唯为众推为谋主,仅驱黑人数千,以为守备之计而已。陛下之军,勇猛无匹,前既蹂躏欧洲之雄邦,因是驱乘胜之大兵以相临,固非臣之孤军所能抗。然而攻守累月,胜败不决者,岂在兵之多寡,力之强弱哉?陛下如真有勇,盍更亲率大军,再决胜败耶?前之正论不能服,兵威不能胜,徒诱以和议,捕缚军中,世之闻之者,皆将笑陛下之无能之怯懦也,岂大丈夫之所为哉?闻之天网恢恢,疏而不漏,出尔者反尔。他日者陛下亦必受楚囚之辱,客死于他乡万里之外。臣死之后,魂魄犹护故乡,鼓舞我人民,使脱佛国羁绊,为独立自主之国。陛下在囚闻之,亦徒唤奈何而已。"老亚智勇词色壮厉,目光

---

① "下",原作"上",今改。

如炬，声音如雷，座上之人，无不震慄。法官复不能论诘之，唯曰："大逆无道！大逆无道！"在狱中十月，不见天日，遂忧愤成病，仰天痛叹曰："呜呼！天道是耶非耶？真使我孤忠无所伸耶？"一叫僵地而绝。四海之志士闻之，皆感叹其义勇，深恶拿破仑一世之无道。未几，拿破仑一世，果被谪荒岛，圣土奴民嗷遂举兵独立，一如老亚智勇之言。

"虽然举国梦梦，不闻其人有愤条约之不能改正，而慷慨以迫政府之发议者。政府课苛税，敛重租，以汲汲于无用之军舰兵备，徒思镇压内乱，不闻广增炮垒于海疆，作攘外计也。无故干涉外事，损破邻交。使人疑有蔑视弱邦之志，未闻上下一致，出全力企恢复国权，断然保持独立之国体。不独此也，在野之名士，问有慨然航于欧米，历足于各国君相之庭，诉明条约之偏重者乎？无有也。论思之士，问有来此土，掷笔投书于新闻，掉舌演说于公众，图倾动舆论者乎？无有也。全国之民，问有择才选能，遣使奉书于各国议院，以请求条约之改正者乎？无有也。如此伤国家独立之实力，失己国自治之大权，遗安内攘外之大计，徒仰外人之鼻息，受他邦之虚喝。三千余万之众，恬然不知所愧，犹互相语曰：'为自由毙耳。'不扩张国权，死且不已耳。呜呼！世称小蛙之跃井底，不知天日之高大，非此类乎？顾妾乃薄告岩公曰：'世虽或有鄙屑日本男儿者，是观其皮相耳，未知其肺腑也。今日之务，更有大者，区区小岛，是非曲直，岂足累乃公之心哉？'"散士闻之，冷汗沾背，低首太息。红莲曰："妾闻岩公极责贵邦人民，方欲更进一言阐之，适有他客来，不果而归。盖妾所言，无偏无党，郎君勿尤其冒渎也。"散士曰："岩公之论，凿凿皆中肯綮，真我邦人顶门之一针也。令娘不讳不文，以实相告，仆岂不服膺哉？"

红莲更语曰："妾既与诸人相失，漂零异乡，不堪寂寞无聊之感。时寄寓之店，邻房有谈笑之声，争评戏曲曰：'意大利之名妓，演技于教坊，姿体轻妙，声音流丽，真古来所希见也。'妾闻之，窃欲解其忧闷，乃偕逆旅之小娘，往观演剧。娇喉嘹亮，如黄鸟之啭春花；雅韵轻清，若金凤之歌庆云。腰装细柳，裾曳流霞，蹁跹而体拟飞燕，曲折而形效回鸾。妾闻之见之，欢乐无极。小娘忽近旁耳语曰:'请观南楼一雄伟丈①夫哉!'妾举首一望,宛然守城长王罗也。乃大惊不知所为,惟假意问于小娘曰:'丰采温雅,衣装都丽,真风流可爱之人,但不知何处高士耳?'小娘笑曰:"是西班牙之人,宿吾楼而在令娘之上房者也。'妾愈知其为王罗,且愕且恐,幸以翠罗覆面,彼无从认妾。观剧未毕,急称病而归。夜来又不能成寐,千思万虑,无可如何。既达天晓,小娘来见曰:'令娘颜色憔悴,得无夜间染病乎?'妾曰:'否,勿以为念。惟昨夜之高士,今犹在楼上乎? 妾自一相见,耿耿不忘,欲详知其人也,希为妾语之。'小娘曰:'儿唯知其西班牙之人而已。'妾取数金与之,曰:"佳娘子幸怜微意,为我探之。"小娘嫣然笑曰:'诺。请暂待之。'既而来告曰:'妾闻之阿爷曰,彼西班牙之守城长也,因顿加罗党之名将,越狱而逃,不知所之,或谓潜踪佛国,今彼来此者,实欲探其踪迹也。且儿刚遇彼于楼下,彼揖儿曰:昨夜阿娘伴一娘子于剧场,是何人乎? 儿以实告,彼语其伍曰,或然或然。风姿丰采,真不容疑。恨有罗翠遮面,当时无从认识耳。观其情形,于令娘似有眷恋之状者。'妾既闻小娘之言,窃计妾等非盗财杀人者,所谓为国为民而遭忌者也。况既遁迹异邦,万国自有公法,彼必不敢逞其凶威,肆行无忌。惟彼既怨入骨髓,其祸难测。且郁郁久居此,亦非为计,不如舍地为良也。适阅案头《新报》,此夕有汽船往米国,乃搦笔遗书,封纸币于其中,留与旅舍主人,再草一书遗岩公。薄暮匆匆,急僦马车,驰往汽船。未久,汽笛一声,吐烟蹴波,驶出港湾。妾出首窗隙,回望陆上,时王罗已率数警吏,驰马至河边矣。闻其大声呼曰:'驶还我船。'时送行者亦充塞岸上,挥巾惜别者甚多,而船行迅速,转瞬万里。王罗其后之状,诚不知若何矣。"

散士曰:"令娘所言,可惊可喜,虽读绝妙之稗史,观奇巧之新剧,无以过之。唯是吾人所经历,可哀者恒多,可乐者恒少,我既如此,况令娘乎?呜呼! 当舟会蹄水,未免有情,谁能遣此? 方其吟咏花间,又岂料后日之风雨乎? 夫至赴欧洲,又有今日之会,皇天神明,真不可测。人事者,如一

---

① "丈",原作"大",据《饮冰室合集》本改。

场演戏,聚散无常,悲喜靡定。一世者,如庄周之梦,昨夕之欢会是梦,今朝之愁苦是既觉者乎?今朝之愁苦是梦,昨夕之欢会是未觉者乎?茫茫寞寞,我与人皆不能知也。令娘令娘,既备尝酸辛,徒结愁容,亦何为乎?且请散步前庭,以少慰精神耳。"乃相携至于树间,散士踞草而坐,仰红莲曰:"古人有言:身穷诗始工。幽兰女史之咏,既已闻之,令娘岂亦无所得哉?"红莲曰:"归舟至大西洋之中,恰值月明,徘徊船楼上,追怀往事,俯念来今,情不能禁,乃朗诵幽兰女史之《我所思行》,既而和以一作,今请为郎君①歌之,曰:

> 我所思兮在回天,鸿业固期照千年。
> 一心据义又取仁,平生推易唯居难。
> 曾闻皇天不与恶,却疑天赋有厚薄。
> 世有污隆时或否,蓬艾塞路兰凋落。
> 请观乔松为风摧,百花群芳被雨猜。
> 无赖鸷鸟逞搏击,燕雀何处诉余哀。
> 死生高贵岂足恃,青紫轩冕曷须喜。
> 好以世事付一梦,不问天道非与是。
> 月横太空千里明,风摇金波远有声。
> 夜寂寂兮望茫茫,船头何堪今夜情。
>
> 我所思兮在故乡,烟水迢迢天一方。
> 万里异乡三年客,秋风挥泪赋短章。
> 吾田正为虎狼蹂,吾庐亦奈风雨漏。
> 瑶台悉颓琼园荒,麦秀黍离狐兔走。
> 灶底已冷甑生尘,何堪贪吏催科频。
> 此际何以救吾儿,此时何以暖吾亲。
> 悲惨知谁使如此,非天非神怨在彼。

---

① "郎君"后,原有一"郎"字,据《饮冰室合集》本删。

一跃直欲屠鲸鲵,岂图坎壈殆濒死。
月横太空千里明,风摇金波远有声。
夜寂寂兮望茫茫,船头何堪今夜情。

我所思兮在故人,离群索居感转频。
晨星零落人不见,独吊形响泪沾巾。
或以巾帼脂粉态,慷慨要除生民害。
或以黄耇垂死身,泣送永日圜堵内。
如夫兰氏希世贤,其义其节谁不怜。
意气投合吐心胆,共誓微躯为国捐。
天降之殃不与惠,大功未成身先毙。
思之念之恨无穷,黯然举首问苍帝。
月横太空千里明,风摇金波远有声。
夜寂寂兮望茫茫,船头何堪今夜情。

我所思兮在斯身,蟠屈却期一朝伸。
预知成败自有数,岂为屯蹇失性真。
天步艰难如怒浪,世途险巇似列嶂。
排之荡之是吾任,区区辛酸不用怆。
自古英雄出仆奴,异才往往隐狗屠。
果知溷乱纷争世,或出奇伟俊杰徒。
宝刀在匣气勃勃,何时能刺奸佞骨?
海若眠时天地静,枉把哀琴啸皓月。
月横太空千里明,风摇金波远有声。
夜寂寂兮望茫茫,船头何堪今夜情。

散士曰:"佳作妙不可言,壮如屠长鲸,险似排峥荣,高攀天根,深照牛渚。撷其妙意则可通鬼神,绘其佳景则可夺江山,比之幽兰女史之咏,有过而无不及矣。"相笑相语,声入树间。已而又相携入室,散士曰:"仆自昨宵出旅舍，今尚未归，舍主或怪之，请自是辞。"红莲曰："妾留此地，暂待时机之至。郎君不弃，请萤雪之余，枉驾草庐，勿吝高谕。"散士曰："学程甚繁，七日仅有半日之暇耳，正卜土曜，礼拜六日。重来相访。"乃分袂而归。

散士归于寓舍，家人咸集，且喜且怪曰："郎君昨宵自此而出，至于何处？今观郎君容貌，颇有枯槁之色，裳衣又有尘砾之痕，是果何故乎？"众交诘问，然蹢水之秘事，散士难以语人，匆卒之际，又不能构虚作谭，乃茫然回顾者良久曰："昨夜读书疲倦，独对明月，忽有所感，徘徊庭园，乘兴所之，遂入山水之隈，清啸微吟。迷天道之有无，感人身之生死，愈思愈迷，漠然茫然，如在梦寐恍惚之中。及今追思，果游何处，又为何事，确不自知也。"众闻之相对嘿然，既而舍主告曰："近者郎君兀兀勉学，至废寝食，得无神经罹病乎？此后唯当静坐加餐，以恬养精神可也。"

至于期日，散士至蹢水之居，红莲移榻于绿阴，欹身而繙书卷。散士潜至，立于榻后，忽拊其背。红莲愕然弃书而起，顾而笑曰："郎君曷为嬉戏乎？"乃相携入室，评山品水，杂谈数刻，至晚而归。自是礼拜六日，必访蹢水，访则棹流攀险，赋诗酌酒，无不尽欢。相别则情益闷，相逢则意愈浓也。散士既与幽兰远别，而与红莲久亲，爱慕之情，绵绵蕴结。然而红莲深谋远略，其志固别有在者，在报父母之仇雠，使爱兰独立而已。虽与散士情好日密，而一时之痴情，恐为后日之遗患，乃戒惑狐于郑子，仿断蛇于孙生，相亲不至相狎。加以使两人断情者，埃及之战争是也。盖一日阅新志，有埃及元帅亚剌飞侯飞檄于四方，其文曰：

> 盖闻有非常之事，然后有非常之功。我先王威士明流，愤外人之专恣，悯生民之困厄，绝他邦之干涉，欲复国权，轻赋税，以救苍生。创业未就，中道为英佛胁迫，饮恨去位，蒙尘他乡。前宰相征戒驹侯，果断不屈，亦遂为英、佛谗陷，放谪炎热万里之沙漠。呜呼！我贤王蒙尘他国，我忠臣飘零沙漠，吾辈思之，每肝肠寸断，血泪如雨。今外人内握政柄，外断万机。我立宪公议之论定，彼所拒也，我阖国人民之哀愿，彼所不顾也。堂堂国权，于今何在？我王孱弱，受制外臣，先王播迁之后，徒拥虚器而已。天下之事，既已如此，国步艰难，天日失

明。当此之时，夷凶剪乱，欲救国家之将覆者，岂不谓处非常之事，乃立非常之功哉？呜呼！英、佛之干涉我财政，自营私利，赋税数倍，十三幼童，尚不免人口之苛税，讲学究理之士，人口之税至增三倍。急征暴敛，其如此极，天下之所未闻，载籍之所未记也。桀、纣之暴，狞狼罗马之暴君。之恶，亦何以及之乎！于是九州解体，海内纷扰，潍江千里之沃野，不足以养父老半日之饥。南地五百里之枣林，亦不能救汝妻子之馁。夙兴夜寐，终岁暴露于赤道热沙之中，手足跰胝，汗流骨折，犹且不能保其室家。外吏日迫，严责赋税，若稍迁延，没灭家财。呜呼！呜呼！我之膏血，空供毒蛇之渴；我之粒粟，徒充豺狼之饥。犹以为未饱，解我禁卫之兵，散我护国之士，销我剑，盗我粮，而充己无厌之欲。窃杀我羽翼，暗缚我手足，然后使我父母之乡国，隶其版图，欲我同胞之兄妹，为彼臣妾而已。试张目观今日之域中，果是谁家之天下乎？今天怒人怨，愤恨盈怀，裂眦扼腕，如剑之出室，如矢之离弦，亦不慰先王之幽愤，下报同胞之仇雠，皇天照临，宗祖垂威，以是制敌，何敌不摧？以此图功，何功不就？英、佛者，天下之强国，雄兵百万，战舰如林，我以孤军当之，任重道远，事难祸速也。虽然，与其生为外人奴隶，求奄奄之余喘，于鞭挞之苦界，孰若死为忠义之鬼，留芳竹帛垂名后昆乎？此役也，忠臣肝脑涂地之秋，烈士立功之会，所谓有非常之事，而后有非常之功也。勖哉将士，发愤以脱牛马之轭哉！

散士朗诵再三，拍案曰："壮快之文也，骆宾王讨伪周武氏之檄，无以过之。"明日怀之而趣蹄水。红莲倚窗呼曰："妾待郎君久矣，请速来。"散士入里，红莲乃曰："昨有飞报曰，先英国起远征之军，欲一击而服埃及，大干涉其内政，而埃及之民激昂奋起，拒之境外，岁月弥久，成败未判，是岂非吾党之一大吉报哉？盖妾幸本国之有外患，虽似甚可怪者，无如英国之于吾党，有怨无恩，故暴英倾覆，吾党所祈也。"散士曰："闻英之自由党据义从道，以平和为主义者也。近顷英国政权，自由党所掌握，岂漫起无名之师，干涉友邦之内治乎？今日之事岂非其出于不得已者哉？"红莲曰：

"是徒迷其名,而未察其实者耳。今考女皇即位以来之政迹,与友邦交干戈者二十五次,而其二十四次,皆自由党政府所为也,岂可以名而推其实哉? 盖英人于外交,以利己为主义,无有保守自由之别。"散士曰:"以令娘所见,计英埃向后之大势,果如何乎?"红莲起取一小册子于几①上顾曰:"郎君未读英国之志士清茂流惠之《埃及惨状史》乎?"散士受而出于楼廊,倚长栏读之。其大略曰:

> 我大英国以立宪公议之始祖,常夸视宇内,宇内各国亦皆称赞不已。而埃及人民方组织立宪公议之政体,大英国以权谋诈术,尽力欲破坏之,何哉? 盖埃及国组织立宪公议之政体,至以公议舆论施行政令,英人嫉之忌之,强施专横不正之条约,恐其不服从也。是悖戾暴逆之最甚者,其臭名千载留于青史,永无消灭之期。请试论之。

> 埃及王大心醉欧风,百事顾问欧人,自文物典章,以至衣服饮食,弃旧惯而摹②拟欧风,费用日即浩大,国库渐告空乏。英国无赖之徒,见之窃有所计,乃贷与一亿万金于埃及王。抑土耳其政府有干涉埃及内政之权者,曾陷欧人之诈术,经历多少艰难,始自凛覆车之诚。当时见埃及之国步,渐觉衰颓,豫知其不可效,发严令而禁私募国债。时西欧资金充溢,无使用之事业,欲求佳市场于海外,如饿者之于肉,如渴者之于水。于是英、佛无赖之徒,又案一策曰:苴苴哉! 苴苴哉!乃以黄金五百万,赂土廷执政之大臣及帝之左右,遂使土帝外债特许之证印,与埃及王。自是未及数年,英、佛之民运输游金三亿六千万,悉供射利之用,其息至有三分之高利者。呜呼! 奸商之所为,固属可恶。虽然,是市井小人而已。彼上流之欧人,身为埃及王之顾间,蒙其恩宠,受其俸禄,傍观坐视,非独不匡救之而已,更煽动诱惑,起此大债,使沉沦莫救之穷途者,是所谓报恩以怨,以人之苦为自乐者。纵令向人恬然,亦岂自无所省愧哉? 今算埃及每岁之财政,岁入仅不

---

① "几",原作"机",据《饮冰室合集》本改。
② "摹",原作"摸",据《饮冰室合集》本改。

过四千万，而外债之息，至三千万之巨额。呜呼！古往今来，财政纷乱，有如此之国乎？租税日酷，而民愈疲，地益荒芜，岁入却减。较之往岁之租税，至减一千万，而外人自埃及政府攫取利息外之金额，四年间至六千余万。国库之空乏如此，财政之困难如此，外债之息，何时能偿？欧人又见外债之期迫，祝曰："时渐来矣，自是后唯我所欲而已。"日迫政府，急偿息金，政府无如之何，唯俯首乞延期而已。于是欧人连衡，迫埃及政府曰："国库之告空乏，在有司自营私利，财政不得其当也。若使欧人监督料理之，百事整顿，转祸为福矣。"虽然，埃及人拒而不允，英国遣大臣嗾瞋促之，宰相征戒驹固执不动，答曰："古人有言，唯名与器不可假人。若一以财政之全权，委之外人，租税之轻重，国库之开闭，至归其掌中，是国家之大权，既非我有者也。近者贵国有此要求，国内之志士，激动奋起，讹言百出，警报频至。仆苟常今日之大任，假令虽死，难以此大权与于外人。"其后未及数日，有警吏围征戒驹之邸，叫曰："闻足下煽动人民起乱，欲以扫荡欧人。"缚而下于狱舍，更诬曰窃与外人通计，专营私门，滥消国用，恶逆不敬，天地所不容也。即日放谪于炎热万里之沙漠，又不使出于法廷，为一言之辨明。呜呼！谁行此毒计者哉？谚曰：牧羊斋豺，养鱼纵獭，虽欲其勿犯，焉可得乎？既而英佛夺财政之大权，又无所惮，恣征苛税，妄课酷赋，鞭挞在前，剑戟在后。人民弊颓，财政至是，全归废坏。呜呼！法作于治，其弊犹乱，法作于乱，谁能救之哉？

英人犹以为不足，使总领事责埃及王，曰："聘外人而迟滞其俸禄，何哉？"埃及王答曰："今士卒贫困，商民流离惨憺之状，实目不忍见，耳不堪闻，欲倾一国之力汲汲赈恤之，亦计之无可出，是非卿等之所亲见闻乎？然而卿等托事饰词，必强无用之欧人，求无饱之高禄，果何心哉？如少迟滞，自甘可耳。"领事曰："陛下谓欧人贪高禄者，非也。料理财政，征集租税，改筑道路，开凿运河，筑铁路，架桥梁，使事务整整进步者，是非痌钝陋劣之埃及人之所能，欧人之功岂鲜少哉？如贵邦之贫穷困厄，非我美人之所预知，贵邦之陷于贫弱，亦非我英国之所预料也。我大英国女皇陛下之臣民，不因埃及人民贫富如何，而有伤自己之权利，甘自己之损害之责任也。"埃及王闻之，愤怒曰："汝欧人常谓无论政体之如何，苟居留而受保护者，当纳赋税于其政府，万国公法所不能免也。而汝欧人之在我境内者，共数十万有余，言行相反，邪说佞辨，抗纳赋税，曾无一人负担国费者。加之异议警察，诽谤道路，专恣横行，无所不至。且奇货治外法权，而行不正，蹈非理，知我民无如之何，常事密卖，破我海关之定法，以使归于无功。而全国之岁入，皆汝欧人所代收，欧人又逞其欲，制限我政费，非仅使咸杀五百万乎？穷乏困难，财政之所以至此者，是皆使汝欧人之监督施行政策耳，又汝欧人欺予误国之结果耳。呜呼！汝英人始则恳表厚意，而今则反目如仇者，何哉？"切齿挥涕，不顾而入于内。

于是英人虽独不能奈何，仍僭称万国会议之决案，要胁埃及政府曰："欧人远来，万里殊域，鞠躬尽力于公务者，非自好徒为也。而埃及政府往往迟滞俸禄，藉口国库之缺乏，至有减俸之论，是欲奴隶我欧人乎？我欧人与东洋诸邦之人民异也，无报酬而徒使役，是奴隶也。闻王室犹有私财巨万，宜散之以塞国债之责。"上下怒其妄慢，不允之曰："国财私财，固判然有别，未闻以王室私财，供外国公债之义务也。"欧人因诉之法廷，法廷之高官，皆是欧人，遂舞文枉法，使埃及王归于败诉。呜呼！欧人虽暴戾，岂不知私产公产之别哉？岂不解正邪理否之分哉？唯见其衰弊之余，又无能为，徒任私欲，忘公道而已。又假使埃及国富兵强，岂拱手服欧人之非道哉？岂钳口从欧人之残逆哉？虽有国而无财，虽有兵而无力，空屈于豺狼之恣，自王室财产、宫殿器物，迄至土地牛羊，皆为其所掠夺。欧人之悖戾苛逆，亦甚矣哉。一千八百七十九年，更强政府任用欧人，致增二百五十人，就于公职，政费遂增三十余万。明年又增百十二人，政费又加十余万。其后欧人之入官职者，陆续不绝。至一千八百八十二年，欧人之仕于埃及政府，衣食租税者，其数一千二百五十人，糜其财俸至逾二百余万，是皆忘义射利之徒，起无用之事业，务作冗费游员而已。鄙语有云：取则是利，不取则是愚。当日欧人之心，盖不外此语矣。

欧人犹惮埃及之将士，密相议曰："宜托事而汰兵员，以减其将士之俸，是一杀其羽翼，得以高枕，一分取其余赀，得以自利。"乃大撤兵员，又半减将士之俸，告曰国用不给，下民泣饿，暂可为国家忍，而欧人之俸给，依然如故。其后贪婪愈甚，更退有司千余人，曰国用不给，下民泣饥，暂可为国家忍，而欧人之俸给，依然如故。又课苛税于土地，曰国用不给，下民泣饥，暂可为国家忍，而欧人之俸给，依然如故。欧人犹以为不足，更矫法枉律，没入土地一亿万顷，曰国用不给，下民泣饥，暂可为国家忍，而欧人之俸给，依然如故。时势至此，谁不奋起哉？四方志士，扼腕愤慨，阖国人民，挥涕啸集，宣言曰："退权臣，除奸人，宜麈杀教徒如苏丹者，唱为独立自治之政。"推亚剌飞将军为盟主，啜血誓不与欧人共立于朝。更会绅士僧侣六十人，文武之官职七十人，绅商四十人，人民之代理者六十人，而议国是，上书于埃及王曰：

"欧人之包藏祸心也久矣，面示慈爱，腹抱鸩毒，浸润之计，渐渍之术，以至今日。今政府既任其左右，财政之权，工商之利，皆归其专有，将欲夺兵权，举邦土，握之于掌中。今天下人民，万众一心，斥财政监督之英人，与工部总理之佛人，无不欲食其肉、烧其骨。盖是积恶之所致，众怨之所集，又不可免者也。陛下今退彼二人以从民望，建立宪公议之良政，谋于公众而课国费，废不急之土木，停无用之工业。倘不然，则祸必起于萧墙之中，陷于不忍言之惨境矣，希陛下裁之。"

王纳之，即日退彼二人，国内之民闻之，欣然雀跃而祝曰："吾辈自是始得苏息也。"欧人不然，不胜愤激。英之总领事，直奔至王宫，让王妄黜陟大臣之非，且曰："闻陛下密鼓舞人民，奖励立宪公议之政体。抑主唱立宪之政体者，一二失意之徒，欲营私利泄不平之所致也。陛下何不觉耶？及事悔之，噬脐无及。陛下速复彼二人之官爵，使停止立宪之政体，勿为妖云所蔽，而失日月光也。"王曰："是全国之舆论也。予所甚望，非诸臣之阴谋也。若夫黜陟大臣，其权朕之所有，曷足怪乎？抑汝欧人非常赞立宪之美乎？非夸公议之政乎？又非以之诱导他国乎？今朕从亿兆之望，欲组织立宪公议之美政，必要障碍之，非难之，以逞己之私欲，朕不欲复见汝也。"于是英人与诸欧人议日："王愤怒殊甚，使久在王位，吾辈欧人之祸，殆不可测。"各构阴谋，交谇其政府曰："埃及王妄信邪教，蔑视圣教，不顾欧洲各邦之友义，报恩以仇。将欲驱逐欧人，扫之境外，其形迹已著。"既而英、佛二国之总领事，率兵迫王宫，胁王曰："自子即王位，课苛税，征酷租，不恤百姓，不爱士卒，田圃荒芜，财帑空乏，内来臣民之嗟怨，外失欧洲诸国之欢心，若不速去王位，埃及之衰亡必至也。"王痛愤深慨，但事起匆卒，无可与谋，邦小力弱，又不能与抗，衮冕龙衣，皆为欧人所褫夺，潸然饮涕，出王宫九重之门，弃祖先丘墓之地，遂至流寓他乡。英、佛之民，立王子即位，擅弄政柄，急征暴敛，日益加甚。国人以新王为外人所立，无归心爱戴者，于是民心离散，国势陵夷，盗贼蜂起，万姓思乱，乃选陆军之军队，大佐三人，使至王宫请曰："免外人之职权，可以挽回国威。"欧人劝王直拘捕之，然恐军队之暴怒难犯，遂即止之。既至八月九日，数千将士，围迫王宫，亚剌飞侯请于王曰："第一宜解散卖国之大臣；第二宜设立国会，万机决于公议；第三宜严兵制以备危急。"英人闻之，即飞报本邦曰："埃及之人民，胁王欲建公议之政。虽然，是非人民之舆望，由亚剌飞之煽动而已。亚剌飞者，桀猾枭雄，深信外教，而最恶圣教者也。故使彼一握政权，必扑灭圣教，凌欧人之权利，蹂躏生命财产，又无所顾。宜急遣兵马，挫折其势。"时埃及全国之新志，日鸣欧人之专横暴戾，盛唱国权恢复，民心无不鼓舞。欧人恐之，迫于政府，使禁止新志之发行。呜呼！英佛重言论自由之邦国也，而今如此专横，不亦甚哉！既而埃及开国会，广选人才，讨议百事，英人又抗曰："不谋于我国，恣施行制令，妄增减赋税，是越权而蔑吾政府者也。"直遣兵舰，向历山港。呜呼！吾英国自由议院，凌弱遂非，模仿禽兽野蛮之世，恬然不知所愧，傲然自以为得，何其无道之甚哉？群羊蠢蠢，难与虎搏。不久英人必能讨平之，得逞其意之所欲。呜呼！埃及之人民，有何罪乎？欲守卫国家，杀身于炮烟弹雨之中，暴尸于沙漠风烟之下，空为饿鸢之食乎？呜呼！埃及之子弟，有何罪乎？虽幸全身于兵乱之中，而贪婪无饱之欧人，横恣其肉，吾恐膏血既尽，饿死于山谷之间，空为豺狼之食乎？呜呼！大英国仁慈睿圣女皇陛下之政府，果如此者哉？呜呼！自由政党之政略，果如此者哉？

散士读毕，悲愤之情，郁于胸中，不觉卷卷太息。红莲更手一新志，以示散士曰："请郎君观此一章。"散士改容读之曰："埃及军中，有一老将，龄七十许，携一娘子，常参亚剌飞侯之帷幄，最富军略。人无知其来历者，或谓西国之人顿加罗党之残将也。"两人相对，茫然无语者久之。

卷　七

既而红莲问散士曰："郎君之与幽兰女史相遇也，仅不过一二面，妾之於郎君，则交游甚久，互倾肺腑，郎君固知妾之为人，妾又详郎君之为人也。窃以为意气相投，谁能若我二人者。而妾熟察郎君之意，慕幽兰女史，比妾尤深，若非分镜则封发而为期者。呜呼郎君！上帝有灵，天命未尽，幽兰女史如再生于今日，重来相会，则郎君于女史如何？又于妾如何哉？"原夫散士之钦爱幽兰，非红莲之比，虽然，亦不过落花流水，一时痴情所结，未可断言。既闻红莲此言，乃踌躇而不能答。忽闻门外有推敲之声，出而望之，有一女子，衣冠俱白，翠罗覆面，缓步入来。散士不觉发声曰："幽兰女史归来。"红莲斜见散士，不觉变色，既而女子至于阶前，红莲熟视少时，即呼曰："夫人非尝与妾等同船之人哉？"夫人嘿嘿首肯，步至阶上，红莲则出迎之，延于客堂，坐定。夫人独语曰："老父之言，果有验，果有验。"散士不知其何意，唯目注其容貌，年姿三十四五，唇红齿白，清洁如玉，意气自有卓荦之风。顾散士曰："郎君非东海散士哉？"散士惊谢曰："仆性质黯汶，未知夫人之姓名，夫人何由而知仆之姓名乎？"夫人笑曰：

"郎君不知妾者,以名贱而容丑耳。"更谓红莲曰:"阿娘真可羡,又真可谓过分之人也。独占山水之乐,静居幽闲之室,出游则兰桡桂楫之舟,结交则英豪秀逸之士。呜呼!阿娘真幸福之人哉!抑亦过分之人哉!"红莲舭然而答曰:"夫人之入此室也,徒欲诘妾弄妾乎?妾虽不敏,亦是营自由独立之生者也。吟花啸月,栖游娱乐,唯我意之所欲为,岂又要他人之干涉哉?"夫人作色曰:"果然乎?果然乎?令娘营自由独立之生计者欤?固非妾等之所可喙也。且容颜之婉,才智之优,辞辩之敏,皆非众人所企及者。虽然,巧于饰非,交友无信,其亦能免此谤乎?方令娘与幽兰女史之航于西班牙也,时妾会于船中,吐露胸怀,以表信义,令娘则以冷语待之。若不介意者,至谈及东洋之事,令娘又顾而他语,如复不知者,令娘岂不记臆乎?令娘与幽兰女史非仰天歃血,而盟刎颈之交哉?至一相失,则独归隐居,悠悠然与意中之人,优游消日,而幽兰女史之生死,又不置于胸中。呜呼!是非巧于饰非耶?非交友无信耶?"

红莲怒气隐于眉间,不敢发一言,散士亦默然相对而视耳。座上寂然,寥若无人,夫人忽振衣而起曰:"妾所以不远千里而来者,欲表信述志,大有所谋,何图两君卑妾疏妾,疑妾恶妾。冷遇寒待,向隅而不欲相语?妾请自是辞。"散士曰:"夫人责仆等之不敬,此罪固不能辞。虽然,夫人亦傲言慢语,侮辱太甚,方之良家子女之所为,岂无愧哉?"夫人冷笑曰:"毋多言,岂又烦足下之广舌哉?"左手推户将出,红莲揽袂厉声曰:"妇女之为侦吏,近世多有,夫人若非告以姓名,述其来意,以解我等之疑,妾誓不使出此家一步也。"夫人曰:"目人为间牒,不明亦甚矣。若内省不疚,虽千百侦吏,出入其门,岂足恐哉?今令娘见妾,颇有所恐,而疑为侦吏,其俯仰天地,而有暗昧可知也。妾唯欲访高明之士,交正大之人,全此大任耳。污耳之言,渎心之语,妾虽少时不欲闻也。"红莲怒气如火,目视散士,以示决意。夫人觉之,支手徐曰:"勇气可嘉,勇气可嘉。虽然,是匹夫之勇耳,士君子所不取也。妾虽不肖,亦非徒死此处者。轻忽之行,勿招后日之悔。"再凭椅子,颜色自若,旁如无人。执《新报》默读少时,忽愕然曰:"呜呼!两君既知幽兰女史之事乎?妾以两君未详其生死,宴然游乐,故心不能平,口出恶声以相试耳。"乃出金环于怀中,进示红莲。红莲一见,骇且问曰:"是幽兰女史沉没海中时,小指所穿也,何为落于夫人之手哉?愿宥妾无礼,幸告颠末。"

散士亦进而近前。夫人曰:"今请为两君语别后之状,使明晰幽兰女史之事。妾自与令娘等分袂西国,归而省亲,未几而有峨马治病重之报,妾父以深交之故,携妾驰赴华风丽岛。不及,而父使妾先归,航路未半,风雨大起,电闪雷鸣,海涛遄激,樯折舵断,忽轰然如百雷之齐落,乃船之触暗礁破汽机也。妾蹶起出甲板,见一小舟,跃身投之。舟小人多,众皆战慄,魂为之失,气为之丧,左卧右颠而不能起。忽有一道逆浪,冲天而来,舟半覆没,人悉沉溺。舟再起时,止于船底者仅三人,妾注视二人,转瞬之间,巨浪一声,倏然击背,妾身将堕舷外,两人执①妾裾,极力援之。时水已果腹,昏绝无睹。既而开目,云行风敛,赤日丽空,白浪远平,身困卧于舟底,见上有一老人,与一女子相对跪坐。两人见妾大喜,慰曰:'夫人亦得苏生,幸甚幸甚!'妾闻其语,追怀倾覆之际,救援之事,皆恍兮惚兮,如长梦初觉,乃谢曰:'若非得两君拯救。妾身已葬鱼腹矣!'一姬更熟视惊问曰:'昔夫人自美国往西班牙,非尝与妾等同船乎?'妾闻之,注目观其容貌,则是与他二人同行,谈论于大西洋之中者也。因不觉相感奇遇,潸然出涕。其后此船漂流海中,逾一昼夜,风静浪平,茫茫天海,船影山色,绝不相见,孤舟漂摇,不知所向。妾愀然谓二人曰:'呜呼!舵工水手,皆既葬鲸鲵腹中。今饥渴交迫,疲劳尤甚,漂流任浪,进退无定,如之何哉?'二人亦默默无言。暂见黑烟远起,皆大喜叫曰:'是汽船之过也!可求救助。'于是振衣放声而呼。汽船似略近者,三人愈喜,咸作苏生之想。既而幽兰女史翘首曰:'彼船非来者。乃去者也。'妾曰:'否,否。是进来者也。'凝眸远眺,果如女史之言,船去益远,其影迷濛,只有一片之残烟,留于模糊之外而已。老人曰:'盛者必有衰,生者谁不死?若果命运终穷,从容就义,升游天上自由之乡而已。今我三人,所谓运极命穷者乎?若徒悲

---

① "执",原作"執",据《饮冰室合集》本改。

泣叹息,怨天尤人,是不知命之小人也。悠然危坐舟中,瞑目祷天,以求安身立命之地可耳。'于是三人瞑目而坐,危惧之心,释然而去,欲生之念,寂然不生。放目而观,但见白日西匿,海风飒飒,动摇星宿之天外而已。其后腹饥体疲,不觉倚舷困睡。

"忽有暴风再起,波涛澎湃,覆于我舟,藐藐一身,沉溺于海波几死。忽有天女飞来,相携而同游月殿。忽而管弦丝竹,相奏而响遏云间,嘈嘈而涌,盈于耳边。于是愕然惊,欣然喜,俄而举首,则皆是小舟一梦矣。汽笛一声,汽船驶来,梦初醒兮,未能分明。心神渐定,熟而视之,晓月濛濛,景色依稀,唯见船旗飘风之影,但闻翼轮切水之音。三人鼓勇励气,大声呼救,汽船认之,即下小艇来相救。呜呼!死期既迫,俄然遇此救援,其傥幸何如哉?既而小艇牵引我舟,至于彼船。盖彼船者,希腊之邮船,往埃及之历山港者也。船长导至一室,优相待遇。船中贵女绅士,悯妾等之困厄,相馈以金钱衣服。女史谓妾曰:'妾犹有多金。'因返之,唯受其衣服。如是三人始作再生之想,安卧船床,一昼夜间,渐忘疲劳。神气复旧,乃访女史于别室,庆天运之未尽。且问遭患难以来,未暇问令娘等之行止。曩日与令娘自美国同行之两氏,今果何如?女史凄然曰:'先航大西洋,所以不敢告心事于夫人者,恐计略易泄,大事难成。今不期再遇于艰难之中,共死生于危急之间,是盖天假之缘者,可谓奇遇矣,岂能不披肝沥胆以相告哉?'乃谆谆详述,不觉太息曰:'两友助妾,失身于黄泉之下,救父之喜,未慰胸怀。表友之悲,忽惊肝胆,妾今日忆友之感,岂异昨夕待死于扁舟之情哉?'妾闻之,始详其颠末,感慨殊深。

"既而船至一海港,船长告曰:'是埃及之历山港也。三君可至旅亭,暂为保养心神焉。'妾谢曰:'得全一生于万死之中者,皆足下之厚谊,今以何报足下之恩乎?但船破之时,所携之物,悉没海中,今竟无一物,可呈贵览,奈之何哉?'船长笑曰:'余英人也。英国船长之职,有杀身救人之义务,何况难船漂舟乎?'三人乃投于逆旅,疗养数日,心神全复。是时埃及与英、佛交涉,日赴困难,渐觉棘手。埃及之士民,激昂奋起,祸机将垂破裂,盖英佛专横跋扈之所致也。先时英国驶兵舰于埃及,宣言曰:'埃及之乱民,梗塞洲越之运河,以杜绝世界之交通,妨碍我国印度之连络,是我所以严兵备以御不逞之暴徒也。'呜呼!洲越运河者,埃及国之富源,有益其国家,实不鲜少。且其国都与运河,隔百五十里之遥,其间有人马难行之沙漠。埃及人民何苦犯此不可越之艰险,劳民伤财,塞闭此富源,以结怨于欧洲之强国乎?诬妄亦甚哉!英人又曰:'埃及政府之改革,非一国之舆论,埃及大臣之更易,非万民之愿望,军人煽动之所致,其变乱有不可测者,是我出兵舰所以保护欧人之生命财产也。'呜呼!一国自有一国之权,如政府之改革,大臣之更易,是一国之内事而已,岂他国之所可干涉哉?然而英人以兵马之力,悍然欲干预于其间,是盖因欲掌握财政工商之全权,如昔日而已,何其虎贪狼欲,逞暴威之甚哉?

"一日,妾等谈论一堂,窗外忽骚然有儿女号泣、兵马驰骋之声。既而铳炮之响震天,呐喊之音四起。妾大惊,乃与女史共开窗而望,见户外楼下之群众,直发短铳,投瓦砾,挥刀相叫曰:'攘虎狼之外人,回复国权,在此一举。'幽将军止妾等曰:'是大乱之溃裂者,当此际也。宜审形势,以决一身之进退,狼狈周章者,所以危身而已。'时破窗户之声,坏器物之音,戛戛落落,嚣于近邻。女史曰:'想是暴徒乘机闯入欧人之居宅者也。'语未毕,一群之众,入于逆旅,提刀挥枪,叩户叱咤,将乱入室内。忽有数骑过于门前,连呼曰:'元帅来,元帅来,不可有粗暴之举动。若有侵掠他人之家财,伤害无辜之外人者,必处以严刑。'暴徒闻之,悉皆散去,一路肃然,妾等志意少安,既而闻'元帅万岁'之声,叫号盈街。

"因出头窗外,见将士群集,刀枪骈列,光彩陆离,似冰霜之映白日。幽将军又止安卧于室中,勿闻跫音戛然,有敲我室者,幽将军徐起倚户呼曰:'是何人欤?'答曰:'埃及之将士也。'将军启户,将士数人,佩剑直立于户外。中有一人进入室内,戎装之美,粲然夺目,身体长大,容貌奇伟,眼光灿如电闪,熟视幽将军而殷勤谓曰:'谨贺将军无恙。'又祝其老而益壮。幽将军故为惊怖之状,答曰:'而老奴南美之一商贾也,携二女而游意大利、希腊,寻景胜之名区,探往古之遗迹,将航佛国,途遇飓风,仅以得免。今到贵国,偶遭骚扰,亲子三人,恐不能全生,胸中战慄无已。忽遇阁下等之来,得免万死于矛戟之下,是老奴之所深谢也。然阁下目老奴为将军云云之语,老奴不堪怪讶,唯冷汗沾背而已。'将士掉首笑曰:'勿欺余哉! 将军者,西国之名将,富于韬略,勇于战斗,谁不知之? 谁不闻之? 欺他人尚可,未可以欺仆也。'幽将军仍执前言,更辨其所言之谬误。将士更进曰:'今日实国家存亡之时,寸阴之闲,且不可得。仆所以殷殷来访者,盖以为得雄才伟略之人,如将军者,主我帷幄,拨乱反正之业,唾手可成耳。唯昔日天涯地角,生死之信,渺然不知,是真可恨。昨适有突然相告者,谓将军来寓于此,余闻之喜不能禁,故来相访。将军何不深察予情乎? 且将军千言万语,欲以掩其姓名,不知余尝投将军之麾下,从役于西都,将军或亦忘余,余岂忘将军哉? 虽然,余未先通姓名者,其罪实多。余乃埃及国兵部卿亚刺飞也。'幽将军闻之,起谢曰:"老奴有罪。明侯既知老奴,而老奴未知明侯,是玉石不辨者也。老奴实越西国之狱,历尽艰难困苦以至于此,今不知明侯欲以何事相委?'亚刺飞侯曰:'欲延将军为军师耳。'幽将军曰:'是果何言乎? 古人有言曰:败军之将,不可以语勇;亡国大夫,不可与谋存。老奴岂可应明侯之求哉?'亚刺飞侯曰:'余今不忍坐视国家倾覆之形势,人民涂炭之惨状,为众所推,举兵唱义,将与欧人相见于戎马之间。唯彼船坚炮利,国富兵强,我则衰弱困弊,帷幄无谋议之士,战阵无精锐之兵,难卜必胜于今日。虽然,英、佛、埃及之曲直,将军必能辨之。其曲在我,余亦不敢乞劳于将军,否则不忍使公明正大之君子,而与无名之暴举,污节辱名也。'幽将军叹曰:'明侯之举兵,在救国家之危急。仆虽疲老,岂忍见义不为哉? 且老奴久呻吟于囹圄之中,不跨征鞍者,于兹岁余。今也髀肉有日生之叹,幸遇明侯之义举,少效驰驱,岂不甚善?'亚刺飞侯大喜,进握将军之手:'得雄邦十万之援军,不若得将军之一诺。'既而又问幽将军曰:'人心未固,兵甲未整,当是时计宜何出?'幽将军对曰:'先兴起人心,使坚义烈之气,明大义之所存,国是之所向,无若檄文者。'亚刺飞侯即请幽将军起草,将军搦笔,瞬息而成以示,亚刺飞侯朗诵一过,拍案曰:'拔地倚天,正声劲气,溢于纸上,读之者谁不踊跃哉!'更推敲二三字句,直出交之士官,使朗声宣读。此檄文传播五洲,想两君既经传诵矣。"

散士曰:"呜呼! 此檄文成于幽将军之手乎? 宜其使人感激不止也。"
夫人又继言曰:"一日幽将军自军议归,慨然长太息曰:'老奴莫知死所
也。'妾等怪问其故,即徐说曰:'埃及王孱弱,不能刚勇果断,内听近侍之
言而忌忠良,外信敌人之反间而疑谋士,不知陷欧人之诈术。亚剌飞侯忠
义之心虽有余,而乏深谋远虑之才智。无忍小耻,排众议,断然画鸿业之
勇,是以我为埃及所画之策,皆不能用,徒为庸众误大事而已。夫英将宇
流盛老于兵略,富于武术,不易得之名将也。欲驱羸弱之卒,与之对敌,岂
可不运非常之策略哉? 然今乃如此,埃及之败亡,不待识者而知,我辈亦
无死所也。'女史与妾更进膝问曰:'妾等愿闻其事实,否则又有甚难解者,
请详告之。'将军又愀然曰:"诸将士相会,而议军事,一将曰先倡回教以攘
耶苏教,为举兵之名,以煽起回教人民,鼓舞我兵势,英、佛人民可一扫而
空矣。余排斥之曰:谁为此言者? 是未知天下之大势,未明军事之虚实
者,否则迂僧腐儒,心醉迷溺于教法者之所说也。抑出师必要有名,无名
者败。虽然,假教法而为攻守之名,往昔之事,非今十九世纪之事。且今
日国会之决议,为欧人所废,人民之舆论,为欧人所压,一国之权利,为欧
人所蹂躏剥夺,万机之政务,为欧人所左右陟黜。任意之所欲,欲忍不能
忍,欲堪不能堪,忠胆义肝,因此可以发泄。所谓据自由之公义者,岂又须
假教法之名哉? 唯是明大义,据公理,欧米亦不乏志士仁人,或仗剑来救,
或募金银,输兵器,或振舌于演坛,或放笔于新志,种种皆可以救援我,而
阻彼之军气者乎? 若大计不出于此,而取名于教法之争,可谓引一发千
钧,驭朽索六马者,不特国运之不可挽回而已,愈益招灭亡之运者也。盖
以恢复回教起兵为名,印度以西或有应之者,而招欧米人民之愤怒亦实
甚。且纵令印度以西,有能举兵执干戈,以当欧人,为我声援,亦万不可望
也。又假土耳其以同教之故,欲救援我,而南下以扼土耳其之咽喉,逞吞
啮之欲者,俄国之宿志也。故事至此,俄则得启兵之名,以拊其背,不使出
雷池一步,无俟智者而知也。于是欧米诸侯,男女老幼,皆恶我怨我,万国
无一人助我,此是利敌兵之术耳,所谓贷雠兵资盗粮者也。势至于此,虽
名将复生,岂复可为哉? 请观诸希腊国,其邦土之大,不及我半,衰弱困弊

之状,亦与我国无异,犹能拒雄邦之强兵,而成今日之独立,是虽由阖国人民之力,抑赖欧人救援之功,亦最大也。欧人之所以援救希腊独立者,何也?一因旷古之自由国,而古圣贤人之所出,文学技艺之所起,而今服从于残戾之治下,离群索居,流离困弊之状,真不忍见。观往古之历史,慷慨之感,无不勃然而起。一因希腊之人民,愤然激发,树自由之牙纛,主唱独立之大义,以寡当众,不屈不挠,其义其勇,足使闻者奋起。一因奉耶苏教而与回教人民战也。有此三因,故欧洲之志士,翕然赞称,或隐送兵器弹药,或仗剑赴援。如英国之名士诗宗梅仑侯,亦奋至其国,致身于希腊,明大义于八表,遂至奏独立之大功。虽然,若使希腊国据回教而扫耶苏教为名,虽为世界最古之国,而依大义,弃生命,欧洲不特无一人援之者而已,皆负干戈而讨之,不出旬日,而社稷之颓灭可知也。呜呼!我举兵何异于希腊哉?如今老奴依亚侯之顾托,为大义弃生命,驰驱于兵马之间,誓死而后已。虽然,诸士为教法,开战端,传扫荡耶苏教之檄,老奴原耶苏教之信者,非回教之信徒,岂忍与同胞交干戈哉?岂忍为上帝之罪人哉?请自是辞耳。亚剌飞侯纳余言,大谕诸士,遂停其议。虽妄信回教者,目余为奉邪教,包藏祸心,误国家者也。逸谤骂詈,无所不至。呜呼!时之不祥,鸱枭翱翔,逸诙得志,腾驾罢牛,莫骖良马,余亦可奈之何。'妾等惊其事之出意外。翌日,将军称病,在客舍作一书,赠亚剌飞侯论战备之计略。"乃取日记于怀里,以示散士、红莲曰:"是则其草稿也。"散士匆忙披而读之,其文曰:

> 盖闻百战百胜,非善之善者,不战而屈人之兵,善之善者也。故上兵则伐谋,凡用兵之要,在先详敌情,知其编制,察其计略,卜其强弱,明其地理,冲其空隙。所谓知彼知己者,百战不殆;不知彼而知己者,一胜一负;不知己者,每战必败。故先欲战者豫详彼我之势,而不可不运其谋。

> 夫英国者,欧之雄邦,国富兵强,霸称海上,旌旗翻于四海,勇威辉于八表。且其将士训练之久,经历之多,服于号令,勇于战斗。运转铁舰,宛若四支,运用巨炮,宛如小铳,锋之所向,碎石破岩。又目无强敌,如破拿破仑之兵于亚武邱港,麾佛、西二国之舰队于土罗波

苟港,戮土、埃之军舰于希腊海,强敌无前,可推知也。

我埃及国力疲弊,财枯民散,长谋之将寡,惯军之兵少,铳炮之利,船舰之牢,不及英国之十一。海战之器具未成,陆战之堡垒未备,四邻之国,无与我同盟,缓急相助,攻守相救者,实危急存亡之势。呜呼!敌之国势如彼,我之国势如此,然欲交干戈而与相战,不亦危哉?盖今日之论战略者曰:"树牙蘗于海楼府,据沿海之炮台,以御袭击。"又曰:"固守城垒,待敌平野,一战以决胜败。"某窃虑之,是则陷于敌之术中者,知难期胜算之万一也。若轻动而邀正正之旗,击堂堂之阵,余恐其一败涂地,部伍散乱不可收拾也。然则我兵终不可以与英军抗乎?我国终不可以复国权乎?曰:否!在战略之如何耳。夫兵诡道也,因势制利,以弱拒强,可以怯敌勇,可以寡破众,可以小挫大,以逸待劳者胜,以劳当逸者败。水之形避高而趋下,兵之形避实而击虚,我拒英军之术,亦不可不虑于此。

盖明侯卒然率将士弃海楼、历山之诸都,退保西南之内地,右带滩江之长流,左控砂原之沙漠,背怀群蛮之土民,据苏丹之粮食,传檄四方,招爱国之义兵,以激军气之震起,是非以逸待劳之策乎?请更细论之。夫善战者立于不败之地,而不失胜算,今夫我兵远退西南,英兵必尾其后,欲以冲我险要。虽然,彼暗于地势,不知水利,乏于粮食,不惯气候风土。热风之酷,瘴气之烈,挫折勇气,遂招邪瘴之流行,万里之沙漠,弥漫于前,人病马瘦,未布阵接刃,必失其大半。然而我军则不出旬月,精兵七万,突骑三万,应檄而群臻于我麾下,明也。因结垒千里,树旗江原,以待其来,放轻骑而袭敌之不意,使土兵出没,劫其辎重,以乘彼之衰势,元帅虽富于谋略,器械虽极精练,又曷足恐乎?纵使我军小有挫折,更退而避之,不战而屈彼兵。凡兴师十万,出征千里,百姓之费,公家之奉,日费千金。且其为战也,虽能胜之,久则兵钝锐挫矣。攻城久则力必屈,暴师久则国用不足,敌国乘其弊而起,虽有智者,不能善其后。夫我兵屯于国内,粮食不仰于境外,不过取于内散于外,以拒外敌,其力能支数年,实易易耳。

虽然，英军则悬军万里，深入敌地，虽陷空城，不可以求财货，虽占土地，不可以得禾谷，徒往来于沙漠之间，更无所得，兵器粮食，皆求之万里之外，其所费岂止一日万金而已哉？欧人之兴兵，原出自利欲，且十九世纪之胜败，非失兵之多寡，而决费财之如何。英人焉能日费万金，失千人，旷日弥久，久留师于我国哉？夫钝兵挫锐，屈力殚货，四面乘其弊而起，故海外之藩屏谋叛，爱兰则思独立，反对之政党，排之于内，宿恨之邻邦，劫之于外，遂使费用不足，援军不至，进无所据，退无所守，失气丧胆，自土崩瓦坏。我军即莞然乘其弊，一举而覆全军，收大业也。夫期大业者，不可思小累；运大谋者，不可无非常之决断。用兵之害，犹豫最大，三军之灾，无过狐疑。知兵之将，民之司命，国家安危之主也。愿明侯裁之。

夫人又继语曰："亚剌飞侯一日会议诸军，吐露意见。参谋如安似倥者瑞西人也，为人度量褊浅，规模狭隘，自骄其勇，暗于大计。以幽将军得上下之信任，彼知谋略不能及，乃谓诸将曰：'英人何足惧乎？彼外示威强，内极衰弊，船舰概属朽腐，士卒亦皆懦弱，我若据险邀击，一举可破也。今幽将军耄耋昏愦，不详彼我之形势，惟见敌军之可畏，不知我兵之可恃，唱彼猖獗，挫我军气，其言固不足用也。'埃及王原无意去海楼府，听似倥之言，令将士守京城，诸将士亦共语曰：'未交一兵，未放一矢，弃历山、海楼之都城，班师而退，壮士之所愧也。'僧侣辈在侧因进谗言曰：'幽将军乃奉西教之人，故愿邪教之胜，为敌兵之间谍，欲举两都以卖于英军者也。'于是亚剌飞侯心忙绪乱，仍固守海楼府以抗敌军。"

散士曰："仆一介书生，素不通韬略，唯好谈剑说兵，以取一时之快耳。虽然，今案埃及防战之策略，若用幽将军之言，英军久必退去，然卒不见用，惜哉！英雄常为群小所嫉，长策多为长袖所阻，自古为然，真可叹也！但不知幽将军如何处此耳？昔者范增为项羽之将，其策不用，知稍有嫌疑，则大怒曰：'天下大事定矣。君王自为之，愿乞骸骨归故里。'杰士之不能得志，固当如是，幽将军岂计不出此乎？"

夫人曰："否！将军曾谓妾曰：'愿阿娘与兰儿共航海密赴欧洲，以免干戈之祸。余今为众所疑,余之去就也,万人注目,一举一动皆有侦吏探访,欲去而无术,欲逃而无路,却何忍蒙羞受辱,期侥幸于万一哉?惟有决生死于一战耳。'更顾谓幽兰女史曰:'汝可从夫人速去此地。'女史流涕曰:'妾之出美国而航欧洲也,在救阿爷于万死之中,若不能救,誓同生死。今日阿爷之遭危疑,临急难,妾岂忍独生哉?惟有从阿爷于炮烟弹雨之间,共尝艰苦而已。惟夫人之与妾,非有宿缘,且金玉之身,当留以有待,不可以不去也。'"夫人曰:"情之所结,不忍别离,妾亦欲同其生死也。幽将军曰:'然则儿与余可留于此,若夫人者则决不可也。盖夫人有父兄之存,前途所期,正自远大,今留此地,有何益哉?可速决意。勿贻后悔云云。妾心虽实不忍,然再三思维,不得已而服其言。幽将军大喜,手裁一书,属寄皇兄顿加罗,且临别赠言,殷勤而说后来之事。幽兰女史又谓妾曰:'红莲、范卿二氏,因交友之谊,为妾等弃百年之身,为万世不归之鬼,妾哀恨伤惋,往来于怀,寤寐而不能忘也。欲建一碑,以慰彼之灵,表妾之意。自哲学者观之,碑文吊祭,虽属不急之务,而人情之感,有不得不然者。第事既至此,妾之生死,又不可期,焉能再返欧洲,得亲建碑乎?愿夫人怜妾此情,万幸代劳,是妾毕生之愿也。'妾曰:'建碑之事,实易易耳。妾必不负令娘之托,毋以为念。'女史大喜,更取左指之金环,与妾曰:'聊以表饯意耳。若于天涯地角,萍逢东海散士,则以是为证,告妾流离穷厄之状可也。'语毕,涕泪滂沱而下,妾亦低首饮泣,既而整理行装,辞别而归意国。既归,家人且喜且骇曰:'余以尔为死矣,今何其幸乎?'殷勤握手,欢乐无极。妾乃将经历之大略,告于父兄,又送幽将军之书于皇兄。其后,顾虑幽兰女史之事,忧郁之状,自为老父所疑。老父曰:'尔来汝之容貌,甚有忧色,此何故者?'妾因详语幽兰女史之来历,又告以建碑之事,更问其法。老父沉思良久曰:'幽兰女史悼其亲友,建碑海岸,情义实足称,汝为代劳,有何不可?虽然,余熟思之。红莲、范卿,果为长逝之客乎?皇天有明,拥护仁人志士,得生今日,犹未可知,遽欲建碑,以吊其魂,岂不太早乎?'妾曰:'否,否。风雨如此,波涛如此,船舰之覆没如此,岂有全生命于今日之理哉?如妾者可谓侥幸中之侥幸耳。'老父曰:'汝既侥幸中之侥幸,焉知彼亦非侥幸中之侥幸乎?'妾反覆争之,老父更以温言谕曰:'爱儿且静心而听我言。夫世事人事,支离错杂,最无定者。有见落花流水,凄然伤怀,不堪无情悲哀之叹者;有见落花流水,莞然悦意,不胜色舞神飞之乐者。各有所观,只在心境之如何耳,岂能相同哉?然则自哲学上推究,亦颇难断定。抑自忧哀主义而观,世界者艰危之秽土,社会者牢狱之人生,泡沫也,梦幻也,何异草上之露,风前之灯乎?且或有生未见白日,忽然有夭折者;或有生即罹天刑,目不能见,手不能操,足不能步者;或有行百善而不能脱一生于坎壈軏軏之外,遑遑饿槁于路侧者;或有无罪过而击于电雷之上,崩于地震之下,遇覆溺于波涛,陷冲突于铁路者。呜呼!生命之短促脆弱,人世之险巇患难,思愈深,则忧愈长,虑益远,则哀益增,感触真无常也。天下岂有无忧哀之种哉?虽然,若自康乐主义而观,世界者幸福之乐土,人生者万物之主宰也。故擒电捉风,玩水使火,可以摇山岳,可以动铁舰,可以碎石城,冲波踏浪,宛如平地,御风渡云,宛如飞鸟。宇内之事物,耳目之所触,悉为吾有。一念之所动,无一不可为,岂不亦一大愉快乎?且如人之生命,以短促脆弱观,则短促脆弱也;以长寿强健观,则长寿强健也。或有陷虎穴而获生全者,或有断截四支,解破身体而不死者。又或有破船于大洋之中,永日系于一片之板,而遭救济者,何有短促哉?何有脆弱哉?且不见峨马治乎,南船北马,起兵进军,不知凡几,出入于万死之途,而被生擒者,前后十余次,伤创遍身,体无完肤,终能建树大业,得完天年于自由之乡,风月之里。又不见普国之三杰乎!驰骋于硝烟弹雨之间,扫荡国内之祸乱,免刺客奸党之袭击,挫精锐无前之强敌,遂统一德意志之联邦。今也张国威于五洲,良将贤相,与名君鼎立,其遇合也,如鱼得水,浸润之潜,肤受之愬,无得入焉。其一言一行,一举一动,皆能寒万国君相之肝胆。又不见佛之锣柄斗乎!际国步艰难之时,或胜或败,或被幽于图圄之中,或被逐于父母之国,流离困厄,犹能全八十余年之长寿。故人间之喜悲也,生死也,自有天运宿因之使然,而非人智之可窥测者也。由是推之,红莲、范卿二人,焉知非今日之无恙乎?汝且详探二人之踪迹,果知为长逝之人,然后建碑海角,以慰幽魂,犹未晚也。'妾退而反覆思之,觉老父之言,颇当于理。即以为二人之中,有全生命者,必归蹄水之隐家,若不归亦得闻其音信。不幸而无返者,又无通音信者,则寻访东海散士,语幽兰女史之境遇,是亦可以通女史之志也。即日自家而出,昨夜始至费府。"红莲起谢曰:"呜呼! 夫人之厚谊如此,妾辈曚昧不觉,其罪难辞,请恕之。"散士叹曰:"呜呼! 彼苍有灵,未弃忠孝之人。幽兰女史犹得生存今日,然则范老亦全身于天涯,而再有相遇之期乎? 虽然,埃及之惨状,不可挽回,奈之何哉?"语未终,自鸣钟锵锵然报六点矣。

卷 八

红莲顾二人曰:"谈论欢畅,忽忘日逝,两君想必饥饿也。妾聊备粗粝,以娱嘉宾。"乃自行入厨,整理殽馔。散士进前问夫人曰:"闻夫人初航大西洋时,既已认识仆名,仆究未识夫人,愿详闻之。"夫人曰:"郎君曾吊芙兰麒麟之墓,邂逅一士人,能记忆否?"散士曰:"记之。当时有一士人,谈高节公之伟业,说波兰之盛衰,使仆感慨而不能禁也。"夫人曰:"是则妾之家严也。时妾亦在墓边,避暑树阴,虽未面郎君,然谈论窃闻之矣。"散士曰:"当时仆不特未问其姓名,又不知为何国之人,后常以为憾,孰意即夫人之尊君乎?"夫人曰:"然。父名骨数斗,妾名满梨,原匈牙利之人也。"散士且惊且怪曰:"仆素闻骨数斗其人,雄略震欧美,义烈泣鬼神,经济之才,高洁之风,万人瞻仰,四海钦羡。尊君乃其同族之人乎?"夫人答曰:"郎君所谓骨数斗者,匈国中舍我父外,岂复更有二人耶? 曩日与郎君邂逅于芙公墓畔,痛论波兰之形势,慨叹东洋之情状者,即郎君之所谓骨数斗,是即吾父也。"散士蹴然改容起席谢曰:"呜呼! 果然乎? 呜呼! 是乃余素所钦慕之骨数斗公乎? 仆见识黯昧,不别英雄,一见以为流俗之人,不胜愧赧,谨赖夫人敬谢其罪。"时红莲开户人告曰:"夕飧已成,请进餐房,举杯以祝今日之吉报。将来之事,虽未可知,若天运未尽,岂无与幽兰女史握手一堂之时乎?"

散士与夫人随红莲,入食堂,各把玉杯,斟酌畅饮,襟怀陶然。时秋月皓皓,出于前丘之上,挂于松竹之梢,余光掩映,射入纱窗。散士见之,谓二人曰:"何不观窗外之好景乎? 自今须舣小舟,随波棹月,浮于蹄水之流,更吐露胸怀,以永今夕。"夫人笑曰:"妾之愿也。虽然,妾红谢芳残,娇姿已减,羞入两君芳艳竞春之间耳。且郎君携落花伤春之妾,昔日群菲①呈笑之游,不亦甚难追想乎?"红莲微笑曰:"欧人有谚曰:'二八之芳蕾,艳丽悦目,妖媚撼情者,粲开满发,乃在五五之后。'夫人何自弃之早乎?"夫人亦含笑曰:"此说之当否,妇女岂能专决乎? 是男子之任也。"

注眼散士,散士举杯融然曰:"日本美人,以十七八为最爱之佳期。故谚曰:'土茶新烹犹堪饮,丑魔十七犹可爱。'虽然,人各有志,好恶自不相同。情爱者因境遇之如何,岂可概论之乎?"夫人曰:"然则试以君之意断之,美人芳期,究在何岁? 郎君之言模糊,而含两端之意,使春花秋月,疑皆有兼爱之思可也。"散士曰:"奇哉难哉夫人之问乎! 仆与妇人交游甚少,岂能决此难题哉?"红莲曰:"郎君又何所惮耶? 亦各言其志耳。"散士停杯莞尔笑曰:"以散士观之,美人决非有限年龄者。"红莲忙问曰:"奇语奇语! 妾所未闻,想必有说。"散士答曰:"所谓美人者,非容色秀丽之谓,盖谓熟于社会人情,粗达文学技艺。与夫男女之交际,风流之韵事,诗歌音乐,无所不晓,无所不通,而后始可谓之美人也。世人以二八为美人之芳期,岂其然乎? 抑往古希腊,有绝代美人,望月而月失光,观花而花羞艳。上帝见之,忽生恋慕,化为白鸟,相与戏谑。遂产一女,名曰妃莲,秀丽绝伦,复过其母。既而为斯破流多王之皇妃,年逾四十,其婵婀之容,娇娜之色,犹使见者心醉魂惑。后与土鲁韦侯巴礼斯亲狎,痴情所结,不能相弃,相携出奔,入于土鲁韦国。诸侯闻之,愤其无礼无义,举兵而伐土鲁韦。攻围屡年,乃陷其城,夺妃莲而归。时年五十,其美婉更无异于昔日云。此美人之不限以年龄一也。罗马之普礼驱须,娶宫女阿志波斯弥,时阿志波斯弥年三十余岁,才貌秀丽,倾绝一世。其后美丽日加,六十有余,犹使见者惊目迷魂,道路相逢,无不回首云。此美人之不限以年龄二也。

———————————

① "菲",《饮冰室合集》本作"芳"。

埃及女王久丽王葩都罗,旷世之美人也。为其弟篡夺王位,及见罗马之名将狮威挫,潸然垂涕,苦乞救援。以狮威挫之雄略,犹迷其容色,忘前途之大业,出师救援,亲犯矢石,困厄围城而不悔。不顾名声之损,遂相携归于罗马。既而狮威挫败后,勇将安斗乳怒女王从叛将,欲处以严刑,召之。久丽王葩都罗闻之,盛修妆饰,光彩陆离,弦歌棹舟而往。安斗乳一见,神魂倾倒,勇气挫折,不问其罪,舍家不顾其妻,相与适埃及而不还。时年既逾三十,其后十年,丽色艳情,两俱不衰,迄至其自杀,犹不见娇妍之萎云。此美人之不限以年龄三也。至近世之美人,亦无不皆然。留婀玖娘者,花颜玉貌,美冠一时。有一高僧,顿忘衰老,竟背教法,悬恋不舍,遂为他人指斥。时留婀玖娘龄已七十,闻其名者魂驰,见其容者肠断。至死之日,欧洲多情男子,无不长太息云。此美人之不限以年龄四也。俄之女帝峨嵯嶙者,三十三而即帝位,秋波一转,即猛男之将如阿流怒留夫,亦被其笼络。其后三十三年间,恼几多之勇士,迷几多之少年,当崩之日,下情泪者不知几人。此美人之不限以年龄五也。”

夫人笑曰:“何其引证之该博乎? 果如郎君所言,如妾者亦未足恨落花红叶欤?”散士曰:“是非欧美诸国为然,虽在东洋诸国亦然。唐人之诗曰:霜叶红如二月花。世传有西王母者,年百余岁,常食桃果,颜色如玉,浴于西池,肌如白雪。楚襄王西游渡弱水,会于云梦。云也雨也,使千载之后,多情之王公,犹追怀想慕而不置。唐之则天武氏者,丽容蝉妍,楚楚动人,谢绝尘世,削发隐于寺院。高宗一见,竟不能忘,不顾耻辱,纳于后宫,厚迷深溺,遂废王皇后及萧良娣。及高宗崩,武氏即号天圣帝,或宠浮屠节怀义,或爱御医沈南璆,至死而色不衰。故《唐书》曰:‘太后春秋虽高,善自涂泽,虽左右不认其容色之衰,妖冶犹可恼①人,诸豪杰皆争听命。’且时年已八十余云,此美人之不限以年龄六也。盐谷判官之妻西台者,早田宫之女也。其未嫁也,世人皆谓其兼有百花之美。曰梅花者其香悦鼻,使人乐闻,然树无嫣娜之态;樱花者其色悦目,使人乐观,然花无馥

---

① “恼”,原作“脑”,据《饮冰室合集》本改。

郁之臭;杨柳青青,舞风戏水,姿虽可爱,又无香无色。使梅花之香,移于樱花,又开之于柳树,始可与西台竞美。高师直见其风姿婀娜,芳容掩目,丽影萦怀,艳书千百,莫能牵动。仅得一歌,烦恼之情,燃不得熄,遂逸杀判官,以夺西台。时西台年亦已越三十五云,此美人不限以年龄七也。"红莲曰:"然则如幽兰、红莲二人者,且暂待时,以让步于夫人乎?"时兴味甜酣,笑乐之声不绝,秋夜之间,别起一团春意。于是相伴而至河岸,放舟浮于蹄水。满林白露,映于月光,数点灯光,明于水外。微风时起,澜漪碎流月影,秋树萧条,落叶漂于舟伴,纵一苇之所之,渐至中流。夫人徐吟曰:

> 微月悬西方,依稀吐素光。下阶步前庭,白露沾我裳。
> 携手出灶溪,放舟自由乡。俯视蹄水流,仰观浮云翔。
> 蟋蟀鸣郊野,疏钟响山椒。良时无停景,欢乐犹未央。
> 金风中夜起,北斗忽低昂。佳人今何处,山海阻且长。
> 只恐寒节到,凝气结为霜。

声音浏亮,如玉笛之响关山,如黄莺之歌幽谷。红莲曰:"何其风韵之凄惋,而音调之悲惨乎?"散士顾红莲曰:"夫人者,旷世之名士骨数斗公之令娘也。阿翁出入生死之途,履遍艰险,尝尽辛酸,虽大业垂成,中道而败,而忠勇义烈,冠盖一世。夫人亦冒世途之险,素愿未偿,事竟不济,非慷慨痛切发为悲壮之音者乎?"红莲危坐船中,谓夫人曰:"夫人者,匈牙利之名士骨数斗公之令娘乎?呜呼!何吐露丹心,开拓胸怀之迟乎?尊亲今居何处?故乡今果何状乎?"夫人闻之,沉思默然,既而又吟一诗曰:

> 勿问故乡事,故乡梦一场。亲友多零落,旧齿悉凋丧。
> 坟墓乱衰草,城阙亦丘荒。力征吞九鼎,苛愿暴三殇。
> 家国倾废久,何日收散亡?子弟事文弱,角弓无由张。
> 感物悼迁斥,舒愤诉彼苍。

红莲曰:"初四人邂逅于此地,皆亡国遗臣,因相感奇遇,语来历,吐肝胆,誓结断金之交。今且多一亡国忠臣,不又奇遇哉?愿夫人为妾等谈往事而勿吝也。"于是夫人正襟曰:"妾先祖亚细亚之豪杰亚鬼罗之猛将也。

亚鬼罗以豪迈不世出之大勇，席卷欧亚大陆。先祖雄猛无比，陷阵搴旗，战功最伟，因得封于匈国，世保侯位。不料世移时易，盛衰递嬗，后为土耳其回教人蹂躏，遂归日耳曼帝国领属。日耳曼帝国以我人种与己国不同，见我强盛日进，忌之恶之，百方苦我，施挠我之策，发愚我之谋，废我建国之大法，杀我自由之大权。苛虐压制，无所不至。我人民不堪其暴戾，举兵而谋独立者，不知凡几。虽众寡不敌，莫能遂志，屈伏铁血之暴政，空吞愤泪者百有余年。及一千七百四十年，普之布烈帝历大王，率乘胜之精兵，犯日耳曼帝国之南境。马和利王亦得佛国之声援而争帝位，攻我西境。澳国连战不利，诸城悉陷，澳都亦为敌兵所攻略。女帝麻利亚帝列佐幸脱虎口，来逃匈国，亲抱幼帝，步临议院，挥泪涓涕，诉佛、曼之暴略。且曰：'如有仗义而恢复我国者，功成之日，厚予报酬，且予人民以自由之权利。'我民见之闻之，感泣愤兴，起勤王之兵，集于女帝之旗下，奋战激斗，遂破欧洲之强兵，救澳国于将覆，回帝位于既坠。女帝大嘉其功，报其功劳，悉皆如约。而皇子内势夫者，生于深宫之中，长于妇人之手，不知母皇中兴之艰难，忘人民勤王之忠义。陷于骄奢，耽于淫逸，容固陋之说，信宵小之言，背盟约，失民心。夺地方目治之权利，变人民公选之官制，陪审之法，既已停止，言论自由，亦所禁抑。甚至听狂生浪子之空谈，一二外人之邪说，至邦家独立之骨髓，概不保存。又布废本国语而用德国语之令。呜呼！数百年来，国家前途之经济，人民生计之程度，以至风俗、习惯、衣服、饮食、居处诸事，女皇皆欲徐徐改良，斟酌妥善者，不及数年，悉为所废。人民不堪其弊，怨嗟载道，将起而为革命之举，国之志士恐之，乃赴京师，上书而谏曰：

  我祖宗建国之法，天皇陛下公明正大，一视同仁，以收揽纪纲，以抚爱亿兆，以是德风下洽，万民安堵。盖国家者，祖宗相传之国家，非陛下一人之国家。人民者，国家之人民，非陛下一人之人民。人民赖国家而生存，国家赖人民而成立，陛下更赖国家人民而后得临御。所谓国者以民而成，王者以国与民而成，是实天之则也。此其义铭于万众之肝胆，千世不可磨灭者也。陛下宜服膺此法典，以与天地长久。

若误于奸臣，背此天则，恐下民不堪虐政，将有不利于陛下也。近者人心摇动，不安其堵，妖云杀气，密闭四面，溃裂之状，即在目前。是果何故乎？由臣民背陛下乎？抑由陛下戾臣民乎？臣度决非臣民之背陛下，亦非陛下之戾臣民。惟左右近习，以媚陛下谄陛下者，背陛下即背臣民耳。盖其拥蔽圣明，动矫帝敕凌人民、恣私利弄威福之故也。夫先皇以雄伟之姿，戡定大乱，播博济之仁风，置万姓于衽席，赏功履约，与民誓曰：噫！尔有众，助朕艰难，以除暴逆，尔绩实多。朕大嘉之，兹从前约，依公议，许自治之政，休养民力。朕百年之后，或有敢背此约者，非朕之子孙，非朕之臣民。于是我三千余万之同胞兄弟，皆感泣圣虑之优渥，日望美政之举行。其后先王崩御，权臣矫命，前约归于水沤。陛下至仁至孝，而今竟戾先皇之圣诏，其何以见先皇于地下乎？古圣有言曰：民无信不立。陛下至仁至孝，而左右之臣，以陛下之名，失信臣民，何以统御万众乎？臣等素非有怨于陛下者，唯见左右执政之权臣，有壅蔽圣明之迹。区区爱国之情，所不能缄默也。夫圣诏之宝典，上下一意，必须奉戴者，戾之悖之者，非宗庙之子孙，非国家之臣民。若夫明时势之变迁，审气运之转移，知宝典必当改革，亦必详议其利病得失，与国家之隆替，社会之秩序，财产之安宁，而后始可改革。若不然，一二权臣，矫帝命以自便私图，人民不信其法，不堪其律，无遵奉之诚心。宪法之实，果何在乎？夫卒然背盟约，戾圣诏，夺自由之权利，施压抑之苛政，容狂生浪子之妄言，毁国家独立之骨髓，言语文字，舍己国而用他国。臣等不知政府之意何在也？政府如固守今日之弊政，徒恃兵力以压制下民，自以为安据泰山，高卧坚城之得计，可谓燕巢于飞幕者，岂不误哉？岂不危哉？然而左右之臣，执拗顽陋，为私欲，伤帝德，为私利，忘国家，不举行先王之圣诏。当此时也，十九世纪之人民，欲维持国权，保存人所同有之权利，恢复被人掠夺之自由，吾知必出于强力，而不假于柔顺，国家之前途，概可知矣。希陛下上对祖宗，下思人民，毅然英断，勿为奸臣等伤蠹圣明，如迟一刻则有一刻之悔，延一日则有一日之灾。陛下如鉴愚忠，有所采择，则幸甚。

"书上政府览之，知内乱之不可已，乃召集议员，发布宪法，厘革弊政，许地方自治。未几，佛帝拿破仑讨平四邻，并吞欧洲。奥国亦罹其锋，连战不利，都城悉陷，奥帝因复出奔匈国。邦家存亡，迫于旦夕，我人民因再生敌忾之心，出师救援，以抗拒佛兵，使奥国存而不亡，皆我人民之力也。当时佛国革命之乱，其祸浸被全欧，流血盈野，殁骨载道。人民流离颠沛，不得安堵，不得营业，莫不有厌乱思治之心矣。而彼误以自由为国家纷乱之阶①梯，民权为人民窘困之门户者，即言论之急激，举动之粗暴，本为自由民权之本色，亦且指摘而压制之，却不思为自由脱奴隶之苦海，为民权得自主之乐地，以至呻吟叫号于鞭笞之下，其惨苦岂不可叹息哉？

"其后奥国有灭廷日苦者，任外务大臣十余年，升宰相之位，掌柄政权，施愚民之术，以致政体腐败，人心萎靡。挫折国民之精神，消灭改进之气运。使十九世纪之奥国，将士不奋，民心不竞，学术不进，工艺不兴，商业不振，国运之进步，比邻国瞠乎其后者数十年，皆灭廷日苦之所致也。西被普国之辱，见斥日耳曼联邦之盟主；南为意国所败，失去祖宗数百里之土地；东招匈牙利屏藩之怨；北受俄罗斯强暴之加。数欧洲衰弱之国，首屈一指者，舍奥国莫与属，亦灭廷日苦之所致也。凡此者皆灭廷日苦汲汲以保禄位，便身图，拑制志士之口，沮丧人民之气之所致也。政治家岂可不深鉴乎？

"灭廷日苦之为人，少有才，无节操，巧辨佞，黯大计，一旦掌握政柄，布施抑压暴制之令，断绝自由自主之根。议院则以贵族僧侣组织而成，议员则以威权金权笼络而得。政府之提出议案也，不论是非与得失，满场常赞成原案，而无驳议。议院之开闭，皆终于一日，故世谓之为一日议院。自是贿赂公行，诌谀佞幸者，则漫享富贵，节操忠义者，则皆被退黜。商工之大业，悉握于灭廷日苦党与之手。贪暧昧之利，谋不义之财，而又好博贪花，耽酒役色，日嬉游于风流之地，迷溺于花柳之场。狐假虎威，恐吓流

---

① "阶"，原作"楷"，据《饮冰室合集》本改。

辈,伤风坏俗,丑行万状,至不忍言。

　　"且灭廷日苦巧于修容,娴于辞令。常以甘言结帝之左右,以固信任于宫中,每出入后宫,而丑声漏外。且彼自知其学问见识,不能及人,故务作容仪,修饰言语。一据笼络主义,刚直之士,则笼络以情实,流俗之人,则笼络以财色。以荣官笼络不平之士,以谄谀笼络外国之人;美宫殿,丽衣服,以笼络庸夫俗子。于是费用日加,俸禄不给,因假外交,名缔结,更称探侦费,称帝室费,滥用百万之金于模稜之中。弹劾无御史之官,议院无纠弹之士。三千余万之生灵,纳酷租,苦苛敛,倾家破产者,每年以数万计。官府强为之说曰:人民奢侈与怠惰之所致也。甚至路有乞食者则拘之,家有求助者则追之,有以赈救贫人之故而受严责者。呜呼! 国势陷于此,又何恃而不恐哉? 时国家中兴之老将犹多,灭廷日苦原无汗马之劳,知威望难争,且以奸佞之才,盘据上位,惧一朝有事,全失政柄。乃案一策名外交,以谄谀主义,依赖强国。警察严侦探,外交主秘密,徒冀幸无事,粉饰太平。虽伤国权,损国威,亦所不顾。老将真无用之人哉? 于是奖励舞蹈游乐,唯使元气消磨于歌舞之场,使将士昏倒于醉梦之间,使人民沉埋于贫苦之境,而不之或恤。己则徒与党与共积万金,以了一生于安乐放逸之域,天其许之乎? 人其许之乎?

　　"自三帝约神圣同盟,欧之大陆,皆被其强迫连合。盖同盟之意,欲扑灭自由民权,若其国有倡革命之举,布公议之政者,以同盟军征讨之。以故除英、美之外,皆呻吟于抑压非道之治下。其不讳直言,而被追捕系狱,断首于刀下者,不知其几千人。灭廷日苦欣然曰:'善哉善哉! 可以送我余年于优游之中矣。'焉知热望自由改进者,形迹虽未发泄于当时,党与却已布结于各处,韬踪匿迹,以待时机。既而会佛京革命之军起,促伯林之改革,全欧人心,纷如乱麻,激昂如堤水之决。灭廷日苦既不能以诈术巧言笼络之,于是倚赖武力,施镇压之令。国中人民见之,俄然勃发愤激,有志者不期悉集于京师,伏九阙上书以展自由。请内阁改革者,日益月多,就中奥都大学博士诸生,先众大呼曰:'不许出版之自由,不能诉人民之枉屈;不兴立宪之政体,不能杀奸臣之专横;不与人民参政之权,不能图一国之独立.'于是全国士民,愤激殊甚,推老父为魁首,奉书宫阙,请除弊政。一千八百四十六年五月十五日进维也纳,民人欢喜奏乐,烧篝火先导者数万人,咸唱万岁,呼救主,盖此日为救主开议院之日也。议院犹未开,傍听者已数千人,充塞四旁,一士立于石阶,朗诵老父告天下之檄。众皆异口同词,咸翼赞之,必要议员人民随进王宫,痛陈国势之危急,以上达帝听。于是尾而进者千百为群,灭廷日苦大恐,与党与数人,仓皇怀财宝,远出奔于英国。呜呼!身为国家大臣,既不能竭忠尽诚,以报君国,及事之已至,又不能尽力以镇大乱,引罪以谢天下,一误再误,至于背君舍国,偷生潜逃,绝无气节。权臣末路,往往如此,可胜慨哉!"

红莲曰:"自古奸臣柄国,贪恋禄位,擅弄威福,谄媚强邻,以至损辱国体,犹恬然而无所顾。或恐志士暴露之,则束缚言论之自由,欲以蒙蔽当世。呜呼!如灭廷日苦者是也,有志如尊父,亦被挫折,不能置身父母之国,而落魄于他邦,不亦悲乎!"散士问于夫人曰:"仆闻尊父大名久矣。虽然,其卓行伟业,仆知之未审者甚多,希为仆详说之。"夫人曰:"老父年三十而中代议士之选,充匈国之议员。当时名声未著,演说未熟,经验未积,世务未练,辨论才识,未动舆望,以不能尽议员之职,窃自叹息曰:'余不自省,担荷参政之寄托,虽欲伸民之枉屈,增其福庆,奈力微才薄,不能副其望,有负故乡父老者多矣。然若蹶然辞职,奈代议士之分未尽何?唯誓以身报国耳,区区他人之毁谤,焉用避之?'当时议院为政府所笼络,议员忘代议士之本分,徒迎合政府之意,议事专断,多不泄之于外,议员亦不敢明告于人民。人民惯受抑压,渐染之久,亦恬不为怪。以是官吏滥用国帑,议员之污行,多有不堪言者。老父目击之慨然曰:'豪梁之徒,忘公图私,以虐政愚民,欲以永保禄位,风教之坏乱,可谓极矣!国势之陵夷,可谓至矣!'乃刊《议事实录》,以颁布于公众。人民初读之,愤其非横专恣。人心渐醒,政府大惧,定出版条例,欲以禁遏之。老父密使诸生数十人誉写,以遍颁各处。有为之士,蜂起援之,遂迫内阁及议院,请公布《议事实录》,舆论鼎沸。更人复无如之何,而恨为老父所暴露,使人说老父曰:'公列清华,而位高显,年少而抱卓落之才,徒为客气所使,漫抗争政府,以忘祸害及身，窃为公所不取也。若少自抑省，安身宦途，永享富贵，不亦善乎？公之才智，将来必有重用之日也。'老父闻之冷笑曰：'仆祖先以来，世列贵族，家颇富赡，若为一身计，亦复何望乎？但下民濒于困顿，国势趋于陵夷，败亡之机，日危一日。仆挽颓波苏民困之外，复无他意。今政府贵族，专擅政权，横征暴敛，朘削贫民之膏血，以掷诸无用之地，焉有民力之不凋衰乎？是非独细民而已，虽中等以上之人，亦无不叹息叫号于苛政之下者。抑政者，安民之具也，而今乃为虐民之器，反不如无政之为愈矣。夫污吏之利欲无穷，而生民之脂膏有限，以有限之膏血，而供无穷之利欲，欲其不困郁，何可得乎？是非爱国志士袖手傍观之秋也。余岂忍为富贵荣达，欺我良心哉。'于是政府益忌之，遣捕吏以逮我老父，投之狱中。法官逢迎上意，罗织其罪曰：骨数斗身在华胄，心实险测，擅以《议事实录》公布于世，以煽惑民心，图谋不轨，因定狱四年。既出狱，身体衰弱，足不能步，乃隐于海滨，暂避尘世，以休养锐气。既而归于奥都，发行《新报》，凡政治之腐败，风俗之猥靡，贵族僧侣之专横，皆大声疾呼而思救正之。又痛论国语为国家之元气，人民之骨髓，必要恢复，因使议院议定废德国语而复用本国语，于是舆论翕然。老父以为欲济世救民，使国家富强，与文物典章，炫美于外，莫如先养一国之实力，以固其基础。于是锐意讲经济之策，以为工商之权落外人之手，则独立之国体不成。乃执保护政略，外国输入之货则重税之，己国输出之货则轻税之，由是工商之业大振。老父犹以为未足，与爱国志士，誓不使用外品，国人望风奋从，风气为之一变云。老父为人勇敢沉着，胸襟豁达，以天下为己任。处患难而如夷，豪侠不羁，倾产以结四方豪杰，名声藉藉，震于一世。其在议院也，侃侃而谈，诉生民之疾苦，论国家之大计，沛然而不可御，人无敢当其锋者，皆靡然从之。其势力之大，人望之归，列国议员中，曾无其匹。敌党常相语曰：'于议场与骨数斗舌战，如驱群羊而搏猛虎。'其为人所敬惮如此。当是时，政府党以贵族为魁首，其倚赖权臣，无节操，求荣达者；发行新闻，无廉耻，受货贿者。戆直之士，暗当时之事情者，又相集为一党。其所唱道曰：'古来圣君贤辟，其功德所以垂于今日者，皆无非专制之政体也。曰立宪政体，曰共和政体,皆乱国家之秩序,削帝王之主权者也;曰责任内阁,曰更迭内阁,皆动摇国本之萌,扰乱国是之渐也。'一意逢迎政府,扑火国民之义务,指立会演说,为处士横议;目新闻出版为斯文败类。且枉为之辞曰:'现内阁虽处事失当,谬误甚多,然今之大臣之外,可托任天下之大政者,实无一人。然则情实情实者,亲族相率,故旧相引,不问人之贤否也。组织之内阁,比主义结合之组织,尤为巩固也。轻减人民之负担者,流于放逸奢侈矣。'其僻论浮说,固无足论。

"时一千八百四十七年,老父将补奥匈独立党代议士之职,政府大恐之。有吏人某颇黠,赂言官,使改为政府党候补。府知事派吏员而作流言,以逐老父,警吏户说家喻,贵族则集旧臣以陈情实,劝助政府。独立党亦正正堂堂演说,尽全力于《新报》以援老父。纷纷嚣嚣,物论如沸,是实不止政党之胜负,一国之盛衰存亡,实集于老父一身之时也。时匈都之佳人虽以婀娜之姿,往往立于衢巷间,啭其娇音,纵横论议,以作老父声援,至今犹传为政海佳话。既至选举之日,果为众所推而入议院,敌党一败,无复颜色,我党之喜可知矣。老父自入议院,为厘革弊政之魁首,指摘政费年增,人民流离,财政失当,毫无所遗。

"时忽有一急报,如霹雳一声,落于议院者,乃巴黎府有人民倡改革之举是也。众闻之,皆骇愕失色。老父徐起曰:"方今危急存亡之秋,徒论财政一事,安得救祸乱乎?抑我国承大乱之后,民心思治之余,竟为奸臣误国,上乘之而恣专横,下为之而趋卑屈,是所以致今日国势之陵夷也。当是时,非决然施一刀两断之策,岂能截其毒骨而苏死者乎?其策首在截除祸根之毒也,而其事盖有数端焉。第一,可清君侧。今宰相灭廷日苦,拥仁圣之帝,而握大权于私门,阳号帝敕,阴占政柄,功绩则收之于己,过误则归之帝室。夫大臣者奉命于皇帝,而负望于人民,躬荷大任而责在一身,古人不言乎:功成则归王,不成则自受其罪。今灭廷日苦之所为,上之不忠于陛下,下之不信于人民,是果可称国家之大臣乎?是不可不代以刚直大度之名臣也。第二,可责任组织内阁。夫内阁者,万机之所出,政事之过误,皆不可不任其责。自灭廷日苦作宰相以迄今日,国事丛脞,时则或掩以帝敕，或使当局之吏员代罪，恬然引退，若己不与知其事者，是可谓内阁组织之得宜哉？宜削除积弊而更革一新也。第三，都下维也纳之官邸，壮丽眩目，瑰琦惊魂。退察地方惨状，苦于苛征，疲弊困难，灾厄频臻，租税山积，尽卖田宅，难填欲壑，妻子分散，流离飘零，不能安其堵者不知几千万人。是破地方自治之制，积中央集权之弊之所致。宜荡涤流弊，以图休养生息之道。第四，财政不得当，徒朘削下民之膏血，设方法以计财库之便宜。故利少数之人民，而苦天下之众庶，且先导富人骄奢之风，输入超过于输出，金货日减，再陷前年之覆辙。宜计画公明巩固之财政，先在一扫无用之政费。第五，施政之方针不一定，情实之政日加，朝令暮改，弊窦百出，烦民苛察，民心之厌日甚。夫为政之要，非为人设官，为官举人也。今纪纲败坏，为人设官，卖私恩以官，解旧怨以官，殆不异以官为朋党游戏之具。天下之公租，一如权臣之私物，无用之贵族日加。吾辈当困弊艰危之际，所以减衣食以奉公家者，非以上则祈图皇室之长久，下则冀望人民之幸福之故哉？今既如此，生民之疾苦，凭谁托也？呜呼！朝堂诸公，歌讴舞蹈，粉饰太平，日又一日，苟且偷安。外招邻邦之轻侮，国威渐替，内弄威柄，破邮便之公权，擅开私信，疑忌忠臣，追放志士，抑压论客，苍生涂炭，无由自达，而国本亦从兹而尽矣。当此之时，非舍私心，主公明，诉公议，以公议舆论，一变内阁组织，扫涤无用之官吏，废不急之土木，减政费而薄税敛，以休养生民，兴复国势，万不可望也。'众皆愤然曰：'然哉然哉！今日之内阁，成于情实者也，虽伤国权，损国威，专为保守禄位，而徒唱平和者也。现时之大宰相，巧言令色，反覆表里，而无大臣之风。弊政更革之责，在于吾辈。宜一变内阁组织，纠弹官吏之权，握于议院，许自由出版，宽集会演说之条例，轻赋税，以谋休养。外御敌国之侮，内防萧墙之祸。'议遂决。

"老父代众赴于奥都，请于奥帝。奥帝不得已，许出版言论之自由，公裁判之实记，置陪审官，建真正立宪之政体。初，贵族邪罗鬼苦，匈国顽固党之首领也，与灭廷日苦结托，以恣私利，煽动崇信旧教者，抗文运之进路，誓扑灭志士。一朝闻灭廷日苦出奔，闻建立宪真政之诏出，詈曰：'我岂忍与奴辈议政哉?'遂举兵而反,虚诞诬罔,煽动乱民,而逞强暴,占夺良民之田宅,虐杀屠戮,无所底止,烧家刈麦,野无青草。奥帝窃送兵食援之,俄国亦煽动希腊教徒而作乱,傍观坐视,殆如不知者。匈都之议院诉之奥帝,奥帝阳纳之,召邪罗鬼苦而正罪,阴赐斧钺以为匈北之管领。人民闻之,愤激益甚。老父立于议院告众曰:'奥帝忘国家人民,破约助暴而煽虐,夺我自由,欲以我为奴隶。事已至此,亦何言哉?宜募一国之义勇,以讲自卫之策,然非募兵二十万,金一千万,则不可也。诸公以为如何?'满场人不觉起而赞曰:'不得自由,有死而已,岂能屈于强暴非道哉?速征集之。'老父见其义气烈烈,不觉潸然泣下,跪曰:'代议院谢匈国人民爱国之心。'众遂推老父为护国党之盟主,歃血俱盟。

"既而邪罗鬼苦合奥国之援兵步骑五万来犯,匈国之志士,迎战于斯可洛,命维也纳大破之,殆擒敌之全军,邪罗鬼苦乘夜逃窜,仅以身免,奔于维也纳,追获甚多。政府镇台,进助邪罗鬼苦伐匈国,皆曰:'不忍伐报国忠义之同胞也。今日之事,曲在政府,吾辈虽死,不能奉命。'政府由是令骑兵代之,战起于街衢之间,胜败久不决。维也纳之学士,及大学之诸生见之,慨然揭竿而起,市民翕然应之,相与夹击而大败骑兵。生擒陆军卿罗刀,数罪而诛之,枭于街灯之上。奥帝出奔,奥都归于革命党之掌中。虽然,乌合之兵,议论纷纷,学士诸生,不知兵略,最暗机变之术,遂失兵机。奥帝再蒐兵选将,与邪罗鬼苦之败兵合而来攻。

"时城中之形势,恰如水夫怒船主之不法而杀之,虽得握全船之权,不知运用之妙,惟任风飘浪泊,号令百出,唯自己之动作而已。波兰之老将辨武,尝在拿破仑麾下,勇略盖一世,常愤家国为俄、奥、普三国所灭,欲一报仇敌国而死,屈伏待时久矣。今闻奥之乱,挺孤剑来救。匈国之名将,苦乐武荷亦入城助之。于是城中鼓气,高垒深沟,大议守备。既而奥军大举围城,奋战累日,城兵日夜翘首而待匈国之援军。时匈之谋议分为二途:一曰事既至此,直长驱而救城兵,一举而冲敌窟,以绝生民艰难之根,清君侧之恶,组织立宪公议之良政;一曰我之举兵,实出于防御之不得已,今已退敌兵于境外,若越境动兵,徒负叛名而已,且乌合之兵,刀钝铳寡,难以敌奥之大军。论议经数日,渐决前议,老父将兵二万而赴援,敌将分兵步骑六万,大战于城外。我兵敌忾之气虽有余,兵器脆弱,阵无巨炮。敌弹飞射我军,犹不顾而进,奋战半日,杀伤过半而交退。城中见之,气沮食尽而乞降。会邪罗鬼苦再来攻,老父逆战,复大破之,生擒数千。士卒以老父待遇优渥,感激欲留战者甚多。未几,敌军二十万自四道来攻。时匈国之精兵仅不过二方,其余乌合之众而已,兵甲不完,粮食不足,老父奔驰国中,途说家喻,奖励士民。铸铳炮,制销药,内定国是,而外当劲敌,鞠躬尽瘁,义气动人,士民皆无不感激。

"原来旧教之僧侣,常忌改进之政,与守旧党人亦会于匈都,痛论被外邦蹂躏乡国,至有荷戈而陷敌阵者。虽然,众寡之势不敌,训练之效不精,不能以刀枪弓矢,当巨炮良铳。外援未至,匈都既陷,老父麾众洒泪而励曰:'诸方勤王之师,皆在途次,救援不远。美国革命之日,三都已陷,士气益坚。吾辈勿使为美人所笑也。'将士鼓勇,创痍皆起,名将辨武召募义勇,驱逐奥兵,进至东境。豪流劲者,又率精兵而据险塞,以扼奥之大军。二将用兵迅速,朝冲其前锐,夕袭其后阵,敌疲于奔命而退。电将军亦波兰之名将也,将勇来救,伐败奥之北军,连战皆胜。进而大战于夷阒绝区,奥军败走。我兵斩首六千级,生擒二千,匈军之威大振。邪罗鬼苦闻风而遁,奥军又无战色。

"初,欧洲列国之君将相笑曰:'匈国乌合之民,安得当雄邦训炼之劲卒哉?'至是列国称匈国之义勇,约公认匈国之独立。奥之威势全衰,奥之君臣昧后世之大患,陷于俄国辨士之游说,忘国家之耻辱,借敌国之兵马,欲以征服同盟兄弟,遣使者乞俄国之援。初,俄国挟富强,苦于无事,将士抚剑而叹髀肉之生,今又闻奥国之败,每见专制之政,为公议迫蹙,不能无愤激之感。且救邻邦为名,征击匈国,使不能再振,策他日并吞欧之南方,亦复不难。相机已久,及奥之乞援,大喜诺之,直出大兵,约冲匈之背后。宣言曰:'匈国,反贼也,匈之人民,唱道自由改进者也。自由改进者,俄、奥帝室之深仇也。匈若制胜,难保全欧之平和,故戡定匈乱,诛首谋,复独裁之政,破自由改进之迷梦,上报天帝,下尽人民之义务也。'匈国之人民闻之，移书欧洲列国，以诉俄之强暴，匈之枉屈。列国闻俄奥同盟，傍观不救，既而俄、奥大军五十万压境而来犯，匈国志士，愤激泣下，誓以身殉国。遂鸣奥国苛残之罪，传匈国独立之檄，实一千八百四十九年四月十四日也。诸将相议，先克复都城。期日进战，决围奥之老将片势于匈都佛陀城，血战苦攻，自夜达旦。敌兵善拒，翌朝更鼓勇进击，刀枪相接，城壁蚁附，逐竟陷之。获片势，擒全军，军气大振。

"虽然，此役也，将士伤亡过半，而俄、奥之援军日加，四方之败报频至。大将豪流劲为人勇敢果断，善于用兵，无如薄于忠义之心，久蓄异志，忌老父之有民望，屡不奉命。俄军侦知之，以重赏诱之，豪流劲遂窃约率麾下精锐之兵而降，麾下之将士无觉之者。会敌之大兵围绕四面，豪流劲出于不意而降，宣言曰：'忍耻抑愤，以救将士之死，济生民涂炭之苦也。'麾下之士，或忿恚自杀，或不忍委其爱马于敌，有亲斩之者，或折剑裂旗，悲愤号咷之声，于军门前终夜不绝。时名将苦乐武荷固守胡蒙岔之坚城，谍知敌之暴将平能之军，窃出匈军背后，夜半衔枚，袭击掩破之。敌军狼狈，伏尸满野，所获之铳炮粮食，可支半年。进战又破敌军，将越奥境，士兵集于旗下者日多，兵势大振。因会将士而议进战。众皆奋曰：'机不可失。宜长驱直进而乘敌兵之无备，直冲奥都。结城下之盟，真在今日。'士卒闻之，踊跃振奋，勇气十倍，即日倍行而进，复大破奥军。屯兵于武罗天湖畔，检阅军容，将士意高气扬，妖氛消散。匈国独立之薰风，自由之祥云，暧叇半天。奥都维也纳，震动非常。乃与将士张宴，说明朝之战胜。时有一农夫，状貌憔悴，形容枯槁，踉踉而进苦将军之前，见之则下议院长也。战栗无言，渐挥泪曰：'大事去矣！大事去矣！豪流劲既卖士卒，甘为降虏，骨数斗率残兵而奔保东境。'诸将士闻之，慷慨泣下，仰天愤然。"

卷　九

骨数斗夫人又继语曰："于是苦乐武荷慨然告众曰：'吾辈为国家兴事，已等身命于鸿毛，与其面缚而为囚徒，宁不若以马革裹尸也。一息犹存,岂忍弃伐贼之旗、斩敌之剑哉?虽然,今日大势,既已非矣,诸子欲去则竟去,予亦决不恨之也。'众闻之皆曰:'吾侪小人,辞故乡,捐妻子,从于将军麾下,既以一身奉国家,岂以事之成败,渝其志哉?死死生生,唯将军之所命耳。幸而天心悔祸,佑我正义,存我社稷,庶几以只手回狂澜。若不幸而洁身与国俱亡,为匈国忠义之鬼,以振后昆之义气,尤可望也。'苦乐武荷闻之大喜,辄率其众,沿道集粮负刍,退胡蒙苍城,直修堞壁,浚隍池,驾炮垒上,自巡视诸营,抚循士卒,壮者励之,创者恤之,以死固守其城。复檄将士曰:"夫古有以一旅一成兴国者,如往者土耳其,自亚细亚起而西向也,轻骑不过四百,而能破罗马东都,国威赫然,震动欧亚。又向者拿破仑以乘胜之兵而东向也,陷入奥都,使女帝蒙尘。当时我匈国忠义之士,挥敌忾之志,跃然奋起,遂挽回国运。今我有忠义之士数千。快健之马数百,投间抵隙,以主对客,以一当百,大事尚可为也。诸子其各厉乃忠诚,勉乃心力,效死斯城而勿去,则化逆境而为坦途,振疲兵而为劲旅,何难之有哉?'众闻之,愤激啜血,指天而誓,愿以死从事。既而奥军大集来围,四面环攻,连十五日,炮声如雷,弹丸如雨。雉堞尽摧隳,兵营半被焚,烟焰四塞,上亘霄汉。敌兵乘之,欲攀上城壁,如是者三。幸城兵能作防,每战皆破之,绝无馁怯之状。虽然,内则将士日见伤亡,弹丸粮食,亦已告乏;外则援军耗杳,敌兵愈加,攻围益急,大势几不可收拾矣。奥军围攻以来,频相劝降,至是又遣使入城,说苦乐武荷曰:'将军提疲散之孤军,屡破大军,今虽陷坠重围,而将士用命,视死如归。将军又意气自若,泰然不动,其忠勇义列,天下既无不感者。虽然,阖国尽降,援兵不至,所余者一孤城耳。大事去矣,人之云亡,而将军独婴危城,固守俟死者,其用心不可谓不忠也,然要无所裨补于国家。愿将军少留意焉,无以一身殃一城,以一城毒兆姓,其速速讲和,而全两军之命哉?'苦乐武荷即应曰:'谨谢来谕之辱。虽然,议和投戈,本属甚善,请先立约者。曰:属我麾下将士,所谓名誉之降,不得据战俘之例,其一行一止,任其自由;又所有军器行李,悉给与之;昔虽犯罪,今无容问;又许开城之前,执行吊祭,祭战士之忠魂于城中。若此数事,得奥帝之敕许,则收兵出城,倘无许约,唯与城共亡耳。'

"奥军知其难下,请之奥帝,帝不得已许之。于是苦乐武荷慷慨登坛,告别将士曰:'咨尔有众,忠勇节烈,所向无敌,以寡破众,未曾挫衄,以孤立之一城,支四十万虎狼之大军,欲救国脉于既绝,期全土之恢复。无如皇天降祸,厄我生民,诸道之败报,接踵而臻。大势既去,力竭计穷,孤军不敌,陷于重围。元帅豪流劲,无志无节,甘为降虏。望东境之残援,远如万里。呜呼!我侪遭此时艰,际此凶祸,智勇俱困,心力交瘁,天时人事,非战之罪也。即使炊骨爨骸,婴城坚守,不过延旬日之余命耳。然则逞愤而徒殒命于疆场,孰若含垢于今朝,期功于异日乎?但愿不忘此境,尝胆卧薪,誓雪国雠也。呜呼!戎马久劳,雄心尚在,相见有期,为国家前途自爱。'三军闻之,率皆流涕。翌日筑坛城上,以祭殉节之士,厚加殡敛。而后严明旗鼓,整勒戎马,开门出城,奥军见之,不觉动容惊叹。于时国内报国之兵,悉为奥、俄所讨平。奥、俄竟背前约,斩亲王、侯伯、大臣、上下两院之议长以下十余人,铳杀上将官十二人,将校数十人,暴掠残虐,无所不至。捕良家之子女,则曰汝奖父兄而使战;视富家之老母,则曰汝出军资助自由之贼,何哉?乱入农商之家,则曰探贼徒之潜伏。或鞭笞,或跳踢,辱其妇女,夺其家财,遂又嘲笑曰:'自由之民,何狂愚乎?独立之师,何怯弱乎?'士民切齿,无不痛愤。虽然,手无寸兵,士气解散,其奈彼何也?且当其时,匈国高名之士,或被戮,或被刑,或漂泊他国,琐尾流离,死亡相继,其得晏然全身归国者,独有豪流劲及其党与耳。国人闻之,愤怨益甚,无不欲食其肉,炊其骨。呜呼!如米之阿能奴,佛之朦老,今之豪流劲,其才略名望,皆卓绝人群,卒不能全节尽忠,而背义卖国,为贪数年之富贵,而遗千载之臭名,真可叹也。

"先是,老父率败残孤军,仅保国之东南,兵仅不过五千。敌军叱咤袭来,号二十万,老父且战且退,跋涉卑湿之地,草行露宿,无暇解甲憩马,士卒之疲惫愈甚。邪热瘴氛,日夕发作,重以饥饿而死者,十之七八,而敌兵追蹑愈急,乃仅逃入土耳其之国境,哀哀乞救。土人曰:'匈国者,我祖宗之旧雠,且教门之故也。虽然,穷鸟入怀,岂忍杀乎?况骨数斗提孤军,当强暴莫御之大军,百折不挠,数尽运穷,不渝其志,真不易得之豪杰哉!'遂乃保护殷勤，待遇亦厚。奥、俄之君臣闻之，必欲得老父而甘心。以百万之黄金而贿土帝，且强迫曰：'请速出我逆贼，若欲强为保护，二国之兵马既合，从事干戈，何难遂吾大欲也。'土廷赫然怒曰：'骨数斗者，爱国忠义之士，岂可以凶贼目之乎？夫于政治上犯罪，而逃入他邦，非其本邦可干涉之者，是实万国公法之所许也。然二国之横恣，目无公法，蔑视我国权，徒逞暴虐之威，我国虽微，犹足相对，岂肯束手付国权于不顾哉？'遂峻拒之。

"自是奥土之交几绝，将以兵戈相见，而尸山血川之惨剧，又欲再演于欧东矣。驻扎土京之各国公使忧之，或往慰俄、奥，或说土廷，或劝老父，欲以结平和之局，策画无所不至。土之大臣，从容告老父曰：'我国实欲保护公等，然各邦之星使等扬言曰：土国之保护骨数斗，永留此地，是为二国伏敌养虎者也。其意不外破三国平和之交，若以三国之交际为重，可驱亡国之败将于国外。不然，则为包藏祸心之证耳。是我君臣夙夜愤慨所不措也。虽然，今日我国势衰微，乏拒各国劝告之力，是实自忧，且对公等实不胜惭愧也。但于兹有一策，使彼等不能藉口者，无他，公等改宗回回教是也。入回回教，住于土国者，与我臣民同，他邦不能干涉，我国法所明记，条约所公认也。公等能无欲免此难而弃基督教之意乎？吾今千思万虑，舍此无策也。'老父洒泪谢曰：'国亡身死，是男儿之志，所以不即引决者，微息犹存，亦欲为国家尽心力，一洗欧洲专横之原点，俄、奥暴虐之敝政。穷归以来，贵国之优遇，无辞可谢。虽然，变教一事，难从高谕，死固不足恐，名教独可惜。今若为避难入回回教，后人目为贪生怖死，枉心自欺者也，是实余所不忍言，又良心最所不许也。数尽道穷，将托命于沧海之外而已。'说喻再三，毕竟不听，于是老父之身命，危如累卵。

"初，匈国之传檄各国也，北米合众国民嘉其义，救助之议，纷纷不绝，以国是不许，未敢出师。今闻老父之危急，怜之之情，救之之论，延蔓于国中，畅论于报纸，一国之舆论，无不赞扬其义举，决之于国会之议，上下同心，全国一致。于是派军舰于土国，载老父数人归米国，此义举实宇内各国之所称赞，而俄、奥之残暴，亦不能难之。老父自是来居米国。岁余，所至款待优隆,皆称其高节大义,劝永留此土。老父以有愧于高节之高风,乃辞米国,又航英邦,游说各方,述故国之惨状,痛论俄、奥之残虐,以求同志于天下,迄至于今,更不谕其素志。"

散士曰:"尊翁之经历其如此乎! 其崎岖间关之迹,其宿志蹉跎之情,思之犹令人毛发悚竖。"红莲曰:"闻往年奇形之帽,欧米间青年人士皆仿用之,今犹称之为骨数斗帽。当时有不戴此等帽者,谓为不知邪正忠奸之别者云,又可以知尊翁忠勇义列,感动天下之人心也。"时山鸦噪树,东方既白,谛视衣袖,晓露既深。三人始惊夜尽,登岸入室,相对而吃朝膳。背上有声连呼曰:"勿弃妾去! 勿弃妾去!"惊而回首,则是往日之白鹦鹉也。散士起抚其头曰:"呜呼! 汝犹且记忆旧时,见吾三人之会食,然汝能服膺女史之教,无敢失却乎? 呜呼! 何其多情乎! 余再闻汝有情之词,深自愧赧。昔有赋汝者曰:'挺自然之奇姿,体金精之妙质,含火德之明弹,性辨慧而能言,才聪明以识机。采采丽容,交交好音。虽同族于羽毛,固殊智而异心。配凤凰而等美,焉比德于众禽乎? 容止闲暇,守植安停,虽逼之不惧,虽抚之不惊。宁从顺而远言,不逾忤以丧生。穷归委命,离群丧侣,闭以雕笼,剪其翅羽,流飘万里,崎岖重阻。彼贤哲之逢患兮,犹栖迟以羁旅。矧禽鸟之微物兮,能驯扰以安处。眷西路而长怀兮,望故乡而延仁。嗟禄命之衰薄兮,奚遭时之险巇。岂以言语而阶乱兮,将不密以致危。痛母子之永隔,哀伉俪之生离。长吟远慕,哀鸣感类。音声凄以激扬,容貌惨而憔悴。闻之者悲伤,见之者陨泪。放臣为之屡叹,弃妻为之歔欷。感平生之游处,若埙篪之相须。何今日之两隔,如胡越之异区。顺枢槛以俯仰,窥户牖以踟蹰。想昆山之高岳,思邓林之扶疏。顾六翮之残毁,虽奋迅其焉如。怀归心而不果,徒怨毒于一隅。苟竭心于所事,敢背惠而忘初。托轻鄙之微命,委陋贱之薄躯。期守死以报德,甘尽辞以效愚。恃隆恩于既往,庶弥久而不渝。'呜呼! 汝之心情亦可怜察。今女史全命于征鞍矢石之间,保生于乱离间关之里,况又无由知之也耶?"

鹦鹉振翼悲鸣,红莲蹶起曰:"妾百感交集,胸中如裂。既知女史迍邅逆境,岂忍安居乐坐哉? 妾志已决,将赴埃及,与女史同生死艰难。盖英国从事远征，师出无名，当深入其间，视察其举动形势，报之同志，未必无恢复故国之助，然则是千载一时之好机也。苟踌躇瞬间，便误报友之期，失报国之道，妾直起身。"言未毕，彷徨室内，修理旅装，且告夫人曰："夫人昨来此土，觅寻旅舍，想未得佳者，赖有此隐家之在，请暂起卧于此，以解长路之郁。"夫人作色曰："妾所以千里航此土者，重恩人之依托，在探令娘与范老之消息，达幽兰女史之真意耳。范老生死，虽未明知，既见令娘郎君，妾行事已毕，岂又恋留于此土哉？且老父在堂，速归欧洲，尽一臂之力，是妾志也。令娘今去救女史于阳九，妾焉得不相与偕行乎？"

红莲喜诺之，更握散士之手曰："事急而心惶，欲言而口却不能道。郎君珍重自爱，妾当再会郎君于此地，以结今日之交也。潜不能无羞于幽兰女史矣。虽然，反之我心，曾无纤微之疚，女史谅亦无怪我二人。妾此行以死救女史于锋镝之下，庶几携手再渡大西洋，使郎君重得相见。其于花开鸟鸣之晨，秋风明月之夜，舣小舟俟妾还来乎？"散士知红莲禀性劲直，临事勇决，断不可羁绊，唯任其意之所欲之而已。虽然，今听其言，见其去，心荡气激，欲与红莲共入危邦，一救幽兰于万死之中，一助埃及于衰废之余，其念遂勃然而不可禁。且感红莲以荏弱之姿，特重交情，竟投身于弹雨瘴烟之下，而散士东洋一男儿，若徒思保此落落五尺之躯，不敢说赴援之策，是岂无缺于气节哉？是岂无愧于柔姿女子哉？既而念曰："今之不能偕行钦，则以百事丛身，诚不能捐弃。虽然，余亦一潦倒书生耳，孑身万里，游学此土，何事不可拼命为之？无如资斧缺乏，不能从于远征。且老父在故园，白发频添，倚门待散士东归者，惟日为岁，此身犹未轻以许人也。"如是心神徊徨，一奋一抑，蒸蒸焉如夏云之沸日，蜷蜷焉如老马之在绊。既而心低气下，与红莲作诀，期再会于他日。

慰抚二人，徐使装身。红莲行装既成，乃与骨数斗夫人握散士手，目眶含泪，曲作笑容，悠然而去。散士倚栏目送，二人亦顾望数次，遂失其影。至此悲哀之情，始混混而生，举首则夏木苍苍，河水潺湲，四无人声，但闻树梢蝉语之响。更遥望南山，惟见孤云出岫，绝无景物，可慰我怀。水带离声，山牵别绪，凝眸灞岸，何年逢驿使之梅？握手河梁，何日折台城之柳？乃悁悁而归寓舍，胸中悲哀，无人可诉。唯读东西之新闻，讨埃及之近状，知亚剌飞侯用幽将军之策，早退内地，据沙漠之险，绝滩江之水，期久持与英军交锋。但愿埃及军能多支一岁，牵制英军，以助成爱兰独立之机会。有此音耗，散士阅之，百感交集，胸臆间如雨露之繁，如坚冰之结。

又一日读新闻，有异报曰："海楼之埃及营中，有西班牙一佳人，年龄十八九，能英语，志操贞洁，气宇轩昂。自入病院，亲把汤药，激励伤者，看护疮痍，情深爱厚，款接病者，勤殷如侍兄弟，以是将士得其一顾，皆忘病苦，盖晓莺女史之流亚也。"散士不觉恍然。炎暑日烈，宛坐甑中，心身倦怠，日益加厉。忧患缠绵于胸间，居留旅寓，亦无缮书之意。乃下蹄水赴于五月岬，日浴海水，以避炎威。五月岬者，在蹄水之下流，白沙如雪，海波如蓝，风光明媚，都人士多来避暑处也。当时散士之知友，来居者甚多。萧洒之士，婵妍之女，访问不绝。或有劝驱车迎凉于海滨，或有劝棹舟垂钓于江上，或有诱舞踏，或有招会食。虽然，散士概谢绝之，唯倚窗独坐，对万里之碧波，欷戯长啸而已。

一日于窗前有大呼者，见之则《新报》之卖传单者也，曰亚剌飞将军败衄，埃及全定。忽友朋排户而来，示《新报》吊曰："埃军遂败，亚剌飞降虏。"散士曰："今闻之街上，想误报耳。埃乱以来，流闻风说，既及十余次。今日之报，仆又未能轻信。"翌朝悉阅《新报》，皆载亚剌飞败北之事，事理确凿，非若往者之虚传。散士乃怅然自失，遂不觉大呼曰："呜呼！竖子何不用亚父之大法，失此千岁一遇之好机乎？误国家，苦人民，恣欧人陆梁跋扈之欲，至使东洋诸国，尽将沮丧者，岂非此一败哉？"自是谢客称病，怏怏横卧者数日。忽有一书自欧洲来，则红莲之手书也，慌忙拆封，其文曰：

> 山海阻绝，道路不通，宿望悉蹉跎。女史之存亡，且无由知，空断他乡之魂而已。妾渡欧以来，为王罗所窘者数次，实不堪穷苦。加之使郎君而骇，使妾而愤者，在岩鳖跎之言语举动。初，妾见彼，论英国出师之无名，佛国同盟之非计，说埃及国民党之不可不救，然彼卒然答曰："我佛人欲驰威名于地球上，克复名誉之外，其他不知也。英国

之专横跋扈,制之易易耳。方今正使埃及及我国人,横行地中海岸之好机也,我岂以兵马干涉此国? 若镇平乌合之乱民,即所谓国民党,可不使彼震慑乎?"妾反覆争之,彼冷笑而不顾,妾痛愤无极。情长纸短,不复多言。

散士诵读再四,唯语简而意急,寓千万无限之感,亦意有不详者。岩鳌跎之言论,果出其真心乎? 抑有所为乎? 又所谓被困厄于王罗者,在于向日乎? 今尚在于厄难之中乎? 千忧万虑之外,又启新愁眺览,明月窥窗之夜,细雨鸣檐之时,空梦幽兰于胡沙千里之中,徒怀红莲于海云万里之外而已。

日往月来。忽而风叶振落,四海皆秋,风折枯荷,露滴幽竹,残红触目,乡思频萦,明月牵情,羁愁如织,实不堪感慨也。时忽有飞报自故国来者曰:"阿爷逝矣。"散士惊愕,如梦如醉,眼不滴泪,茫然自失者久之。呜呼! 散士幼遭家国之丧败,父与兄弟,各久被幽囚。得侍其父之侧者,唯在戊辰之后,被槛车放谪之时而已。又不一岁,旋即飘零东西,落魄南北,从未尽一日①之孝养。西游以来,倏更四岁,唯期业就之日,东归几杖之旁,效古人千里负米,客前奉檄,以偿毕生之愿。不意试围既撤,游棹久淹,归家之期,徒劳梦想。今接此凶报,慈母已毙于剑花弹雨之中,慈父又逝于远游万里之日。呜呼! 何散士于二亲如此其遭遇不幸哉? 风树之憾愈深,蓼莪之情益切,悲叹数日,忧愁之极,此身亦罹于病,渐自奋自慰曰:"逝者不可归,叹者亦何益? 今一身孤立,无父母,无妻子,无家无财,更无累此生者。又无掣我肘者,真所谓不羁独立,一言一行,唯我所欲耳。况尽其身于国家社会,或亦远优于世俗乎?"

当时徐察东西之形势,知欧洲诸强国平和对峙之利,竞争侵掠之非。列国汲汲维持平和,唯将其余威,泄之东南远洋,欲恣蚕食鲸吞之欲,乘日、清二国之未大振,欲扩张版图。即英国者,其手自埃及延于南洋,佛国则自马岛迄东京,德国自南米至南洋,露国由己之北境,迫清之西域,窥朝

---

① "尽一日",原作"一尽日",据《饮冰室合集》本改。

鲜之北界,了然如睹火。然则今日东洋之形势,真如坐积薪之上,不觉火机已阴伏其下,而顾东洋诸国之所为,忘唇齿相依之利,互相猜忌,互相媢嫉,将陷假道自伐之拙谋。散士观之感之,痛慨不能已,乃有杖策游说东洋列国之志。偶游新府,邂逅一释师,相与痛论天下之大势,及列国游说之事,师拍案曰:"仆久有其志。欲历欧洲,航东印度,请足下与仆同舟车,相携而巡游列国可乎?"散士游意愈动。虽然,犹有不能去此土者,只期他日相会,遂一握而别,后数日裁一书寄释师曰:

前日初相见,草草分袂,遂无暇开胸怀而语将来,遗憾无量。当时仆有学业之累,不能携手而与远征,请尊师谅之。自还费府以来,茫然如有所失,徒增惆怅而已。人生在世,意之不如,概皆如此,良可叹也。故今又陈怀抱以补向者之缺。疏大狂简,如赐采择,幸甚幸甚。闻明达之士,能视于未形,远识之儒,能听于无声。明经纶之道,详人心之所向,察其必然之势,乘其必至之机,以之能有功。今埃及之忠臣亚剌飞将军,为楚囚之身,被远谪于锡仑岛,仆常慕其行为,怜其心事,一通殷勤,深结交谊,欲为将来东洋诸邦,大有所谋乎。虽然,仆一介书生,相见必难期,而独先生以缁衣之身,想相遇亦未必难。夫能连衡东洋列国,欲以颉颃西洋诸邦,以埃及为其锁钥,使坐拒地峡,以印度为其藩屏,进夺亚典之要害,使土耳其奋而北向,自黑海窥强露之横,使英、露猜忌相争,以欧人攻欧人,而我国与清国相合,率小邦拊其背。先生何不一见将军,明吐心丹,具说东洋之形势,与谈湔除国辱之计,仆不胜感其情也。埃及虽国小力薄,而将军义气之所激,忠义之所感,独能驱疲散之卒,以抗欧人之暴庚,虽一朝兵破而功不成,报国之精神,实有可爱者。仆诚怜将军之心,岂忍以成败论其人哉?我日本人口三千七百万,疆土十六万方哩,较之英、法,不为人寡,不为地狭,士马精强,沃野千里,自古称尚武之国,未曾见一人之蹶起,愤论欧人之横恣,慨念国权之毁损,进鸣正理于宇内者。况飜义旗,麾忠士,誓与欧人争国权于兵马之间哉?此岂足与图天下之大计哉?思至于此,每慷慨激昂,不觉泪下也。

今我国之士人，徒溺空理，漫泥文墨，笔虽能辨，口虽能议，若夫报国之精神，凛乎不拔，死且不悔者，果有几何？嗟呼！口虽喋喋称神州，称日本男儿，岂不愧于心哉？仆西游以来，接本邦人士，亦复不鲜。虽然，真忧国家之将来，注意于东洋政略，热心于我国权之扩张者，殆甚稀也。间能知字解文，优柔不断，如木偶之无精神。独先生年纪六旬，气豪心雄，周游东西诸邦，通览宇内之大势，将有所为，何其壮哉！仆等少壮，见之岂不激励哉？今我日本有三千七百万，支那四亿万，朝鲜一千万，印度二亿五千万，土耳其、埃及四千万之生灵，皆低首下心，甘受外人之轻侮，恬然不愧，循循焉偷安苟且，无敢蹶起大呼，震动天下，诛暴平乱，夷险除秽，荡浊为清，助危为宁。嗟呼！东洋之衰，一何至于斯极哉！古称印度者，文物之渊丛，教法之本源也。而一与欧人交通，及陷其干涉之术，共被制于狡侫之计，乱亡相继，风败俗颓，三千年释氏之政教至与国家共归灭绝。今先生足踏其墟，目观其迹，察兴废之所由，盛衰之所致，必有恻然而悲，愤然而怒，释然而悟者。蹂躏破亡如彼其甚，二亿五千万之众，岂无忠义之士哉？又焉知正气之所凝，天数之使然，不无英雄如亚驹马大王其人，奋然唾手而起，恢复二百余年间所失祖宗之山河乎？闻印度之士人，晚近益发独立自治之气象，窃谋脱英国之羁绊者，所在多有。宜哉英之名士武赖土近者语人曰："印度人建独立自治之政府，我英人去印度之期，必非远也。况今国中独有五千万人民，依然各奉其主，亲其政，全不属英之旗下，窃有待国家克复之时机者乎？一千八百五十七年之乱，亦足以见其一斑矣。"然则使他日东洋列国连衡，助印度之独立，使埃及、马岛，绝英、佛之干涉，保护朝鲜之独立，与清国连合，远退露人，使亚细亚洲中无纳欧人之鼻息，屹然三分宇内。亚、欧、米鼎立，偃武仗道，建人生安乐四海平和之基，岂挟泰山超北海之类哉？虽然，其为之，宜深谋远虑，豫审其必然之势，以乘其必至之机。而今先生幸游印度，结其豪杰，交其俊秀，以图后效，惟此时为然也已。且夫自佛法之入我朝，于兹殆一千余年，其间高僧伟人，亦复不少，而未闻有身亲至其国,讨教法之本源,吊释氏之遗迹者。然则先生今日之行,真千载一时,东洋之佛法之盛否,予于此行卜之。仆亦将遍游诸洲,以大有所图。他年相见之日,畅伸谈论,叩先生之所蕴。南北千里,气候寒暑,各相殊异,请为国家自爱。

是后散士辞费府,南入墨西哥,察其风土人情,气候温和,土地肥沃。唯其山林荒废,田野未开,盗贼横行,萧条满目,国势之颓靡,殆不可言。居数日遇居民休业游戏者甚多,怪而问之,曰教祭也,曰国祭也,曰纪念祭也,曰吊祭也,曰州祭也,曰村祭也,曰家祭也,一年之休日,殆居其半者。祭日则奔马斗鸡,歌舞淫湎,不以家计置于心怀。散士追忆幽将军,曾引用墨西哥国之事,大戒西班牙人民,访新闻记者散多以叩其国状。散多者,此国著名忧国之人也,嚬蹙曰:"我人民多剽悍杀伐之气,好勇斗狠,冒犯流矢,践踏白刃。是以五十年间纷扰相继,残杀无罪,因之人民流离,饥寒愈毙,亦越至今,殆无宁岁。故夫学术殖产,芜秽不堪,种种技术学艺,无关于人事之显荣,功名富贵,集于独一之政府。其少有节概者,纵能悉心于政事,然徒驰逐于空理空论,以为借是可以颠覆政府,代其政柄,不知浮云幻梦,荣华不长。其极也,残暴奸诈,无所不至。在位者攫公财以肥私囊,积不义之富,欲为败后之图。朋比相从,互相结托,或则窃兵以争政权。僧侣亦有揽复旧权之志,其余国民皆浅智无识,附和雷同,唯知目前之小利而已。故有实益远大之事业,皆归外人之掌握,名虽为自由民主之国,而大事则付诸二三剽狡者流,是乱政之危邦,岂能与北邻合众国竞驰于文明之界哉?"更又转语曰:"闻欧洲诸邦,近来频执殖民政略,倾其志于东南二洋,贵邦之现状,今果何如?"

散士曰:"我国之内忧,小党分裂而相轧,人民无确乎不拔之志操,流于轻佻,徒心醉外物,失保存国粹之特性,遂消磨独立自重之风,如是祸延子孙,已不可究诘矣。而举其外患,即有条约改正之未成,岂能更放大眼光,建防御欧人侵掠东南之策,以救济东洋之沉沦哉?"散多曰:"条约改正如何?"曰:"缔盟于三十余年前,而不适于今日之时势,弊害不少,欲改正条约,在彼我共享其益而已。今据我固有之国,殊若焦眉之急,欲改正海关税,欧洲列邦,竞唱非理之异议,未能得好结果,况为对等条约哉?"散多惊且怪曰:"何不准据万国公法而自立? 彼若唱不正不理之口实,有拒日本之施政者,断然排斥之,唯存和亲条约,破弃以外之条件。"散士曰:"方今我士我大夫,殆畏欧人如虎也。"散多曰:"贵国之人口疆土,可比欧洲一强国,何足畏哉? 君不见乎,我邦前有报国有为之士名射烈者,镇定内乱,即大统领之位,力行新法,悉除弊政,制僧侣之跋扈,绝外人之干涉。就中使议会议大增关税,且以国库穷乏,财政困难,议决诸外国债,二年之间,不能偿还。欧洲诸邦,百方妨害之,卒赖彼刚强不屈,维持国权,独断勇行,排斥群议,是以英、佛、西三国,互相同盟,遣精兵数万,兵舰数十艘来迫海港。我外交宜奋当盘根错节之难局,一抑一扬,右与左夺,遂能使英、西之两国,收兵而退。先是,三世拿破仑,心怀异志,欲别建立一帝国于米洲,为之羽翼,以抑制天下民主之说,共和之风,而为子孙帝王之计。又当时见北米合众国,际南北之大乱,不暇顾邻邦之休戚,乃与奥①之王子谋,拜巴彦为大将军,援四方五千之兵,攻我国都。我前大统领亚流门通款于敌,举兵内应,陷国都,以保守党组织政府,废共和之国宪,迎奥之王子摩机须美利庵而为帝,射烈率报国忠义之残兵,仅保东境,国脉之不绝,仅如一发,当此之时,刀折根乏,四面皆有敌声,诸参佐犹有欲降者,射烈以死誓而不听,逐能挽逆境而为坦途,回落日于既坠。再驱疲散之兵,奋战数回,遂擒王子,诛卖国之逆贼,克复国家。是一由愤外人不正之干涉,遂仗敌忾之气,而全报国之心;一由前日北米合众国之英雄文老君,与欧人立约云:'欧大陆之交涉,米人不干涉之,米大陆,米人管领之,不许欧人干涉之。'当时谨严如此。今敝国遵奉其遗策格言,痛掷檄文于三世拿破仑也。且如我国负英国国债四五千万,屡酿外交之难局,绝英国数年,坚排斥彼之要胁,遂不足五分之一,发千六百万之新公债券,而使彼等屈服。各国遂惊异之,非实在昨年乎? 我国犹如此,今贵国之富强,卓越弊邦,宇内岂又无救助其正义者哉?"散士闻其雄辨,感愤久之,厚谢散多,握手言别,尚

---

① "奥",原稿有作"澳"、"墺"者,据《饮冰室合集》本改。

期再会。从此回马于西北，所至黄沙漠漠，衰草离离，土贼恣行抄掠。而乃子身行数百里，出桑港。十二月，驾楼船而归故国，锦帆孕风，过金门关，白鸥避舟，海豹狎人，两岸风景，碧天如拭。回首则远峰迤逦，淡抹微云，市楼明灭，出没于烟树之间。游子凭眺，不堪感情。已而日匿西山，旌旗无光，凉飚乍起，海荒天苍，浪激波荡，樯倾橹折，船几为覆。天地瞑瞑，逆转漂流者，十有余日，风波渐平，残月泄光，乃有复苏之想，独倚舵楼，追想幽兰、红莲二女史，与船难之惨状，乃赋一诗曰：

> 谁驱风云蔽八纮，星光暗淡天地盲。
>
> 怒涛如山山岳倒，孤舟飘荡一叶轻。
>
> 东海日出国犹远，前途从此几万程。
>
> 意气昂然睨天外，舵楼鼓勇叱鲸鲵。
>
> 海龙有灵风云齐，渺茫始见区宇清。
>
> 青山何日归故国，红泪又负异乡盟。
>
> 故国青山异乡友，忆此怀彼一怆情。
>
> 路悠悠兮海漫漫，游子胸间感慨萦。
>
> 起望美人天一方，残月如眉纤纤明。

再阅一月，海天茫茫，不见涯岸，气屈心流，无聊莫言。忽有大呼者，曰："芙蓉峰现。"散士急上船头，富岳映于旭日，冠雪带云，仿佛天边。大岛横其前，烟自雪间升，森森山松，皓皓白壁，远入我眼。欧米人之谚曰："欲知家乡之真味，宜自远征羁旅归。"噫，实境不欺我乎？登陆浴后，倚窗把杯，以舒积郁。是日则除夕也，街市之上，行人如织。呼小厮命交换货币，一交友在侧曰："今银纸之变动最甚，昨夜京城谈判有破裂之报，银货顿腾起；今朝有调和之色之报，又大低下。浮说流言，非容易可信，想至明朝，又或昂腾，且暂待之。"散士曰："仆久在海外，今在船上，不遑问货币之低昂也。抑京城之谈判者何乎？"客击节曰："呜呼！君未知朝鲜之变乱乎？今我国与邻邦开衅，用兵亦未可知，皆延首而望京城之确报而已。"

卷 十

散士大惊,正襟危坐,问于客曰:"仆久淹留异乡,遥望故国,归心牵梦,未尝或绝。自解缆桑港,渐向故山,窃以为故山者,和气驰荡,寒梅发香,黄鹂弄音,春色之中,与旧知团乐,谈旧话新,暂散长路之郁,其乐何若之乎?孰意怨结邻邦,剑花血雨之惨,有不可测者,余未知其纷扰交涉之所由来,请语其概略。"客曰:"往年征韩之论起,自朝议分裂,诸公挂冠连袂而去朝,为民选议院之奏。佐贺之乱,变为征台之役,又萩之叛,遂陷西南之大乱。虽然,干戈渐定,郁屈苦于无事,所欲图功名之士族,屏息潜声,又无图非望于戎马者。于是庙堂内以无敌可患,履行对朝鲜之政略,保持东洋之安和。当欧米之强敌,先图使朝鲜洗涤锁港攘夷之旧习,脱猜忌恐惧之疑心。即论我初与米国缔盟之事态,及迩来与外邦交通亲睦之情形,万国通义之公法、兵制、学术、技艺,及风俗之进步改良,其实皆有益于我,无如我失策而溺于弊害,此国力平均之论所以起也。因此均势,小国之介立大国之间,犹能独立。若绝交孤立,一时为强国所灭,万邦傍观,不为救护,此等之事,近史已反覆而解说之。以我之于彼,亦如米国之于我,期两国之人心,不挟一点之疑,右提左携,互相亲爱,执辅车相助之义,以诱导彼国,誓断清国有名无实之空权,欲使与万国立于平等之位。且日本一国之势力,对于俄、清,恐未足以保护朝鲜之独立,使介北米合众国而结条约,纯然备独立王国之实者,我岂可不勉乎哉?方今我国当占掠高丽半岛,少通事势者,亦所能知。若弃而不顾,不与共甘苦,同忧乐,恐塞外秋高之时,羯箛急响,铁骑长驱,以图们之水,长白之山,未足为山河之固。黑龙江之藩镇南迁,双头之鹫旗,飞扬于釜山,战舰舳舻,相望而蟠于良港,神州百年之命运,虽不欲寒心,岂可得乎?辽东之铁骑,渴饮于鸭绿江,波陵之水师,蹴鲸浪而指京城。三韩震动,属于黄龙之旗下,使自尊骄慢之大国,益生轻侮我之心,乘客气欲泄征台之奋恨,冲绳之余愤,亦未可知也。况十数年之后,西比利亚铁路落成之日,幸能得平和无事,于东洋能免经济上之大激动乎？故我唯以诚意置彼腹中，使彼坚固独立，谋彼富强，非独邻境相亲，保庇之德义而已，实虑我将来之长计也。是故孳孳汲汲勉之，或戒我驻扎官员骄慢轻侮之心，或扫除我在留人之恶习，或赠士官使训练彼将士，或厚遇有为之士。使目击开明之风，或奖新报之发行，或发学问之新机。加之十五年之变乱，蒙我屈辱，欲使其不留于心，特返与偿金数十万圆，其恳挚之情，无所不尽。且以强俄外托移居之事，而徐扰边境，内则巧结人心，作其援与。狡英暴戾，掠夺巨文岛，清国徒慕虚名，犹主张藩属，欲控制而掌握之。莫要隆其上下之交，使知我心之无他，弃旧怨，忘新恨，猜嫌疑忌之心渐解，则依赖亲睦之情益密矣。又于彼土有志之士，诱引之以欧米文明事物，赖我势力，革其敝政，绝清国之干涉，大定国是，助成一独立新国于东洋。又常怂恿其官民，成一进步党，又称独立党。先是，清人疑忌我与朝鲜亲睦，阴构离间之策，浮说流言，惑乱人心。朝鲜士民有一意奉戴清国，赖以维持国家，成一党以抗进步党者，其所唱道曰："见几而作，《周易》所贵，小国不事大国，《春秋》所诛。是则吉凶荣辱之所由兴，载籍既记其成败，古今已著其智愚。《周易》《春秋》者，圣道也，吾闻从圣道而兴国者，未闻背圣贤之教而不亡者也，世目此辈为事大党，又称守旧党。清国庇荫事大党，日本爱护独立党，自然之势也。"

散士曰："仆匆匆登陆，未有阅报章，不得其详，请告。"客曰："近顷欧洲诸国，取近交远取之策，声言曰：优胜劣败者，天之数也。东洋人智力、财力、体力三者，皆远不及西洋人，今宇内学术技艺之发达进步，纵有东西南北之迢隔，然无人之地，可驰铁车以通之，绝海之水，可行汽船以达之，强速者胜，弱迟者败，其机日烈，其征愈显。亚、非二大洲之旧邦，人种灭亡，继迹接踵。今日失一地，明日丧一岛，清国、朝鲜，不久将为西洋诸邦所分领。当此时于东洋建国，而抱远大之雄略，卓绝之才识者，岂肯与邻邦同受倾颓哉？虽然，欲蝉脱亚细亚之风气，进与欧人为伍，其机缄之巧捷，必当有异人起而持之，然后于合从连衡间，得占其优胜之道也。我邦人士信此说者颇多。"

散士不觉叹曰："是袭范雎远交近取之故智，亦近日欧人雄强之狡计也。方今我国无非常绝特之英雄,刚强不屈之豪杰,不幸一败涂地,胆落气挫,其将周章狼狈,大损名声乎?"客曰:"先毕余言。夫当此时,朝鲜两党之轧轹,殆甚激烈。当十二月某日,其国举行邮局创开之典,当路大臣,无不会集,进步党放刺客击事大党之首领,或伤或死,事出不意,京城大乱,人心皇皇。朝鲜国王,使言于我公使,欲借我驻韩之兵,守护王宫,以镇人心。我兵应之,直入守护宫城。未几,清兵与事大党连合,而攻围宫城,我兵防战破之。虽然,号令不一,众寡不敌,遂弃王溃围,而走仁川。敌党屠斩忠臣洪英植、朴泳教以下数十人。余党暴虐,乘势而乱击我公使馆,辱国旗,烧屯营,我国民所由愤不自胜,而日望京城之确报也。"散士蹙然曰:"吾人与朝鲜国民,一旦破此交情,十余年来日本辛苦经营之力,殆归水泡,不知何日能复昔日之感情也。"

后数日有报曰:"清国已急派舰队,对我军舰,大有挑战之状。"又曰:"清兵拘致我良民于营中,凌辱我妇女,我日本之名声日陨矣。"然内顾上流者耽溺于歌舞游乐,恬然若不知,散士见之慨然,访一缙绅谓曰:"仆虽一介书生,近日之事,有目不忍见,耳不忍闻者。诸公犹醉月眠花,焉能投机应变,建善后之策,定东洋之大势乎?"缙绅冷然笑曰:"海外留学诸生,志气虽高,徒偏信虚理,常借欧米之形势,以论我国事,是所谓胶柱鼓瑟耳。夫朝鲜之民人,不量其力,屡加不敬于我,我数容许之,度量亦可谓宏大矣。彼诚不伏谢,举兵征之而已。至与清国交涉,和战之妙算,我胸中自有成竹,无复待诸生辈之容喙。白面书生,安知兵乎?"散士曰:"史称赵匡胤之事周世宗,功业初未大显。将征淮南至清流关,骁将皇甫晖提十万之兵,逆击险隘,周师大败,归路全绝,将士震恐。会村人告曰:'镇州有赵学究,在村中教育子弟,智计甚多,争讼者则问之以决曲直。'匡胤微服往访之,询其计策,因败为胜,转祸为福,一战擒皇甫晖,遂王天下。"又曰:"岳飞欲克复中原,每战皆胜,王师北行,百姓焚香,豪杰响应,兀术弃汴而去。时有书生叩兀术之马而谏曰:'太子勿去,岳少保且退耳。'兀术怪曰:'岳飞以五十骑,破五十万,京城日夜待其来,何可守乎?'生曰:'自古权臣在内,而大将无能立功于外者,岳少保且不免,况成功乎?'飞一日奉十二金牌,愤惋泣下,东向再拜,曰:'十年之力,废于一旦。'班师归朝,遂被陷害。诸生之言,何得轻侮乎?夫朝鲜士民之暴举,我辈亦所深恶。虽然,自顾内无所疚乎?闻朝鲜有两党,一亲日本,一赖清国。今我所亲之朋党,袭击敌党之首领,杀之伤之,假令忧愤外国之干涉,绝然出于希望独立之心诚是也。然其行事则文明世界之恶德,实可赚忌者。及京城大乱,欲仅以百余寡兵,守一王国之首都,保护国中之安宁,镇定民心,其难不俟智者而知矣。我岂得免他之疑哉?且我兵非为朝鲜国之守护也,特为保护我一国国旗、钦使及居留人民耳。不然我焉得驻屯于独立国中乎?抑曾豫我政府密旨,命遭非常之事机,则提兵助彼之独立乎?或出于我居留将士,不忍傍观邻国之王侯,为乱臣窘迫,不惮提寡兵,以赴其急,欲镇定彼祸乱于未发,支彼国命于将绝乎?果然重义轻命,发扬日本男儿之心胆,使奏请于王,而下伐贼之诏,抱两端以定国民之方向,平定国乱,奉护王于宫中,使无反顾之忧,以宣扬我国光,垂劳名于竹帛可也。即众寡不敌,不能守城,勇战奋斗,开一条之血路,保护王而退京城,传悲痛之檄,募集忠义之士,共起勤王,死生存亡,与王共之,不以成败渝心抑可也。且夫易地而观,未尝不可见事之理也。如我国德川氏之末路,倡锁涉者阻文明而背天道,论攘夷者说决不可行。当朝廷及萨长诸藩,抗议幕府之时,幕臣有愤慨之者,暗杀朝臣及诸藩之有力者,常依赖最所亲之法国公使,借小兵屯营于横滨,来警守江户城。果如何乎?天下之士民,切齿扼腕,不期而群起伐之必矣。且自当时之势观之,至萨长亦借所亲之英国之力乎?英国亦见法国之小兵占守江户城,而默然不可已。夫如此,法国提寡兵奋突干涉于攘夷锁港之诡激国论沸腾中,内受国民多数之敌,外蒙各国之猜疑,果能偿其素愿乎?今日我国之于朝鲜,何以异是?"散士深为东洋慨叹之:"虽然,既往不可追,今日本之将士,为清韩兵所袭击,朝鲜国王之苦战于目前,碧血染城堞,弹丸破宫壁,互有死伤,是非开战之宣布而何乎?然犹悠悠不断,左顾右支,苟祈于无事,何初勇而后怯乎?谚曰:果决而行,鬼神避之。方今国是唯有果断勇往而已,驱此激昂国民而指挥之,使蹈水火,将转祸而为福,回败而为胜,挽逆境而为坦途,复讥訾而为赞美,声振岭表,功济日南,曷难之有乎? 公何不示天下以果敢必为之意,若不能断行之,何惮早罚误国奸臣,明责任之所归,改过而谢天下乎?"缙绅带不满之色,唯苦笑而已。

天下之人心日益激昂,或有刊主战论于报章者,或有讲平和策于演说坛上者,纷纷扰扰,不知所决。虽然,如国民之舆论则专主开战,既而政府派遣办理大臣于清国,使治交涉。散士见一畏友,问以大局如何,曰:"办理大臣,有才之人也。其学贯东西,敏于事务,镇率群僚于网罗百事之伎俩,方今未见有出其石者。虽然,独负国家之重任,以身许国,毅然不动,自令敌之敬惮我,未窥颜色,能察机先,握和战之实权,使于强国,不辱国威,宣扬我国光,至能使我国民满其愿望否,吾则不知矣。当解往时征台之纷议乎? 我既以海陆之兵,略取半岛,内苦于无事,嗜功名叹脾肉之将士,如云如林。而清国则兵势不振,军舰不整,加之我全权大臣之豪胆不挠,以忠勇纯正许国之铁肝,非犹智勇共困,心力尽瘁,渐得不损国威乎?"客在侧曰:"吾子知其一,未知其二。大使实方今第一之才也,此人不足当此任,谁能当此任者? 自布衣而起,无披坚执锐之劳,历迁清要,以升高位,至今日又可以见其才识之丰富。且数航欧米,或握英雄之手,或闻硕学之说,熟知欧米之大势,文明之风潮者,非其他老臣之可及。最所长者在调停,在弥缝。甲东死后,调停萨长二藩争难之间,平其权衡,其间处理,最为妥善。不失时望,不损势力,隐然负重者,岂凡庸之才所能乎? 想将来掌握我政权,位极人臣者,必此人也。既长于调停之才,弥缝之智,当外难,治交涉者,所最宜也。当今之任,必能折冲樽俎之间,结圆滑平和之局,明若观火也。古人不言乎:兵者凶器,战者危事。又曰:好战自焚,佳兵不祥。今夫若开战端,则我数十万之壮者,暴露于海外,数十万之老幼,疲于征发,倒于饥寒。当此时欧之强国有乘间隙者,将如之何,岂不危哉?"

畏友曰:"子唯知平和之可贵,未知用武之更利也。夫清国于我有唇齿相依之势,当持平和相亲交,固不俟论。虽然,频年清国之猜忌我,嫉妒我,既非一日。如琉球废藩,如朝鲜缔盟,皆不平其意,触事应物,皆欲泄宿怨。而其猜忌嫉妒之念，深入心肠，非以寻常之计可医。盖良医之治大疾也，时用毒药，用毒药者，为欲去其病也。今欲驱除清国凝结之痼疾，能绝其病根，使无再起之忧，不得不倚剧药之力者。无他，在剑战而已，在弹丸而已。爆然一发，流血积骨，惨则惨矣。虽然，欲得今日真正之平和，不得不用此剧药。古圣不言乎：若药不瞑眩，厥疾弗瘳。静开放活眼，观彼普、奥二国，宿怨固结，而敌视数十年。遂溃裂而动干戈，呼声动雷霆，流血被山野，而积怨全消。遂忘往日之仇雠，为今日之交谊，结攻守同盟之约，以御俄、法之陆梁，是非剧药之结果乎？又甲子之变，萨长大战于宫阙，大骂呼逆臣奸贼。今萨长连衡为情实难离之政府于萨州之庄内，愤怨殊甚，互食其肉，炊其骨，誓不与共生存。戊辰之变，据干戈而决雌雄，往年之怨尽消，其亲交非他藩所能及，是亦非以战争之毒药，医难医之疠疾之效乎？当大气郁结，连日濛濛之时，积极消极之二气，遂相拂郁而激触，风雨起则为电为雷，乾坤溟溟，日月失明。虽然，须臾而云散风收，碧天忽然如拭者，电雷之力也。战争之于国家，亦如此耳。且王者之用兵，非利土壤之广，非贪金玉之饶，将欲以存亡继绝，平天下之乱，而除万民之苦也。今彼苟不应我正当之要求，决以兵马相见，而后握手开怀，洗涤宿怨，讲兴亚之策，结同盟之约，北御强俄，西控英、法，不亦可乎？徒望圆滑平和，偷一日之安，汲汲于弥缝之策是务，是非久远之良图，外交之秘诀也。夫使者之入敌国而论大事也，隆盛兵威，进入海港，事破则直屠其都市，常备此气概，犹且难达其志也。若期终始结平和之局，使通晓清韩事务之星使，在彼地处理，亦无不可，何必用子所谓第一流之人物乎？却恐徒费苏、张之口，而我无实力，只招彼轻侮而已。使第一流人杰犹如此言，是余所深为国家寒心也。"

明日接有一书，不知何人所投寄者，其文曰：

> 夫兵者，活机也。神出鬼没，变化无极，多谋者胜，寡谋者败。行兵运用之妙，颇难预料。虽然，窃察内外之状势，按海陆之形胜，遂得三策，敢呈足下。勿弃老奴千虑之一得，得奏达于帷幄之谋臣，幸甚幸甚！兵法曰：兵者贵神速。贵国简拔精兵，倍道而进，出敌不意，使

疾雷不及掩耳。占釜山,进徇东莱府,鼓行北下,严禁剽掠,安抚居民,逐彼污吏,除彼苛政。吾意诸城市将望风而降,不战而溃耳。而本军直指仁川,捣京城,与清兵鏖战,擒其屯于韩地五营之兵,奉国王于宫城,说士民以顺逆利害。能掩要害之山海,示以久驻之势,屯坚舰而备袭击,大示兵威。声言与法国成同盟之密约,然后与清韩开和战之议,所费小而所获大,此为上策。老奴遥想日本之谋臣,必用此策,不战而制全胜。孰意悠悠不断,常以迟钝被悯笑者,使彼先着一鞭,而张扬兵气,为日本男儿所痛惜,实不少也。中策者何?以兵舰封锁仁川、京城,迫清政府,破彼务庇藩疆之大梦,提出要求,彼若不允,先使一二巡洋舰出没广东、福建沿海,虚击市港,使彼疲于奔命。更遣一队溯大同河口,窥平壤,自鸭绿江沿海出牛庄,为袭沈阳之状。长江之南北动摇,沿海之城市震动,疑惧百涌,智者不能谋,勇者不能战,狼狈失据。于是驱二十余年训练之将士,陷大沽之炮垒,攻击天津,长驱而进,使为城下之盟,真在此一举。议者或曰:"夫清大国也,不可狎侮,兵勇百万,战舰如林。而日本兵勇不过十万,战舰不过二十余只。兵法不云乎:倍则攻之。今十不及一,提挈孤军,裹粮千里,深入敌地,以客击主,胜败之数,不待智者而后知也。"然以兵之多寡,定胜败之数者,赵括之兵法耳,何足论运用之妙哉?清国兵勇,虽号称百万,然稍训练而有规律者,其数不过数万,若相机而投,则用力少而奏功大矣。

今使贵国举兵出战,与李鸿章斗智勇于兵马之间,连兵不解,人或有所恐者,以为督办闽浙军务之老将左宗棠、两江总督曾国荃,首尾相应,必能率麾下将弁来相救援。其他穆图善、杨岳斌、程文炳之诸将,急提兵北向,胜败之算,亦未可知。然观左将军率大兵南下,镇抚福建之沿江,当刘铭传、孙开华久苦战于鸡笼、淡水间,犹不能趋救。且晚年与李鸿章争权,隐相嫉妒,不足深忧也。曾国荃以伯兄之荫,名望虽高,而强弩之末,难穿鲁缟。且李鸿章汲汲然营私植党,欲抑制湖南曾氏之威柄,故两家反目为雠,互窥其瑕隙,岂有真情义气以救其急难乎？惟鲍、毓诸辈，相与戮力，率兵救黑旗军于西境之外，然悬军万里，岂足介意乎？

议者又曰："所顾虑者，非清之陆队，而在海军。即陷厥天津，我军须输送饷援，接济弹药，若频用坚舰困我于大洋中，悬军深入，粮乏势孤，其奈之何？凡能审战机，通事势者，不为且不言也。"然岂知彭玉麟虽再出西湖草庐，战舰大小，虽称有百余，仅能防御广东诸海湾，其余河口船舰，皆零星小物，此一路本不足虑。又清国所称海军者，福建舰队与南北洋两水师耳。此三师屯似能首尾相应，贵国舰队，似难与为敌。然福建水师，半沉没于福建港，其余船舰溯江上下，聊备袭击。且南师无统御之将，空漂泊于吴淞，初受援台之命，驶至洋中，旋被法船追击，急逃石浦，仅乃得免，又岂能横行海表，冲锋陷敌哉？彼二师船，若出闽江一步，则为法舰所去，是又法国远征军队所日夜苦计而欲诱之出者也。然则所余北洋丁汝昌一队，其为补于战事几何？方斯时也，以贵国之舰队当之，行见雄兵所向，披靡清韩，威名播于五洲，勇武震于四海，然后进而握东洋盟主之实权，建兴亚抑欧之大计，惟此时为然矣。贵国即弃上策，能无取于中策乎？无已，犹有他策。

夫日、清本兄弟唇齿之国也，法国之势愈张，则清人之胆愈怯。此时贵国唯以东洋安危自任，去私心，弃旧怨，披露胸怀，破除畛域，与清国结攻守同盟之约，以欧人为东洋之公敌。先兴同盟军，解台湾之封锁，追击法之巡洋舰队，克复东京，徐以保护朝鲜，作防俄之计。再封琉球藩王，清国必德贵国，而解其宿怨，释其猜嫌，是又兴亚之大计也。虽然，此可为豪杰语，未可与俗人言也。抑怪哉，道路有传言曰：贵国之谋臣，不出此三策，徒欲振三寸之舌，乘清、法之奇祸，而以制胜为谋。是虽道路谣传，未足信据，使此言而实，日本之失计愈多，清人之猜疑益甚，其仇怨不知何自而解也。闻昔年清、俄在伊犁争界，乘其国家多难之日，贵国命使臣结琉球之局，清国怒不之应，使臣不得要领，抱羞归国，老奴已甚慨其谋之拙，而为日本男儿惜也。计既败于先，又岂可再寻于后哉？夫使不通天下之大势者，与观清、法之交涉，必曰清非法敌，以为东京失，福州破，鸡笼、淡水相继沦陷，将刻日而舰队北驰，沿海诸城，且为粉碎。然想清之困惫，未至如是之甚。有曾纪泽者，清国之人豪也。驻于欧土，略能观其国势人情，知法国久已劳师远征，又当备德仇，课战费于议院，必为内阁攻击，内阁频更，则远征随止，可豫决也。当曾纪泽劝清朝与雄邦构兵，议者多讥其轻浮，恶其刚愎，彼盖沉观既久，曾不顾之。非有过人之识见，而能如是乎？日本再陷前辙，致清人所轻侮，仆之所惜也。天涯万里，交语为难，语冗意尽，不知所云。书上东海郎君麾下，白云山下之客顿首。

后数日有电音曰：日、清两国已结平和之局，其要在日、清皆不能屯兵韩地，大使全使命而归。妖云散而祥云起，于是人皆额手相谓曰："英之名相美公自伯林会盟也。"市民欢呼，群集公之门前而不去，请得其一言以为快。公即出呼曰："为大英国携名誉与利益归。"市民唱万岁而散，想大使之携还者，亦必日本之名誉与利益。既而朝臣张宴于滨水之离宫，犒其勋劳，在京之富豪，亦在不忍池畔，为一盛会，祝其功勋。

时散士寓湖畔一小楼，志士三四倚栏凭眺而乐。畏友清狂居士后至，叱曰："吾子见柔物而乐，余之意窃有不快。夫我兵之屯在韩地者，无他，缘昔年我朝廷率先宇内，尊朝鲜为独立国，置公署，送商估，表亲睦之交谊。时彼顽民，暗于天下之公道，咸以我为有觊觎之野心，且疑通商为失国之富，遂污我国旗，掳我人民。朝廷欲保我名誉，与在韩人民之生命财产，不得已送兵捍卫之，何异戊辰之前，各藩狂士加暴行于欧米人哉？乃者韩变内作，百官狼狈，不知所为，人心汹汹，禁卫军不足以托国王之信，是以国王手书请我兵使护宫阙，以维持朝廷之威望。乃彼清兵者，滥弄兵器，射我国旗，击我将士，攻我公署，窘我商民，辱我妇女，是国家之公敌，人民之大雠也。不雪其羞，不报其仇，漫然唯互结撤兵之约，意义漠然，仆不知其深意奇谋之所在也。熟观五洲之势，弱肉强食，瞬息存亡。今清人之威势日加，侮我之风益盛，我航海之权，商业之利，关系决非鲜少也。况于韩地势力,拂地而空,数年经营,辄归水泡乎?"其辞气激昂,坐上闻之,无不肃然。

既而独立党之领袖朴泳孝、金玉均等十有五六人,犯万死,渡来我国,散士乃访古筠居士于其寓。居室陋隘,衣服粗野,与六七人踞坐,颜色憔悴,形容枯槁,几令人目不忍视。散士恻然于中,语未发,居士先言曰:"败残失意之徒,事业沉顿,不能为国家死,偷生忍耻,流寓为贵国之累,深所愧也。"散士曰:"成败天耳,人事何足论。唯足下壮图一蹶,空抱无限之志,去国弃家,沉论此极,实我邦人有不得不分其责者。大厦之倾覆也,非一木所能支。虽然,足下等幸而不死,以国家之柱石自任,岂无望乎?失意落胆,寻常人耳。足下等皆富于春秋,前途远大,愿努力自爱。"居士慨然曰:"国君见凌于权臣,壮士死于锋镝,忠臣毙于毒手,亲戚歼于惨刑,师友系于牢狱。内艰于弊政,外窘于强邻,家山之事概可知耳。然所以不能引决自刃者,岂惜区区余生哉?以报国家、酬死者之丹心,犹未消磨也。世人虽目之为懦怯,为牛马,原所甘心。"散士曰:"仆亦亡国败残之余也,其境遇所经历,虽非尽与足下同,而家人亲戚毙于干戈者,五十有余人。田园被没,家资被掠,艰难困厄,转徙流离,逆境辛酸之味,皆已尽尝,故悲足下今日遇而特深也。他日东洋有警,遭遇大有为之时,当与携手西征,大丈夫冷面热肠,非敢作欺人之语,足下其勿疑仆。仆尝游历西球,邂逅亡国之义士节女,感激其奇遇,皆吐露心胆,今得足下,欲命之毛颖,以檄四方有志之士女。"

居止闻未终,急惊起呼曰:"使仆而为奇遇中之人,勿使乡国一朝沦丧。"既而曰:"敝①邦将来不为清之藩属,亦为俄所并吞。清国待我之举动,世人所目击,俄之诡谋,世人或未探之,然早已占我权力,笼络一族,大欲揽北方咸镜道于其保护之下。夫前车既覆,犹驱后车而向险路。朝鲜命脉,岂不殆哉?思之不胜战栗。犹忆先臣箕子三谏去国,过殷墟而作麦秀之歌。呜呼!后年麦秀,谁为和歌,而吊亡国之踪者?"言至此,呜咽又

---

① "敝",原和"弊",据《饮冰室合集》本改。

不能语。既而曰："仆生巨族之家，幼即不羁，莫事产业。常以为士之生存此世，抱国家经世之志业者，当知山河之形势，人民之疾苦。岁十八决意漫游国境，熟察我风土，知金银宝矿非不多，地味非不丰，人民非寡少，河海之运输非不便。而老者穷死，壮者流离，触目入耳，皆为悲愤之媒。而缙绅则又踞位弄权，为人设官为吏，择职互相结托，收敛货财，放僻邪侈，无所不至。里巷含冤疾首，呼诉无门。国家遭此累卵之危，瞆瞆者犹同造梦。叩秀士则不知书，察孝廉则浊如泥。十羊九牧，凡我生民，饥不得食，劳不得息。仆观之不胜奋激，乃以改革弊政，挽回国势自誓。当时国王之生父李昰应大院君，摄政十有余年，威权震动内外。其为人寡欲而好诗书，有东洋豪杰之风。虽然，性刚愎刻薄，暗宇内之大局，遗国家之前途，徒恋政柄，无宽厚之量。仆等家居韬晦，繙泰西之书，深考富强文明所由来，欲使朝鲜尽习贵国之美政，静待时机，盖十有余年矣。而秕政百出，风教日坏，国势凌夷，不可收拾。爰与忧时之彦朴泳孝、朴泳教、洪英植、徐光范、徐载弼等十余人，互倾肝胆，誓以改革弊政、伸张国权自任。既而王妃与大院君争权，援引外戚闵氏，与弟奎镐等谋分大院君之大权，举兄闵升镐代之。升镐死而无胤，以同族台镐之子闵泳翊嗣其家。及奎镐死，泳翊代握政柄。大院君闲居三年，知国中不喜外戚之政，欲再掌政权。时有江华之警报，继闻与贵邦订结条约。为交通和亲不可失之机，竟送绝交之书于朴泳孝，私嗾在官之腹心，使非议交缔条约。其议曰：'日本者，与国家不共戴天之仇也。今又窥我海岸，陷我城市，杀我人民。且彼近者与蛮夷交通，弃圣贤之教，而慕异邦之政法，自文物典章，迄至衣食什器，莫不心醉而摸拟之。人眩欧风，举国若狂，遂劝我与彼通，欲我师彼，岂非下乔木而入幽谷者乎？先是国人屡被法国僧徒累误，彼教者，祖宗典法之所深禁也。忍使堂堂圣贤之国，而与犬羊为伍；圣神文武之国王，而与深仇结交，下与蛮夷之君长同位乎？且往日我国一与对马人交通，狡暴不可与近，况与日本之全国交通乎？吾力之不胜可知矣。'朝野靡然，倾向其说，由是缔约不成，几与贵邦罹干戈之祸。幸得国王左袒正义，排百官之邪说，缔结和亲之约。虽然，百官多抱锁国之说，羞与贵邦之使臣交结，仆等因其两情不相通,恐生祸害,窃与亲友谋议,遣教士李东仁于贵邦,奉书于岩仓公,使探贵国论交敝邦情义之厚薄,对俄、清主意之如何。东仁等知贵国上下人心之所在,见开明之风,富强之术,大有所觉。归而上奏条陈,言当采用贵邦之政治与泰西之文明为急务。于是国王之意,渐向改进。寻选朝臣之俊秀者十人,使游学于贵邦,奋然欲奏开物成务之治。无如朝臣拥闭圣明,女谒公行,闵族弄柄,政事陷于姑息,谗谤纷乘于宫掖。故抱有为之士,或遭贬窜,或洁身去朝,时仆亦远流窜于边亭。内政愈弊,百姓困惫,加以年谷不登,催科之吏,追责倍酷。冻馁之民,哀号路傍,鸡犬声稀,驿程夜冷,孰能耐此荒凉愁惨之状哉?当其地僻风高,林深露结,放臣行吟于泽畔,逋客浩叹于芦中,流水呜咽,落木悲凉,夜不能寐。揽衣而起,徘徊得一长篇。"

散士乞咏之,居士沉吟而言曰:"今忘十之三四,且有所惮,君勿强之。"更转语曰:"既而仆蒙赦而归京,乃与朴、徐等大倡改革,讽谏当路大臣。然年少位卑,有所献替,皆黜不用。于是相谋曰:'时机未至也,不如暂时姑待。且所以言之不行,谋之不用者,以经历信望之未重于天下也,不若相携而观海外之风光。因航贵国,仅留半岁,会京城有变。先是大院君抑退外戚闵氏,欲再掌握政权,觊机会之可乘。时诸道禾谷不登,饥民嗷嗷,军人厌西洋之训练,且怒俸给不足,饥寒交迫,嚣嚣唱乱,四处蜂起。大院君得机指纵之,欲杀王妃,并尽屠闵族,及不从己之党侣。迫宫阙,上殿阶,杀大臣闵谦镐。王妃易服避乱于忠清道,军人与乱民合势,袭贵国之公署,星使仅以身免。从者死者,亦复不少。大院君乘势胁制国王,恣行赏罚,邦内大乱。仆闻此警,即日附舟而归仁川。时清之兵舰数艘,既早泊于仁川港。知鱼允中之在舰中,直潜往而议善后之策。乃允中之意在借清兵之力,拘囚大院君,放谪于天津。仆大非之,难曰:'为救一时目前之急,欲假近邻大国之力,而镇内乱,是无异于卖国家也。大院君城狐耳,欲抑制之,岂无策乎?若借清之力,何殊使豺狼而护鸡犬,放獭而守池鱼?宁募国内志士,起勤王之师,建立国之策,以戡定祸乱之为愈也。'予力争一昼夜,允中危惧不从,仆恐其迁延失机,直变服裹面,潜行京城,访可与谈国事者。虽然,我国人杰,半归黄土,半散四方。寇氛充路,烽火亘天,外国兵师,满载京邑。黄尘高扬,阴风炽煽,白日无光,妖云密布。宫城长闭,王威萎微,君王不知在于何处也。昔日簪缨之地,唯余残阳而已。予乃思国之前途,叹身世之厄遇,不觉涕泪如雨,乃屡草书上国王,无一得达。后数日,贵国公使怒议不协,引兵而去仁川。人心汹汹,市民皆荷担而走,王妃避乱,尚在山中,鱼允中、金允植等,掌握政权。时朴泳孝心怀密策,调理日韩之纷议,自仁川驰归京城,盛服直至宫中,见允植、允中曰:'使清兵而拘囚大院君者,是伤我国本,并予骄清将来干涉我国事之口实者也。虽然,今悔之既晚,抑以清兵为我戍卫,是遗后日之大患者也。不若请英、米诸国,借同盟之兵舰,暂时托警备之任。如此,假令有一二国,抱不良之志,且无奈我何。不然,以朝鲜一国之形势,不能抗俄、清、日之一邦,借清之力而不可防俄,倚俄之兵而不可抗清,非深仗公明之国,如欧之瑞士、比利时诸邦,委于各国均势平权,其曷能有济也?'时泳孝所陈,辞气激昂,吐露肝胆,列坐皆不感动。独允中虽觉其非,而恐失其后日之权势,固执不听。越日,泳孝带诏传命,使仆谒见国王。国王谓贱臣曰:'今悔不用汝之意见,内灾才靖,而外患迭乘,实国家危急存亡之秋也。汝为宗祖宗庙建善后之策乎?'仆不胜感激,誓以死报国家,后卑见多所建白。虽然,允中等不容仆之说,面从而心违。殆日韩约成,泳孝为大使,仆托从游览,再游贵国,留而不归,以待时机之至。虽然,以国王屡赐书召还,遂决意还朝,谒国王上治道之策。又言派俊才于海外,使受教育训练。国王嘉纳,直选拔士庶人之子弟四十余人,使游学贵国及米国。奈闵氏之门,恶仆如蛇蝎。盖仆之所主者,欲信交贵国与米国,而振作国家。彼之所执者,在隶属清国而执保守之政,两不相容,迥如水火。幸以国王之信仆甚厚,未遭贬斥。先是,鱼允中等之党人,威权渐衰,李祖渊、闵泳翊等,代握政柄,秕政倍于前日。卖官鬻爵,凌轹搢绅,虐待民人,凭权藉势,倒行逆施,无所底止。加以闵泳翊倚赖清国之迷梦,犹未醒觉,延李鸿章之幕宾德人穆麟德者为其爪牙,欲藉清人之力,以刑戮不尊清朝之忠臣义士,远流其亲戚子弟,断行刈枝绝根之阴谋。既而其谋稍泄,泳孝等慨其无道,窃劝国王退奸举忠，断行改革，以救国步之艰，挽回颓势，无如国王仁柔不断。于是英植、光范等，定策于禁中，举大事，迁王于景祐宫，托日本星使举其警备兵，而使守王宫。除君侧之首恶，更革内政外交，欲大有所为。时清兵来袭，王师将溃，仆等欲死生从王。朴冰教谕曰：'空死不若立节，灭名不若报恩。国家之前途远大，少壮有为者，非可徒死，请汝等为王家努力。'王又频促之，仆涕泣而诀别。贼兵围王，矢石如雨，英植、泳教以身护王，而奋呼曰：'外臣无礼，不知堂堂朝鲜国王。'贼兵辱骂曰："斩奸臣，擒逆贼。'泳教知不免，正衣冠而仰天曰：'皇天若有灵，鉴朴泳教之孤忠，使我宗祖之山河，免外兵之蹂躏，使我王莫受奴辈之辱，予足见稽侍中、李侍郎于地下。'语未终，贼兵群集，毙于乱刃之下。凶徒犹不厌饫，寸断忠臣之骸体，而弃之路傍。英植以下之忠臣烈女，其死节之惨状，岂忍言哉？更转语笑曰：'往事茫茫，南柯之一梦耳。呜呼！歌舞已为前日之事，烟霞非是去年之春。败亡之士，夫何足言。'"

后月余，慷慨戆直之徒，不平满腹，侠气振腕，欲拥古筠居士渡海，将有所为。政府探知之，警罗四张，法网塞道，持满而不发，欲见机而一举捕获。散士闻之，一日从容谓居士曰："古语不云乎：灼灼园中之花，早发还先萎落；郁郁涧畔之松，岁晚犹含苍翠。赋命有疾徐，躁进徒劳耳。足下年壮气锐，才智有余，却恐为才所使，遂买不测之奇祸，为世俗嫌厌，为识者痛惜。昔伍子胥一见公子光，知其他日必有所为，退而耕野，五年闭口，而不谈当世之事。拿破仑三世轻举连败之后，零落他国数年，深自韬晦，以待风云之会。欧米近世有为之英俊，免难去国，不能忍耐涵养以待时，急举轻动，陷于罪辟，或与无赖之徒谋，或染于妖冶之风，或沉于负债之渊，为清议所贬，而沉滞软轲终身者，举不胜数，可不慎乎？冀足下深戒之。"居士曰："谨谢教言。仆自幼遭逢浊世，当朋党相杀，疑狱怨构之局，不知凡几，得一生于万死，而至今日者，岂非命乎？当此零落流离，不能执末耜，不忍被僧衣，犹日夜栖栖不遑宁处者，殆因不才而广结恶缘乎？仆之生命，时比鸿毛之轻，时比泰山之重，唯随所遇而已，请足下勿复言。"

先是，佛之骑兵，破于谅山之战，沿岸虚击，皆不奏效。悬军万里，遂知志望之不达，与清国媾和，清人平生骄傲之气益长，乃大言曰："鏖战而败欧之雄邦佛国，胜东洋之强邦日本，于朝鲜恢复旧权，宇内又无足恐者。"勇气百倍，病狮再有啸风之态。而顾我国情，惟见商货日绌，民生日蹙而已。至能说外事，以国威之伸屈措于心中者，寥若晨星。散士本一介之书生，无拳无勇，非不知裨益国家社会之难，然欲效欧人殖民政略之热望，一时未即冷却。因欲与慷慨有为之志士，远航南洋，蹈不毛之岛屿，别开一乾坤，以拾遗利，盖欲使人人皆有高骞远举之志也。乃与清狂居士等，谋定其策。忽有小人诿之曰："是驱好事不轨之徒，外立基础也。"由是探侦周索，防搜严酷，无所不至，于是同志散亡。

散士深慨之，杖策欲飘游东洋诸邦，启行有日，偶病痫再发，乃择幽静之境，浴温泉以恬养之。海南古狂将军寄书曰："明春将游欧米，足下无相与西征之意乎？"散士固辞以无意于宦游，友人来说曰："吾子常非议政府为强暴于内，而弱媚于外，又谓为苟且之政长。今政府新布官制，大行改革，以明责任之所归，是非足下常所愿见者乎？平日徒放空言，而不亲任其责，岂非有志经世者之所深耻乎？将军初举清狂居士，欲与携手而游，居士遭小人之诿，罹不测之变，今在疑狱。将军知足下，足下以义侠自任之志士，岂厌为知己执鞭乎？"散士服其言之有理，欲徐遍览欧洲之形势，以为后图。且幸得游于埃及，探我意中人之死生存亡，慨然附舟，绕游地球一周。诸友祖道而至横滨，一缙绅耳语曰："顷闻条约改正，进步更章，亦复不鲜。虽然，却非无损国体伤国权者，吾子其深秘，于欧洲探之，果如所闻，待子归为祖宗山河争之。若力不能为，惟有挂冠而与子浪游于水滨而已。子其勉之。"散士敬诺，乃握手而别。

卷十一

火舰吐烟，征帆破浪。骞然拔锚于香港，时方三月，炎蒸如盛夏，汗流淋漓，气倦体惫。须臾而金电闪于碧落，霹雳轰于苍穹，风起云飞，骤雨如注，散士神苏气旺，即呼快哉！冒雨而上舵楼，口咏①小诗曰："楼船破浪叱鲲鲸，鹏翼抟空空有声。落落雄心与谁语？白云山下忆范卿。"

时背后有人仁立而窥，散士注且视之，则范卿也。散士愕然而呼，范卿进揖曰："郎君万福。老奴恶缘未尽，犹偷余命于今日，岂得不愧哉？往裁一书，敢献鄙策，狂简之言，幸得邀尊览乎？"散士握范卿之手曰："贵书曩自白云山下飞来，仆乃怀之，而说庙堂诸老。诸老聩耄，不能断行大策，今日徒悔失机而已。虽然，余又祝范老与二妃共免海龙之妒。"范卿急问曰："郎君何以知老奴与二妃溺于地中海乎？二妃覆没于洪波怒浪之中，老奴之印心刺目，今犹悲痛不堪也。今见郎君所以不急述当时之惨祸者，欲暂置其哀感耳。"散士徐语曰："范老安心，二妃岂空污于海龙乎？虽然，今日不详在于何处，况其境遇乎？盖征之既往，推之将来，皇天如无情，而亦有情，范老岂与二妃无再会之期乎？请自是从容话既往与将来之事，抑范老自是欲至何处？依何人乎？"范卿曰："仆将赴东京，投于亡明之黑旗军，说彼以继绝兴废，欲大有所为。虽然，闻彼等既陷清人之术中，欲受其封爵，虽未可遽信，亦不能无所危惧。舟程尚有数日之闲，请徐禀教。"回首遥指香港于海水苍茫之中曰："老奴少壮，冒万死欲避难米国，放浪徘徊，尝过彼地，满山赭秃，所植之榆柳，未成拱把。今而翠梢覆空，郁然成林。昔桓温自江陵北征，行至金城，见少时所植之柳，皆既十围，而慨然曰：'木犹如此，人何以堪？'攀枝折条，泫然流涕，率诸寮属，登平乘楼，眺瞩中原而叹曰：'神州陆沉百年，王夷甫诸人不得不任其责。'乃引兵进伐。老奴见彼柳，岂得无深愧于桓温乎？此地古来号海贼之巢窟，英人画策远大，要胁而得之。尔后出其忍耐之性，与其工心，大张势威于东洋，犹如附虎以两翼。闻露人要胁贵邦之唐太，亦大移民而采掘仙炭，浚筑港湾，以一新全岛之面目，是亦何异与爪牙于鹫乎？东方日濒危殆，英雄已尽，徒留中原之泪，而臣主素无北渡之心。呜呼！其谁任其责乎？"

时雨过云散，碧空如拭，浪静陆远，明月东升。范卿指天而言曰："请

---

① "咏"，原作"泳"，误，今改。

郎君观之,自朝过午,天气晴朗,四无纤云,忽而一片之云旗,动于南方。电闪雷轰,风驰雨注。既而云消风歇,现出此清凉之仙境。造化之戏,不亦奇乎! 大丈夫生在此世,岂可不勉成震撼乾坤,扫荡天地之手段,以永断奸邪谗佞之迹,而弥纶宇宙于清世欤?"散士曰:"闻英国一名士,曾戒国人曰:'印度微云之横,异日震动英国魔风之征也,岂可轻忽乎?'范老而未死,其眇然五尺之躯,亦安知他日东洋呼云起雨,扫净四百余州一阵之魔风乎?"范卿笑曰:"暮年壮志,虽未尽消磨,奈白发种种而无情何? 夫时之反侧,间不容息,先之则太过,后之则不逮。投时机者达人之业。故圣人不贵尺璧,而重寸阴也。"乃扣舷朗吟曰:"马首桓州又懿州,朔风秋冷黑貂裘;可怜吹得头如雪,更上安南万里舟。"

　　时天宇益澄,星斗烂然,夜色如昼。范卿曰:"今对此风色,转不堪追怀二妃,仆之与二妃相失也。夜色殊晶,意大利之山烟岛,依稀在目,唯见暝云之动摇北方而已。忽而风雨骤来,老奴患船晕,入室蒙酒而睡。既而惊觉海水浸身,蹴衾出室,暗黑不辨咫尺,踉跄而上甲板,欲求小艇而不得,激浪溯渤,乱击甲板,将卷去此身。乃急攀绳梯,才缚身于樯头。时船主盛服大呼曰:'沉没迫于瞬间,欲侥幸万一者,抱浮带而投海。予不才致君等于死,唯洁身殉职,以受天之照鉴而已。有欲与余共归天界者,携手而同来,于是集于船头者二十余人,肃然齐列,以俟命终。忽而如山巨浪,翻空撼来,船主大声下令,共仰天祈祷,遂相与共没于怒浪盘涡之中。老奴抱樯而下瞰之,见其从容就死之惨状,故每追怀及之,未尝不发竖肌栗也。后余意常念人谁无死,男儿若得死所,不当毅然如此乎? 老奴龄逾五旬,惜未若船主之能勇于赴死。是日船体触碎于暗礁,既深没于水底,唯樯头出海面才数尺。虽然,巨浪怒号,几翻没此身者屡矣。饥寒交困,至于绝息。既而风浪渐收,朦胧开目,朝暾正出海上。呜呼! 茫茫巨浸中,保此残息于没樯之上,老奴之余命,岂啻风前之灯,草上之露哉? 凝眸四顾,则尸骸与行李,漂荡于海矶之间者,始不胜算。中有妙龄之女子,衣裳破裂,身体半摧,悬垂于岩角者,仆认以为二妃之一,酸辛之状,今犹不忍言。适背后有汽笛之响,回首望之,有巨舰一艘,行近里许,特放小舟救还老奴,保养无所不至,是盖佛国之东洋巡察舰也。老奴请留舰内,供任厨役。当时老奴知佛国之窥东京,故窃欲暂忍而探佛人之举动,毋亦资前途之计画而已。自是东飘西泊,以至今日。但二妃备绝世之才貌,怀乡国克复之志,吞恨而葬鱼腹之中。每念及之,未尝不慨人世之多恨也。然郎君曩言二妃免难,而又言不详其境遇,岂不令人疑讶乎?"散士乃备语以与红莲女史遇于波宁流女史之家前,及骨数斗夫人之谈话,幽兰女史与骨数斗夫人临别时,托其建范老之哀悼碑于遭难之海岸诸事。范卿泫然流泪曰:"仆数十年来,除感泣于忠孝节义之外,眼中曾不洒一滴之泪,而今乃为一伶俜之佳人而泣。噫! 老奴岂无受报之机哉? 古人云:'情之所至,可死可生,生者可以死之,死者可以生之。'自古迄今,蟠天际地之忠孝节义圣贤仙佛,要皆一情之证果而已,今堂堂六尺老范卿之一泣,其以是乎? 其以是乎?"

范卿曰:"其后佛舰至埃及,泊于历山港。时埃及之内乱已发,欧人之逃来乞救于舰中者数十人。"散士曰:"是正二妃与幽将军投于历山之逆旅,感亚剌飞侯之恳嘱,仗义为其军师之时也。"范卿怃然而叹曰:"吁! 若当时老奴知二妃在此地,则排难解纷,生死与共。邂逅于万里,而相失于咫尺,造化小儿之弄人,亦甚哉! 后数日,佛舰伪称往马岛,急拔锚向洲越。老奴窃谓佛国有谋士,想必阳称察视埃及形势,阴乘机出其不意,声言在历山港上陆,镇抚内乱,救其危急,而实袭拿破仑第一之雄略,长驱直入,乘海楼府之无备,守其城堡,以麾亚尔是利之坚甲利兵,使英无复措手之术。然佛人徒闭于墙内,遂使英国得游弋于滩江河畔,为专横之虏掠,遂失亚尔是亚利领封扩张之期,使其据礼节夫之约,持理仗义,奋勇以沮遏英之艋艟,使不能进一步于洲越海峡,则世界万国犹将敬惮其义。犹孤竹之二子,叩马而沮王师,竟不能抗武王八百国之精兵乎? 惜哉计不出此,我舰航于亚非利加之西岸自由国。自由国者,号称亚非利加大陆独一无二之新立自由共和国,介立于蛮夷之中,独能放文明之光辉者也。乃上陆观察其施政之得失,人民之习气,开明之程度,则其接于耳目者,唯欧人之跋扈跳梁而已。早晚不为法之所蚕食,则为英之藩属,成独立之保护国而已。"

散士曰:"仆往年于费府,曾邂逅此自由之总代委员,盖彼总代者,黑人也。虽然,明智忧国之士,而代表一国之余者也。其言曰:'我自由共和国之建立,原发于北米合众国之奴隶存废论。时志士仁人如边利驹骊之徒,以为获无辜之黑人,如猎禽兽,老弱者虐杀之,强壮者驱役之,责为无道之尤,心焉慨之,纵其自由,使栖息其山河。教育蒙氓,释放奴隶,说于富人,酿出义金,建立亚非利加一殖民地。布其新教,化杀伐之陋习,播文明之美风,移自由之风,易专恣之俗,以谋建此新立之自由国。闻风而起者,八十余人,誓共死生,同苦乐,埋骨异域,辞富强快乐之新府,航于暗黑世界。据于玛须罗陀之丘,而起殖民地,是实六十有余年前时大统领门罗者,颂表其奖励保护之功德,以其名冠都府。尔来有志而义勇者,抱才无所用,渐次相集,同心戮力,励精图治。虽然,当时土人,屡猜忌之,动辄怨怼,袭击暗杀,窘四方移住之民。又乘英之奸商无一国之主权者,诈谲跳梁,横暴无所不至,所施之法律,皆为蹂躏人民之具,遂至全局不能统一。于是移住之人,奋然蹶起,以不满一万之人民,建为独立国,其檄惊悚世界,威势震于土人,卓然新造此自由之国。时一千八百四十七年,举世皆称赞之,认为平等之国,会英国有博览会之开设,大统领临见之,大讲平等之感情,皆曰照破亚非利加之幽暗,拨云雾而使见青天者,则新立自由之力也。而时势一变,今将沉沦于荒乱之乡。盖我自由国者,地味非不肥沃,矿产非不富饶,寒暖非不适度,建国之士,非不先私利而后公义,而其所以至如此之沉沦者何哉?盖与二三精诚之士,意气相投,以筹画事业,经营于当初,皆能振奋其精神,自信抱负之有素,克受艰难困苦,且能遗私而殉公。虽然,日月逾迈,气力渐有消磨之虞,以世情之缠绵,势所不免,况至于子孙,祖宗之志气渐忘,苟且之气习日肆,焉有不茅塞于其胸臆者乎?且夫米人者,世世奉华盛顿以来之政策,于开扩属地经营海外之政略,每排斥之,惟保护奖励内地之遗利,以期充实内政,不欲使人民冒危险获名誉与侥幸于海外万里。至英国则全然反之,汲汲焉务扩领地于海外,增设贸易市场以进其富强,保其威力。以是米人虽自建此新共和国,而逐渐谙其国之情,亲爱之念,亦因之而薄。英国则渐渐明我国之情,干涉之念日厚,又如彼法、德者,近亦效其殖民政略,见此自由国之薄弱不振,居为奇货,将乘机而有所为。唯其如此,外则砺爪磨牙,虎视耽耽,负嵎而相睥睨,内则树党结侣,轧轹纷扰,有不忍言者。请试举其惨状:一千八百七十六年,土人边统领之即位也,误信人言,请起外债投殖产之业,则岁入直可增加,遂借英国外债五百万。虽然,每岁入款总数不及百万,至今未能偿其利息。于是国论沸涌,大呼曰:边统领陷英国之术中,卖国之奸贼也。遂废而投之于狱,甚至白昼赤裸,牵之于街市,群众唾骂,蹴蹋鞭挞,卒乃自断崖上推陷之而死。其家族无老幼男女婴搋,僇杀殆尽,惨苦之状,不忍复问。次继位之大统领,亦在位经一月而暴卒。自其始承认独立,至于今日,仅有二十二年,而大统领之更迭,已有十二人,其政权争夺之纷扰,亦可想见矣。盖我土人者,无义气,无教养,徒信天赋人权之说,喜谈过剧之政,虑外人干涉之弊。则土人自欲管领其土地,毫不容干预,惧患则妄意揣摩,合无数野蛮,欲垄断公私之权。故其流弊之所至,树党结朋,紊乱公私,致同室操戈,邻里反目。且与近邻之土蛮,战争相踵,欧洲强国,煽动其间。国内之党人,则于邻国互求依援,各期制胜。自英国募外债,自佛国借应援之类是也。而米人似茫然不知者,今吾辈所以来华盛顿者,欲将举自米人初建立自由国以来之情势,与其变迁至于今日之所由来,及其将来之趋势之所必至以说政府,使确定保护我自由国之方针也。噫!所谓自由民政者,在进步开化之邦国,犹且不受政权争夺之纷扰,而况我新立之国乎?吾辈既屈气于共和之政体,销魂于故国之纷争,今日反歆羡君权之国为无事也。散士闻之,以为是东方诸邦他日之殷鉴也,当铭心不忘。"范卿曰:"自由共和国之现状者,实不堪言,又有甚于此者,马达加斯加岛是也。其后余航于马岛,颇详其状。"散士曰:"马岛者,尝采用欧洲之文物典章,而欧人之所啧啧称叹者也。今日与法国交涉,其事虽未结局,然不久将归平稳。今谓其国之现状,比自由共和国尤甚者。噫!皮相之西学,其误国之原乎?"

马岛者,世界第三之大岛也。土地沃饶,物产极富,土人勇悍,而相爱之情甚深。其先出自马来国,其教则所谓多神教也。有主宰万物之大神,有部族各种之众神,其理论亦不甚高,人多奉祝之。以庄严华丽之殿堂,行隆盛净洁之祭祀。盗土人者,于神之果有果无,及其灵验如何,不深留意,而拜父母祖先之事甚渥。故上流社会,信教之念甚薄。其政治则诸候各领封土,一旦有警,即各将领内之士卒赴战,似日本封建之时代。此国为希腊人所知,又在一千年以前,与亚拍亚人往来,而欧人之初来此土,则在葡萄牙未寻得东洋航路之时也。尔来葡人殖此地百余年。虽然,葡国之衰敝也,此岛为法国远征之军所掠夺。自是佛国谋殖民者,又百余年,而未得其志。一千七百年代之末,有一豪杰据此大岛,掌握其全权者,波兰之败将辨耶数奇是也。辨耶数奇,本匈国之贵冑,善用兵,读波兰独立之檄,提剑投军,屡运奇计,而破露军。及独立军败,被围就获,流于极东东察加之地,饥寒万状,艰苦备尝。曾登山头,忆家乡于万里山海之外,愤楚囚于踽踽尺地之中,慨然曰:"大丈夫岂可轻死哉?"遥见水天仿佛之间,与日本岛屿相接。一夜欺监守者,乘渔舟,冒危难,渡于唐太。又遁于满洲,劳筋饿体,始得法人之助,威名大振。惜哉!一千七百八十六年,佛人忌而残杀之。

此国民分为南北二大部,一曰沙加罗窝,一曰法鸟斯。沙加罗窝之人,向占有势力,摈法鸟斯人为野蛮,不以人视之,其凌辱于治下已久矣。法鸟斯人有一豪杰,常愤之,乃纠合其部落,振威于全岛。奈大志未成,而身已罹病,召其子刺多,诏受遗命,使继其志。时刺多摩受学于亚剌伯亚之鸿儒,拜父之遗命而感泣曰:"吾不能承先志,他日何能见大人于地下?"时年甫十七,遂会群臣,即王位,称法鸟斯王刺多摩第一世。王为人刚明沉毅,即位之日,四邻闻风悚动。奉父之遗言,驱使沙加罗窝人,以统一南北为己任。雄心烈烈,仿行欧洲之式,训练精兵,购入铳炮,制备弹药,为他日之用,时一千八百十年也。

当时英、佛生衅,遍宇内皆有争竞,英之海军陷佛之幕理智阅新岛,更结党援于马岛。王于是时投机应变,结条约,从事于佛人之盛,禁全岛卖买奴隶，犯者以死论。英人德之，每年赠金银兵器。一千八百十八年，英国议送宣教师，王购贩书籍，输入技术，兴设学校，奖励工商，导国民于文明之域。于是全岛不沾王化者，不过三分之一。

王虽从西教，然亦甚恶之，乃欲利用之以为开导之捷径，公许教法之自由。王磊落不顾细行，荒淫之余，遂成疾病，未及振鹏翼，年仅二十六而薨，举世惜之。王有宠姬曰乱摩道，当王薨之夕，杀王之亲戚、近臣数十人，幽囚王母及姊妹，使之饿死，自立为王，是为罗曩波路那第一世。女王为人，顽固刻薄，忌外人恶外教如蛇蝎。即位之明年，与法国开衅，大破法舰于坡岬，擒法将，斩其首弃之干海岸，以与法绝，且出兵平定全岛。

先是，外教渐盛，国人宗者渐多，于是先禁官吏之奉外教，继之乃普及于国民。外人愤之，物议喧腾，女王断然不顾，拒绝如故。一千八百三十三年，禁国中诸学校读外教之书，而改宗外教者，受下等之待遇。明年，除官吏之外，禁读外国之书籍。时女王之婿大元帅总理大臣喇摩尼沙，使女王一一执果断之策，笙国中教徒，使诉外教徒不臣之罪于大法廷。女王见之，赫然作色曰："朕乃代表祖先建立国家之神孙也，彼等侮朕，是即侮朕之祖先。且彼等目我历史为荒诞不稽之伪史，故朕与祖先所信之教义，与神明，皆彼等所不信者，何其不敬之甚乎？"一日，女王之爱将某谒女王曰："愿赐臣一口之利剑。"女王问其故，某忾然而泣曰："今外教夷学，辱祖宗之灵圣，污国神之威棱，国事将日非，陛下何不忧念？呜呼！邪教之蔓延，犹火之燎原，如今不扑灭之，其祸必不忍言。臣生蒙陛下之殊恩，不忍睹国人受外夷凌辱，今将伏剑以先国家之灭绝。"意气慷慨，辞色甚决。女王忾然，仰天长叹者久之，已而昂然曰："朕誓攘斯妖氛，以安社稷宗庙。"会全国之民于首府之南郊，严禁国人奉外教，继开大会观兵而宣言曰："七日以外，不自首复宗外教者以死论。"自是闭学校，禁集会，逐外僧，收没经典，四放侦探，搜犯禁者。然奉外教者不惟不减，转见其增加无已。于是女王大怒，决意刑戮千有余人，而民心愈激。相将就戮者，肩相摩而踵相接。

既而与英、佛二国交涉。五年，遂与佛军战，大克之。其初畏悍外人者，至此亦生轻侮之心，凡外人无论是非善恶而尽排之。唯其如越人之射，世已变矣，而守其旧，使阻遏文化，衰替国运。曾不多时，外教徒阴乘外患之隙，鼓动上下之人心，女王又大愤之。贵人有奉外教者，共捕得十五人，系于宫城悬崖十五丈之上，亲临责以不当奉外教，其不从者，直断其绳。十五人相继粉斋于崖下，而死于此惨刑，反使外教之势焰益炽。其有未奉者，密相谓曰："人生莫重乎死，而彼外教徒者，甘受酷刑，从容就死而不悔，岂非冥冥之中有感应者耶？"于是奉外教者日益众，争蹈水火赴汤镬而不顾。女王益愤激，施其酷刑，日夜不休。有二王子，亦归依西教，女王怒而幽囚之，绝其饮食，使之饿死。王子疲困，死不变，遂系于柱，生烙杀之。嗟乎！宗教之争乱，其惨如此，古今皆一也，有国者岂可不鉴乎？

女王在位三十三年，尽力排除西教二十三年，非惟燎原之不可扑灭而已，转相激煽，其势益炽。而固陋其国论，使富强文明日见退步者，实堪慨也。虽然，王能强国权，杜绝外人，终王之世，使英、佛之强，不得逞其志，少延国祚，亦女王之力也。太子即位，是为剌摩第二世。即位之初，英、佛共请王发令大赦，纵教徒之囚，招聘英国之僧侣，于是西教之行，如驿传之速也。且王虽未受洗礼，凤好欧人之风，殆不自有国家，乃妄信欧人之言，曰全废海关之税，而输入廉价之毒酒，滥出牛羊，使生民流离颠沛，国政紊乱，至不可复理。王有宠人佛人杭别者，乘醉顾问，王乃约杭别让与全岛之一，又特许采掘诸矿山。又爱少年美那摩蚕者，任其弄权，一切言论行为，听其所欲，群臣谏之不听，荒淫益甚。于是怨声充衢，乱民蜂起，王及嬖臣，遂为所刺。岛民立剌曾部利那，未几而薨。其侄即位，是为罗囊波路那第二世。

罗囊波路那之行二世即位之礼式也，式场设立祖先传来之神体，揭耶苏之圣言于玉座，还宫之后，使外僧祈祷之。次日，举宫中归依耶苏教者，设寺院于宫中，设女王总理，与共洗礼。更下令而削奉国教人之爵,使为平民而供徭役。于是,国教徒慨然蹶起而谏之,触王之忌讳,死者甚众。王迷乱益甚,遂举宗庙之神主毁于群臣之前,派遣四方官僚,使尽毁其国社。人民痛之,以为此亡国之兆,而欧人称此日为大不祥之举。呜呼!以当时四十年前无一人入西教之国,此现时形势之转变,果何如乎?既而佛人益肆其暴恶,恐吓百端,决行噍别之条约,更举半纪前之历史,谓马岛可迫令隶属于佛,遂期于八日,公布宣战。女王乃拒绝其要求,奉神机国书而泣诉于天曰:"闻欧人奉其正教,信其真神,尊其诚心,以故寡人亦归依之。今彼凶暴至此,神若有灵,请寡人归依真神,烧毁祖先之宗庙,而怜察哀情,明垂照鉴,救此国难。"乃派使节于英、德、米,诉其国情,各国怜之。虽然,出兵于绝岛,扶其孤弱,以结怨于强邻。且如英者,曩占有马岛商业之利权,而眷庇之意更切也。虽然,欲于埃及结佛之怨恨,阳劳使节,阴饲佛人内情,遂孤立于马岛,使强佛不得逞其狼吞。于是,女王大会群众,与会者十余万人,躬亲临之,朗读佛之要求书与谈判书,以公布宣战。语语严肃,言言悲壮,听者咸愤激感奋,誓为邦家死。

一千八百八十三年,女王薨。临薨遗命曰:"朕既以一身奉于上帝,死何憾焉?愿子孙勿背西教。但朕受祖宗马岛尺地,亦且勿让佛人。"言终而瞑。女王与佛交战二年,屡窘佛军,而内则克整政纲,建军制法制,解放奴隶,盛行教育,外则惹欧人之怜情,使马岛优列于文明诸邦,入于耶苏教国之班,盖银盖欲灭,时辉其光欤?先是,王曾修道路,仅通小径于诸都府之间,河无舟楫,津无桥梁,商贾皆赖马背人肩。佛人每嘲之曰:"夫交通者,文明之母也。马岛岂得闭关绝使乎?"王曰:"是我防国之策也。"后与佛构兵,佛兵果因道路之梗塞,进退不能自如云云。女王薨之夕,罗囊波路那第三世即位,乃大战,毙佛之将,陷其要塞。初,佛人轻侮马岛之人,谓一举可以灭之,既而恶疫流行,患者十之五六,死者十之三四,且佛人欲进兵内地,而深林丛泽之中,每伏兵四起。加以英人暗助马兵而训练之,战术亦日精,故交锋四年,而佛兵竟不能克。糜财亿万,失精兵一万二千,而无尺地之得，无一货之获，无勇战之誉，无养军之名，内阁大臣为之更迭者已二次。佛人见每战不利，更增军费，而议援兵，曰："宜陷其首都，可擒女王。"英乃居中解和，佛军知大势之日非，即容其言，提出媾和条约于马岛政府。其条款之重大者有三：曰良港之让，曰偿金一千万，曰外交之让是也。王不得已许之，时一千八百八十五年也。势至于此，而邦国之前途可知已。后五月，佛人又欲认马岛为佛之保护国，马岛人不允，会议三次不就，佛国乃起大军，擒女王而废之。于是马岛亡，归佛之版图，弃其国教，归于西教。噫！乞西人之怜爱，亦遂有亡国之祸而不可救，可悲也夫。

范卿曰："然。老奴闻之：治国有常，利民为本；政教有常，令行为上。故苟有利于民，不必法古；苟能周于事，不必循旧。夫夏商之衰也，不变法而亡；三代之兴也，不相袭而王。故圣人法与时俱变，礼与俗俱化，衣服器械，各因其宜。故变古未必非，循俗亦未足多也。百川异源，终归于海；百家殊业，皆务于治。文明开化，亦不过醉眼中之华也。若夫采取欧洲之华，如蜂之采蜜，惟取其实，不取其华亦可也。马岛醉于欧风，不知变古之术，拘于国风，不达循俗之道，以故败花伤叶，竟不获其蜜，凋萎以至于今日。其亡其亡，系于苞桑，马岛之谓也。盖英人者，施其魔药，而渐吮其精血；佛人者，放其毒箭，而急殚其残躯。今女王者，缚其手足，惟任佛人之所为。忠愤之士，义烈之徒，据沮洳山泽之险，伏荆棘榛莽之间，以保千有余年之国脉于奄奄之中。虽然，伤弓之鸟，屡惊于响弦，东洋之故国，既屡堕欧人之术中。呜呼！彼自誉为文明开化之国者，于此十九世纪之终，其豺贪狼饕风悲月泣之惨景，见之可胜慨哉！老奴刚欲上陆，而吊忠义之士，会拔锚之命下，不果。盖此舰将急渡东京，赴其国与清战争之援也。老奴闻之，大呼快哉！佛人嘲笑曰：'子为清国人，己国见伐，何悦之有乎？清人之无爱国心，真可悯笑也。'既而佛舰达于东京，然老奴谋欲投于黑旗军也久矣。而未得其策，至身履其地，而心甚摇摇也。忽舰将与老奴晤谈，巡捡战地，过山泽间，入于两军对阵之地。举首而望山头，见乎翩翩黑旗，披拂于青岚黄霭之中，落落于三五堡垒灌木衰草之际。俯临溪涧，髑髅未干,枯骨带肉,乱堆于苍苔白石之间。腥风时起,扇其青蝇,未尝不叹英雄之末路之难为功也。因口奏悲歌,以吊悼乎冤魂焉。

"其夜佛之幕将召老奴曰:'汝若不忘地中海救命之恩,扮为行商,深入于敌地,以侦察要塞之险易,兵马之多寡,将士之动静,若一一具报之,能尽其任,必酬以重赏。'幕将如一意依于老奴者,老奴即以为彼虽为我之敌,然以厚意对我,我岂可无一片义侠之相报哉?遵其嘱,尽其任,而后敌之,亦大丈夫之所不耻也。既而又幡然悔曰:'狐死首于丘,不忘其本也。今清佛构兵,佛者是我国雠也。以救命之故,而忘其本,非为私情而弃公义乎?'乃犹豫未决。佛将不见老奴之答,而大骂曰:'痴奴不知恩,惟知惧死而已。'老奴怒气填胸,将跃然蹶起,忽而抑怒气,悄然而答曰:'非惧死也,惟无以达尊命耳。无已,请从此行。'将军与以契符曰:'是为佛军间谍者之印章,若捕于佛军,可以此密示之,失则死矣。'又以白布裹覆老奴之面,告曰:'是我之军法也,勿恐。'更威吓老奴曰:'若赍虚报,贻误军机,罪不容于死。'语未毕,炮声响于山泽,呐喊四起,已而剑铓近交于营内,弹丸擦过老奴之肩上。虽然,此时身缚不能动,跄踉惟俟毕命于风前而已。未及半时,战声渐息,华语音声,充于阵中。时有去老奴之覆巾而检索之者,始见四面之光景,则黑旗军既占领此阵营也。立于死尸狼藉之中,见有贯刀于敌首而舞者,或有踞巨炮而鲸饮葡萄之美酒者,意气昂昂,如目无佛兵者焉。一将纠问老奴在此之故,时余肩上血流浸于腹背,两手就缚,痛苦不可言,乃欲求免,因速答曰:'仆者是明朝之遗臣也,探敌之动静,欲以报义师。今日忽为故兵之所擒,而偶会义师之来,何幸如之,愿速释此缚。'有一人熟视老奴之面而呼曰:'老猾奴!汝昨日非与佛军之向导而为其前驱乎?余侦察樵路,善知汝之颜。'由是再紧缚余两手,又以白布覆其面。一将闻之,使一卒探老奴之衣冠,契符自襟中出。众见之大怒,或驱打,或面唾,或扬足蹴头。一将排众独来叱老奴曰:'汝服中国之衣冠,解中华之言语,甘为黠虏之奴,人类之最卑者也。使间谍事情而陷我同胞于死地,以博一己之富贵,何其可憎之甚哉!死有余辜,我断汝之首,刀且愧被汝血之污。虽然,不可不杀之以示后人之鉴戒。'乃明晃晃地提白刃于老奴眼前,老奴知难以口舌争辨,乃大骂曰:'汝等无眼无识,疑我为间谍之人,汝自坏汝万里之长城而已,后悔何及。'时有一骑来报曰:'佛人愤前之败,合大军而断我之背后,将皆进于本营附近之地。'诸军闻之而溃乱,一卒牵仆而走,而佛之先锋,既迫于左右之间,追击甚急,黑旗兵死伤太多。少焉,黑旗之援军来救,会一老将跨马厉声,而叱责将士之背令速退,致受敌之返击,而丧极多之良士。一将乃指老奴问先时大骂彼等之言之故,更叱老奴曰:'咄!'老奴曰:'唯。汝速斩吾头,以送于谋士顾江宁,渠见吾头,必能知吾。恨大计未成,徒与汝辈死于刀下。'老将睨老奴曰:'余江宁也,汝欲何为者,而为此欺人之事?欲偷寸时之命乎?'老奴谛视其颜急呼曰:'余者白云山之范卿也,自米国归航,而投军于足下者也。'江宁急下马,解余缚曰:'范兄无恙乎?幼时屡接音容,不相会者,既三十年,互忘其面貌亦宜也。尔数来书,教我奇策大计,今日之事,亦多兄之赐也。愿自此得闻左军之大计。'乃引而请上座曰:'起朱明者,必斯人也。'老奴辞避,而不敢就坐。其夜江宁设宴,大飨老奴。老奴即剪烛而说于江宁曰:'今清、佛构兵,两不可胜。若佛人大胜,振战胜之余威,根据东京,铁路纵横,迫清之西境,其势不复可支。若清人大胜,骄慢之气加,顽陋之风长,文明之政不可望,革新之治不可期,吾辈将安施其力?往者当军败而西征也,西南开一乾坤,存其明祀,誓不与清朝俱生。虽然,残败之余,自不能保,姑俟和时。今也佛人犯我栖处,污我旗帜,其势遂出于不能不战。况近者欧洲诸邦,张皇其殖民政略,而并吞东南洋之危机日炽乎?义当计抗东洋之公敌,而存安南之命脉。虽然,余察佛国之形势,悬军万里,粮饷未足,固非可以久战,然岂可使我相期远大之伦,而为徒死之战乎?谚曰:急辔而数策者,非千里之御。我同志争尽死力者,在他时,非今日也。闻向者黑旗之军,死守江北之垒,而袭佛之大军,终日终夜,奋斗苦战,死尸枕藉,势无可为。及走入武库,乘敌军之未备,放火爆裂,彼我共焚,壮烈无比。虽然,是徒死而已。语曰:人之血气,岂能久烦劳而不逸哉?人之精神,何能既驰骋而不息哉?血气者,人之华也;五脏者,人之精也。今耗散其精华而不顾,何哉?且勇者不轻死,宜时加防御,据于险要,敌进则退,敌退则进,张常山之蛇势,扰敌以山泽沮洳瘴氛毒雾而已。况关于佛兵之胜败,而终退其兵,如观火然,至于此时,将军将置身于何地?如何而处其同胞?夫狡兔死而走狗烹,飞鸟尽而良弓藏。清人果赏子之功,爵及侯伯,富如商贾,仅不过为一偏将,而屈于州督之下而已。吾子有此大功,忌其智而妒其才,遂有功而不能安其身。幸而免于斧钺之诛,亦至失根据之要津,无容身之地,即引败卒而归清,清亦不能犒子之师而已。此三者,皆所以自损其势力也。宁复欲南面称王,黼其风云际会东向明旗,而得争霸于中原乎?'江宁太息曰:'余误为之如何?'老奴曰:"顷者日本自采用欧米之利器,颇轻侮清人,且其军队者,乃佛人二十年来之所训练,乘今日之机,而大有构衅于清国之状。若势至于此,则其所谓战地者,必鸡林也,台湾也,遂酿英、俄交锋之机,亦未可知。故自是余密隐于白云山,抑愤忍羞,坐以待时,纠合福建之同志,而诛东汉之族,以事其举。子测时机之来,其间或制佛,或控清,揶揄其两者。佛人大举而侵其地,使清之大军激战,子提其奇兵,横剑直立,而全其功,岂不快哉?'江宁鼓掌而悦曰:'谨奉教。'盖谅山之大捷,袭此策者也。

"老奴自是归福建,察天下之动静。日本则放火于鸡林,勇气忽挫折,而彷徨于优悠不断之间;佛国则行其温和之手段,消磨数月,和战久未得决;清则廷议纷纭,以姑息之事,遂起两邦交绥。日、清、佛三国之宣战和议,茫茫灭迹矣。事至如此,故老奴今将欲再往说于江宁,彼若堕清人之术中,受清朝之封爵,执迷不悟,不足有为,则惟有与之绝交而已。余则再返福州,然后以孤剑奔于缅甸,或去埃及,探幽将军,然尚未有所决。夫老奴出入于死生之间,不知几度,如雪下之竹,河畔之柳,刚柔并用,缓急兼施,遂未至挫折。虽然,铎以声自毁,灯以明自燃,士以义自毙,老奴复有玉碎之时机哉?"时南溟万里,碧海青天,惟有冰镜一轮之横于太空而已。范卿口占一绝曰:

> 风吹霜韰血衣腥,脱落封侯万里名。
>
> 南溟今夜无边月,又仗宝刀赋远征。

卷十二

　　船泊锡仑岛，直上陆，访埃及败将亚刺飞侯于其居。路傍之椰树桂木，如张苍翠之凉盖，田圃之奇卉异草，如布绚烂之华毡。中有半欧半亚之衣冠、而跣足裸体荷蒉者，悠悠往来于东西。风致之美，配色之奇，宛然一幅好画图也。既而村驿烟绝，钟磬声消，神足岭三千年灵踪，法音杳杳，无畏山四十丈之高塔，废址茫茫。誓多林、凤凰宫二者皆世尊说法之地名。之结众，今已无存。佛佗圣灵之菩提树，原何可攀？渐至侯门问讯，谒者谢此时非对客之时，暂逍遥于门外。须臾复访，门者导入中庭。少焉，亚刺飞侯出接，赤冠黑服，温言谢三顾之劳。海南将军将礼曰："日本人民举侯报国之诚忠，称为不世出之沉勇。侯血诚达天，国人忌侯之果断，连年苦战，放谪此万里之敌境，莫不悲之。某今奉命，视察欧美之形势，途次，特以半日之闲，访高堂一通殷勤。且欲谈东洋之政略，愿元帅镇压国论之纷扰，驱使疲散之卒，与英之精锐，角逐之战况，及说贵国之遭逢欧人外交诈术之详，以使东洋诸邦，未及阴雨，绸缪牖户。"

　　亚刺飞侯[1]闻之，悲喜交集，蹶然而起，瞑目仰天者久之，乃渐坐而对曰："败军之将，何敢谈兵？楚囚之身，何论经济？虽然，既辱三顾之殷，岂无一言之报？仆谪居于，见访之人亦云多矣，而曾未有怜我故国之败残，愤欧人对东洋之政略，有如足下者。请忍垢含耻，以陈前车覆辙之戒。初，欧人之对我曰：'天帝者，一而已，无私无亲，照临宇内，一视同仁。四海者，皆兄弟而已，文明之世，不问邦国之不同，不论人种之殊异。交换智术者，社会之责任也。交通有无者，人世之通义也。耶稣之行为者，解衣分食，抑强扶弱也。缔盟各国者，免交侵之患，享和平之福也。'其说如此，何其堂堂冠冕，公平无私乎？虽然，是即为隔障而听鬼女弹琴，可奈之何

---

①　《清议报》第三十五册载《佳人奇遇》至此而止，后有"下期续印"字样，但未见续印。此处之下据《饮冰室合集》本录出，本回亦按《合集》本编排，自"船泊锡仑岛"起。

哉？且最为巨患者，则在于财巾运用之邪说，其言曰：'凡属财币者，乃交换品物之量器也，其价格与品物无异。以故物品有需用供给相倚之原则，供给溢则需用减，其价低贱，需用盛则供给增，其价昂贵，而财币之需用供给，亦率此原则而相依倚者。故一国贫富，以财币多寡，不足以知之。若欲一国而图强增富，己国困乏，则需用寡而供给多。可借债外国，且以息微之资本，振兴全国之产业，此为天然之数，经济之理，人世之通义者。'是说也，即以高尚之理义，迷东方之人民，而欲人为开文化，为张军备，竭己国财力，更募外债于其国，此实为国家隆替一大原因也。凡属外债未募之邦国，须审其时势与债权，乃不被陷焉。古来邦国之为外债而灭亡者，更仆难数哉！若一至愆其偿期，则耶稣教国之行为，反其常面，喋喋然分宗教之异同，嚣嚣然辨种族之分别。而独以其白皙种人，为独得天帝所佑，异教异种，则为前世罪业，势不至剥衣剒食，举人国土而尽夺之不止，竟尽忘其前说也。夫始则以有无相通为人世通义，今则保护己国，重税人国品物；始则以财币为共同之通宝，今则力防输入越于输出，强断财币之制，而自握其权；始则订盟和亲，准据公法，其背乎此者，则天下共伐之，今则见利忘义，媚强凌弱；始则俄国破黑海之盟，天下无责之者，而希腊一小国与土耳其构兵，则各国以之为害其和平，居然以军士封锁希都。非洲一小国少有疑议于盟约，则各国同盟分割之。即如予之将举兵也，欧人莫不称为义举，有约不为应援者，有约制英国之后者，有勉以善后策者，使者载道，冠盖相望。及一旦师兴，即趑趄逡巡，曾无一国果如其言者。呜呼！欧人之言，其可听不可信乎？其可交不可亲乎？若欧人而所行如其所言，心口如一，则天下安有亡国破家者哉？关塞一容胡马之铁鞭，即不能拒之矣！我埃及及马岛诸邦，此其前辙者也。抑闻贵邦数千年来屹立东海，近日变法维新，能采欧美之所长，用欧美之所利，若能听欧言而不溺，闻欧说而不迷，诚可谓完善之国矣。且予更有一言，不得不以忠告贵国者。何则？即勿聘外人为顾问，勿与外人以官爵也。此而一误之，则主权夷替，尾大不掉，为乱之阶梯矣。殷签不远，迩在布哇，其勿复蹈之。呜呼！予其羡日本之位置佳好，而悲故乡之处逆境也。"其吐谈沉痛，悲愤之气，溢于眉宇。

适有三数埃及人入，侯即指其赤帽白衣者而自为绍介曰："此将军某也。"指黑衣者曰："此外交家某也。"更顾其左右曰："此勇士某也，此豚儿某也。兹数君者，皆负反逆之罪，而减处死一等，以与予流窜于兹者。闻贵客贲临，特来谒见也。"于是共相谈论，一酬一答，渐入佳境。时适有不知何物俗汉，遽扫清兴，共有官吏妇女诸生十余辈，直入庭内，见侯不以礼见散士等，遽揄扬日本近日急变法维新，尽变衣服饮食，而摸拟欧人；废繁杂之国语，而代以罗马文字；法律则仿佛典，法官则用欧人，以英文为法庭原语；解妇人之束缚，行男女之平权；人种改良之论，压倒世上；欧风之演剧舞蹈渐盛，实可感叹也。一唱众和，赞誉不迭。一士闻之，耳语散士曰："乱理之文，修饰之巧，刻刑镂法，即所以破我国者也，奈贵邦何复蹈此辙？"

散士听之，觍然冷汗浃背，因仓皇告别曰："心所欲问，口所欲语，终宵亦不能尽。仆此告别，愿诸君为国家自爱，顺天道以待时机。"侯曰："后此再见，知不可复。惟请贵宾他日若过埃及之新战场，为予凭吊诸同志之坟墓也。"辞而出门，是时日景渐移，晚风送凉，一路迢迢，群岛无声。其有入耳者，惟有媚人鬻春之妇女，不知亡国之恨，而歌唱英皇之德，英政之仁声而已。

西航江海，船达洲越，散士登陆，徘徊于昔日繁华之地，而今则只见荒寥寂寞，惟余废寺破屋而已。回忆古时摩西随天神默示，率众徒飘零于海南沙漠中，啜圣泉，抱清节，怀波斯大王跎雄斯并吞六合之雄图，沿西征道路，建立摩天大石柱，巍然于平沙漠漠之上，何其壮也！而星换物移，盛衰迭变，千古之雄略，今竟尔销沉如斯。东方无马首复西之英主，不几可感乎？行行而至亚剌飞最后一战场，只见邱陵起伏，沼泽平沙，其中残垒犹存。且多有英人坟墓，碑塔高耸，英兵守之。其埃人之茔域，则只布散于荒草离离间，无一人影。散士哀之，乃为吊之，感慨不已。

既而乘汽车将行西去，适遇西来汽车中，见有以翠罗覆面一妇人，暗影楚楚，面转向隅，左执帛，右持枝花，斜支左颊，一若沉有忧思者。方审睇之，而汽车遽行，散士于是心沉气塞，如有一物缠胸，久不能消。而回首则平沙浩浩，接连天表，战场邱陵，明灭将没，惟余饿鸢瘦牛，散足平地，泥屋三五间，连接道旁，多有乘骡种田者，皆存数千年前之故风旧影也。

明日登三角塔，塔下乱石砌叠，高可参天，诚可谓危如累卵，削如平砥。于石角坎陷之处，只堪攀援，行行危惧，如跋天巉，如扳鬼口。三步一喘，五步一息，胸膜如击蚊，流汗满面目，日燃昆冈，髓脑俱沸。同行者不堪其劳，至半而下，其能达巅者，仅余三人而已。直立绝巅之上，足摇难定，目炫难瞬，日戴顶上，云浮足下，几如以人间杳渺之身，逾登天界，遐想不已。于是危坐石上，瞩望四野，波罗大沙漠，绵亘数千里，旷荡冥茫，渺无涯际。少间无一点青一微白入予眼者，惟有红热射目，闪轹迷离，其似混沌未分之前乎？将如天破地裂，世界坌聩，而为劫火洞然之真象乎？时则块北热砂之起，如炎帝之鞭如龙；回飚之倏忽旋转，如火车之驱罪人，入八热地狱。人若陷堕此境，则生而迷其生，死而魂无归依。乃黯然回首，则有小三角塔不即不离，接连于其间，如沙漠岳陵，或起或伏。其滩江大河，则洪浩汨汨，有如长蛇之蜿蜒，涨天际地，莫知其源。其沿岸则草木青青，原田每每，草野开辟，心目俱豁焉。

遥望海楼府，则高阁梵宫，丹垩粲错，朱碧陆离，壮宏优丽，可追想其肩摩毂击之盛时焉。牧牛之童，耕野之农，纵衡阡陌；僧众导群，妇女歌唱，络绎道路。亦有发数千年前之废址以搜求宝货者，亦有埋没沙中，仅现半面如笑如怒之绝大女神像者，左顾右盼，低徊久之。古人曰："欲知天堂地狱之真景，须立三角塔顶眺临其东西前后。"信乎！古人不我欺也。乃跨石角而叹曰："呜呼！昔者历山大王，奠京城于此，朝临诸侯，执玉帛者万国，文物典章，冠绝一时。欧亚人之游学于此者，年数千辈，盖为群后高会，四方仪则之所也。当罗马之盛时，有久丽王葩都罗，以其妖美陷狮威挫于重围，亦于此地也。有小劲冬者，痛王峨斯多斯之蹂躏自由，浸凌大宪，觊觎天位，举义不成，亡身全节，亦于此地也。有安敦仁者，以盖世之勇略，而沉湎于狐媚妖冶，黩武招亡，遗臭千载，亦于此地也。而拿破仑之欲席卷欧亚，亦常率众励兵，鏖战于此塔下。明平明土阿梨大王，以布衣而统一全埃，率生齿五百万，横略东欧西亚，威名冠于天下，亦实连兵于此地。诚以其沃野千里,大河浩荡,物产庶饶,地扼三洲之咽喉,掌四海之管钥,其为英雄所垂涎,不亦宜乎?今而熟以望之,则珠帘画栋,已与三月之灰齐飞,白叟黄童,已化为泉下异物。如此者,夫岂曰天命哉?亦有人事焉?睹此废颓之迹,以推灭亡之故,足知骄不可以久处,淫必挫于横祸,积恶有余殃,骤雨不终朝也。当威斯明流王时,有权臣摩佞者,曾叨游学欧洲,得博学士虚名,而称其才能为冠绝一时,即以徒手无功之身,而得官享禄者,生性翻覆无常,或党与憸人,或献勤勋旧,狐①假虎威,作威作福,权倾朝野。其自常言曰:'多藏何如于厚土,放利必能集众怨。'是虐下必媚上,色庄必内柔也。故曰:枨也欲,焉得刚?彼呫唔嚅呢,如脂如韦,不知耻事妇人,而对欧人如皂隶,雅言夫謇謇谔谔者,非正道。其一旦登台鼎调盐梅,即啸集权奸,钳制政府,其门下斗鸡走狗之徒,莫不皆张其龙翼,砺其虎牙,以糜烂天下之生灵矣。其笑刀之利,暗箭之毒,中则毙命。且复淫乱无伦,酒色是图,秽德彰闻,日月为之色暗,风云为之含愤,山裂河溢,妖孽并兴。虽然,天下既诉冤无门,衅隙无乘,惟有睊睊胥谗,道路侧目。智者必知其祸近,愚者或进以忠告,或效蔡泽之讽,或入赵良之言。彼则或阳纳之,或阴拒之。常饰言曰:'吾志本在邱壑,所以恋恋于此者,为国家效贤劳矣。'或与妇人共坐帷中,或亵服戏于朝庙,或束稚子以紫绶,而戏为封爵。竟不知天日可畏,而指浮云为久在南山,夫岂知槿花只一朝之荣哉?上失其道,民怀愁怨,于是草野啾啾之声,志士唾骂之响,直达天庭。其罪恶之数,刑罚之条,冥府金扎为之山积。有五百之恶鬼,临其头上,厉鬼拊其胸中,怨魂缠帐褥,而犹扬扬自喜,以为有命有命,不知烽烟起于塞上,铁火兴于墙内,硝风弹雨,塞天闭地。六合之内,惟黯淡有虎牙狼爪野争之声,饥民乱徒挥剑之光而已。其宠妾则被乱军戮辱,爱儿则被饿鸢恣啄,三族六亲,至于鸡犬,莫不惨遭横祸,复无噍类,而己身则四分八裂,弃戮街市,是诚不知持盈保泰以至是也。呜呼!报施之不爽,涓滴足以穿磐石,诚可为鉴戒也。顾惟见此亡国之惨,血涨滩江,生灵何

---

① "狐",原作"孤",今改。

罪？骨筑高塔,愚民何辜？昔日簪缨之地,白起之坑沟尚腥,当年桊戟之场,谁复收残骨于余烬?"

散士至此,肝摧胆裂。呜呼！因思天命如斯,心目俱僭僭焉。于是转眼而对滩江流水,浏览神德之汪洋,真无所止极。夫埃及人之祭滩江,以其有神之故,神者至德之称也,又不可测之谓也。若滩江而枯竭,则此国千万生灵,毙可立待矣。何则？埃及立国,地居热带,无雨无露,独得赤帝炎威,与滩江水气,阴阳调和,得以化育万物,此所以廷礼氏以水为造化之原。老子赞水德为上等,孔丘之感叹逝者也。虽然,其大不可极,其深不可测,其长无穷,其远无涯,万物资以为生,百事依之而成。大包群生而无偏倚,泽及螺蚁而不求报,富赡大下而不既,德施百姓而不费。击之无创,焚之不燃,淖溺流遁,错谬纠纷而不可靡。利贯金石,强济天下,充塞于无形之域,翱翔于苍穹之上,磅礴于川谷之间,而奔腾于大荒之野。有余不足,取于天地,而授与万民,无所前后。是故无所私,亦无所公,靡滥振荡,与天地而为鸿洞也。无所左无所右,蟠委错纷,与万物而终始也。是之为至德,是又不可思议之甚耶！虽然,《诗》曰:"肆皇天弗问,如彼泉流,无沦胥以亡。夙兴夜寐,洒扫庭内。惟民之章,修尔车马。弓矢戎兵,用戒戎作,用遏蛮方。"此所以独恃江神之德,忘大雅之戒,而招埃及之戎乎？日景渐移,灵曜销匿,乃伛偻而下。

回马首而越一邱,适有一军队铙管嗷噪,旌旆肃肃,叱咤而至。避道望之,则为镇抚埃及之英国巡逻队也。呜呼！百余年前,彼埃及赳赳武夫,从名将而驰驱于欧亚者,飙举霆击,无有一婴其锋,雷震风靡,夸雄宇内。今而以英一军,被败涂地,都城降陷,辱盟城下,率至倚赖外兵,抚镇其国,此皆在治国之不臧也。既而归海楼府旅次。是夕,馆主殷勤相问曰:"贵客一行中,有东海之姓者乎?"散士曰:"仆即是也。"馆主色若贰疑,一揖而去。少许复来,见散士而诘难姓氏之异,同坐诸人,证之颇苦。馆主意始渐解,乃就其怀中,出一书以与散士曰:"客果如其人,则请与以领收之证。"受而观之,则封面只存"日本人东海散士"数字之英文,不知为何人所投,乃拆封读之,其书曰:

失巢旅燕,托命茅檐,摧楫客舟,零丁孤岛。君子高踪,其逐浪于青萍,骚人游履,或题风于败蕉,窃为悲之。蓝桥路隔,花洞津迷,复关咫尺,如阻万重,株林伊迩,似睽河汉。天堑难飞,飞则恐鸷鸟之搏;孤舟难解,解则觊冯夷之怒。惟仅窜端匿迹,待解闲结,伏诉中情。

散士浏览再四,似获其意,然此固不可以询人,真实难定,心绪纷乱,甚难解释。

明日驱车而游,明平灭土阿梨之旧宫城,登高望远,百感交集。细审宫城,则巍峨崔嵬,坚牢无匹,殿阁庄丽,殊骇人目。异卉珍木,宝珠怪石,罗列纷陈,是皆当日诸侯伯所贡献者也。悬于城楼,有巨大一自鸣钟,乃当日法王路易非立所赠者。安于阁之中央,则为殪土豪之枭师,戮法人之凶雄,而欲帝长欧东,大业垂就,被阻于英、俄、奥、晋、土联盟耳,雄图蹉跎,饮恨未瞑之英雄灵柩也。散士感而吊之,乃辞而游于旧海楼府,则见市廛寂寥,鸡犬声稀,城壁半堕,梁柱俱弛,山丰散卧顽石,黄花乱落败池。又见到处停有白玉棺椁,雕镂精巧,纹绘日轮,酷肖我国之菊花章。传云:乃五千年王公之墓。身葬土中,饰棺于寺院。或云:乃古将之遗骸。今则寺主已去,燕雀重巢。呜呼!回首旧日,何其盛耶!今如此,昨耶今耶,岂非如一梦哉?行到处所见所闻,无一非伤心惨目者,乃去而游于榔朵岛。榔朵岛者,居海楼府之上流,风景绝佳,韵事多传之地也。百花乱笑,江鱼游泳,帆樯与水鸟共浮,绛霄寂而无纤云。胸中乃颇开豁,曳杖信步,逍遥江上。忽有小楼现于面前,瓦石玲珑,围篱疏落,楼上有妇女弹琴声、唱歌声,声低楼高,听不分明,然浏亮之音,亦有足感。乃欲窥其内,而窗深帘密,依稀人影,而像其音容,则恍如我所思之佳人者。伫足多时,恐被人窥见,移步遥立,踌躇逡巡,深冀江妃之解环佩,嫦娥之税云中,以相招待也。同游促归,依依难舍。强而就路,而系思细帘,难通尺素,意绪匆忙,心情撩乱。归馆之后,蒙被就寝,辗转反思,殊难瞑目。

夜已三更,乃密出旅馆,步上滩江沿岸,到榔朵岛对岸,寻问渡头。不通言语,行人以为外客迷路,有指归海楼府者,率以应之。渐行而见一渡头,空舟无人,只见河流汩汩,回绕榔朵岛,绿水迢迢,寂无客渡。气屈足痛,四顾茫茫,人声灭绝,其竟如王献之兴尽返棹,阮籍之途穷回车耶？则好机特失,良宵空负,其奈之何也。况以一腔热血而来,而踉跄失志以归,则曷其伤心者？若早知舟无夜渡,何如先忍投梭之耻,而悬秦镜,燃温犀,以消绝百疑哉？而情痴所凝,莫能解释,心神向往,不避艰险,乃自行舣舟,荡漾水上。或前或后,或搁浅沙,或旋中流,龙吟鳄笑,腕疲体惫,不知几经艰苦,而方诞登彼岸。系舟桄榔树下,暗中摸索,隐约道路,乃达楼下。四顾阒寂,窗隙微透灯光,惟见大江洗岸,风动芦苇。仰观河汉,则见星象隐映,云霭蔽空,是成蓝桥路隔,仙女难寻,花洞津迷,渔郎虚度,室迩人遐,如何如何？乃隐身芭蕉树下,屏气以窥,而楼上觉弹琴响,音微韵远,锵锵琅琅,塘水为乱。俄而琴声全遏,万籁俱寂,楼上扑然有声,则美人推窗而四望也,既而闻微吟曰:"怀君半夜未成眠,明月暝暝水一天。妾泪化为江上水,驾风和雨到君边。"

散士不觉续而高吟曰:"据立临水一层楼,中有东人学楚囚。"吟未完而审睇美人,则果为幽兰也。散士至此,不觉恍然曰:"其在梦中乎？"乃登楼呼见,执手欷歔。熟视幽兰,则睫边渐红,泪痕挂面,颜色苍白,发乱气沉。幽兰曰:"蹄水一别,杳无音耗。君如东流之水,妾似路旁之花。金针没海,现出无期,消息难通,惟祝安祥,不期而相遇于此地也。"散士乃慰幽兰曰:"别来深知令娘良苦,往年阅报,谓令娘于此地抗晓莺女史之高节,只知其略。既而埃军败衄报至,心愈难安。而令娘善翻身于旗影剑光之内,得全生于炮烟弹雨之间,天之报施善人,可为非偶然也。"幽兰渐仰首曰:"老父驰驱于大漠千里之外,生死未知。惟妾脱身于丛刃之中,得窜匿至此,而郎君何以能见妾于此孤岛也？"散士曰:"仆辞美还乡,寤寐佳人,不能忘怀。故暂托身为刀笔吏,以探令娘踪迹。入国之日,即欲通以尺素,以无门而止。今至此,夫岂月下彩线系仆之足耶？"

幽兰悲喜交集,默坐无语。少许敛容而言曰:"埃军之大战于蹄留猗流计米留,老父以阿武蹄留侯慓悍之黑兵,编游击军,乘战酣时,横冲英之中坚,英军被动,覆者几矣。后为援军接应,且猛击我军,中军为败。即驰使报侯曰:'大事去矣,且事急矣。侯先行,仆为君殿。'乃收兵,且战且退。

英军亦不敢追,卒得以全军回海楼府。老父见亚剌飞侯曰:'仆向感君知遇,以身许君久矣。今全军悉溃,而仍见君者,盖欲重申前议也。夫仆往者曾谓据滩江上流苏丹之地,招纳土蛮,行旷日持久之计,欲以不战而屈敌兵。虽然,今欲复行前议,已觉其迟,惟驱此疲散之卒,犹得数万。若说之以立耐久之策,则四方勤王之师,必能闻风云集,然则国家克复之途,未必遂谓穷此一战也。'时国王适投入英舰,而传敕征讨亚剌飞侯。于是军气沮丧,异说沸腾,亚剌飞侯亦心怀狐疑,无能决断。路议降英,而阿武蹄留侯则愤然骂亚剌飞侯曰:'天下大事,为竖子误矣!'即引刀自杀。而老父亦见大事难成,乃率部下残兵,直赴大漠之外。当时妾则在海楼府病院,老父语妾以远征之事,且谓曰:'余年已七十,岂复忍面缚以对欧人哉?今闻伪圣魔治,将有土蛮三十万,将兴自由军,予此往扶之,成败难定,然亦得一快战也。'妾闻之,不禁凄然,请与同行。老父慰妾曰:'夫苏丹距此八千里,中有沙漠之险,非妇人所能到者。且彼土蛮之所啸聚,鬼魅之所蜂屯,好恶不同,性情互异,汝与予偕行,深防不测。即幸而安全,亦为予所累也。汝曷若姑去此地,归还费府,徐观予动静焉?但去此地,须投欧军,以求保全。盖以埃人素性残暴,今军务匆惶,恐被其乘机凌辱,究不如投欧军以求保全也。'言未尽,而士卒频到,催促老父曰:'密谋将泄,不行祸至。'老父乃决然致声'自爱',不顾而行。妾追至门外,则见蹄尘如烟,瞬息火影,凄惶欲绝。父子生别之感,岂语言所能罄哉?既而妾亦欲离海楼府,匆匆欲行,迁延之间,忽闻阛院骚然,喊声彻耳,见有乱徒数百人,拥前门而人。妾惊逸屋后,则乱首已至执妾。妾不觉大言曰:'愿毋苦病者,妾死不难。'而众亦不敢加以非礼。窃思此国法官,半为欧人,其裁判权,非属埃有,遂冀可以辨脱。后三日,有狱卒三人护妾至门外一家,主人则相貌狞恶,衣冠华丽,稍解英语。见妾以礼,引入密室,诘问妾曰:'汝父何之,汝必知之。'妾答之曰:'此地非法庭,足下非法官,而于暗室之中,诘责无辜之欧洲妇人,将欲何为?妾若有罪,何不诘责于法庭也?'主人厉声曰:'汝父有大罪,今避匿远窜,故囚汝以为质。'愤然锁户而去。妾愤其不法,亦无奈之何。复不能辨讼于法庭,妾此时之悲,果胜言哉?自兹以后,朝夕仅得羊乳及残菜,窗户深锁,日光不漏,言语不通,世事隔绝,殆为幽鬼焉。气结心郁,度日如年,如此者二旬有余,乃得出。由马车而抵一大城邸之后门,则见台榭华丽,苑囿宏壮,不问而知其为贵人苑宅。门卒引妾入一小房,复施钥而去。久之,见一贵人至,和声向妾曰:'贵娘为乃父而蒙冤枉,几濒于死,今有恩旨拯救,贵娘其不背之。'既而荐食命浴,贶以衣裳。境遇顿变,殊堪怪谔,然房屋新洁,泉石花木,莫不备具,颇堪悦目,心亦畅然。而此贵人复来语妾曰:'贵娘居此得安适否?'妾曰:'幸蒙厚待,心神复旧。'贵人曰:'是皆王子之所赐也。王子年壮多情,令国中求美人,以为妃嫔,未获适意者。曩贵娘之在病院,才色之名,久喧中外。王子恋慕不堪,以惮于尊父,故不敢发。仆尝识之,今救贵娘于垂死,将以献于王子。他日王子必加宠待,仆亦因以得高位,抑亦为贵娘所赐也。今夜王子张宴宫中,请即行无滞。'妾至是始知被陷术中,心肠如割,愤恨不已。默坐移时,妾徐答曰:'妾奉耶稣之教,既有所天,即不得不守一夫一妇之法。王子深恩,虽堪感佩,然至侍奉左右,则势不得不辞也。妾岂能悖于教理,昧厥良心,陷王子以奸淫之罪哉?愿足下以此语代谢王子。'贵人笑曰:"欧妇风俗,外装贞淑,内擅妖淫。有所天者,其亦无情人乎?王子诚心怜贵娘,故拯贵娘于囚牢缧绁之中,置于琼宫瑶台之上,盖将欲以偕老百年也。何不较荣悴,惟教是迷?贵娘若违王子之意,诚恐前囚重见,悔之晚矣。'妾决然答曰:'妾知一夫一妇之真理,每直道达节,即水火不避,何有于牢狱?何有于死?妾岂能不忍一时之痛苦,而为破贞操,犯圣诫,永世为天之罪人也?况妾犯何罪,而妾监禁于私室,夺人自由?埃人之无道,何其甚耶!即妾犯有罪,亦宜公判法庭,辨明刑条,何埃人之无道如此耶?'贵人闻言,怒形于色,徐言曰:'贵娘虽无罪,而乃父罪,身须为质,虽不遽致于死,然长苦永乐,须有所择。慎无激愤,其平心静虑思之。'复施钥而去。其后奉待甚优于旧日,而彼来说亦无虚日。间有遣人来说,亦有数回。虽然,彼虽如此,而妾惟全节重义,面常对壁,遘闵既多,受侮不少。惊愤不迭,荏苒获病,遂以郁郁处此数月也。一夜,王子从一老女微服至妾所,温言慰妾曰:'闻贵娘体话违和,寡人甚念之。曩者寡人眷念贵娘,眠食为废,骨骸为枯。贵娘其赐一夜之雨露,胜似滩江浩荡之恩矣。至贵娘谓久有所天,不敢改节,是亦正道。然寡人曾闻之尊父,谓贵娘曾未有也,贵娘其何以处我?'叨叨不歇,闻之生厌,或以温言慰谕,或以大言威吓,不知妾素以一死自期,竟置之不答。王子乃大怒曰:'汝父于苏丹已被擒于我军,汝速许寡人,否则不宥汝父也。'妾时居囹圄数日,久不通世事,时怀老父,今闻此言,心神昏乱,神色为变。王子见之,以为妾心为动也,期以明晚重见而行。妾于此时不知所谓,涕泪如雨,辗转难卧。鸡鸣,适有推户而入者,妾意以为王子此来迫辱也,猛然蹶起,灯上谛视之,则原非王子,乃前此与王子同来之老妇也。挥手使妾坐,耳语妾曰:"老妇乃奉职青宫,监督嫔嫱者也,又夙奉圣教者也。曾闻令娘以妙龄护异乡病院,感叹不置。而今复从王子得以知令娘志之高洁,颜之妍丽,敬慕之情,深蕴衷怀。窃思令娘如此,夫岂真以白璧无瑕之身,空与瓦石共碎哉?兹有心事,欲以相告,或能为力,亦天之所赐也,辛贵娘勿生疑心。'其真情露于言表,深可敬爱。妾乃危坐而谢之曰:'贵妇真情,曷敢存疑?然身已为笼中之鸟,偷生被辱,宁愿死为道义之鬼。古今薄命之人,岂独妾一人哉?贵妇心事,请以相告,或幸相援,再世不忘焉。'老妇曰:'王子见令娘,爱慕特甚,令娘从之则失节,否则被辱,即令娘欲死,恐亦不能得也。事急矣,今日之事,以逃为上策。明早乃寺院大祭期,至时宫门人马必众,请早改装服,即以是时混而出之。榔朵岛有老妇亲家在焉,其人重信西教,有义气,令娘往依之,必得其所。妾令人为君先容,其家女儿,亦曾在病院,顾或识令娘焉。'妾泣谢之曰:'贵妇为妾身计,善则善矣,独奈如老父何?妾早出宫门,即夕断老父之命矣。'妇笑曰:'此乃王子之胁吓诈言耳,并非实事,勿置心。'乃与妾以一领衣服,起谓妾曰:'前途自爱,若迹露事破,则与令娘共登天庭也。'妾自是之后,得此义妇,而避难于此,得以保全残生。惟闻王子怒妾在逃,大加搜索,物色国中,其始甚严,近日稍弛,妾乃潜赴蹄留猗流计米留,以吊战死之忠魂。时乘汽车,中亦仿佛见有一人如君者,奈以车行迅速,遂不得审睇真容,今何幸而相遇于此也。人生离合,何其幻哉?"

散士曰："既见令娘全生,何其欣幸! 惟有欲妒而不可妒,欲贺而不可贺者,则为令娘之既有所天也。"幽兰曰:"蹄水一别,妾曾以朵花赠君曰:'此花虽凋残,亦不可相弃而去。'君曾答曰:'凋蕊空残,花神飞向谁家去?'今妾飘零沙漠,沉沦牢狱,死里重生,而得遇郎君,而郎君遽为此言,一何创妾之甚耶?"因两人相视而笑,幽兰续语曰:"老父去后,妾常忧念,曩曾密托腹心侦察,颇得其情,请为君说之。当老父之率残兵而溯滩江而上也,炎风烘面,热沙焦胫,乳虎啸山隅,饿狮吼深洞。舟行则飞瀑摧楫,盘涡折舵,鼋鼍出没,蛟鳄踊跃,或有土寇袭辎重,或有土童遮道路。其辛苦艰难,实难名状。遂不远千里而至苏丹,以见伪圣魔治。魔治者,黑人也,然甚重自主独立,能纠合蚩蚩蛮族。众蛮莫不敬之畏之,以之为天神所附托者,其行动皆听命鬼神,且墨守蛮习,不谙兵略,动深犯欧洲兵家之所忌。老父见之之后,深加教诲,魔治亦深行悦服,言听计从,延与参画军务。是时适魔治军围英之名将豪流电于夏东梦城,老父射书城中,劝其投降。其书曰:

> 侧闻自由之民者,为自由而丧元不忘;侠勇之士者,因战争而耻其无名。向者将军仗孤剑,提孤军,冒炎风,蹴热沙,以来援夏东梦。将军之侠勇义气,天上惊闻矣。虽然,将军既辞故国之后,英国之公论,及事实之真相,共行变动矣。将军亦知之乎? 如大宰相虞剌怒须屯公言于议院曰:苏丹之民,不过反抗虐政,而翻自由之旗而已,无他志也。此老伟人所言,将军所雅敬服者,今以将军所动言之,是将军竟弃此老伟人之言,而亦背英国之公论,以出此无名之师矣。将军而与自由独业之民相争,仆窃为将车不取也。呜呼! 将军将为谁而固守孤城耶? 将为谁而欲全节义耶? 夫将军曾将常胜军于中国,救扶清朝,其侠勇功业,振聋天下。虽然,以仆观之,则尚有歉诸心者。何则? 当年洪、杨以汉种之族,倡革命之义,振臂一呼,天下响应,盖将欲以复中国之民权,驱满族于塞外也。夫中国沉沦于满清,数百年于兹矣。暴君污吏,专夺擅虐,民生其下,难望更生。久而久之,幸而有洪、杨者起,鸣满清之罪,倡自立之义。方望中国民族,从兹得以复见

天日,自由独立于世界上,是不特汉族所欣幸,抑亦天下所欣幸焉,抑亦将军所欣幸焉。将军若奋其侠勇,扶其义举立功业,则必扫满清之苛虐,解汉族于倒悬,而行大刷新之改革,即禁断鸦片荼毒,亦可庶几矣。此时功业名誉,何可道哉?不谓将军计不出此,助纣为虐,抗天而行,是何计之左耶?虽然,既往不咎,来者可追,即如今日观埃及之情势,国脉不绝,如一缕矣。埃王昏乱,目无邦国,忠臣义士,反被殄灭,是怀义者所为叹息者也。彼魔治以茫茫昧昧之蛮种,犹能识独立之义,倡自由之说,上下平等,无分贵贱,衣服如一,无限制度,禁酗淫,除苛政,区画土地,以均一赋税,其比之埃及之猖獗,欧人之跳梁,其果何如耶?将军只知助辅埃王,不远万里,奔命至此,仆窃为将军惜也。夫内有一定之见,而外能屈伸涨缩,舒卷随物,乃万举而不陷。盖所以贵于达人者,以其能变化万端,随遇而行也。今将军困围城中,外无援兵,内乏军饷,士卒日伤,民心离散,将军其审顾之,望改前图,得以全军申报英皇,是亦蠖屈一时,龙骧万世之举也。敢布血诚,书不尽言。

既而得豪流电复书,其言曰:

辱赐教诲,不胜感幸。承将军不弃,不以仆之虚名为不足信,而乃漫加奖誉,责以大义,仆虽驽钝,亦岂不感奋哉?夫仆奉英皇之命,悬军万里,以守此孤城,尽心尽职,成败听令,又岂能见势不可,而遽弃地降敌耶?且仆亦有一言欲为将军说之。夫魔治者,果何物哉?不过黑蛮之尤,奸诈之徒,邪教之魁而已。借名独立,饰言自由,幻诞诪张,鼓扇其蠢蚩蛮族,以逞一己之鸱欲,以抗正教,以敌文明,是破坏开明之世界,复为黑暗之世界也。彼而一朝得志,则匈奴恶鬼罗之残毒,将再演于欧洲矣。将军独何心,而以开化遁逃之臣,趋拜蛮夷之廷,自圮圣教,委性命于狡奴?是背文明而投幽暗,靦颜而服役于异类之长也。将军犹可谓埃国之自由,系于此蛮酋哉?以将军之明,岂犹不知大势已去,死灰难燃耶?即爝火犹存,而部落携离,曾蒙猜贰,僭儗无几。以斯之情,审斯之势,将军将自顾不暇,遑言他耶? 而将军犹言为自由而不忘丧其元,何将军之重腥羶自由,而轻故国目由,厚伪圣魔治,而薄西皇顿加罗耶? 仆亦不能无惑于将军也。呜呼! 此时欧洲,正艳阳扇春,花开鸟鸣之时。将军欧人,见欧洲之旗鼓,能无慨然于怀耶? 将军若徒鱼游于沸鼎之中,燕巢于危幕之上,以贪一时之乐,忘百世之忧,则仆所不取也。仆惟愿得全首领,以助故主而已。若将军不以为然,则何如正正堂堂,旗鼓相当,此为仆与将军所皆心愿也。谨复。

"老父获书,知其志难夺,不敢强迫,既而城中亦有内应,夏东梦遂陷。老父赴救豪流电,至则已被杀于乱军矣。老父深惜其为人,且痛埃王暗弱,复失名将,感叹不已。自兹以后,则未有探问,不知老父信息如何矣。" 散士闻之,于是叹其志愈老而愈壮,其节弥穷而弥坚。偶然举手,指环映射灯光,灿然闪目。幽兰凝视曰:"何相似也。" 散士问何谓,幽兰曰:"妾曩日曾托骨数斗夫人赠郎以指环,今君手上物,一何相似。" 散士曰:"然也。散士承令娘不弃,远赠以金琅玕,感慕不已。窃以为见此物如见令娘,故至今曾不一离手也。" 幽兰怆然曰:"指环幸达郎君,妾愿半足,但不知红莲女史与范老之碑石,曾建设否? 妾每念及二人,暗中饮泣者数矣。" 因愀然口占一诗曰:

偷生悔作笼中鸟,惜死空惭殉节人。

二十春秋如梦过,落花残月易伤神。

散士曰:"令娘请毋躁心,红莲女史早归蹄水旧居,范老则今在中国。" 幽兰闻之,怃然无语,少时渐曰:"然则女史之赤绳岂系君之足耶? 如妾则已见弃于皇天,其山间之云,天中之月,适以使妾咏《白头吟》也。" 散士笑曰:"仆若与红莲女史有旧,则何复以有使命之身,轻舟夜渡,临不测之渊,而寻水上嫦娥耶? 令娘请勿多疑。初,骨数斗夫人访仆之日,得以知晓莺女史在埃军中。红莲女史即束装就道,欲赴援令娘,而道经法国,闻为王罗所窘,此后则不知其详矣。范老则曾会于香港,同舟至西京分离,仆语以令娘建碑之事,范老心甚感激,而鼍铄仍如旧也。"幽兰喜曰:"二人生存,妾少所悲矣。虽然,妾居今日之境遇,于何日乃能相遇,以互诉心事?"散士曰:"今令娘好自慰,天天道好还,彼红莲女史、范老几死而未之死,令娘亦濒危而得更生。今宵之会,亦为奇遇,皇天于冥冥之中,自能鉴令娘衷曲,早定奇缘。古人不谓乎:怀情抱质者,天不能杀,地不能霾。故世治则以义卫身,世乱则以身守义,身死之日,即功满之日也。凡天之将降大任于此人也,必先苦其心志,劳其筋骨,饿其体肤,空乏其身,行拂乱其所为。所以动心忍性,增益其所不能也。故曰艰难玉汝。今皇兄顿加罗则在于瑞西,现西班牙王则肺腑罹病,天寿难长。如骑马岛,则已被美人风潮,已成不屈自由之民。仆知为日不久,将必翻独立之旗,兴自由之师矣。令娘应为奋发,仆为官命束身,无能自由。不然,将必奉令娘远走高飞,俱赴欧洲。今但能以身边有物,赠供行囊,以表微衷。令娘其早作远计,毋溺此地,徐观天变,必有复见天日之一日也,仆将行矣。"幽兰急以尺素托散士曰:"郎君若见红莲女史时,即以赠之。"语毕,则其时已宿鸦乱噪,鸡鸣报晓,东方发白矣。

卷十三

散士历游欧洲各国,周览其文物典章,将下多脑河,经甸都佛跎,以巡视马留关之形势。马留关者,当日土耳其、希腊屯兵境上,腥风血雨,卷地而来。勃尔俄利亚国主历山王,当日窘于俄国,愤恨弃位而归,正为马留关多事之秋也。散士今至此,时方初秋,婆娑杨柳,垂浴蓝水,与凫鸥为群,戏动艳波而仰观岸上,则为和驱刺梦之古战场,墟址残垒,尚星散于隐现之间。散士对景感情,追怀拿破仑之雄图,依舷而观多脑河,汪洋浩荡,一往无际,两岸风色,送往迎来。吊恶鬼罗之残垒,伤胡蒙伦之守卫,行过极乐城下,海南将军有诗曰:"归船如矢破空明,两岸峥嵘去又迎。极乐城头歌舞绝,满山依旧作秋声。"且语散士曰:"此非旧日穷极豪侈之地哉?今废颓数百年,口碑徒存,极乐者,惟有其名而已。呜呼!骄者必灭,古今东西,其揆一也。"散士即次其韵,亦有一诗和之曰:"人事观来幽复明,荣枯得失互相迎。当年极乐今何处,残月空城牧马声。"

彼唱此和,日未西而舟已达甸都。是夕,散士感风土之殊,郁郁成病。后旬日,乃自甸都入马留关,适以恶疫流行,道路梗塞,即怅怅而反奥都,心歉不已。归时有自日东来者曰:"金王均被谪远岛,有为将官,尽行罢免。条约改正之事,日见其非,举国皆迷醉于欧风。"因想像前途,感慨不已,即情赋诗,以赠海南将军于加儿斯马都浴场之养病所曰:"庭前蟋蟀泣高秋,回首壮游迹既悠。拭去无量慷慨泪,南溟垂钓亦风流。"

后得将军复书曰:"诗成为谶语,亦未可知。惟归朝之日,尽心挽回而已。噫!如何以条约改正,而浸染欧化乎?"书末亦载一诗,中有"好与佳人携手去,欲游天上自由乡"之句。岁杪,散士病亦全愈,乃欲游波兰之旧都,行临北俄国境,被关吏涂毁文书,收没报纸,曰:"禁邪说横议。"其强横野蛮,实可惊也。既入波都,巡视游览,古是今非。空城则化为敌军营垒,政厅则变为警察屯所。壮宏墟落,节义坟墓,尽异昔日,麦秀黍离之歌,当重为之咏矣。对景伤情,不忍久留,乃乘汽车至黑海之都府淤铁沙。一夕朔风凛冽,飞雪盈空,忽闻马嘶人响,喧器不已。排闼视之,则见壮者系于铁枷,妇女绊以缧绁,或怀抱婴儿,或病羸难步,儿啼妇哭,五十余人,心讶不已。又见前后拥有无情之铁骑,狰狞之警吏,或鞭或蹴,叱咤而前,蹒跚于风雪之中,其残忍之状,实足伤心惨目。询之傍人,则谓此辈被疑为虚无党,而放谪于东方者,从此沉沦于终大不归之边境矣。群中一妇人,携有七八岁小儿,状态堪怜。散士暗投以果麭,幼儿得之甚喜,以之告母,其母斜视散士,若有感谢之意者,其可怜之状,至今尚存目中也。此母子去后,不知其果能剩余命于东方亚细亚耶?抑为途中饥寒所迫,竟尔化为异物也?

淤铁沙者,俄人曾议迁都于此之所也,规制井然,街衢纵横,焕然如入新世界。乘闲至公园邱上,登临眺览,有一士人徘徊身侧,揖问谁何?散士答以东海之游子,士人即指一石以相告曰:"贵客能知此石乎?"散士曰:"不知。"士人曰:"即为昔年有一警察长,助先帝为虐,横行暴政。有一妙龄少女,慷慨壮烈,深饮恨之,欲弃身以除苛虐,以救众生,即挥自由之白刃,毙之于此石上者,自是此石遂得以扬名显声。今吾子来游兹土,欲观虚无党之渊薮,其果何在乎?帝王之侧,官府之内,军营之间,市井之里,其气磅礴郁积,不可复遏。若今帝而不与自由,则复讨先帝之坟墓而已。一夫舍死,万乘为轻,岂复惧罹祸,惮酷罚哉?"散士耳语之曰:"吾子其虚无党之流亚乎?"士人掉头曰:"否。予为俄国报国之士也,欲除横虐之弊法,建自由之善政而已。今日立宪自由之风潮,日渐弥漫,吾国早晚必致纷乱,盖俄国之病,非在外而在内也。"言毕遂去,不知所之。

乘俄舰浮黑海,将入君士坦丁堡,渐近海峡,举首而观望两岸,则见炮台如邱陵,幕营如云烟。俄之锐意南下,不言可知。见俄一士人冷然遥指君府曰:"君府实为欧亚之关钥,世界之咽喉也。司此关钥,扼此咽喉,足以霸五洲矣。峡中之水,宽数百尺,击柝相闻,一苇可航,而汪洋浩瀚,无潮汐之干满。金角湾头,泊船舰,四围山陵,障绝风波,气候中和,坚冰不封锁船舰,赤热不销铄铁轧。东控亚细亚,西扼欧罗巴,南扼非洲,北抱黑海,实宇内中心之金城汤池,世界帝王之所必居者也。惜哉!百年来久沉沦于邪宗,回回教主,君临兹土,实足以污此灵城也。虽然,如建我神圣仁慈之十字架,于彼七邱第一之宗比邪寺院塔上,以救济此蠢尔之千百万生灵,移我英武威烈之俄帝玉座于君士坦丁堡都中,以脱离众生未现之苦途,则实为我俄国幸,抑亦为此地众民幸焉!然为日当不远矣。咄彼守兵,果何为者?俄帝而一临兹土,即彼全欧联合以向我,亦不足惧矣。"语气郁勃,旁若无人。

既而顾散士曰:"敝邦与贵国邻近,亲交无其比,曾未有开一争议,损一感情者。惟彼满族,以水草犷悍之种类,蹂躏江山如画之中国,不善经营,日就颓弊,其近状有如突厥者,贵国岂无意乎?敝邦亦有所思也。"散士笑曰:"贵国之经营东亚,实为我东方君臣所危惧者。尊意如此,夫岂以今日善邻之友谊,而欲变为异日争烽火轰炮雷于东洋之恶缘乎?"士人曰:"呜呼!是殆误敝邦之真意也。夫敝国领土虽小,亦已足矣。顾已不暇,奚遑更贪无用之土地于东方,以重为烦累耶?且旷观今古,少欲统一宇内,为世界之帝王者,叱咤百万之虎狼,蹂躏他人之领土,夫复何恨? 亦有成与不成也。抑宇内统一者,非成于一人之独力,乃成于国民之协力,非在正正堂堂之明力,而在于暗结潜固之暗力。故其目的,多不在兵士,而在贸易;不在宗教,而在国语之势力;不在人种,而在扼海陆之权。夫今日细观各国,庶几遂宇内统一之志者,岂有他国哉? 亦有英人而已矣。英人者,常欲举世界之利权,罗而归之于己之囊中者也。故其得新领土也,不禁宗教,不变道德,宽制其人,横征其利,所谓不咬其肉而吮其血者是也。而其制御之也,宽严合度,操纵自如,巧于握海陆之锁钥焉。夫地球者,陆居其一,水居其二,欲霸世界者,不可不握海上之主权。英人既为五大洋上之大王矣,其雄视宇内,本得其所也。且利用电线、铁路、汽船,线路交布大地,全世界之交通机关,已占有四分之三矣。更于人之土地,则必据险要,握地利,便于攻守,密布蛛网于地球全面,秩然而一丝不紊。渐以巧相联络,一旦发难,遥相呼应,其远计密谋,耐久不屈,实令人惊叹者也。女皇维多利亚即位以来,得异人种之新为臣民者,足有七千万人,今英国臣民之多,已有三百兆八千万,操英语者,亦有一百兆四千万,其势力可知。然英人必自信曰:'英语已为全球之国语矣。'而英人之有心世界统一也,实起点于百五十年前,其间略印度,取北美,紧握海上之主权,将以专有宇内交通之利,是岂区区弄兵者所能企及哉? 千八百七十七年,大英帝国得称为女王印度之帝号以来,英之新拓版图,实比俄、法、德三大国所得二倍,贵客不觉英国统一世界策之巧妙,而只疑敝邦之东洋经略,岂不谬哉?"应答辨难之间,舰已入君府港湾矣。

散士登陆,周游城市,熟察国状,其衰弊情形,实不忍目睹;威仪之风,禁酒之俗,渐亦消灭;败隳淫靡,上下相扇,宫中府中,贿赂公行。散士公然探问于公吏之前者数回,其腐败已达极点矣。国政紊乱,度支无节,营利之业,尽归外人掌握。兵士愁穷,下民泣饥。闻今帝为太子时,常痛宫府之丑秽,素欲一振刷之。及即帝位,滥官专权,恐失势利,故百度革新,多方被阻,以至于欲废位弑帝,实堪叹也。散士请拜览历代之府库,则见珍宝山积,价值几亿万。古人有云:王者富民,霸者富武,亡国富库,民怨以贾哉。

一日，与大元帅阿须曼侯等语，侯谓万里长城为重于世界，曰："俄军之伎俩，不足畏之，比之门底宁克郎人，则勇怯有天渊之别。夫门人者，饮五百年间亡国之恨，经营惨淡，以固守空山绝谷之中，曾未有一日以国家克复之事，忘置于怀者。民众虽仅独立，而其举义兵倡独立，则男执干戈，女勤搬运，不避剑华，不怖弹雨，进知必死，退不欲生。予结发从军，大小经百余战，而曾未见勇敢有如门兵者。惟俄国则大国也，雄邦也，突厥之患，独俄而已矣。以予观之，则俄之所长者，非在于兵略，而在于国是之不动。往年战役，若使予将十万之兵，必使俄军三十万，不能越普励宇那之孤村一步也。夫俄军之进，必如涌激潮，如起大风，势非不盛，容非不壮。而及两军既遇，于兵刃相接，死生相睹，锋镝交乱，呐喊激斗之时，则俄军惟倚赖于人，自不能驰突奋斗。将官有损，即混乱奔溃，不成队伍也。且策战不谙，呼应不灵，准备不完，粮运不继，俄国伎俩，实不足畏也。所可恨者，我国宫府积弊，厘革殊难，军备扩张，振奋不易。宫府内外，苟且公行，故军事改革，一不能遂。譬之宫人患痛，其疾虽重，而全愈可期，乃聘英国一名医以代洗脓除毒，当治时颇效验。适有友人告患者，以法国名医，优胜于英，而患者惑之，遂辞英医而招致德医，药石未下，而亲近复代接法医。斯时法医，英、德医，皆托言以药石难治，须行割窝，妻子不忍，特聘俄之国手，托以死生。俄医乃于其将痈之肿口，重开刷之，复截断筋肉而更医之。每剔刳数回，身体衰弱，不堪殆愈。然则病者既迷于医之贤否，而医亦各竞名贪贿，揽援亲戚朋友，以交行标榜。国手滋多，病毒日倍，其将何日得以全愈耶？今也此病殆甚，遂令一家之内，致分为法、德、英、俄党派，互相攻击，互相排挤，突厥大患，实在于此。如贵国者，幸毋以国人作为外国党派也可。"

乌兔匆匆，残年已尽，岁正更新。于是散士与邦友三人，载酒浮舟，以游于欧亚疆界之金角湾。垂纶鲶鲈，俯仰东罗马帝国之荒败城郭，放歌豪饮，以送旧迎新，亦足为人间一快事也。夫君府者，昔君斯丹大王，以中兴英迈之姿为依西教，相揆要地，以为帝王都邑。其经营之伟大，地势之雄壮，何其盛也。层壁垒垒，回环城郭，石城峨峨，跨凌七邱。辟有七门七关,关每建立高塔,巍巍参天,尖尖入云。登第一邱神圣宗比耶之高塔而观,一邱一塔,逶迤峥嵘,吐紫霞,蒸金烟,离奇明灭,光彩煌燿。居此中者,谁复知人间有盛衰耶?中有一塔,当年突厥盛时,曾背违公法,闭欧洲公使于其中者。法国大使三年幽囚,即在乎此。对望前岸,前晓莺女史所经营之遗迹尚存,而极目则莫非累累墓石也。近日流言有云:"欧土者,不久将被欧人所蹂躏,邪教入而跋扈,坟茔为辱,宜往对岸,迁瘗死者于亚洲,否则魂魄失所,永无凭依矣。"突厥人多有为其所迷者。呜呼!想当日经典立娶四妻之制时,建娶三大陆妇女各一人,更选一适意者以为正室之法,意气轩昂,睥睨四海。欲以臣妾亿兆,跃马扬旗,驰驱于东西南北三大陆以扬言曰:"邪教之欧奴,若出正教马前,即如霜露见日,群羊遇虎矣。"斯时曾何有怀虑及坟墓者耶?而此勇猛无前,不顾身命之回回教徒,今为迷于魂魄归处,至诳惑流言,竟不以帝都为君,何其衰之甚也。

散士逍遥市外,归道过断碑颓垣之间,见道傍有墓乱石仆者,是即诸名将勇士,勒石旌表处。久无吊扫,遂委之荆棘丛莽间,散士悯之,因式礼焉。既而夕阳在山,人影渐散,遥闻有弦歌之声,出自古城之下,紫芝之上。见有异妆男女五六人,弹胡弓,且歌且舞,态度闲雅,如游阆苑,如戏瑶池,兴会淋漓。呜呼!斯人也,是何物也?散士不觉驻车听之,叹赏其为天下异样风流,不复知其他。行行且近,此辈因就散士乞钱,散士询之曰:"今满城中为百万岁钞,莫不慌忙,子等何为独乐?若于此寂寞之空城,不知人间复有岁月者?"答曰:"吾辈乃江湖不羁之放浪人也。"询之以何为放浪人,答曰:"放浪人者,无定主,无定国,无家,无财,无货,以四时为马,以阴阳为御。滔滔者春,旷旷者夏,湫潦者秋,典凝者冬,放浪自恣,无复东西南北。浴旧都之银泉,则冬不知料峭之风,啸金角湾之明月,则夏不知铄金之暑。天道循环,阳移阴推,南燕北雁,于吾何有?一箪之食,一瓢之饮,饱则食,醉则歌。幕天席地,江海为油,日月为灯,不知神明之可贵,不见幽鬼之可怕。轻王公,蔑富豪,傲睨人间。人生五十,死则北邙一片之烟而已,何为与人共争,与物共苦,栖栖遑遑,以劳役此身心也?天之所与我者,人人平等,无有偏颇。然盗国者,则有王侯矣;偷货者,则有富豪矣。今吾人盗一杯酒,一碗羹,则刑罚不旋踵而即至,抑不知死后神前判断,果不知孰为罪人哉?人当生前,孜孜以掠人国土,夺人财货,攘人爵位,豪奢自竞。南面称孤道寡,而临及一死,片财寸宝,皆不能携与俱没,而生前所积,徒为人有而已。是生涯苦乐,果何所益?不如脱此藩篱,天空海阔,吟花啸月,闲云野鹤,乐我天真,任吾所好,从吾所欲,托浮云于人世,果胡为而口说不羁自由?身役衣冠口腹,东西营营,惟日不足,苦于社会之制裁,恼于教法之束缚,剑戟枪炮,灭国灭人,烦闷于虐世之术,岂非为可怜之迷者,可悲之昧者哉?宜乎欧人之祖先,曾犯上帝之禁,被放逐于亚天乐园,啼饥号寒,终沉沦于苦界,是盖详于彼等所信奉之经典也,亦宜甘受其冥罚而已。吾人之生也,不赖于天帝;吾人之死也,不烦于地狱;吾人之行也,洒洒落落;吾人之心也,光风霁月。有余则施之贫者,不足则求之富者,仰不愧于天,俯不怍于地。在昔东方之古贤左思安,一日访友伯老罗斯,见其室庄严美丽,因问之曰:'汝当未从沙夷罗斯大王行军之时,汝之屋宇,既已有如此富美乎?'伯老罗斯曰:'吾父一贱农而已,予为农家子,安得有此?是皆沙夷罗斯大王所赐也。'左思安曰:'汝真多幸哉!先而贫贱,后而得此富贵,乐何如也。'伯老罗斯曰:'是不然,予于天赋之乐,在昔亦既有之,而至今于此乐,不特无有增加,且更觉其减者。饮食比贫时不能多,睡眠比贫时不能过,而反于奴婢、田宅、牧畜、衣服、医药、饮食等琐事,莫不一一惊心操虑。或畜牧被损伤,或府库被盗窃,且夕而有,几至食不安饱,睡不安眠,其劳苦与烦恼,比贫时有增无减,复何乐之有乎?且夫乐有与患失,两相比较,则其患失之劳,比之乐有之乐,有过之无不及者。而况多有则招众妒,多积则丛怨毒。人皆谓富者必多乐,予既已富矣,不复知乐之多有也。且多有则不可不多耗,不可不多施,不可不多行谲诈以利于我财。尘务杂沓,烦苛务劬,岂清贫之无为恬淡放尔若哉?'吾人实信服伯老罗斯之有见也。"滔滔千万言,视万乘如土芥。天地之间,曾无罣碍,放浪人之境遇,亦可谓有特识之兴味哉!噫,人生大观,富贵荣华,诚无异一梦矣。

散士不胜小亚细亚观风之情,渡马留留莫刺海,游于武留佐之旧都。

此都乃二千年前极为繁荣之地，后为突厥与罗马人所竞争，盛衰兴废，备经历尽。及元吉斯汗曾孙帖木儿奠都塞马儿关，雄飞四海，久已为之隶属，故今遗物尚存。铁木真自极东黑龙江之南，斡难河之北而起，子孙渡戈壁，越大山，山海千万程，西征至此，何其盛也。都之背，阿连普山，高耸霄汉；都之前，千里沃野，远际天末。人民励农工，田野植桑麻，到处花笑鸟鸣，悠悠兴乡国之感焉。鞍头跋涉山野，到涌沸烈河畔，则见亚罗刺斗山，飘高秀逸，气候温和，风俗闲雅。骆驼成群，悠游偃息，山容水态，雄壮秀丽，珍花卉树，洗心怡目。《创世记》曰，生民之初，人祖即降诞于此，栖息河畔，所谓亚天之乐园者，岂非绝美之山河乎？独怪欧人祖先，被神所放逐，离此乐园，使其子孙飘零河南，困顿于沙漠之间。因西向以行，北蹈冰山雪海，南冒炎沙热风，营营觅活，劳劬万状，不复能还此乐园。地藏菩萨曰："我欲易此秽土，使与西方极乐世界相同，不过弹指间而已。无如众生业报，不堪受用何也？"神意盖属如此也。曾闻之亚细亚西境之佳人，乃宇内之绝美者也，花下水边，戴簪珥，带玉环，流漫陆离，妖娆婉变，皓洁如雪，细软如玉，无异芙蓉出水，杨柳临风。而欧人弃此花笑风媚之乐园，一去不能复返，可悲也夫！而自突厥政治衰颓之后，苛税重敛，地枯人疲，盗贼横行，白昼劫杀，政府不能禁遏，沧海桑田，不乏今昔之感矣。因去此衰弱古都，到俄领黑海沿岸，则见满目风光，忽改前观。沃野千里，牧马成群，其新发见之石油，则源泉滚滚，为西大陆之特产。河海之利，舟楫之便，帆樯如云，此实为俄国十余年前由突厥所略取者也。加以天然之富源，人力之精到，盖俄国南下之根据，霸业之府库哉！

俄国得以振荡东方之羽翼，实由经略高加索始也。高加索地亘里、黑海之间，幅员十八万四千方里，据此则足以图亚细亚、突厥、波斯，近以进阿富汗斯坦，远以窥印度之宝库，实为重要之锁钥，而俄人东方统一之秘键也。初，俄帝高祖莫斯古大公以宗庙祭器盛菽麦，供奉蒙古使臣乘马，备尝屈辱，及后得脱羁绊。其时适在十五世纪，操纵勇敢之哥萨克人，以为俄国人民，展拓疆土。而今哥萨克骑兵十三万，已成一天矫不屈之大种族，化而为俄国皇帝之爪牙矣。俄国之并高加索,实多凭其力焉。抑哥萨克人种者,其性质有类于古代之武士,马上横长枪,勇敢冒险,浩气磅礴。不论祖始之尊卑,不问门阀之贵贱,其足以防敌自守者,皆属平等。故无羁束,好不平,其有筋力强健,堪于干戈者,皆为其所欢迎也。故所谓哥萨克族者,乃海内亡命之所集,游侠之所聚。在昔俄国亦甚难驾驭之,及后被俄帝渐行操纵,因以编成强猛无比之骑兵也。夫居于高加索山脉之种族者,俱丛聚于重山峻岭之中,穴居野处,强斗好战,奉土帝之正朔。然而无组织,无统一,不过凭高绝险,以成一自由自在之民族而已。当今世纪之始,俄欲攻略此百万蛮族所死守之幽渺深奥世界最大之关门,因绕此山脉,筑以长围,前后攻至四十八年。当其时,蛮族出有一伟人,戒行逾众,雄辩优才,即为妙理知崇教之开祖加治无留罗魔法灭土是也。以一身为神托之牺牲,一息未断,誓与异教争竞。以此精神,遂一变高加索种族离群索居之社会组织,而为国家组织。于一千八百二十九年,亲提一万五千人众,与俄开战,兵势如狂风疾雨,战靡不摧,而卒以一千八百三十二年,为急于袭俄,因殒命焉。然后继有人,有车弥儿者,承此败亡之后,励其疲散之众,奋气张胆,亦足以震慑俄人魂魄者。车弥儿之为人也,刚毅果断,富于施政之才,长于军略,能使高加索发异常光彩于世界之历史,及禁御俄人二十四年不得逞其欲者,实此人也。初,车弥儿每遇战争,常以孤军当大敌,身先士卒,奋不顾身,往往左右亲兵无一人全,而身被大创以回者。一千八百四十年,征服些加西亚民族,移师亚乌尔驮尔伍;又二岁,俱逮二异族;又一岁,陷俄之五垒。组织炮队,精选铁骑,修城垒,饰甲兵,明赏罚,严号令,有精兵五万,势如旭日冲天。是时俄之全力,皆注于高加索,其将为有名之巴斯警乙将军。车弥儿引之于险隘之处,纵兵奋击,大败之。一千八百四十八年,鸟阏伦咄孚亲王,身率骑炮大军,攻亚乌尔驮尔之本营,车弥儿又张奇兵以击之,几获亲王,仅以身免,俄乃更进大军以围鸟越天王城。鸟越天王者,在于黑山,车弥儿之牙城也。车弥儿临机制变,俄军虽猛,猝莫能拔,攻围一车,翌岁四月,为粮尽援绝,城遂被陷。车弥儿率其麾下走于具禹伊,婴城固守,俄军迫之,殊死战。又阅五月,势穷被擒,报达俄都,多以为虚传者,亦以见车弥儿之为俄人所惧也。自此英雄去后,亚细亚之西方,无复有人阻遏俄之铁骑矣。一千八百七十七年,突厥再与俄开衅,俄之第二军,自黑海之东,以袭高加索背后。其时车弥儿之子麻斯玛紧扼中坚,而得些加西亚人为援军,固守河流洲,支持半载。大破敌二十四回,五千铁骑,尽灭绝之,援绝势穷,亦毕命战场,可哀也夫!

五月中旬,辞君府,经跎尔多宁流海峡,以游于希腊。但见群芳竞翠,桃杏如霞,望亚古鲁甫利之水晶塔,皑皑而摩青霄,拔地百丈,周五十丈,雕楹藻棁,盖尽萃希腊古代之精美,实为雅典人所最敬信崇畏,而二千二百余年前所筑造也。坐塔顶以观太阳东升,心神寥豁,真千古之奇观。下塔转步而西,则有一邱,称为摩儿邱,乃圣师甫儿曾立此邱上说教之处。邱下有古代之剧场,据山临下,自然极高低曲直之妙。欧美剧场,皆须取法于此。更移步而探女飞土流神宫之迹,则见有大水晶石柱数座,半卧地上,长有三十五丈,径有十七丈,传云经七百年而始成。其雕镂之庄丽,诚无物足以比之。神宫之神象,乃以黄金与象牙制造,其精巧亦为古今无匹也。又有大马埒,乃雅典人斗技之场,即今啧啧于人口之尧黑非乐场是也。亚古鲁甫利邱下衰草中,又有曾灵剌底之幽囚石窟,今犹依然而不改其旧。呜呼!曾灵剌底者,乃千古之鸿儒也。在巴底太围中,因见其高弟阿儿贸美铁斯身被重创,而猛进格斗,夺还阿氏佩剑,于传安离之战,雅典人败北,曾灵剌底自为其殿,善能范被创坠马,将为敌获,又能救之。呜呼!斯人也,爱国重义,轻身勇战,宜乎石窟鸩毒之不足以夺其志,万世之下,其道愈彰,能与日月争光也。彼腐儒者,徒事呫哔,昂然谈深奥之理,一朝炮花弹雨,即魂销魄散,其亦对此鸿儒而生有愧赧乎?又见有一石台,乃提蒙圣涅斯洒满腔热血,挥悬河雄辩,为自由而死,而所以感愤雅典人之演坛也。有古坟墓,为近时由土中所发掘而出者,其碑面刻有与死者以渡河守津钱之图,及女神手提宝剑,头戴明镜,一雄鸡鸣于其上之图,观之可想像古来之传神说佛矣。呜呼!此都府者,为古代文化之根原,技巧之渊薮,今乃渐起而仅为独立一小国。追怀祖宗之雄风,感慨古贤之遗行,安得不有今昔之感乎哉? 遥望见势留茂平礼之古战场,因而追想斯波多王感慨不迭。闻之昔日斯波多人之勇悍,实冠古今,而多得于妇人教育之力。盖希腊风俗,有卑抑妇人之风,独斯波多国,则尊敬妇人,以故子弟家庭教育,早受有爱国之义,驯致于成为风俗。每当子弟赴战场时,其母身授之以军械而诫之曰:"以汝此械以破敌,否则与此械以俱毙。"设使其子而败归,则母见之以为耻,若阵亡则以为荣誉也。当日斯波多王列尔达斯以寡兵而御势气佐斯二百万大兵者,实为其家庭教育所致也。当势气佐斯之来攻时,斯波多正值国祭,列侯莫有援兵,其王乃仅以手兵五百人,客兵七千人,就势留茂平礼地方,据险邀击,御此二百万众。既而为内奸导敌兵由间道拊己之背,王乃仅得残兵千余,各殊死战,呼声震天地,兵钝械折,即张空拳以奋斗。及至折臂断指,犹怒目相向,虽一息尚存,敌忾之心犹不少止。而斯波多王身被搏击,一无完肤,遂毙阵内。其尸几为敌获,得残兵冒死夺还,而亲兵五百,亦竟无一生还。二百万之敌军,因沮气而退焉,其雄风抑可叹赏哉!

　　既而辞希腊都府,将游罗马,途过伊加志斯山下,临海有大盘石,即昔日势气佐斯踞黄金胡床,指挥百万军兵,而感慨世无万年之天子,国无不朽之雄邦之处也。又远望那霸港,因凭吊近世埃及王子,欲征略希腊,提军舰五十四艘,辎重舰四百艘,精兵三万,以与英、法、希连合军大战之雄志焉。既而过一孤村,有绝大橄榄树,周围数丈,枝叶扶疏。驻马观玩之,亭长捧茶语予曰:"是乃神皇降临时清志神所植,而天神绻恋妃莲,因化为白鸟,以憩于此树也。至今已五千有余年,天意人事,盛衰兴亡,一无不观,一无不听,故吉凶祸福,此神树所尽豫知。客官其有疑难乎? 盍一问此神树?"因折树枝以赠散士。散士受之默语曰:"范卿曾感叹桓温之树矣。呜呼! 人生或不满五十,而此树已五千岁,此后尚未有艾。孟轲子曰:故国者,非有乔木之谓。而散士于此,又以乔木而有感于故国矣。"航孚邻斯湾,趋意大利。船泊小湾中者数次,或登城堡,或宿古驿,观风玩景,以寄兴怀。时则春风渡海,天晴浪稳,远山吐烟,近郊滴翠,荒城废址,牧羊成群，百花点缀，青红浓淡，互斗娇艳。牧老耕夫，行歌自得，先圣之遗风尚存，此可以追想七国繁华自由之世。若彼口称自由之民，岂足语此？抑如前所指之放浪人，栖栖皇皇，惟日不足，为社会，为道义，尽其劳瘁，犹不足比之，何其优悠闲雅也。散士亦自叹不能避此尘俗世界，而与此辈人民，共乐大公之太平而已。

继而入罗马府，观玩圣寺和地关宫，巍峨崔嵬，士女杂沓，诚天下之大观也。盖和地关宫者，乃罗马法王欲为世界第一之宫殿，因竭苍生之膏血，穷人力之精巧，三百余年，经营缔造，以成此宏壮炜烨。上插中天，下拔地轴，金碧灿烂，炫耀人目。彩霓百道，横空结构，绮账万里，霞飞云接，高宫危殿，蜜室蜂房，实为世界一奇观。噫！自伯德法王，迄礼王十三世，一百五十有六代，积威播德，不问洋之东西，不论地之南北，舟楫所通，人迹所及，莫不来朝宾服，可谓极一时之盛。法王之一喜一怒，即以为赏罚，威动天地，声震四海，即尊如帝王，亦莫不乞其怜顾。盖其时法王不独掌握帝王之性命，而且有主宰灵魂之特权，闭启天上之乐土，其秘键独归法王之手也。是以即拔山盖世之拿破仑，亦乞戴冠之式于法王，以夸耀于世，其为势之所归，荣之所聚可知矣。然物极必反，盛极必衰，及其末世，僧侣尽失戒行，渔色好货者渐众，恶声秽德，播传中外。即有一二圣僧贤哲，亦不能挽此滔滔之势矣。因此路帝儿遂慨然指劾旧教僧侣之四十八罪，而善阿遂毅为正理之牺牲。新教之气焰渐张，旧教之威德日薄，世人之信仰，因而前后互异。加富尔、玛志尼诸杰，合力以统一意大利王国，一扫前此积弊。其法王之领土及各寺采邑，莫不悉为籍殁，而今则法王蜷踘于和地关方里之天地，仅保其一缕法灯而已。呜呼！曾为主宰天地之亚神法王，而其威德凌夷，竟至此极哉！天意人心，其实不可测而知之矣。闻之法王语其所亲曰："代上帝而济度众生之神圣，无比法王，而为外道所屈辱，凌迟至此，予不忍复出宫门，以见外人矣。"由是遂足迹不出户云。然各国使臣，今犹驻其境内，有亲卫兵以护其宫阙，俨然如一邦国。谋士学者，赴之如林，而各国帝王，亦莫不以得谒见法王为荣。古人有言：一旅之成，尚足以为王。而今法王则领土不满方里，其威严犹能与帝王抗拒者,其为教法之力乎？抑为先圣之遗德乎？

回马首而徘徊罗马府内,见有狮挫大王之古宫者,乃即亿多美斯提狮挫血衣,以悲壮激越之雄辩,指示公众之处也。其石阶今犹如故,彼可谓贤贤易色者矣。以千古妖冶之艳丽,窝葩都罗能惑狮挫,能迷安敦尔,倾国倾城之容色,而嫣然百媚,涕怨咨嗟,竟不能一动其心。视彼斩妲己,放西施,不几远胜乎？移步而访俊杰劲头,雄辩家志德老之遗址。劲头者,平生以严肃自持,身任国事,抛富贵,弃功名,不避危难,不畏艰苦,必期于成而后已。志德老者,砺节砥行,视死如归。散士今凭吊其旧迹,低徊顾望,不胜感叹。闻之在昔罗马大将施美雄之陷噶势治也,当气焰炎炎之时,而忽念国家命运之循环无极,以为罗马百岁以后,其境地又当如何？因有感于法摩诗"士鲁韦陷落"之句,慨然洒泪。而今散士登临罗马之故墟,夕阳之下,亦不觉有感于法摩之诗矣。呜呼！复谁与分此感慨哉？

意大利之旧都都林者,乃山川明媚之所,士风重气节。匈国之老伟人骨数斗,终身誓不为奥帝之臣,栖迟此地,琴书自乐,超然出世,年逾八旬,雄心未减,隐然为东欧之所重。散士裁书奉之曰:"东方少年,闻老伟人之英名久矣。尝于芙兰麒麟墓畔,有目不识泰山,粗野唐突,失礼归国,而后以毛颖传公志于东方。若得重拜风眉,接闻高论,则素望偿矣。"使者还报,约以明朝相见。到时乃抵门通刺,入其室,装饰质素,图书满架。一老翁排闼而入,鹤发童颜,目光如炬,握手为礼曰:"好少年,久阔别,昨阅报纸,不能豫知日人之来都,即为曾邂逅于西半球之吾子者。今为家女不豫,养病海滨,医者云病入膏肓,回春无期,此为予日夕所念,则又不能与子会谈矣。此则予所最悲,而家女亦含憾也。"既而老伟人转言曰:"壮志暮年,空叹蹉跎,无复人生之望矣。然朝闻道而夕死,此乃人生之职分,今日所乐闻者,只听新说而已。吾子盍以周游世界之奇话语吾?"散士曰:"近非无所见闻,惟不足以烦老伟人之清听耳。今敝邦苦虑与欧美改正条约,上下如病,其所争者,在于法权之独立,内地之开放,土地之所有权,海关之增税。而仆等之所主张,则在于有司之过激难行,及有司之让与,是仆等之毁伤国权,杀国利民福,殆如有亡国之兆者。然而,有司每胁上下曰：'若我要求过多，则不免交战之危难云。'仆等之感慨在此，所望以尊见而论断之也。"

卷十四

老伟人答曰："今日欧美诸国，岂复有以兵力与日本争此改正条约哉？此可不必虑。请试论之：

"法国者，人勇地肥，富强冠于欧洲者也。人之游巴黎，散其宝货者，年不胜算。且当败军之后，人怀愤励，无往昔骄逸之志，欲以复仇。然法人轻佻，竞功名，喋喋于个人自由，内阁频行更迭，国是动摇，内争既多，则外征自忘矣。安能复致军于万里之外，以攻东京，伐高岛，拓地殖民哉？惟因乎大势，随声附和而已。盖法人以巴黎为宇内第一之乐土，故多不愿远离故乡，以逐功利于炎热冱寒之地。此后或有大英雄奋兴其间，卓然排众议，收舆望，立大策，使内事纷争，不露之于外，此法国或足以雄起一时。否则不特往时之盛名，不能永存，而且令祖先固有之生齿渐灭，法国之特性，亦因而自变，未可知也。如此则岂复为日本改正条约，而出军海外乎？

"英人者，处事稳重，有含忍之性。故万里波涛，开拓属地，东西南北，到处必扼其权利，扩其富强。英王领土，殆已为日没之时，非过言也。且能实行自由之理，布施宪政，其保守、自由两党，皆以公议舆论为断，行无偏倚，外交投机，以使威名不坠，此实为欧洲列国之所不能及也。然满招损，盈生亏。彼之自尊自大，傲岸侮人，凌辱弱邦，专有制造贸易航海之利，盛时渐去，天下巨利，将为美、德等国夺其过半矣。领土虽遍五大洲，而鞭长不及马腹，尾大不掉，西斜之炎日虽酷，而不足见畏也。英国亦自知之，兢兢自保，不敢与各大国实行抗争，只于弱小之邦，蛮夷之国，稍示兵威而已。其实情如此，然则英岂复能为改正条约，远送军兵于日东乎？且埃及问题，正在焦急之际，又欲于亚非利加，贯通其南北而自掌之，安能复计及于他也？虽然，以今日而论各国，其能输十万大军于海外者，惟有一英国而已。他且不论，而法人则晏然眠花于巴黎庭园中，自以为足。独有英人,犹傲然赏世界之月,快然出游也。

　　"德国者,乃尊崇学术,以施之实事之国也。当战胜之余威,上下相亲,君明臣良,百业扩张,有称霸欧洲之概。然其地瘦瘠,其气候寒冷,不及英、法之富美。而且其联邦名虽相亲,实则相猜,外恐法人之报仇,而惫于兵备;内患社会党之跋扈,而劳于警察。其丁壮之逃避兵役,而赴海外者,岁以数万计。夫丁壮劳动者,乃一国之花也,资产之精也,今而去其花杀其精,其牵累国势,不甚大哉! 彼年失数万之壮丁劳动者,较之年失百万人口尤甚也。且又中兴人物,渐就凋谢,而丰功伟业,难保不随之而去。惟德国人,性虽迟钝,而不恋于故土,有专心致果之精神。又法国则人口日渐以减,德国人种,则到处繁殖,其工商业之扩张,亦为最著,是亦将来于宇内表面上,有竞争之望也。然今既恐法人之复其仇,又防俄人之窥其背,一意汲汲以求平和,安能复有余力以出兵绝东乎? 其所志望者,不过欲蚕食野蛮之国,且欲于东洋得一与国,贵国若利之结以为援,是亦不难也。

　　"意大利者,幽闭罗马之法王,尽复侵地,得以统一国土,建立宪政,成其中兴伟业,遂跃入欧洲强国之列也。寻而将相物故,文物兵制,概未完备,财用失节,上下窘手。且竭匮于国中文明一大要点之煤炭,是既已为将来之进步生一大顿挫矣。况法王隐抱有仇敌之意,时有煽动人心,而又羽翼未就,无暇寻领地于海外,又焉能动兵万里,以涉手此改正条约哉?

　　"西班牙者,多有领地于东洋,与贵邦有密接关系,然强弩之末,势不能穿鲁缟。内之则专制之余风未改,苛敛之赋税未除。外之则藩属反背,接踵而起,或则独立自主,或则隶属异国,比比皆然也。而西国于此,犹不能镇定之,则又奚暇出兵东洋哉?"说至此,乃肃然厉声曰:"俄国者,于贵邦之法权税权,痛痒无一相关,谅其于条约改正,必不极力反对。所余者一英国而已,英国于此之利害关系,殆不鲜少。但俄若因此以结欢贵国,共行排英,是亦贵国所利用之乎? 总之贵邦条约,惟在国民之断论如何也。"

　　散士恭听之后,因起问之曰:"诚如高论,然则究以结俄排英为然乎?

仆固恐俄之不足信,比英为尤甚也。"老伟人瞿然如惊而答曰:"诚哉言乎!英国者,其犹将没之夕日也,其热尚可受;俄国则犹将升之旭日,其光虽未灼灼,而已烁销人马矣。此则有实验足以征之也,岂可亲乎哉?岂可亲乎哉?虽然,毒药亦有起死之时,惟在用之如何,予以为惟在贵邦之利用于改正条约而已。夫俄人之欲并吞六合,帝临四海久矣。而俄人之性,深沉而胆大,迷信而坚忍,无仁义之士人,有专制之侯伯,此俄国所以灭人邦土,绝人宗祀,而毫无顾忌者也。观之侵掠中央亚细亚,自夺高加索之后,俄国之恣意横行,实无所惮。而其略取哥残,则举凡男五十岁以上者,尽处之以死刑。可尔谟克人之逃归故国,则嗾深仇残暴之佶鲵人,使与苛煞克兵追击之,屠戮其八万幕群大半于乌拉河南之沙漠。可尔谟克人者,蒙古种也。来佶鲵之西游牧,会蒙古酋长过其地,不忍见其苦于俄人苛虐之状,劝之举族以归故国。可尔克谟大喜,密整旅装而行,俄人不能禁之,乃诱佶鲵人近击之于沙漠也。铁血突古满种族之倔强,则暗袭之于艺亿帝平之城垒,屠戮三万人,所有妇孺,俱无孑遗,其残忍诚有不堪言者。鞑靼之覆灭也,有一部乃婆涩吉尔之种族,以畜牧渔猎为生。于是俄人令之曰:'官山府海,河川者,乃国库之所有,渔业者,乃皇室之特权也,非汝辈所得滥用之也。'居民失业,困弊之极,因不得已而侵俄殖民地。俄人乃以诡计,捕囚鞑靼贵人家族,以告鞑人曰:'尔等须与婆涩吉尔人战,战而不克,即举家族以殉。'鞑人乃泣血执兵,以与婆人战,幸而克之。俄人又使之筑造塞垒,诛求过酷。鞑人不堪,遂举反旗焉。俄政府讨伐五年,烧其部落千余,屠戮二万人,驱其丁壮五千人于西伯利亚之矿山,送其妇孺一万人于俄都,以分赐贵族。初,婆涩吉尔人之反也,骚动三年,俄人归罪于支丹族,欲尽芟除之。因筑宫殿于美悦来亚河岸,冬日大集支丹豪族,置酒高会。觇其烂醉,而挤之于河冰罅隙,无一人生还者。而且总督乌瑠斯首亲王执法酷烈,曾临罪囚六百余人,尽劓其鼻,割其耳,放之归乡里,欲以示威。其刑罚之惨酷,诚为酸鼻,而俄人之经略外地,概皆如此也。俄人所经营之地,不独其为已征服者,树立俄党,且于其近邻,亦树党立援,藉以互相钳制。彼得有遗言曰:'先使其乖离,而后制驭之。'是盖奉其贻谋者也。呜呼！俄之经营三百年间，方针确立，而先希羽冀于广漠幽眇，八面不可侵之中亚之地，陶冶仇敌以化为貔貅，行其统一世界之远猷，其志亦可畏哉！俄之经略绝东也，忍清朝恰克图库伦忽必烈旧都。之违约背盟，而行其寸屈尺伸之志，特遣其武剌威虏将军，挥鸷翼之影于黑龙江波，以伺机势。不数年遂有洪军革命，英、法外寇，俄因施其外交手段，不折一矢，不伤一卒，坐而掠得自黑龙江、乌苏里至高丽图们江一带数千里之地，而闭塞清国出师之咽吭焉。寻又获贵国之唐太岛，是亦所以控制对岸，专心一志，以继历代帝王之志也。今则慓悍蒙古之古族，勇气销磨，不能复扞御俄兵，是使俄人所过，如行无人之境矣。然至今俄人所以观望而不敢动者，特以漠北千里沙地，无水草燃料之处也。且吾子亦知俄人于马留关半岛之举动乎？向者俄人与教国宫中奸竖，计暗夜窃诱历山王放于多恼河，曰：'若再归有意于重祚，则不许放还。'王因愤怨弃位以归德国，其横暴悖逆，果何如哉？"

散士曰："仆顷日读俄帝之答历山王书，因叹天地之正气已竭，白日不照大道，世有陷于弱肉强食之惨，正义无复伸之期也。昨秋过维也纳府，偶值历山王之褫王位而归，奥国志士大学士学生等，悲王之处于逆境，不期而集者有万众以迎王，三呼万岁。仆观之，因又悦正义之必不与之焉。然今教国人不念俄之旧恩，而却增其新恨，是则凶暴者亦或永不得志欤？"

老伟人曰："教国今幸有一英雄斯丹慕老夫者，果断豪毅，是以抵抗俄人之势，平日以教国之兴败存亡为其己任。斯人若执政柄，使国民依赖之，则教国之兴盛不难。惟恐俄人恶之如蛇蝎，究不知能免否耳。盖俄人之欲统一宇内，以坤舆为其家，总领政柄教权，称帝于世上，寤寐所不能忘。当其初经略西伯利亚，抵于东方海，横断海峡，而占领北美阿罗斯加，即急以七百五十万，让之美国，而翩然建行东向之大策，此岂非为东方人士所毛发悚然哉？夫英之设造加奈陀大铁道，欲以连络东洋，俄则计画其西伯利亚大铁道，以枝线向天竺之背，而东出于辽东海岸，期以一千八百九十九年竣功。若此铁道而开通，则自渤海至莫斯古，凡六千五十哩，十二三日程可达。而莫斯古伦敦之间，须六十点钟，上海渤海之间，及贵邦与渤海之间,共须五六十点钟,即自中日诸国以至英京,亦不过十有七八日亦足矣。从前航路过洲越,经大西洋,为日须三十六七日。及横断亚美利加,只须二十七八日,迟速差率,二倍有半。而船车之费,今西伯利亚铁路而若竣工,则东洋货物乘客,非复英国之有矣。俄之谋臣议曰:'一今我国国力,未能与全世界争雄,须致力于东西两球,使其腹背皆自作仇敌,而先注全力于衰残废亡之亚细亚诸邦,使其乖离凌轹,或以刚取,或以柔服,以拓其富源。徐俟国库富实,兵力精强,至此乃举世界以为敌,亦不足畏也。兼又欧洲如有同盟抵触之国,即伺隙煽动,使其互相仇隙,天下可坐而定矣。如美国则须数百年之后,乃行着手,亦属未迟云。'一其财政之困难,实如议者所言,其所以锐意以敷设贯欧亚之大铁道,实出于此议也。"

散士曰:"闻之俄国上下人心腐败,其武人公行贿赂,恬不为怪。且频年饥馑,野无青草,路有饿莩。盖其内地之田制不修,农者不尽心于地力,税法苛酷,丰年即豫赋凶岁之重敛,故民多息其肩,无时有谷物输出。又贪多而无选种备荒之储,地味年瘦,征求月急,苍苍之山,为之秃落,洋洋之水,为之涸竭,寒温剧变,暴风扬沙,恶雨崩山。而细民无识,耽于火酒,轻行借贷,动至八倍十倍其利,而亦不顾。一朝稍值凶歉,即饥寒载道,死毙相望。而政府财政又复紊乱,纸币价格,低昂无常,商贾困难,殊难形容。因而强逆经济之理,硬定纸币价格,使于二年中不变,又立金一纸币二之制,更又定金一纸币二半之法律。然于辽远之处,关税赋租,犹行诈伪,政府因大蒙损害。又政府岁入只有六亿万,而岁出则公债息与偿还额,须一亿三千五百万,军费须一亿七千五百万,合斯两者,亦既占岁入之半。其财政困难可想而知,然犹不量财度,不恤民力,以敷设此广漠无人之大铁路者,然则其究可以得达此大志乎?"老伟人曰:"俄国之财政,困则困矣,然未至如吾子所闻之甚者,吾子岂因偏信于英人之说乎?盖其所以设此大铁道者,是实为开富源张军备起见。俄之封境广大,其生民蕃衍,大铁路之敷设,不难遂其所志也。况俄有特备军费,以备不时之需,外观之贫富,未足以轻重俄国也。在昔马留关诸国之背叛突厥,俄之谋臣,以为助反徒而拊其背,则以二军团之兵,可以坐灭突厥。不料甫交兵而俄军死伤至三十万，此实足以震慑俄人之胆，为列国之所私幸也。于是俄人以其国力为未可侮慢，又且凶歉迭至，恐虚无党乘间而动，汲汲以全力开拓财源。羽翼未就，姑行蔽造，因扬言曰：'我国今上者，乃平和皇帝也，世界之平和，实为我俄帝之所赐也。'讵知此平和幕中，仁慈帷影，而有惊天动地屠城灭国之经营哉？然则平和之所赐者，乃为俄人积粮饷、布铁道、扩张海军之岁月而已也。夫俄人对外之志，在于灭人之邦，掠人之土，使人之教法政治，概为俄国所化。数百年来，君臣上下之所铭肝镂腑，乌拉之山崩而为海，黑海之水枯而为陆，而其大志不移也。在他诸国，则外交国是，时有变迁，因人因时而异，故或以退让而失机，或以剧进而贻误。独俄国不然，终始一定，不因异时异人而有所变动，于半世纪中，其所更宰相，不过三人，比之各国年有更迭者，其优劣何如哉？呜呼！此滔滔之逆浪者，果谁能当其冲哉？为邦国，为文明，为教法，为生灵，奋以全其天职者，宇内或有其人欤？"

散士曰："然则俄人遂不得以达其志乎？"老伟人曰："然。以今日大势而言之，则俄之国力，实足以掌握欧洲霸权也。"散士曰："然则万国惟观俄之成就，而不能有所禁遏之耶？伟人亦有成算乎？愿以赐教。"老伟人意气髃髴，有如愤激者，复厉声说曰："予所以辛苦万状，顾杀故国之父兄子弟而不悔者，亦独虑俄之有今日而已。尝闻之清国林则徐有言曰：'英、法易与耳，惟他年为中国大患者，其惟俄国乎？吾老矣，幸不及见之也。'夫爝火在漂烟之中，一指所能息。塘漏有如鼷穴，一扑所能塞。而及其燔大泽，炎云霄，决九江，渐大原，则虽起三军之众，亦不及救。如林氏者，盖可谓达识之士矣。予往年所举，亦实畏俄国之遗累后日。余之宿志，在于联合马留关诸国，建立一巩固之同盟大邦，扶植波兰，以为之保障，截北狄南下之路，永以维持欧洲诸国之权衡平和。盖以马留关者，乃世界耳目之所注，欧洲危机，系此一发。突厥之所以能存帝号至今者，尽在于马留关；若其他日灭亡，亦尽在于马留关；而异日俄国之大患，亦必在马留关也。马留关之于俄国，其犹痛疽之于体，治之而不除其毒，则毒血足以丧其命。彼得大帝以来，俄人无一日而忘马留关者，为此故也。呜呼！形胜如此，危机亦如此，其介于此间者，岂真拱手而俟人吞噬哉？语曰：同病相怜，同声相和。马留关之与匈牙利，古来皆同其言语，同其风俗，而棋布星罗，犬牙交错，分土则因之而众。夫分则势涣形弱，聚则势盛气锐。故同道诸邦，宜相联结，先退突厥于亚细亚，以与欧土同盟，即以君府为万国自由港，则不能为异国所占领。而希腊则以为海国，以养国军。勃尔俄利亚、门底宁克郎，则以其俗犷悍，即以之张陆军。罗马尼则以其土地肥饶，即以之领多恼河之良港，专行经济之术。而以我摩驾斯族，进而执同盟之牛耳。即以其勇悍灵活之气象，化塞儿比亚人轻薄之风，建宪政，定民心，据无上之形胜，以张国威，庶几可以为压绝俄国南下之千仞铁壁，万里长城，使俄不得出多恼河岸一步也。此为予之熟计，故举兵以叛奥国，而受俄之反策，亦惟为此也。然当时德、奥皆不知俄国大欲，及予之本志，目余义举为倡自由民权，以危邦国，惟得英、美人表同情以为声援而已。因互行忌我妨我，前狼后虎，遂至有亡国之惨。噫！苦利美亚之役，违余所献之策，而不出兵于高加索，徒恼济城之攻围，以误大计。拿破仑三世之与伊奥战，时机到而不来，是所谓天乎？行将谁怨哉？荏苒濒死而回顾旧日，真为一场春梦矣！"

散士问曰："百余年来，欧洲之有识者，皆言突厥之老朽残废，理不可久，而今犹依然故国者何也？岂以识者所见有误？俄国之势，未必诚能震荡于东西两洋乎？抑以金门峡之不开放，突厥之与埃及缔结平和条约，实因俄所援助故。翌年其所结攻守同盟之约，以他国军舰不得通航海峡也。及再与埃及战，俄则自拒绝其遵约。于是，伦敦公书再禁通航外舰。未几，又苦利美亚之战起，英、法军舰入黑海而破伦敦盟约，乃结巴黎条约，复禁通航。寻遂确定之于伯林会议，由是俄国舰队被闭于黑海，不复能逾海峡而出地中海，此实为英、俄出死力以争，而欧洲列国治乱，实胚胎于此也。突厥得以系其命脉欤？"老伟人曰："然。予当少年之时，亦以为突厥之禁美术医术，窒塞聪明，卑贱妇女，卖买人身，不能容于文明之世，不久必将覆灭。及后战败，久寓突厥，因深悉其①真相，乃知亦误以欧人之思想，而观察之耳。诚以若欲制俄，则不可不扶植突厥，以为防俄之铁楯。且突厥之大学生及少壮之外交家中，有为之士，亦自不少。若得英君贤相以指挥之，则可以为利用，联结此跨三大洲之亿万回回教徒，乘其迷信教法，以驱使之，虽蹈汤踏火而不难也。闻之亚非利加沙漠中，别有一回教人种族，疾足愈于骆驼，好战斗，轻捷直如飞鸟，果实数颗，囊水一杯，即能转战终日，岂非可惧之种族哉？且吾子亦闻有驮法昧之娘子军乎？啜人生血，狂奔冲敌，即好杀伐之蛮人，犹震恐之。其国于出兵之前，先屠数十人于神前以誓曰：必斩敌数倍，再举大祭；举动有怯懦者，概行斩杀。故生平以杀伐为性，临阵对敌，凶暴残忍，迥出男子之上，剥敌之面皮，馘敌之耳鼻，以敌血涂面孔上，即以为功名徽章。尝与法军大战，大被蹂躏，法军疑其非人类云。然其貌非不扬，平日皆婉娈温和，无异寻常妇人，而一及临阵，则曳白布长裾，颣蓝色衣袖，携弓铳，带毒矢，陷敌冲锋，所向披靡焉。又如亚比斯尼亚王，乃英雄人物，素注意于欧洲兵法，若授彼等以粮械良器，以与欧人战逐于炎风热沙中，则胜败之数，尚未可知也。举此数者，皆为突厥所固有。夫回教之弊，虽不可胜言，然英雄豪杰，能利用之，是亦足以兴国也。"

散士又问曰："揣摩欧洲之将来，其隆替兴亡，果若何哉？"老伟人曰："难哉问也！夫邦国之一治一乱，天运地转，循环不已，犹之春秋之有代谢，日夜之有长短，终而复始，明而复晦，莫得其纪。故旷古以来，未曾有隆盛不替之邦国。推之既往，求之将来，今日欧洲之繁华，行将迁于澳洲，行将离新世界而复旧世界矣。且欧洲有三大祸，阴伏其间，必有决裂之一日：一曰军备过大之祸，二曰合从乖离之祸，三曰贫富悬隔之祸。斯三大祸者，譬之养痈，不难溃败也。夫欧洲各国之竞扩其军备，殆不知所极。甲国增十万之兵，乙国则增至十五万；乙国置无上之战舰，丙国则备独一之巨炮。不顾糜亿万之资财，不顾恤辛苦之民力，而惟兵力之不足为忧，

---

① "其"，原作"基"，今改。

而扩张海军,其费更远在陆军之上。即如北美合众国,犹且投亿万金钱,以筑造大战斗舰数十艘,以为自卫,此外可知矣。今诚征之既往三十年来之军事,于苦利美亚一役,所费二十亿万;意大利之役,所费三亿万;美国南北之役,所费七十四亿万;普法之役,所费三十五亿万。而为之杀毙人命,则三十年来共有二百五十万人,其失人失财之多,不几可惊哉!而今日之各国军费,则俄国有四亿二千五百万,法国有二亿四千五百万,英国有一亿七千五百万,合之欧洲列国,则有十三亿万。而平日所养兵勇之费,则俄有三百七万,德有五十八万,法有五十二万。呜呼!世人多谓维持平和,为不可缺之价,然则兵岂平和之具哉?不过以资其侵略功名而已。各畏人之侵略功名,因各加其兵备,渐而增重资费,遂至无所究极,则其给养此军费之人民,果能久堪此负担哉?以有限人民之资产,供无穷军国之费用,安得不困弊劳惫载胥倾覆哉?如夫意大利,既已揭然见其实验,则此外邦国,谁能不蹈其迹乎?此非军备过大之祸而何?呜呼!移此杀人灭国之资,并此六百万丁壮,与十三亿巨款,用之于利用厚生之途,以恤彼鳏寡孤独无告可怜之人,其增进人生之幸福快乐何如也!今若此,岂胜长叹哉?然此犹未为惨烈,其最可恐者,则在合从乖离之祸也。今各国或因利害,或因地势,或因宗教,或因人种,而二国合从,三国连衡,仅据于公法,以保持列国之均势。阳结婚姻,表和好,阴行排挤,互猜忌。智巧愈深,机诈愈险,情伪相感,利害相攻,祸事之来,气机已召。早晚必合从乖离,连横解散,和亲破裂,在所不免也。若当其时,则斗智角力,糜款杀人,殆无涯际。燧烽盈郊,死亡蔽野,人民迁徙,老弱流离,物产凋伤,艺术遏绝。其负者则尽举其航海、贸易、制造之诸机关,以委之胜者,而担负无上之赋税,不复能起,各国地位,为之颠倒,文明伸缩,亦出于意料之外。然此祸尤未得为惨烈,其惨之又惨者,则更有贫富悬隔之祸在也。近日技术发明,艺业精进,富者益富,贫者益贫,贫富之差,贵贱之别,日以渐远。富者则优游逸豫,炊玉龙盘;贫者则劳筋苦骨,尚泣冻馁。于是天赋贫富平均说,社会党论,乘势而起,气焰日张,以与富者反对。富者则利用其全力,谋于法制、警察,欲扑灭之;而贫者益为不平,提携保庇,联结各国,胁迫咆哮,纷起破裂。此祸一起,其惨害真不可以名状者。上流、中流之人,尽旋没于其祸中。大厦高楼,烬于一炬,千年珍宝,化为死灰。都府殷富之地,芊芊尽生荒草,富家豪族之宅,累累只堆败瓦。彝伦由是而变,世界之道义,社会之制度,皆由是而异其面目。天下之变,实莫与之京也。而此祸亦势之不可避也。但尚有一缕之可望者,则在于仁人学者,能以国家社会主义,调和于贫富之间而已,于外实无别法也。"老伟人说竟,长叹不已,既而转言曰:"贵国维新中兴以来,仅二十余年,而进步如此之速,皆由破旧政府锁港之邪说,行开国之政策,实为宇内稀有之盛事。其间英雄蔚起,伟略经济,多有可观,盍一赐其姓名,得以闻见风采也?"

散士曰:"诚深负伟人之所问矣。我国维新,虽非无助命功臣,而实则无以告伟人之英雄也。盖欧、美洲通论,概谓日本维新,在于开港。开港者,尽为维新功臣所主倡,是全失其真相也。不知我国维新元老,原皆为锁港论者,而旧政府则主张开港者也。幕府锁国三百年,虽于理学智识,一无发达,而保守太平,其有功于固有之制度、文学、技艺,亦为不鲜。且于其晚年,亦多有采取于欧美文物者,或则奖厉有为之士,使就外学天文、医学、制造、航海诸术,或起造船所,或设立学校,或派遣学生游学,其锐意采人所长,补我所短者,无不尽心尽力。即如今日之大学及海陆军造船所,是皆旧政府之遗物也。旧政府将军之世子游学巴黎,赖拿破仑三世,亦取行其开国主义也。要之,旧政府采择西洋之文物,以导日本于开明之域,却受世所非难,以至于如此颠覆耳。而新政府则虽非为原攘夷家所建,然亦不过袭行开国主义,扩而大之,以有今日之盛而已,此所以谓无有以告人之英雄也。"老伟人曰:"诚然,则吾今日乃始得其详也。"因又问曰:"贵邦初与各国缔盟,何以能使宗教之不冲突以起纷乱? 何以能使封建诸侯之不煽动外人,以招外侮也?"

散士曰:"是原因于国民报国之志气,与美人公义之遗赐。夫当日我国之与各国缔盟,其危险情形,至今思之,犹觉畏虑,即如俄则侵掠对马岛,英则袭灭印之故智,互行煽动,其危盖岌岌哉! 所幸我邦人士,自启战以来,无论为胜为负,皆未曾有援助外人以杀伐同胞者,此为大和民族之较胜于他国也。且又得美国执行中正,常以启发我邦人,每事有所忠告,故赖以制驭专横之国,而无有损国威也。至于宗教之冲突,则三百年前,曾有天主旧教,叛乱于西南岛。而自来我邦人多警戒信奉外教,其中人以上者,俱涵濡于神州建国之大义,与孔孟之伦理,笃信忠孝仁义之说,视此外宗教,甚为编浅。且如耶稣圣经,与我邦历史,互相矛盾,若从之,则我二千五百年之历史,尽属虚妄,我四千万之祖先,皆为无知之罪人矣。而佛教弘通于我国内,亦已千有余年,僧侣致有十二万之多,然国民只不过托行葬仪而已,此岂欧美人想像所能到哉?"老伟人释然拊节曰:"呜呼!是所谓天祐而已。"

散士又问曰:"苦乐武何辨武诸君子,今犹俱在乎?"老伟人垂首曰:"诸友概入黄壤去矣!其与余同甘苦者,无一人存于世矣。呜呼!人生在世,为有所望也。既无所望,则生不如死。予待诸友之早来接予去矣。"更转语曰:"吾子年未三十,前途正自远大,但男儿事业,只在壮年,今固其时也。夫以少壮当事,其国必兴,老朽当事,其国必败,征之古今,验之历史,实迹昭然。子其努力哉!"老伟人畅谈至此,时则夕阳西下,窗影渐昏,散士乃辞谢而出。老伟人固握散士之手而言曰:"余年今既八十有三,恐无复相见之期矣!"散士聆听之下,不觉凄然者久之,遂辞而去。古人曰:"孔丘、墨翟,无地而君,无官而长,天下之丈夫女子,莫不延颈而愿安利之。明照四海,声施后世,达略天地,察分秋毫。"岂斯老人之谓乎?

历游欧洲大陆者,岁有余,遂去而航伦敦。时则占领缅甸之议,喧传于议院矣。

缅甸王朝之灭亡,天下皆谓缅甸王底母暴庆残忍,暴虐国民,不信外人,遂使英人不得已而动干戈云云。实则不然。盖英之包藏祸心,为日已久。襄曾蚕食下缅甸,及法占领东京,以雷窝泥河,为连络辨噶湾与云南,乃自印度通中国最便之要路,垂涎不已。而无如无辞以启衅,遂强行要求,以挑拨争端。适英人组织孟买缅甸商会,与缅甸政府立约。约有不得采伐麻栗树,一名印度柏船之材料也。而英人违其约,滥伐无所遗。缅甸政府怒之,科以赔偿二倍,盖其国法如有盗人财货者,即须偿还二倍也。英人以为不当,要之归于印度太守判断。然缅甸以自有国权,不能抛弃,反以己国罪犯,归诸异国判断也。于是两国争论不解者数月,英政府遂要索缅甸以三条款:第一,须优待英之使臣;第二,须以斩伐树木一案,归之印度太守判断;第三,驻扎首府万朵丽之领事,须附以兵一百名,以备护卫。若不允从,便即开战,以蹂躏缅甸全土云云。缅甸愤之之极,决然抗拒,借助于法国政府,以法国利害之关系最大故也。然此时法国碍于英国交情而不敢援,遂至缅甸孤立,柔弓钝矢,羸马敝甲,不得不与英人驰逐。乃英兵直轰破万朵丽都门炮台,毁大炮三十二门,进围王宫,国皇、皇妃、皇太后、世子、四郡王、文武官僚七十三人,皆为所擒。万朵丽之宫中,珍宝如山,财货如海,尽为英兵掠夺。明日,英兵面缚王以出宫门,行降伏之礼,即日囚于英舰,远放之于孟买附近奈地留偏僻之处。呜呼!腕力足以压正理,诚哉言也,世间岂独德相卑斯麦克而已哉!后二十日有忠义之士,拥王子遂阴善以勤王,欲恢复万朵丽,势力不敌,卒不能遂其志。其后倡义举兵者,至今不绝,然皆随起随败。风萧萧兮,空吹壮士之衣,云黯黯兮,徒蔽落日之耀,复不能翻孔雀翠旗,以飘于万朵丽城上。由是以观,则缅甸君臣,必非狂暴无状,怯弱无能,如英人所言者。当万朵丽陷落之日,必有嵇侍中染血,颜常山拔舌之人,特英人秘之,无由暴白于世耳。呜呼!千年之王廷,一朝而忽空,万斛之积冤,愈深而愈埋,其悲惨之状,诚不忍见闻者矣!

散士一日观英国议会,时正争论占领缅甸之可否。自由党首领斯密士则大斥其失计曰:"当远征缅甸之时,初计须兵一万,今则至须三万人之多,军费则豫算百五十万,今竟至二百五十万,忽而将至二千万,其故如何?请试论之。夫英国之动兵于缅甸,在于废其暴君,吊其良民耳。今反而吞其土地,绝其宗祀,使千载连绵之邦国,至于灭亡。故缅甸人民愤惋曰:'屈于英族之下,无宁速死。'此所以举国同声,而负戈执戟,慷慨不已也。而英人之镇压之,多所苛虐,益足以愤其敌忾之心。彼缅甸人民,虽则苦于国王底母之虐政,而比之覆宗绝祀,立于外人治下,更觉伤心惨目也。此所以翻动反旗,前后接踵,亦非无故也。而当局者犹辨之曰:'我国之占领缅甸者,为保护印度而已,益所以使印度隆盛也。'此岂其然乎?印度国会之决议曰:'印度人民者,反对于并吞缅甸,若不幸而并为英领,亦不可置于印度政府之治下也。'印度太守亦曰:'缅甸之占领,非合于印度人民之意。'然则当局者尚托言为印度之保护,岂足信哉?呜呼!果其志而在保固下缅甸,则废其虐主善其后可矣。何不于王族七十余人中择其贤者为王?然则其志初不在于安上缅甸,而保固下缅甸可知也。战端将起之时,诸报纸多有暗窥当局者之意曰:'缅甸王者,暴主也。背约破誓,无所顾忌。如此恶王,为天下所不可不讨之也。呜呼!天下背约破誓之国王多矣,而只远以责之缅甸,不近责之四邻。对近邻之破誓背约君王,曾不与之宣战,以废其君主,占其土地者,其故何哉?亦以屈于强国,伸于弱国耳。此岂行堂堂正道者所宜为之乎?设使吾英而不干涉缅甸,以其国王国民,自行料理其国事,亦未必至于亡国之惨也。曾忆远征埃及之时,我当局者公言曰:'英国若不取之,则法国必先行制取。'何其横暴之甚乎!丹那博士曰:'英人者,为普天下窃攘土地最多之人民也。'吾人甚悲无辞以雪此言也。龙动《时事新报》曰:'今英兵之驻扎缅甸者有三倍,而国中盗贼,纵横道路,乱民四起,殊如无政府之惨者,是皆由不能镇抚之,以救生民于涂炭也。'且如下缅甸,入英国之版图,亦既有六十余年,而今乱民之结党横行,恣行劫掠者,无时无之。民不聊生,此乃掠夺上缅甸之余毒所致也。盖万朵丽陷落之后,所以至今日犹未镇静者,则以镇抚之不得其人,施设之失其宜。万朵丽虽则可攻而降,而缅甸人之性,则非怯弱者,为其欲反国王之虐政,而别择明主。故其阁僚近臣,暗有反间倒戈者,皆以为英兵之来,不过代废今王,别立明主,出于义举而已。故陷落后二十日,而无一人为我英兵之敌者,可以见其意矣。当此时而若正正堂堂,恩威并行,则缅甸国事,岂至沉沦于此惨境哉?且我国将士之待降人,无异蝼蚁。残忍刻薄,玉石不分,冤枉吁天,无辜哭地,而督府因而骄矜,贪惰逸,遣兵四千人,以归印度休息。致万朵丽都,一无兵守,而上缅甸之守备,不满六千。总督离都,则反徒接踵而起,城门屡危,威风坠地。我当局者,于战争占领之资款,即毅然经纪,而于善后之策,则一筹不展。只知以战费政费,取偿于战败国人,是为暗伤大体,不通国势之甚也。且我政府于此战争之后,正宜选派富于经历,达于事理,有威望之行政官,以收揽其人心,乃无后虑。今竟使白面书生,无赖竖子,以当此镇抚大任,竟置政事于不理,惟知日夜游戏,优悠闲逸,以消遣时日。且或则与商贾结托,营私纳贿;或则有监狱之看守,而无其判事;或则于一万四千方里之地,只设一警部与一巡查。政治乖离,任用失道,此不特有政法之英国所为寒心,即缅人亦深用恐怖也。呜呼!占领缅甸之有背于公义如此,而其经略之遗误又如此,此岂不大有污辱于英国名誉哉?"

卷十五

散士辞英国,将道美国以归故乡,船泊爱兰之驹印斯兰港。适阅报纸,中有一新闻曰:"爱兰之雄辨家于武刺园奉巴宁流密使,航英领加奈多,为爱兰人吐万丈之气。彼地同志,待之如大旱云霓"云云。一友卒然拊肩以告曰:"与氏同行,中有一绝代佳人,红脸丰肌,其美如玉,姿态袅袅,香露如滴,吾子盍一观之乎?"散士相与一笑,既而巨鲸殷殷,拔锚航太平洋。时天已昏暮,夜月如眉,散士安坐舵楼长椅中,望欧洲在于一角烟水模糊之际,微吟《我所思行》叠句。

忽簌簌有触散士之衣者,顾之则有一女子,轻裳曳微风,步于散士之后,凭栏远睹也。惟无由觑其面,一友暗笑曰:"是盖以袖而拂子之背,此岂有意于子乎?"二三同人相和而哄笑,以挪揄散士。散士曰:"彼固良家妇女,幸勿亵渎。若解识邦语,则子等如之何?"美人斜睇散士,何图即是红莲也。红莲含笑握手徐曰:"妾早已知郎君之在此矣。"同人见如此,皆仓皇散去,船头寂寞,惟新月照双影而已。散士急语曰:"大西洋上,适念二妃所赋之《我所思》一诗,而忽遇令娘,岂不怪哉?令娘之恶魔王罗,今果何在?"红莲曰:"曾有致书,究已达于郎君否乎?当时妾脱巴黎,将走意大利,前途危险,至今思之,犹觉慄然也。"散士急问曰:"愿闻其详。"

红莲曰:"当妾出蹄水以入法京之夕,闲步街上,即邂逅向日所旅馆之娘子,此实为妾之灾厄滥觞也。明日薄暮,妾步旅亭回廊中,有密语街上者,谛视之即为王罗与警吏耳语也。妾此时惊愕之状,不知如何,胸膜激动,呼吸不定。不遑整理行李,跟跄由他道出。夜宿小旅亭,黎明乘汽车往意大利。既日将午,过一停车场,妾欲购买果物,开窗四望,不图王罗即露面于邻室窗上,乃急缩首。斯时胸悸足震,殆如不辨人事者。少许神稍定,以为事既如此,曷不直诉彼以西都事情,以折服其心?纵彼不能纳我言,而此地为法境,法之警察,亦无如我何也。继又私念班人报复之念,执拗且深,彼贱丈夫毒妾之策,无所不至。然今身既为笼中之鸟,不能奋飞,不能奔逸,又将如何也?踌躇之间,忽有汽车自意大利来,及稍近,我汽车亦蓦然东往。妾此时以为得神助,因跃身扑上对车沿阶上,两手攀铁栅,惟冀身不落车而已,其危险可知。众觉之,喧呼扶掖入车中。时则王罗之车,既已远去,胸里之愁云全霁,身体疲劳,不觉陶然昏睡。有叱妾起者,开目则身已在巴黎停车场,警吏数人拥妾而诘问:'昨夜密脱逃高馆,今有往意大利车票,又还法都,是非市井之妖妇,车内之掏儿为谁?'妾愤其言之无状,因与抗辨。警吏竟投妾于狱中,谓妾为在西都毒杀妇人,在巴黎曾为盗窃,即以定妾罪名,人生污辱,至此可为极矣。后旬日至法庭,王罗证人即在其中,诬谓彼前为西班牙国警察长,其时误与此女子来往,此女子即居为奇货,欲为余之正妻,因予妻病,谋毒杀之,事败逃遁。因以妾向所与彼书函为证,舞文弄法,罗织成案。而西都旅馆主人,亦告妾盗其马,掠其资,因取遗弃于巴黎旅舍之品物,伪作攘窃之物,以为证据。且谓不偿旅费,是骗者也。本往意大利,而折回巴黎,是掏儿之行为也。妾辨白之,娓娓至数千言,然妾不通于法理,且无一证人,故终不能动判官也。而因判官所诘问之情形以推测之,则妾当日所邂逅之娘子,即以妾事告于其父,其父更报之侦吏,此侦吏乃向受王罗所嘱托者。即电唤王罗,王罗即托机警之侦吏,以探知妾是夜举动,而尾妾同一汽车。及见妾之投于别车,彼即于各停车场,电达知照。巴黎侦探之机敏,素所闻名,而妾被难之由,实为此也。王罗恃其有警察之援助,因要法官以妾在西班牙,谋杀彼妻,据递送刑人条约,即须转送之西班牙政府云云。其始妾被拘囚之时,意气激愤,不知有所谓痛苦,从容自若,一无怨愁状态。以故狱吏互相嘲语曰:'以彼妙龄女子,而杀人盗货,被幽狱中,泰然不变其色,不知其已至再至三矣。不可以貌取人,诚如此也。'妾既负窃盗杀人之重罪,故别系一房,臭秽冲胸,粗食难咽。谚曰:就戮则见岁短,拘狱则觉日长。终夜阴阴,无限妄念,云兴泉涌,欲眠而不能眠。心神渐疲,神经过敏,易惊易怒,动辄与狱吏抵抗。日者法官又诘问于妾,言语过激,颇有胁迫之状。妾不胜其愤,乃骂曰:'闻之胁迫之行为,大非正当之理,今法官之举动即是也。'法官叱妾,妾因取墨器掷于法官面前。狱吏止妾,妾不从,遂置妾于暗室。盖暗室者,乃欧洲狱罚之最重者也。妾于此时又平其怒气,以为闭目而默想平时,则岂能堪受此之理?不如横卧游心于狱外,差可自慰耳。无如眼目易于开启,狱中黑暗,时掩映于目前,直感脑中,击刺胸臆,不复能有他念。心乱神昏,或忽念人生之快乐,或忽思故国之辛苦,黑暗中之感觉,实惨恶令人难受也。如是者三日,身体剧震,心气昏迷,几至不辨人事。曾闻有志士二十余人,赴北极深①险,居暗黑世界中有数月,有十有八人,因致狂乱。暗黑界之乱人精神,实为大也。后二日出暗室,忽觉晕眩,开眼而观,见旭日映于铁窗之上,不觉呼快哉!"

散士曰:"人生世上,耳目欢娱最大,故囚于黑暗之中,目无所见,耳无所闻,即虽养以豢刍,衣以锦绣,亦不足以为乐。使于此时而于隙穴蟢漏中,得见日星之影,闻风雨之声,亦觉称快。况启户牖,以见炤炤者乎?况出室登堂,对于山光水色,以见日月之光乎?况登大山,履石封,望八荒,以见天都如盖,江河如带乎?"红莲曰:"诚如郎君所言,妾此时始服幽明异途之为知言也。因渐以静坐沉思,恍然自悟,谓贤人亦同一死生,愚人亦同一死生,死焉不足悲也,惟供此余生于皇天而已。于是方寸湛然,灵台寂照,身心俱觉安泰。数日后,复交法官诘问,妾答之曰:'我实无犯罪,俯仰无所愧于天地。今法官以我为有罪,则又奚言?惟任法官为所欲为而

---

① "深",疑"探"之误。

已。'法官作色曰:'法官执法,公明正大,岂有挟私曲以加罪于无罪之人?今汝独云无罪,又无其证。法者本据证以决理,汝不告汝居处,不语汝职业,无资产,无知人,而终日衣美服,出入旅馆,乘船乘车,来往无方,居住无定。汝不晰言之,惟反覆以为无辜,法官奚能信汝而决断也?'于是妾即决意曰:'妾不告所居与所职者,为国为人,有所不忍故也。妾之欺西都旅馆,为夺幽将军也。妾之欺王罗,为成交友之志也。'法官闻言有如惊愕者,既又问曰:'尝闻有少女欺王罗,夺幽将军,其后不知踪迹,汝果其人乎?若言而真,则宜举其左证,宇内之大,知必有一人为汝知人证言也。'妾深思多时,渐答曰:'妾曾谒首相严鳌舵,为叙实情,无如斯人已去,他无知妾者矣。'法官起曰:"尝闻之,若果属实,证之不难。闻严公有一秘书郎,所录日志,公私大小事,俱无所漏。汝即举谒首相之月日时刻,若无错漏,此可得为左证矣。'妾详以语之,法官加礼焉,乃闭妾于法庭。于是狱吏形状,顿异昔日。越三日,典狱来揖曰:'爱兰无冠王之使者来访,出与面会。'妾狂喜之至,接见之。使人曰:'观昨日新报,始知令娘厄难,因受巴宁流女使之意,急行来访。明日请有著名状师,为令娘辨护,令娘请强意焉。'自此日以后,狱吏之待遇妾,为之一变其态。其始骂妾嘲妾者,今则不敢正视于妾,却有得妾一言以为荣幸之状。法人轻佻之风,可以见之矣。后七日,法官告妾曰:'阅严公日志,诚有与令娘相见之事,然犹有所问。'即呼一绅士,来询妾以面严公时期,及客堂之形状等。妾即以所记应之,绅士首肯而去。盖此绅士,乃严公当时之执事者也。法官曰:'左证分明,已无所疑,惟法官深痛令娘久困囹圄,备受艰苦。昨又讯问王罗,悉获其实,知我警吏之被饵于彼,为虚无证人,以陷正义高节之令娘,我法国人实深有愧。然今罪人已投之狱中,不日当明正典刑。令娘既为青天白日之身,出狱幸保重自爱。'妾乃出狱门,则见车马数辆,人数几千,以相迎迓,欢呼万岁。呜呼!人生仅数十年,而千难之中有百喜,万艰之中有千快,非尽经历之,谁能知其趣味哉?夫日出而起,日入而睡,蠕蠕如蚯蚓,不知一喜一忧,以龌龊小利为事,如巢焦明之蚊睫,足不践海外,区区以送一生于无为之中,空化为北邙烟草,岂不可怜哉?自是妾被欢待于爱兰人，始归故乡。适雄辨家于氏，游说于英领加奈陀，为本国之声援。妾因起相与偕行之志，特乘船来此。今邂逅郎君，真可谓奇遇矣。"又曰："妾之系狱有半岁，出狱后即沾病，呻吟数月，今始得如常。"

散士曰："此岂非芳草夜被风打，丽色偏待朝曦哉？"红莲笑曰："郎君勿复弄妾，将奈幽兰女史何？"更凄然正襟曰："郎君路过埃及，未尝探闻幽兰女史消息乎？"散士答曰："有之。"乃相与携手下阶，就灯下出幽兰手札，以与红莲。红莲拆封徐读，忽张目而如怒，忽垂首而如痛，遂不觉潸潸红泪，滴湿青衫。散士曰："何为其然也？书中消息如何？"红莲挥手曰："郎君勿问，日后自知。今且暂隐其事，盖女史所嘱也。今女史隐于虎穴，沉于鳄渊，郎君何为不救之于死地？若使妾知之，在英之日，必相与携归矣。"散士曰："女史诚堪怜矣。然欲拔之于水火之中，此志岂独令娘哉？惟恐私情有乱公务，故不能如愿耳。然女史之来自欧洲，亦必不远矣。"因又语以再会范卿，骨数斗夫人羸疾，人力难为。红莲仰天祝祷幽兰、范卿之幸福与骨数斗夫人之平愈焉。

次日，复与红莲语，谈及巴宁流事。散士曰："仆在英国之日，屡欲往见，访之再三，卒不相值，窃以为恨。或云潜居友人室中，究未知真否。"红莲曰："妾亦有所说于巴氏，毫觉无用。氏今在得妾之境，天下呼之为爱兰无冠王。然满则招损，或即以此取败乎？妾非独为氏惜之，窃忧爱兰百年之经营，尽归水泡耳。"散士曰："巴氏富于春秋，地位如彼其尊，名闻如彼其著，闻其下狱，多触嫌疑，至于数十回，有璃武斯事一难。若使他人而居其地位，则声名必败，党众必散矣，而竟无一人离心焉。氏又讷于言语，凡在议场有所演说，必资为世间笑柄。虽然，以比之雄辨阔论者，则反觉其尊重。盖氏之一言一动，常系全院之耳目，关社会之趋向。八十之爱兰议员，氏为之当其方面；五百万之爱兰人民，氏为之卫其本阵。而东有美国之声援，西有澳洲之赞助，氏之诺否，即爱兰之诺否也，氏之喜怒，关于爱兰之治乱也。此岂非近世之人杰乎？"红莲曰："世人特未知其真相耳。其淫行欲盖弥彰，若一朝暴露，爱兰人何以对于天下乎？"言词愤惋，现于颜色。散士当时深信巴氏，故有疑于红莲之言，以为其发于感情之激者耳。

后数年,巴氏果因淫行,而败法之武将军,亦为妇人而自戕。吁！荷克复国家之大任,身当其局,大功垂成,而竟以妇人之故,牺牲生命、功业而不顾,正古所谓妖冶误人乎？抑英雄多情,为人之所不为,虽死亦无悔乎？散士薄情,未救佳人于海楼府,而为亡命之客,不能因情以死,岂不可愧乎？

一夜与红莲吟于月下,散士谓红莲曰:"闻之近日爱兰人爆裂英国议院,以报怨恨,以散士观之,是亦失于诡激也。"红莲曰:"是不过无智识之暴徒,欲以为胁迫而已,原不足以为意。然爱兰自治,今亦有望于前途乎？"乃高吟一诗曰:

> 爆裂弹兮爆裂弹,劳汝一击清天地。
>
> 分富平权依至公,助弱制强取大义。
>
> 取义舍生是男儿,依公去私与天期。
>
> 千古积弊可烧烬,玉帛金宝何得吝？
>
> 位官爵禄归粪尘,铁壁坚城亦作烟。
>
> 帝王之尊不能避,庶民之富安得庇？
>
> 平等福共爆声开,自由光从铁如来。
>
> 天柱为摧地轴坏,血雨腥风洗浊秽。
>
> 洗浊秽兮天地清,从今四海始太平。

散士转语曰:"王罗今果何在？"红莲曰:"彼曾槛送西都,然其言巧贿重,竟免于刑,且得复高官,而任东洋吕宋诸岛之都督也。"

后数月,散士道经美国,与海南将军归朝。时则我政府与列国议改正条约,先据泰西之原则,以制定法典,于条约批准交换后十六月中,译之以传达各国,使检查其有合于泰西法典之元则与否。分全国为八道,设混合裁判所,任外人以为判事检事,设陪审官,以听断关于内外人之诉讼,其外交内事弊窦之不堪言者特多。于是将军上封事略曰:

> 夫道能用之,则百里之地,可以独立,瑞、西、日耳曼是也。若不
>
> 能用之,则堂堂千里,被役敌国,印度、波兰是也。秉国家之大钧者,

岂可不审慎哉？侧闻改正条约，渐就其绪，而缔盟诸邦，皆废其法权，以从我治法，洵足庆也。然又有说者，闻之我国所制定法典，偏以适于外人为主，司法立法之大权，皆允为外人所干涉。呜呼！此说属实，是使我邦国失独立之精神矣。夫法典者，乃所为保全己国之安宁幸福也。制定法典，必须因我国历史与风俗，乃能完善。若使外人得而左右，徒供其利便，其奈我邦国人民何？即使我法典而有异于时势，亦宜伸张国运，慎改正之。今惟知外人言论是从，不顾历史风俗，是无异许外人以干涉我神圣之大权，自作陵夷国权之阶梯也。今日让一步，明日枉一步，遂至于无可挽回，岂可不悲哉？古人曰：惟名与器，不可以假人。今国家独立之大权，而受外人干涉，岂非亡国之兆哉？

论者曰："开港之始，幕府既伤国体，失自治之大权，是今日不能举改正之实，其罪实在幕府也。"然而熟审当时情事，较之今日大势，又未必尽可以责之幕府者。夫幕府升平三百载，不通海外之形势，如治外法权、最惠国条款、海关税等，实为耳所未闻，况其利害，当时何能洞达？且按当时情势，若欲为外人结对等之条约，使彼服从我法律，则又实所难期。若使缔结对等之条约，国内诸侯，必各以其法律，绳诸外人，开放内地，任其居止兴业，是我欲不为印度、马岛不得也。故愚以为治外法权、治内限制，原为因于时势以行之善策，只可谓之得天助而已。今我国文化大进，文物典章，无不备具，非复幕府之旧态。其详于海外之状态，熟于外交之道路，洞治外法权之弊，及轻关税之害，亦甚为详尽。故宜于旧日条约尽改正之，无或妄行推让，以贻害后世。语曰："一念之失，遂贻四海之忧；一事之失，或致百年之患。"国家重事，岂可轻忽为之哉？夫名与实，每有相反，有名美而实不然者，有实美而名不然者，故闻名不可以喻其实，见实不可以测其名。如我之治外法权，其名誉甚不美，而实利则未至妨碍国家之独立安宁，是名虽不美，而实尚有可取也。然至如今之所传，则反自伤国权，名实正各相反矣。呜呼！秉天下之钧者，其取名乎？将取实乎？

岂有贪一时之名誉，不顾百年之大害，而使天下后世之志士仁人，发神州陆沉之浩叹可乎？然则如何以改正此条约，曰断然宜于今日中止之，而先变现在政府之组织，建立宪公议之新政，而后定外交之方针，上下一致，以奖励此内和外争之精神。当局者于是奉天皇陛下之圣意，听立法部之决议，更据上下人民之舆论，以开改正条约谈判。又利用于内外诸新闻演说，行外交之手段，以诉其曲直于欧美公论。倘彼犹尚有所要求，为不正不理之举，则我可仗正义，履正道，断然拒绝之。诚使一国之意气尽皆如此，何虑无精诚动天地，公议辉四海之一日乎？

更又条陈时事五款曰：

夫邦国之病，在于苟安。苟安者，根于情实而致。情实者，因于无操守之节，无果断之勇而来，其弊也，滥觞于士大夫之间，渐以弥漫天下。语曰："君子之德风，小人之德草。"又曰："上之所好，下必有甚焉。"若夫恶弊一煽，则上下率以成风，因袭之久，遂习成性。消耗有为之元气，腐败报国之精神，国家因以衰弱委靡而不能复振者，古今东西，其揆一也。当我邦维新之初，锐意图治，不顾情实，其政略之伟，功绩之大，实为天下所共惊叹。然而敢为之气，逐年挫折，情实之弊，随时横来。浪费渐增，冗官渐众，每一经改革，即转滋弊害。于是明治十八年内阁诸公决然行其大英断，而改官制，明职守，去繁就简，杜私门，断请谒，别创一新政府。上下内外，称之不措，翕然额手相祝曰："维新之大功自是以举，日本之威名自是以扬矣。"而不知未及一年，而纲纪颓败，百弊复旧。盖考其所由来，则皆为情实所牵缠也。呜呼！我国家前途辽远，施设更张之事，正当惟日不给，是岂粉饰太平，歌舞游乐之秋耶？苟衣食于官禄者，励精图治，兢兢业业，惟职是尽，不牵缠于情实，上乃可以不愧于天地，下乃可以不作于苍生也。故愚以为，今日急务在于绝情实之政，情实不破，则国家之隆兴必不可遇。而且今之讹言百出，是非淆乱，诚宜务使事理公明，以解世人之惑。设于举动之间，小有启衅，则威望忽扑，驾御之权旁替，小事误大，有类樗蒲，岂不可谨戒之哉？

夫我国君臣之间，诚可谓密矣。君者，诚为民之父母，民者，诚为君之赤子，是我国体之所以特出于万国也。故陛下之待臣民，一视同仁，政论有异同，俱皆有所取纳之也。然近日当道之执权者，视陛下如己党，即虽有功勋位之人，如有异其政论者，即视为不忠不义，以之为陛下罪人。不知夫政论者，因其时，因其地，人各异其所见，疾徐相较，是非相比，新旧相制，理否相攻，乃所以启发学术，兴隆国运也。故执政而有异其政论，此乃国家之药石，社稷之忠良，安得疏外而厌恶之也。盖陛下之黜陟臣僚，在因于时势如何而已，非有爱憎是非于其间也。故愚以为宫中、内阁，宜严分其界限，划然莫相混同。而宫中之接待功臣名士，不宜以朝野之轩轾，而亲疏轻重之也。然今之总理大臣，兼摄宫内大臣，是不特失当之甚，且恐有累及皇室者。若他日政党大起，当内阁更迭之时，则总理既兼宰相，即易于袭行拥天子以令天下之智，而为其党以害他党矣。其为患岂可测哉？

余近熟审今日之情状，施政方针未有一定，朝令暮改，多所更革，诚可忧也。盖自明治十八年改革以来，其时专以省减政费为主。故凡百节俭，甚且有停止国防军备之议者，此固不足为过。然未及期年，即置临时建筑局，设炮台建筑局，建厅舍，增官俸，构造宫邸，且又建筑各地炮台。夫前此数月，则以省减政费为急务者，而今则且为此不急之土木，国帑糜至数千万金。其前后之背驰，曷至此极哉？夫欲扩张海军，因而急起国债，其为敌国伺衅，防敌舰忽来袭乎？抑为我国海防，一日不可阙乎？其是非得失，姑不措论，然其举动之轻躁，则诚有损于国威矣。

夫今日弊政之多，诚难指数。然上官无职责，下吏多冗员，此实为弊政之最大者也。惟其无职责，故括此民人之膏血，以销于无功无益无影无形之事业，而茫乎责无所归。设不急之官，举不急之人，政绩一无可见，而亦不知责之所在。观其情形，实非因事而设官，乃因人而设官,因官而设事也。故赏功以官,怜友以官,报私德以官,结朋党以官,贪游乐以官,钳制在野有志之口以官,视官途官事,一如己之私物,视国家租税,一如己之私财。是以无用官吏,日渐以增,而终日从事于不急之务,纷纷扰扰,徒增繁杂,一无实际也。呜呼!以有限之租税,养无限之官吏,求目前之小安,是岂异于吸鸦片者,贪一时之快,而不虑日后之患哉?以故为今日计,急宜裁汰冗员,严定官守,使天下不才不能之徒,无所夤缘侥幸,以败坏国政,虚糜国用也。

且夫今日政府于内治上,所宜速行决断者,乃改正新闻及集会条例是也。我人民之为此条例严密,因而志怀忠良身陷罪刑者,不知其数。推其所致,则人民视政府,一如仇敌,政府视人民,一如寇雠。互相睥睨,暗相倾轧,岂不可为长太息哉?夫宽改新闻集会之条例,使世人得自由其言论者,果有何不利于政府乎?愚以为能明人民之意志,知舆论之所在,则政府行事,倍觉其易。即使论者过激,言失其常,而政府官吏,亦可公然与之辨说于报纸中也。如此则官民相磨,士气渐振,人心渐奋,惰眠之梦渐醒,腐败之政渐革,其为幸福于国家,岂可胜数哉?今政府切慕欧美自由国之文物,以改革其法律规则,以变更其屋宇衣服,面目一新,使欧美人全縶服于我治下,而独至言论集会之自由,则反异其取舍。有为不满当路之论者,有论施政方针之异者,则皆目为有妨治安,因而停止解散之,此岂非矛盾之甚哉?夫庙议之欲仿欧美政治者,不问其为我身之利与不利,只惟移其善与美,以增进我幸福而已。若以为有利于己,即弊习亦可为我之楷模,无利于己,即美俗亦非为我之规则,岂非偏颇之甚哉?

且又近见我邦之外交,圆滑巧妙,力求与各国斩绝藤葛,遽而允之,则必以为交际日深,和亲日密,无可复虑矣。然退而细思,则国家之殷忧,方在前途不远也。夫外交政策,当守信义,表和顺,力求圆滑,乃为得宜。然至于互争国权,以保己国之安宁,则当力求奋争,死且不避也。使徒取外人之欢,唯唯诺诺,苟安旦夕,是正所以自招轻侮,启窥伺之门户,而决非保固平等交情之道也。盖我国屹立于东海,地势雄胜,四面沿岸,岩礁嵯峨,天然险要,国无其比。加以土地丰腴,气候温暖,富于天产,长于人工。人口有三千七百万,无人种之错杂,无言语之异同,无教法纷乱之虞,无藩国属地背叛之恐。接境一无敌国,非如大陆诸国,一朝有警,即须守备四方。且金谷出自己邦,非如英国全仰食于外。故一旦如有不得已,则退守绝外,支持数年,亦易易耳。噫!地势之形胜如此,国土之富厚如此,而与欧人不能对立,动被轻侮凌辱者何哉?盖物必有因,事非无本。语曰:"人必自侮,而后人侮之。"我国之被人侮,亦自取之而已。夫欧洲之外交家,外托慈祥,内怀阴险,谈笑之间,藏有金剑。而我国外交家,则于争论之中,藏有媚骨。古人有言曰:过仁近弱,过礼近谀。不论是非,不问曲直,惟以平和为主,绝无把柄,何其敬惮人国也。呜呼!惟知屈从外人,依赖外人,买外人之爱怜,以维持国家,以改正条约,此岂不可危哉?夫抱射利无厌之欲,虎视眈眈,求食于万里殊域,伺机审势,即因而开拓领土,此乃欧人之素志也。屈从依赖,曷足以动彼辈之情?适以增其暴欲而已,是岂得计哉?然则为今日计,如何而后可?曰:"断行废今日之政略,确立其方针,一定其国是。内而新政务,严兵备,外而表信义,立威严。与人民深此沟渠,高此城堡,严备固守,以待欧亚之变可也。"夫欧亚之平和,早晚定行决裂,马蹄终有蹂躏中原之期。而我邦则虽素非干与之,然其变乱之波及,摇动东洋诸国,势所必至。当其时,我拥坚牢兵舰三十只,精锐陆军十万,以纵横于东洋,立威示敌,英、俄而有启衅乎?我而与俄,则俄足以制英;我而与英,则英足以挫俄。清、法而再构兵乎?则我之于两国,犹之于英、俄。且我即不干涉其间,而如病院、通信、粮食、煤炭等之便,其得我与失我,则关于全局之胜败甚大。此则为我国坐而制胜东洋,足为各国所敬惮,比之燃犀牛渚犹明也。

如此而与欧洲诸国对峙,岂非一大快事哉?然此决非依赖主义者所能为也。今春,德国大将毛奇演说于议院曰:"一家人之保其一家,尚不可以依赖他人,况乎堂堂大国,而可以依赖于人,以保其平和安宁哉?"有英主如德国,有贤将相如德国,有乘胜之势如德国,犹且谓国家之不可依赖于人,然则我国岂可不自省哉? 古人曰:"交外为援,事大为安,则不若治内而待时;宝币玉帛,卑辞成行,则不若恃己而自存。"诚若释外交之策,修境内之事,尽地方,多蓄积,励其民,牢其城,上下一心,君臣同志,相与死守社稷,而民心不离者,是为必全之道也。愚妄无隐讳,吐露赤心如此。

书既上,不得报,乃乞骸骨归故山,赋诗曰:

> 争取锱铢费若尘,弦歌涌出满城春。金殿煌煌夜似昼,不照寒村菜色人。

于是朝野之间政论纷起,忧国慨世者,上下相和,以非难朝庙政略,改正条约,因未成,遂中止。而城西有一元老,积学多识,忠敬热诚,素为世所推许。一夕密招散士问曰:"子等之所要于政府者何事? 愿闻其详。"散士乃条陈三大要曰:"第一,为神圣帝室,永保其威严,使人民敬之如神,怀之如亲,决无为嗟怨轻侮也。故大赦养老,爵勋奖学,虽归为帝室之职,而他之行政机关,则全须别异矣。而今行政府之首相,则为宫府之大臣。此无知臣民,所以尽举条约改正之过失,行政之诸弊,重税之苦楚,言论集会之苛刻,归过宫中也。首相而兼宫相,此则所宜变更者也。第二,为名与器,不可以假人。改正条约,固欲速其成绩,然何为以堂堂之日本帝国,神圣之大司法权,忍以委之外人? 何为而使外人可以容喙于我立法之大权也? 散士曾密读改正条约会议录,不觉愤痛,而泪随声下,此亦为阁下所同情也。然于中止之外,别无良策焉。第三,为变软弱依赖之外交政略,而定强硬自主之方针。欲断然行之,则惟有当局者引以自责,以谢中外而已。昨庙堂诸公,昂然威吓散士曰:'我邦自进而提出改正条约,与各国使臣,论难交涉,已亘数岁,渐就十之七八,使今由我而中止之,是失信义于中外也。后虽再有要求,而各国将不之应,是举国家而陷于不信不义之境矣。'散士因指摘改正条款之不利,而促其再考。然有不欲听之色,是谚所谓病深忌医也。方今情实,邪说横行,忠言隐蔽,夫谁不为之流涕长太息哉？今我有司欲废国语，易罗马字，不限制实业，任外国人所有，以博其同情，是杀立法、司法固有之大权，让之于外人。甚且以外竞之不振，亦归罪于大和民族，拟牛马之交种，造东西混合之杂民。其说曰：'若非如此，则体格劣弱，难与欧美竞争。'又轻浮学者，则竞相鼓煽曰：'举宫中府中，若非改宗耶稣教，难复司法之权，难为对等之国。事至于兹，复何可言？'语曰："畏首畏尾，身其余几？此三事者，皇天之所眷也，阁下之所择也。得以达国民之志，乃国家之庆事也。若竟不能达斯志乎，则怀匕首，提铁椎，身投鼎镬，而亦不悔矣。"元老曰："方今上骄下谄，随声附和，以讴歌改正条约之功，洽于都鄙，即停止尚或难行，况乎断行此三大事也。虽然，吾亦何忍袖手坐视，以任其如此哉？"因又更言曰："老拙更尽世故，余命无几，此之发愤，亦为感激子等。若不幸而无效，则亦挂冠归故山矣。然吾子之在帝都，反招嫌忌，何若速作归计哉？"散士谢曰："谨受教。"即日上表辞职，出红尘万丈之都门，飘然而卜居东海之清见寺。此地山清水秀，背负八岛之芙蓉，面对三保之沙嘴。绛云紫雪，朝晖夕阴，青松白沙，晴楼雨牖。因得一律曰：

> 暂敛中原逐鹿心，枉寻山寺解尘襟。
>
> 海浮帆影平如镜，风送泉声清似琴。
>
> 净几研朱删旧稿，明窗纳月写新吟。
>
> 最欢远迹人来少，兰若僧空寂梵音。

未几，即得一报曰：改正条约，既已中止，外交当局者，皆引责辞职。官内大臣亦皆罢职云云。当其时，沉滞郁屈之政海，为之顿生活气。而悲歌慷慨之士，仗剑而集于都下者有千百人。或迫权门，或胁当路，或倡改革弊政，或论休养民力，气焰日张。政府于是恐惧，因颁保安条例，以逐志士，囚说客，青年百余名之运动会，被巡吏五百名所解散。盖当局者之怯于外而强于内，其丑态大抵如此也。

既而，大局变迁，渐入于昏睡之世。欧洲风云，将急而渐静；东洋烟雨，已到而忽霁。欲晴而云未去，既阴而雨未来，阴阴濛濛。气则屈于小康,体则倦于偷惰。于是交友四散,或折节而为辕下驹,或变志而执牙筹,或慨时而遁海外,或愤世而病客舍,视听之间,有物皆足以感情。时忽有讣音至曰,清狂居士殁于费府之大学病院云。散士为之怆然,自失者久之,乃作文以吊之曰:

　　维时明治二十年月日,日本奇杰之名士清狂君卒于美国费府大学病院。呜呼哀哉!夫兰以芳而摧,玉以贞而折,物忌坚芳,人讳明洁。如君者勇猛严肃,砥节砺行,直道正辞,杰操明达,困而弥坚。彼松柏之怀霜负雪不凋而折者非耶?回想与君握手相见之时,吐露肝胆,击筑慷慨,誓为国家以出力。时则《天津条约》方结,缙绅公卿张宴于滨之离宫,以祝大使之勋劳。越数日,与君登不忍池之楼上,俯观竞马角力,乃东京府民因大使功成而设者,不觉相与涕泗之滂沱。呜呼!当上下讴歌太平,洋洋燕舞之秋,而君与散士独殷殷若有深忧者,何哉?是惟君与散士心知之而已。呜呼!君今逝矣,复与谁语此心情哉?呜呼哀哉!君幼负气节,壮怀伟略,志器高远,学识深邃,舌锋如剑,人莫敢婴。乃怀此有为之利器,竟莫一试,忽然中道而逝,呜呼哀哉!君之为人也,美如冠玉,散士尝戏言曰:"以君之容色,而久无伉俪,是岂才子佳人之难相配遇乎?"君慨然变色曰:"东洋形势,日就危急,男子既以身许国,岂暇谋及身家哉?"言犹在耳,今竟溘逝,呜呼哀哉!君偃息于明时,倾产破家,结交豪俊。散士游行其间,窃思他日功成志达,斑白携手,岂非一快事哉?而不谓宿志未酬,中道为异域之鬼,呜呼哀哉!君一日尝凄然曰:"世事蹉跎,每与心违,日月逾迈,不能我待。社会之空气,渐已腐败,行将酿病,若今而不吸以自由之空气,则精神衰耗,为永世不归之人矣。"散士劝以游行欧美,行有日矣。不谓俗恶俊异,世忌奇才,部司小人,竟陷君以奇祸,愤恨囹圄,至于酿病。此盖使君有今日之凶之原因欤?呜呼哀哉!君高洁自持,临危不挠,贫困不屈,家无妻子,居无僮仆,虽古烈士,莫或过之。曾闻之作善者降祥,胡为乎皇天无情,夺此名士之寿哉?呜呼哀哉!费府大学者,散士萤雪三年苦学之所,西南之邱,即为散士吊爱兰烈士巴宁流女史之地也。呜呼！谁料于此学校而丧亲友之身，于此邱上而埋烈士烈女之骨哉？呜呼哀哉！前感未弭，后感荐至，日往寒袭，零露凝结，劲风凄其，庭树惊落，霜叶满地，月影空照。散士对此，能不心伤？呜呼哀哉！君之生也，匪爵而贵；君之死也，无动而显。散士不忍备具奠馈，以祭君之孤魂。惟友情怀旧之泪，溢而无尽耳！呜呼哀哉！尚飨。

散士既知清狂居士之死，意益无聊，而世事又每与心左，且适有微恙，乃暂避世尘于有马之温泉，澡浴旬日，坐楼观山，诗酒自娱。倦则曳杖以探郊外奇景，优悠自适，有羽化登仙之概①，因赋诗曰：

> 群峰竞奇容，撑出白芙蓉。
>
> 地幽绝尘俗，泉灵洗心胸。
>
> 近郊探遗迹，泽畔樱花浓。
>
> 磊磊涧中石，郁郁陵上松。
>
> 鼓瀑冷岚气，远寺响暮钟。
>
> 鸣鹿踏红叶，仙寰白云封。
>
> 多病懒世事，欲追隐者踪。

既而病少愈，乃卜居函山之南热海梅园上，划除草莱，构一小庐。于是昔日蒙茸之地，今则茂林密，修竹秀，奇石出，清泉涌矣。且距庐数弓之地，有一飞瀑，高自数丈而下。仰之则白丝纷絮，触岩激石，断续飞腾。凭栏听之，如风雨之骤至，如琴瑟管弦之并作。矫首以望天末，则云海变幻，七岛依稀，或苍波吐日，或冰潮轮涌，可以舒旷如之怀，可以娱炯然之目。寄傲偃蹇，或持一竿以钓沧海，或率黄犬以逐狡兔，或䌷短檠而读古书，其乐虽南面王无以过之。古人曰："游都邑以永久，无明略以助时。徒临川而羡鱼，俟河清而未至。感蔡子之慷慨，从唐生以决疑。谅天道之微昧，追渔父以同嬉。时乃龙吟泽畔，虎啸山邱，仰飞纤激，俯钓长流。落云间

---

① "概"，疑为"慨"。

之逸禽,悬沉渊之鲦鳢。时而曜灵灭景,继以望舒。感老子之遗诫,将回驾于蓬庐;弹五弦之妙音,咏周孔之图籍。挥翰墨以奋藻,陈三皇之轨模。苟从心于域外,安知荣辱之所如?"境遇诚不我欺也。

卷十六

一日,有异人访散士于磊磊轩之幽居,容貌魁伟,怒目长髯,无一识面。散士迎之曰:"劳谢寻访,愿闻绪言,以开茅塞。"其人如惮左右之有人者,以手索纸笔,乃取与之。其人书曰:"仆姓朱名铁,奉叔平密命,千里而来访也。"乃割襟出封书。散士读之曰:"我等密谋久矣,行将举兵南北,誓破坏此愦愦时局。事之成否,只问天运。今国内固陋之士,仇视外教,浮说流言,遍于中外。故浮浪之徒,附和而毁教堂,杀教士,逐外人。事机至此,可谓佳极,余欲乘以利用之。请为我赠枪剑,与以声援。若赖贵国游侠之士,际此风云,则增予势力多矣。请幸策之。"散士执笔之曰:"范卿今何在?"其人出对曰:"范先生获病,高卧白云山中。且以垂老之身,说常持重,不用我辈少壮之言。故问我等欲乘先生之病,先行举事,后乃要之也。"散士曰:"危哉必败。范卿卓识奇智,实东洋之雄才也。今不谋于其人,不听于其言,而欲乘其病以举事,何其浮躁浅露也!往者我萨南健儿之于西乡南洲,亦是如此,遂至败灭,是不可不思也。夫天下之发大难,举大义,必须先正其名,名而不正,事必无成。叔平等何不倡恢复明朝,以举义旗?何不鸣清朝苛政,以倡革命?何不倡自由正理,以表同情于五洲?昔日洪秀全之举兵,名托信奉西教,以接近外人,故有献密策,赠军器,大得其声援者。而今与固陋浮浪之徒,相和而煽排外之声势,内外交敌,非计之得也。况事急又无策应哉?"朱铁沉思多时,遂出,曰:"谨承教,惟时机已去,无异悍马之加铁鞭,矢已离弦,其将奈何?"散士乃遣一友与朱铁赴中国,以视察其形势,且止其无为乱动。后数月,友归曰:"渡航之日,经已发难。匪徒四起,道路梗塞。范卿亦未谋面,乃入南向以观其形势。当时钮等军无统一,号令不行,乌合喧嚣,辽燕应兵,亦失期不发。且又徒杀外人,烧教堂,肆行剽掠,故天下无响应者,义士无表同情者。与清军一战而败,钮仅以身免,走广东,为捕吏所获,处斩。闻其临死,喟然仰天曰:'大丈夫举事成则为王,不成则死,死固不足惜,惟地下无颜以见范先生耳!'从容自若。而范卿之生死,则茫乎不可知矣。"

曩我国数以失败于改正条约,国威不伸,宪政不稳,上下相轧,朝野异论,解散政府议会,百揆失叙,持论汹汹。政府误施政之道,国民迷适从之所。于是西人相语曰:"立宪政事,不适于东洋诸国。观于昔之日本,实非外患,乃内忧也。"中国人亦见我现状如此,因相和而嘲曰:"橘移淮北即为枳,倭人徒眩惑泰西之文明,妄易其俗,移其风,岂非沐猴而冠哉?"遂亦有轻我之心焉。

其时朴泳孝、金玉均等,流寓日本,交结朝野人士,为国尽瘁之念,无日或辍。金乃卓荦之士,以素行不修,多被人累,具纵横之才,所有计画不鲜。朴则重厚之人,薰陶故国子弟,以养开明之气,力主教育主义也。先时,朝鲜政权,全归闵族之手,甚恐金、朴之再有举动。今朴从事教育,颇得势力,因甚惧之,欲乘其未萌,早为扑灭,以绝后患也。时有人劝玉均游行于中国,玉均素勇猛敢为,遂从其言。盖其意欲入见李鸿章,将以大有所为也。交友危之,多沮止其行者,玉均不肯,曰:"韩人纵欲害余,然吾杀身成仁。三韩虽萎靡,不少慷慨之士,他日或杀一余,而后起者不只一余也。"掉臂不顾而行。初,韩人有李某者,承闵族密命,巧言令色,以与朴、金等相亲。散士一日与李语,察其必有异志者,因戒朴、金远之,又劝其徒早为之备,而朴、金等阳则相许,实与李日益亲密。既而玉均航上海,遂堕李术,为凶徒所刺。尸首至韩廷,百官上表称贺,暴于市上。榜文曰:"大逆无道金玉均。"初,凶徒之谋,本欲共图金、朴等,玉均之杀于上海,亦欲以是日杀朴等于东京。谋既成,朴等谍知之,因求警备于我政府。政府不顾,适凶徒来窥,朴等直捕缚之,乃得免于难焉。

夫作治法,其弊犹乱,况作乱法,谁能治之?朝鲜之虐政日甚,八道皆有倒悬之苦。盖朝鲜之失八政,《洪范·九畴》曰:八政,一曰食,二曰货,三曰祀,四曰司空,五曰司徒,六曰司寇,七曰宾,八曰师。重五过,《书》

曰:狗私玩法者,其数五,一曰畏权势而不敢执法,谓之官;二曰报恩怨不出公,谓之反;三曰听妇言,谓之内;四曰受贿赂,谓之货;五曰听干请,谓之来。此五者皆以私心怀法,情尤可恶者也。晦蒙否塞,阶闼暂扰。而四海沸腾,上下相离,已非一日矣。提耒耜,揭席旗,以倡革命者,概无宁岁。韩廷司空见惯,经已视为常事。至是东学党乘机而起,势甚猖獗,全罗、庆尚诸道,望风响应,韩兵不能镇压,势成燎原。行迫京畿,韩廷始惊而觉之。而当壬辰之役,韩依明兵以却我兵,其时新生朋党之祸,分则为四五,合则为二三。南人北人,互相敌视,西人东人,两不相容。其纷争之甚,则为暗杀,为毒害,为谗诬,为酷刑。外而粉饰太平,内而蜗角纷斗。其所谓朋党者,则又非汉时之清议,非欧美之政党,只不过攀援门户,排挤异族,互争政柄而已。怨毒相结,自祖及孙,久愈牢固。而且朝鲜政礼,国王虽有无上之权,而南面垂成,徒仰皇妃。故常立后之日,领议政皆先行更迭。百官司职,非王妃之同族,即王妃之党类,此为万国之所无。牝鸡司晨,无足为怪。然阴恶郁结,党争剧烈,俱此之由也。当今王登极之初,大院君以王族为摄政,实乃异数。而大院君今又拥立今王,以擅权势,由其亲党闵族册立王后,益因己之势力。然闵族之新立,势力渐厚,遂自成为一党。国内二大党派,互相轧轹,争扰二十余年,毒杀暗刑,虐杀幽囚,无所不至。甚至御帘亦飞弹丸,玉座亦溅血肉,而于天生平民一党于其间者,即东学党是也。

全罗、庆尚两道之境,有云峰山者,道人崔济愚苦练之所,初行主倡东学宗旨。东学云者,东方之学也。近儒而不固执于儒礼,近佛而不拘泥于佛法,近道而不偏倚于道术,圆融三教,别作新式。全罗、庆尚之民,靡然从之。数十年间,教徒称十余万。崔济愚年三十,韩廷忌之,处以死刑。然其高足崔时亨、全琫准之徒,继接学统,其势益盛,力行布教传道。明治二十六年,韩廷谓全罗诸道乱民蜂起,乃受东学党大院君之意,因尽捕其首领下狱。东学党既恶闵族之跋扈,复愤先师之被戮,积恨三年,而今又值此大难,断不能拱手受刃。二十七年春,全琫准之徒,先起而作诉愿三十余条,誓奉大院君以厘革朝政。据全罗道白山，传檄八道，散徒响应。挂念珠提枪剑而集者，如云斯涌，如神斯敬，称其集处谓之济众义所，作十二旒之旗帜，出十二条之军令。入郡府，驱暴官，开仓库，赈贫民，听断囚罪，伸理冤枉。所向四民悦服，郡邑无敢抗其兵者。韩廷大惊，发兵伐之，不能胜。璿准时年四十，谨慎而有谋略，屡设奇计以破官兵，频陷郡县。遂长驱而出全州城上山岭，乘晓雾袭完营，完营兵仓皇弃城走。全州城者，三道之枢要也。时有太平道人赍秘计入鸡笼山中，其所赋太平歌曰：

太平唱来五百年，厝火积薪坐贪眠。

历数有谶思郑氏，八道谁当解倒悬。

陇亩来见嘲燕雀，惟有妖星缠灵躔。

鸡声一夜须蹴起，底事抚枕徒慨然。

东学道主崔夫子，道统曾自云峰传。

教纲新提仙儒佛，学徒十万担一肩。

名士从来多忤世，污吏诬人自古然。

念珠在手提铳起，老雄心事转堪怜。

全州北指朝天阙，南之岭湖势可连。

韬略独推全璿准，万马衔枚凤头巅。

晓雾微星夜宴酒，一城仓皇惊响弦。

风记翩翩十二帜，完营城上明旌旗。

镇南徒是马服子，屡怯鹤唳徒回邅。

三南已非贪官有，好向京师勒鞍鞯。

烈焰四面万雷进，新军传诏下日边。

济众之义诚杀伐，退军且见秦法悛。

日东男儿有义胆，千里赴难不顾身。

锦囊秘得霹雳术，短袖更藏蛟蚪拳。

扬鞭金陵雨暗夜，软血广寒月明前。

八道河山在指顾，一朝转坤又旋乾。

鸟岭南去三百里，行驰羽檄望狼烟。

> 全州北去十五驿，暂屯手兵俟风云。
>
> 八将星罗如曜电，相迎拜吾筑仙坛。
>
> 指天指地誓曒日，谈兵论道风生筵。
>
> 大道不怪行大逆，密谋先天不违天。
>
> 再徇州郡张形势，忽放危计入京阡。
>
> 汝上云峰立汝马，万县传檄下灵寰。
>
> 吾入鸡笼网吾室，七初投鞭乱洛川。
>
> 奇中有奇奇生奇，约中有约约更坚。
>
> 隐显离合浑是密，神变谁敢倪其端。
>
> 东学党兮东学党，动九天兮潜九渊。
>
> 愿建斯无前鸿业，太平长集大朝鲜。

其句隐晦，虽难尽晓，而当日东学党志向，可以知之矣。

已而韩廷顺民情，果举大院君以为执政，斥逐闵族。瑇准等渐达其志，东学党于是得势矣。然以暴易暴，大院君为政，亦失其道，民不奉令，盗贼蜂起，皆假名东学党以掠夺良民。时适日本兵诡杀朝鲜二人，土人大愤，遽起袭之。日本兵以为东学党所为也，遂围烧党魁崔时亨之家，时亨之生死不知。于是瑇准慨然曰："日本欺我，假名于义，以恣其残暴，壬辰之事，可以前鉴。且今日人左右我国政柄，国王虽有如无，是正君辱臣死之秋也。"大集其徒于云峰，出没全罗、庆尚之间，欲以拒绝日人。二十八年四月，瑇准携其徒孙化忠等变服潜入京城，将有所图。道过淳昌，为韩兵所围，被伤遭擒，俊旬日，遂斩于市，从容就死。瑇准逝后，而朝鲜革命之精气，从兹绝矣。

朝鲜者，原为中国之属土也。大邦之义，于属地祸乱，原有靖难之责。当时朝鲜，内忧外患，交侵迭至，乞援书至中国，大义所在，故派兵赴援。而日本方当维新，气焰正旺，窃欲于东洋寻衅，小试其端。彼见清廷之可欺，朝鲜之可诱也。遂借端扶植朝鲜，以与清廷构衅。清廷不察，以为今日之日本，犹是昔日之日本，亦欲因而惩创之，俾免在东洋狂横跳梁多事也。不谓物先自腐，虫因而生，国先自毁，人因而侮。歌舞太平三百载，将不知兵，士不用命，以腐败废朽而且不通世故之老大病夫国，与彼凶性蛮力而且有文明思想之新出世日本，斗力角智，势固悬绝。故一举而败于朝鲜，再举而陷辽岛，割台湾，偿巨款，我日人志趣远大，犹以为未足也。不意俄、德、法三大国干涉其间，不无所慊，见机而退，理有固然。而在野少年志士，多有以此咎政府者，是未知政府之苦心耳。

　　任公先生戊戌出亡，东渡日本，舟中译此自遣，不署名氏。书亦久已绝版，近从冷摊中得之，补入集。

　　任公诗《纪事廿四首》之一"襄译《佳人奇遇》成，每生游想涉空冥。从今不羡柴东海，枉被多情惹薄情"。柴东海，即原著者柴四郎也。

编者识

世界末日记*

[**1902 年 11 月 14 日**]

地球之有生物,凡二千二百万年,其间分六期:太初期一千万年,生物原始期六百万年,生物发生期二百三十万年,高等生物发生期五十万年,原人期三十万年,人智开发期二百万年。自兹以往,地球日以老,太阳日以冷,而一切有情,遂皆灭尽。

太初时期,地球皆洋海也。洋底凸处,厥生岛屿;岛屿连积,浸成大陆。水质郁蒸,腾为空气。太阳热力,最初极盛,以次递减。温热之度,愈嬗愈低。原人期间,地球面积四分之三,尚以水蔽,温度犹甚,不适民宅。年复一年,纪复一纪,雨水之一部分,深渍入地,不还大洋。雨量日减,洋面日洼,空气愈减,温度愈降,而冰雪界之范围,日以扩大。前此惟在高山及南北两极地者,浸假遂侵入温带矣。

太阳者,地上一切光热之原力也。太阳本体,既日冷却,其发光力渐失。前此如电如焰之青白色烈光,渐变为金色,渐变为黄色、为赤色。其发光之变化,由日面斑点之增加,喷火之减少来也。坐此之故,地上温热,日低一日,地形随之而变:陆日多而海日少;寒带之气候,移于温带;温带之气候,移于热带。遂使两极与赤道,日相接近,人畜之所得居者,惟在赤

<hr />

* 录自《新小说》第一年第一号,署"饮冰译",原置于"哲理小说"栏目下,1902 年 11 月 14 日(光绪二十八年十月十五日)出版。收入《饮冰室合集·专集》第九十。

道下温暖之溪谷,其余诸地,皆成雪碛冰天矣。

历数十世纪以后,人智愈进,人道愈完,形体上之劳作,既已尽绝。电气机器之用,普遍全球,一切物类,可随意用人力以生产之。人种合一,万国大同。虽于一群之中,尚有优者、劣者、治人者、治于人者之分,不能如古代诗家所梦想之完全平等,然残酷惨苦之事,殆绝迹矣。于是西历纪元后二百二十万年顷,人类文明最后之中心点,移于赤道下亚非利加中央之桑达文市。前此罗马、巴黎、伦敦、维也纳、纽约诸名都巨府,既于数十万年前埋没于冰下。

桑达文之共和府,今也奢侈华丽,文明达于极度。上古时巴比伦、罗马、巴黎诸地幼稚的快乐,视之殆瞠乎其后。其进步之结果,其科学工艺劳作之应用,使人生之快乐幸福,达于绝顶。敏灵之电气,浓郁之芗泽,微妙之音乐,常使人之五官受剧烈之刺激。华灯璀璨,虽夜若画,人之神经,与之相逐,无寸晷之休息。于是男女平均仅及二十五岁,即消耗其能力以死。人人见地球寒气之日烈一日也,知彼久亘而永不解之严冬将近也,愈恣意于目前一日之乐,相竞于生计之华美,极耳目之欲。举世之妇人,无欲为人母者。上等社会之女子,讲求种种方法以避妊娠;其为世界尽为母之义务者,惟下等社会中之少数者而已。而当时受寒气之袭击最剧且烈者,惟下等社会为尤甚。驯至一切妇女,皆觉妊娠生产之无所利,相率避之,卒乃桑达文政府以公议发布一法律曰:有能为我地球产出最后之人民者,则以共和府全体之财产赠与之以为报酬。虽然,终无应者。

噫!世界终末之期,早已至矣。地上已无复新生继出之人类,然人人尚望幸福之在于来日,怨恨不和、悲叹争论、诽谤绝望之声,络绎不绝,人类生活之价值已失。最后经医学会会员悉心评议,讲救治之法,曾无寸毫效。此有限之人民,发癫狂病者,日多一日。医学会员、政治家等,互相讨论,争议激烈之极,至以刀剑相血斗,而生理上、政治上之救济,竟不可得见。

时则有共和府最后之住人,名阿美加者,原注:阿美加者,最后之义也。大集公众,攘臂而责其嗔痴,且建一议曰:请以政府之费,造电气飞船,乘之以探求赤道温暖之地,率国民而移住焉。卒乃共赞此议,遂造飞船,命健壮之男子乘之,腾空以试远征。

噫!登高一望,极目千里,全地早已隐蔽于冰雪之下,到处荒原残垒,凄凉寂寞,如睡如泣。霜雪漫空,海陆一色,时见孤峰寂然立于冰洋之上。偶借罗盘经纬线之力,想像零落旧都之遗迹,地上万物,既无一之可辨识,其接于眼帘者,惟有"冰"与"无"之两物而已。每夕目送太阳之赤盘作死色以沉于皑皑白原之西端,如是者以为常。

飞行数日,船员之死于饿、死于冻者既已过半,日者船中一人下瞰,见有一河,尚未冰结,细察其旁,似有零落大都之遗址。试下降焉,不料河边竟有一群之人,船员皆如梦如觉,喜跃无量。地上之群,亦以非常喜色迎之。盖此群亦人类最后之一群,而方在绝望之极点者也。群中一老人,身穿鹿皮,相貌奇古,为一群之长。今见新客之从天降也,群集左右,燔柴枝炙鱼肉以相欢待。于是新来者逐一谈其来历,且问曰:"以地形方位测算之,此地得非南亚美利加洲之亚玛逊河口乎?"**按,亚玛逊大河在今巴西国,世界五大河之一也。**

老人曰:"然。闻诸上古之口碑,此亚玛逊河之水,其大如海,今也全不然。昔者巴西、亚尔然丁、哥仑比亚诸国之盛于南美也,北美洲分为联邦,纽以合众国政府。其在欧洲,有法兰西、英吉利、俄罗斯诸国,互握霸权,争相雄长。其时之大西洋,非常广阔,自纽约至哈布黎,自槟南浦至达卡儿,弥望皆海水也。今之西印度大陆,**注意。**当时不过区区数岛屿而已。大洋之水,比诸今日,既多且深。降雨频繁,河水不涸,如此地者,永世以来,不见冰雪,草木畅茂,花鸟四时。曾几何时,迄于今日,此等景物,随地球之形质而全变异。大地之自转本轴,日以迟缓,昼长月远,太阳全冷。畴昔大洋之水,蒸发入空,为云、为雨、为泉、为川者,今皆干注于地壳内。空气干燥,温热减少,人畜之住处,渐次减缩。今惟余亦道一带之地,少保残喘,即横贯于吾侪亚美利加与君等之亚非利加同一纬线之片地而已。

彼欧洲者,由北极而西伯利亚、而拉布兰、而亚尔布士、而高加索、而比利尼士,先后次第埋没于冰块之下。当前此纪元十九世纪二十世纪之顷,彼中号为文明之极轨者,曾不数百年,遂灭亡而一无所存。彼欧洲诸国,因其人群组织之方法,离奇妖怪,卒自澌灭于其本身之血海之里。当时之宗教家、政治家、经济家,侈然以为永久宏大之荣华幸福,集于彼等,嚣然以天之骄子自命,岂意曾不旋踵,遭支那人复仇之袭击,遂狼狈散乱,而无一足以自保也。**壮哉!我支那人译至此,不禁浮一大白,但不知我国民果能应此豫言否耳?**据近世史所记载,昔尝有探险远征者,人冰中以探古代巴黎、伦敦、柏林、维也纳、圣彼得堡之旧迹,所至往往见其所用种种兵器,窃计当时之人类,实与禽兽相去不远,盖为一种野蛮之族类,无可疑也。**骂尽欧人。**彼其野蛮情状,征诸今日图书馆所存古书,亦可见其一斑。彼时有犯罪者,以刀剑毒药种种残忍之方法以杀之,而号称文明中心点之大都会,往往有大革命之起,填尸如陵,流血成河,或悬人于壁而铳杀之。有所谓断头机者,杀人如草,不闻声云。此等风俗,实今日吾人所不可思议者也。近世史家,指吾辈之此等远祖,谓未可加以人类之名,诚哉其然也!**骂尽欧人。**

"使于彼时代,而世界之末日忽至,遽尔陆沉,则其所损失者亦自有限,顾乃不于彼时而于今日。今也星移物换,至于我辈所值之时代,使我等不得不死,不得不亡。我等之死亡,实由于冱寒耳。大地之物产既绝,无五谷无家畜者已数百年矣,食物之存者,惟一鱼类而已。我等之中无一妇人,我今日早已无可新产之儿孙矣。"

新来者闻此最后之一言,如电气然,刺激于胸脑。飞船船长惊曰:"嗳呀!你们里头,亦是没有一个女人吗?"老人曰:"然。无妇人久矣。"船长曰:"嘻!我等故土无一妇人。我等实求配偶、求传种,故远航以至此。"老人曰:"噫!君等亦无女性者存乎?"主客相顾,默然有间。

却说非美两洲此等事件初起以前,于亚细亚洲之锡兰岛,实为亚细亚人种最后逃避之所。其时之锡兰岛,因海水已涸,直与亚细亚之南端相紧接。盖此地以近赤道故,尝为此方之乐园者也,今也于亚端士山麓,有最后之人类妇人十二名者存。

此地男性之人类,早已消灭。先是此地女权极盛,一切政治事业,皆全归于巾帼社会。其结果也,少女之数,遂远加男儿之上。自数世纪以前,凡代议士、法律家、医家种种高尚之职业,皆以健强之女子代柔弱之男子;趣语。浸假而商业、技艺、文学等,人群中所有事业,皆垄断于女子之手。男子之教育,日以荒落,驯至求一适当之园丁农夫,亦不可得见。其妇人亦不必直接劳作,惟以精巧之机器,成就各种事物。及地力既尽,生物之繁殖,日以减杀,人类之孳乳,亦自不得不差缩。自此以往,不复有如前日之成一家族有多数之儿孙者矣。间有妊产,而女子之数常多于男子;即幸得一二男子,亦大率殇夭不育,盖遗传淘汰天演之作用使然也。此等倾向,日甚一日,及至世界之末日将近,而亚细亚洲仅余三家族耳;不幸其中男子二人,亦早夭逝。至是而代表亚细亚旷劫以来过去未来之人种者,惟此十二妇人。

此十二妇人中,其最少者,名曰爱巴,生三岁而其父死。其父即人类最后之父,而与其母结婚未久,即罹心脏病以死者也。丁斯时也,因人口业务之减少,而万物所附属之利益价值,亦随之而减少。畴昔广大繁华之锡兰大都会,次第为植物所进击,而日以埋没。街衢第宅,鞠为废丘;杂草荆榛,高可隐屋。人治退去,天行猖狂,凡寒带地之植物禽兽,皆围集于大都之旁。都中所余之建筑物,惟一公家图书馆而已。馆中所有一切文学书,久已荒废,其可览者,惟有考究世界末日大问题之科学书籍,与过去之历史。此生存之一群,虽尚日望永远之幸福,而其大凶日早已相逼而不可复避。

人力既已衰颓,于是万能力之机器作用,亦随之而消灭。电气之动力,已废不用。其间有游历者,只为避冰雪之袭击,逃而至他耳。当数世纪以前,全地球之人民,无论住于何地,虽隔千万里,得对语如比邻,全地合为一国民,同用一种言语。虽然,今也隔绝寂寞,忽复于太古混沌之旧世界,三群之遗民,互相暌隔,彼此不复知消息。而前此锡兰雄壮活泼之妇女,今也统治之精神、好奇之感情,一切消灭。乃至快乐爱情之希望,亦已堕绝。虽余彼等最无聊最不幸之一群姊妹,结成一离鸾寡鹄之凄凉家族,同着尼服,度此残年,此实爱巴三岁时之情状也。

虽然,厄运既日迫,瞬息不可留。此一群中,以非常之速率而日减削,经十五年,已蚀之其过半。当阿非利加桑达文飞船飞降南美之际,锡兰之一群,仅余五人,而其最少年者方十八岁。

于时彼飞船队闻老人之言,已知亚美利加无一妇人;亚非利加,亦复如是。欧洲既久葬于冰雪里,亚细亚亦已于一世纪以前,不通闻问,想其命运,亦与欧洲等。然则除遄返故土之外,更无希望,乃于翌日辞美洲之兄弟而行。

当飞船之启行也,美洲之一群,颇有欲与之偕,以移住于桑达文者。然以老者不堪怀土之情,欲埋骨于故山也;又以非洲亦无复妇女也,故遂止,而船中人乃独就归途。此次复绕地球之他面以行,经过美国之故墟,但见零落旧都,隐没于点点白烟之中,其凄凉有更过于来时路者。

掠眄昔泱泱之太平洋,今日莽莽之白平原而过,若者为暹罗,若者为新嘉坡,若者为麻六甲,其地面久已为层冰深雪所蔽,正近锡兰①,雪色稍薄,停船一眺,异哉! 一零落大都之下,蠢蠢然若有人迹,是正地球上最后妇人栖止之乡也。

船员惊喜下降,诸男子等告以此次远征之目的及其所经历,彼一群之女子,于绝望之余,获此奇遇,朱颜顿开,心目俱豁,相会不及半日,而此憔悴五尼女,忽变为媚秀之五美人。诸男子乃说诸女子以同赴桑达文之利益,彼等虽尚恋恋故土,然默忖此地物力既尽,不可终日,如彼桑达文,或尚有数年安居之希望,遂悉表同情,愿与偕行。就中男子之阿美加,与女子之爱巴,二人者一度相见,爱情缠绵,恍如旷劫以来,久别复合,于是淹留半月,男女相握以向桑达文。彼等探险队得此美满之发明,其愉快何如哉!

不图山河未改,风景全殊,彼等既返故土,而桑达文已迥非瀕行时之情状,曾无一人倚门以望,扫径以迎。俯首一望,前此常时集会之公馆,已

① "正近锡兰",《饮冰室合集》本作"时正近锡兰"。

成芜废,剩有累累坟墓,突兀眼前。彼等出此空船,先人公馆,但见其亲族朋友,死体狼籍,或正濒于死,余喘呻吟。盖自彼等远游以来,居民之数,已仅余三十,加以怒风频号,酸雪屡袭,一切庐室,破坏无余。今惟恃此坚牢之一公馆,相率群居,为最后逃避之所。虽然,复有一种传染病起,次第剿灭众生,今早成一不堪入目之饿鬼地狱。此远游之归客,惟以吻沫相濡煦,舍此更无他图。

既而寒气日加,烈风不断,太阳之微弱光线,不复能透过浓雾以照此世界,惟于室内燃火,紧闭窗户,少保存温度于万一。群中之最勇敢者,至此早已绝望,惟日日屈指以数生存者之数。计数礼拜内,由十五人而余十人,由十人而余五人,其遗存于最后者,仅有阿美加及爱巴之两男女,与数千万年前之亚当、夏娃相对峙。

彼二人者,生息于惨苦之下既久。忽然一日,大风顿息,太阳复从云间瑟缩而出,于是二人更鼓勇气,思一见世界最后之现象,乃复驾飞船冉冉上腾。俯瞰桑达文全都,早入雪中,不复可辨。彼等见北方一带之地,冰雪稍薄,乃向以进行。

撒哈拉沙漠以南,亚非利加之大旷原,雨雪云雾,皆不如他地之甚,盖由其地质为地球中寒气最低度使然也。自此土以达于亚剌伯、努比亚,本为热带风经行之路,故埃及之一部分,得免严冰暴雪之袭击。二人循此以行,止于层冰峨峨之尼罗河上,骋目一望,但见布拉密之大金字塔,庄严如故,伟大如故,屹然立于千里一白之间。

於戏!此人类第一之华表,而太初文明之纪念碑也!彼其几何学的硕大之建筑,与天地相终始;彼以其翛然物外之冷眼,觑尽此世界无量家、无量族、无量部落、无量邦国、无量圣贤、无量豪杰、无量鄙夫、无量痴人、无量政治、无量学术、无量文章、无量技艺,乃至无量欢喜、无量爱恋、无量恐怖、无量惨酷、无量悲愁,一切人类所经营所构造,其得遗存于世界之终末者,惟此一物,惟此一物。于是乎世界最后之人,与最初之王者,卒乃同求安身立命之地于此一杯土之下。於戏!不亦奇哉!不亦奇哉!

未几暴风再起,大雪频注。爱巴曰:"我等终不可不死,今行何之乎?

愿请少留,妾惟愿凭郎君之腕,以死于平和。"二人乃求金字塔中一洞穴,占一坐于其内,相与凭眺一望无垠之冰雪原。

此绝世之少女,为寒气所袭,以轻颤之皓腕,与所爱者相偎抱。此绝世之美少年,亦微抱所爱者之酥胸,香腮厮揾,万种温存。虽然,风益暴,冻益甚,雪打金塔,耆耆有声。少年曰:"爱卿啊,我等实世界最后之人也。君看此世界中,国土何在? 政治何在? 学术何在? 技艺何在? 荣华何在? 威力何在? 今日全地球只赢得雪中一大荒冢而已!"少女曰:"然,吾观历史上无量数之美人,颠倒几多英雄豪杰,缠绵歌泣于彼数十寒暑。虽然,爱根终当断绝,爱根终不得不断绝。妾爱君也,而今既不得不死;君爱妾也,而今既不得不死。"少年曰:"虽然,我辈有不死者存。"少女曰:"然,我辈有不死者存。一切众生,皆有不死者存。妾今已不寒,请与君一散步。"何图方欲起立,此少女之足,已为寒气所迫,失其感觉力,向后忽倒。乃曰:"妾今欲眠。"乃以纤手倚少年之肩,吻与吻一相接。彼少年握其所爱者之手,置诸膝上,曰:"吾爱卿,吾护卿眠。"于时放最后之眼界,一瞥太空:万有之形,一切既死;万有之相,一切既死;万有之色,一切既死;万有之声,一切既死;惟余雪风飒飒,薄击劫劫尘尘不灭之金字塔,地球上独一无二之形相声色,于是乎在。

俄而有一种异音,跫然来前。嘻! 此何声欤? 其金字塔中更有人欤? 其鸟欤? 其寒带之熊欤? 何图一匹之犬,来于彼两相爱者之侧,一跳一跃,发大慈悲、大欢喜之声,以震荡此最后世界。噫! 此阿美加所畜之爱犬也,以何因缘,而得来此? 吾不能知焉。但见夫跳掷数匝,以舌舐两人之面与其手,以身翼覆彼等,而彼等已寂然无声。

自兹以往,漫天之大雪,益降积于地球之全面。

而地球尚自转本轴向无垠之空中,挈挈汲汲,飞行无已时。

太阳依然也,然其如死之赤光,历永年后卒全消灭,窅①然一黑暗的天墓,长在深夜之里,绕此庞然一大黑丸以运行。

---

① "窅",《饮冰室合集》本作"杳"。

群星历历，尚依然灿烂于无限之空中。

无限之空中，依然含有无量数之太阳，无量数之地球。其地球中，有有生物者，有无生物者。

其有生物之诸世界，以全智全能者之慧眼，微笑以瞥见之"爱"之花尚开。

译者曰：此法国著名文家兼天文学者佛林玛利安君所著之《地球末日记》也，以科学上最精确之学理，与哲学上最高尚之思想，组织以成此文，实近世一大奇著也。问者曰："吾子初为《小说报》，不务鼓荡国民之功名心、进取心，而顾取此天地间第一悲惨杀风景之文，著诸第一号，何也？"应之曰："不然。我佛从菩提树下起，为大菩萨说华严，一切声闻凡夫，如聋如哑，谓佛入定；何以故？缘未熟故。吾之译此文，以语菩萨，非以语凡夫语声闻也。谛听谛听，善男子，善女人，一切皆死，而独有不死者存。一切皆死，而卿等贪着爱恋嗔怒猜忌争夺胡为者？独有不死者存，而卿等畏惧恐怖胡为者？"证得此义，请读《小说报》，而不然者，拉杂之，摧烧之。

俄皇宫中之人鬼[*]

[1902 年 12 月 14 日]

　　此篇乃法国前驻俄公使某君所著也。俄前皇亚历山大第三，以光绪二十年十月崩于格里迷亚之离宫，旋以庄严之仪式，归葬于圣彼得堡，其谁不知？此文不过著者之寓言耳。虽然，其描写俄廷隐情，外有无限之威权，内受无量之束缚，殆有历历不可掩者。专制君主之苦况，万方同概，岂惟俄皇？译此以为与俄同病者吊云尔。

译者识

　　余不幸以小说家闻，今将执笔述一亲见之怪事。此其事苟稍识俄国内情者，眼光应能照及。犹恐读者以出余手笔，且以事实类于不经，或疑为《子虚赋乌有先生传》，则大失余意矣。故今先与读者约，必毋以读小说之意读兹篇。

　　欧洲人以外交家自许者甚众，而无一人能知俄罗斯；非不知俄罗斯，不知俄罗斯之政府也。以彼行事主秘密，其中有万种不可思议之隐情，故彼当局者借假面以与天下相见，犹俳优登场然。余奉使驻彼得堡时，彼亦仅授余以一寻常看官之位置，而不意余之竟能入其内幕而察其真相也。

　　自皮相者观之，俄国以专制闻天下，君权无限，生杀与夺，一在其手。

＊　录自《新小说》第一年第二号，署"曼殊室主人译"，原置于"语怪小说"栏目下，1902年12月14日（光绪二十八年十一月十五日）出版。收入《饮冰室合集·专集》第九十一。

天下最快心得意占地球上纵欲家第一等地位者,孰有过于俄皇哉?虽然,六十年前,康士但丁公,以太子之身,弃位而逃,以让其弟尼哥拉第一,此世人所共闻也。闻焉者骇焉,以为公何高尚乃尔,敝屣富贵乃尔。而乌知夫好逸恶劳,趋安避危,亦犹夫人之恒情,彼其于利害得失间,审之极熟,不欲耽虚名而受实祸以为高也。

有俄国者,非俄皇也。俄皇为猎犬,而别有驱而嗾之者;俄皇为傀偏,而别有持而舞之者。嗾之舞之者谁?彼其贵族官吏之中,自有一种不可思议之秘密党,盘踞全俄无上之势力,逆者死,触者坏。从俄皇屡代遇刺,万乘之尊,如豕在牢。不知者以为全属虚无党使然,而岂知其毙于亲臣大臣之手者,尤伙且毒;而彼日日崇皇拜皇,言皇权神圣不可侵犯者,乃正为皇狱吏为皇剑手也。

岁甲午,西历十月,俄前皇亚历山大第三以病不起闻,各国报馆,皆舐笔争纪其事。既而新君登极,移住冬宫。天下想望新政,其国之新党,咸谓今皇居储贰时,已不喜专制政策,行将取自由主义以餍民望,则最剧最烈可畏可怖之虚无党,亦以政局未定,沉几以观其变。故今皇初即位时,俄国政界称最静谧。虽然,俄廷者,奇闻怪象之渊薮也。政海波澜,靡时或息,无端有一种无可思议之怪说起。其说维何?则冬宫有鬼也;其鬼维谁?则先帝亚历山大第三也。

俄国警察手段之密之捷之酷甲天下,稍触政府之忌,则将以雪窖冰天之西伯利亚为葬身地,国中人盖兢兢焉。此谣言之起也,索隐家虽属于目,而莫知其说所自来。更阅数日,则已噤口莫敢复道。其知之而言之者,不过上流社会之若干人耳。俄国报馆既相戒勿敢言,外国访事更安从耳之,故欧洲各国,殆无一人能知其事者,而独奈何有余一人在。

读者勿谓余好奇也。余窃念此事,或有关法国之利害,故必欲穷其真相然后即安。幸也天假之缘,余彼时正在俄京圣彼得堡也。余驻俄公使任既满,何以仍在俄?则以代表法国贺俄皇加冕。公事既毕,为旧交所絷维,未能遽行故。

余充公使时,有一知己,为尼士智伲公爵夫人,其子名波里斯,为皇帝近侍，现正服职冬宫。冬宫有鬼之说既出，其翌日，公爵夫人招余饮，谈及宫中今夕开大跳舞会事，忽见波里斯盛服，匆匆自外来。比入门，遽高声曰："母亲，愿闻昨晚之事乎？"夫人叱曰："有客在，胡得无状！"波里斯红涨于面，急向余为礼。余识波里斯时，彼正在提抱，视余犹父，今已翩翩一美少年矣。余以其有事禀母，辞欲行，母子强留。波里斯为余述所见，可知一时震动上流社会之风说，正波里斯扬其波也。

我辈尝读俄国史者，必能知俄皇所住冬宫，为世界上著名壮丽之宫殿，无俟余喋喋。以其太大也，故余于用，常有空房。以患虚无党也，故不居之室，亦置守兵。皇眷所居，则选近卫兵之秀者卫之；皇帝所居，则以贵族少年任侍卫，波里斯即其中之一人也。

俄皇所居室，共有八间，绕以游廊，东通别殿。西尽处有一门，封锁谨严，其前面少有余地，可窥后苑。自此而进，只有空房数间，相传数十年来无居者。此处原可不设守兵，但以防侠客故，仍派侍卫一人看守焉。波里斯前夜所值宿，即其地也。

疏星明灭，树荫婆娑，夜静无人，独立沉郁幽阴之境，即勇夫亦觉无聊焉。虽轮值仅三小时，瓜代后即可安息，而卫士犹常不乐奉此职。幸也新君即位之翌日，即命废此处下半夜之直，于是直宿者皆颂新皇功德不置。

波里斯是晚自九点钟，承乏照例，立空廊下，其在职时间，以十二点钟为止。一到期限，即复自由，无论何时归家，均听其便。波里斯频视其表，心中境界，一起一灭，不知经过万千变化，真有挨一刻似一夏之想，焦灼彳亍，徘徊翔步，数尽更筹。直至十一点半之顷，倚窗一望，但见月色分光，夜凉似水，风来叶落，月上阴移，愁惨岑寂之气，竖人毛发。波里斯视线，为月光所引，东张西望，猛觉园中现出一物，闪烁于其眼帘之所向。呜呼！俄国宫中勃郁阴愁之气，自昔然矣，虽宫中人司空见惯，睹此亦安得不生怖想？彼何物斯？则一颀然硕大之人影，以白布覆面，正循树阴，向前面屋角潜行而东。

波里斯谓此人影其必为与俄国皇室不共戴天之虚无党员也，何图目线尽处，彼人影已行近前门。咄哉，咄哉！此门向废不用，虽设常关，从未有人出入其间,彼乃轻手一推,双扉忽启,人遽不见,影遽入灭。波里斯骇绝不知所为,心中鹘突,若芒在背。时自鸣钟已报十二下,波里斯竟呆然若无所闻,惟内自付度,将默息乎? 将告警乎? 将默息而有所不安,将告警而有所不敢。

波里斯之所以不敢者何也? 一告警而波里斯之命将在旦夕也。读者苟梢知俄国内情,必能知其虚无党之性质。彼虚无党固出没于皇室肘腋之下者也,俄之宫廷,若蜂窠然,穴其中者,孰党于皇,孰党于虚无,谁能辨之? 此人影者既已能出入宫禁,即使果为锄麑,则其本职非将官即侍从也;苟一旦告警被捕,彼何难设一口实以自解脱,转反噬以诬波里斯。彼俄廷之人,其久知之矣,故相率讳匿,得过且过。盖尽忠皇室之人,其危险殆与谋逆者等,专制国之通例然也。波里斯之迟回审顾也亦宜。

波里斯正仓皇失措,忽闻一种异音,发自空房,随风而至。倾耳谛听,则门扉阖辟之声也。默付以为彼侠客者,必潜入无人之室,将取道此空廊以袭皇居也。危机一发,手无寸铁,波里斯之狼狈,不言而喻矣。猛忆休憩室中有剑一、枪一,遂飞步往取。取得,走出,及门,忽目瞪而不能眙、舌挢而不能下、腰挺足茧而不能复步,何以故? 则以有一怪体突走空廊掠波里斯而过故。

咄此怪体何物也? 其人耶? 其神耶? 其园中之木魅耶? 何图乃一昂然七尺之黑影,黑衣曳地,白帕覆首,当寒月青青微光之下,其面目约略尚可辨识。彼物非他,正身死未寒举国官吏为之服丧之前皇亚历山第三龙颜也。

刹那间,波里斯惊魂稍定,鼓勇拽足出户外,循空廊一望,乃更奇绝怪绝惊绝! 咄咄,咄咄! 刚才所瞥见之形影,忽又寂然消灭,不可踪迹。惟余月光满地,寒蛩唧唧,与宫漏之声相应和。

以上云云,皆波里斯所自述也。余闻而骇然,乃徐问曰:"空廊之侧别有他室否?"答曰:"无有。惟近此边有一户,乃所以杜断新皇所居之通路者也。"余素不信怪异,因再纠问波里斯,是否由于眼花所致,波里斯力言不谬,其母夫人亦证其所见必真。余于是生疑心,其所疑与波里斯见怪时所起之初念正同，以为必属虚无党所为：彼殆赚得后园门钥以入于此，即通过皇居之户钥，亦或在彼手中。彼处自昨夜始废下半夜轮值，而今亥尽子初之际，彼人突入空房，殊非偶然。余虽持此论，而波里斯力言所见确为先帝之丰姿。且云：先帝见背未久，声音笑貌宛然，必无错认之虞。余辨诘既穷，则除实验之外，更无别法。若彼果为虚无党员，则今夜幸有宫中大会，必再出现，乃决意与波里斯同往彼空廊守望，以觇其实。波里斯亦素以胆气自豪，恐以见鬼见怪胆怯气沮为人所笑，因乐从余说，于是相携赴宫中大会。

俄尔大公主，美而艳，约余共舞。若在平日，余必竭才艺以博公主欢，不遑他顾，而当时以有事在心，且座间各人议论，皆在宫中有鬼一事，益生眩惑。时尊贵之人，往往以孩子迷惑为解，而其间以为虚无党所为与余同见者居多。舞毕，余就一侍臣某细询其事。彼真不失俄国人之真面目，其所言皆不出俄国政府之故技，彼力言宫中风说，牵连先帝，不喜闻之，愿勿再言。余闻此言，知宫中亦以为重事，乃不复究诘，复走近公主侧。公主炫其华服，问余以此在巴黎，当得何声价，爱情浓盎，溢于眉宇。而此时余与波里斯所约之时限已到，乃不复闲谈，辞公主而出。

波里斯果如约，迎余于门外，相与潜上石阶，直趋廊下。前班守卫，方正欲去，波里斯介吾相见，诡告以欲一观休憩室，彼笑颔之。幸彼亦忙赴会，匆匆竟去。时宫中大钟正敲十二点，空廊之下，唯余与波里斯两人，乃各执手枪，同立空廊者片时，既恐阻彼人之来路，乃退伏于休憩室。室中无灯光，苟有人从空廊过，必得见之，乃开休憩室门，静候消息。

候至两刻，万籁寂然，绝无影响。余谓波里斯诳我也，讽之，波里斯有怒容。余无聊甚，离坐潜出空廊，东张西望，并不见有所谓人影者。正纳闷间，忽见有一物遥触余目，而余之胸遂跃跳不止。细审之，见波里斯所谓禁房者，忽现出一线幽光，映余眼帘，急向休憩室挥手。波里斯知有事，股栗而出，随余手所指处，瞪目一视，忽战声疾呼曰："异哉！此火光从何而来？彼处十年来未尝举烛也。"余点首潜声曰："君言是也，然何足畏？余所疑必当，若彼果为鬼物，何以火光为？是今所见，比之鬼物尤为可畏，其为潜居空房以谋不轨,无可疑矣。"

波里斯颔余言,因曰:"将如之何? 呼守兵来邪? 抑报包探长邪?"余于政治界阅历既深,一切机密,皆莫能逃余法眼。余知此事必非寻常,若遽报闻,必致后悔,即波里斯亦不宜使知真相,乃谓波里斯曰:"凡事不宜仓卒,余必欲探得其实情。且余为外国公使,代表一国,法律上所谓神圣不可侵犯,则探虎穴而得虎子,正余之任。君盍留此,待余独往,查火光之所从出,若逾十五分钟不返,则竟往报包探长可也。"波里斯初愤余不与偕,后以他言赚之,因出表相对,画十五分之定限。余遂潜行,向空廊之火光而进。

火光自空廊尽处石室重门之下泄出者也。初欲敲门,继而变计,因念彼怪必自此门出入,或为出来地步,未尝扃锁,亦未可知。余既定计,乃试执门环一转,觉微动,乃乘势一推,果应手而辟,更一推,门遂启,而声大响。余以此时无复可隐,乃放胆排闼直入。余所入处,若门房然,窥其奥,似有数房,而绝不觉有人气,惟右首有一室,户半开,火光正从此出,空廊望见者,即此火之末光也。乃急掩大门,奔入此室。

余当时之惊诧,余当时之震栗,至今犹铭刻脑中,欲忘不能忘,何以故? 当开门一响之际,室内有一物,忽自椅上蹶起惊立。其物非他,正波里斯所谓身长八尺,服被黑衣,其容黯淡,其色凄凉。呜呼! 果身死未寒之亚历山第三也!

余当时一见惊绝,曾启口作何语与否,今不复记忆,惟见彼人自怀中出一枪相拟。余自知生死关头,亦急出短枪相向,且大呼曰:"余乃法国使臣也,今借天皇之威灵,问汝果为谁人。"彼人遽垂小枪熟视余,少倾,若有所觉察,乃发一种悲声曰:"余亚历山第三也。"语既毕,即倒坐椅子。余时不能自禁,手一震,短枪轰然掷地,身几倒,幸为椅所支。气殆绝,久之乃曰:"呜呼! 乃陛下耶! 外臣唐突,伏乞见谅。虽然,陛下⋯⋯"余一语未终,亚历山遽曰:"卿必以我为死矣。"又长叹曰:"居,吾语汝。汝既来此,知余密事,吾复安能隐? 汝盍安坐,今余已非帝者身矣。"余惊定告坐,帝曰:"卿请言卿所以至此之由,我以为此避世桃源,必非外人所能至也,卿以何因缘而得来此?"余乃具以前情告之。

帝曰:"有是耶,有是耶。我素知卿,卿探侦秘密之手段,在欧洲无可与伦,今余将一切心腹告卿,或反为利;尤幸卿只一人来,且喜卿素重信义,今吾将语,其静听之:

"余父亚历山第二,在彼得堡街上,毙于炸药,卿所知也。此等险象,余虽惮之,然不足为余怖。兵凶战危,常人所怯也,然乘好胜之心,毅然当之,曾不足为余惧;惟有日复一日,年复一年,有一种特别危难,伏于肘腋,处处相随,无一息之间断,是则人所最难堪者也。余不幸登俄国血腥之帝位,自兹以往,遂无日不在愁困苦痛之中,一刻不能自安。自皮相者观之,皆以余为君权无限,而不知余为左右所掣肘,无权无力,一事不能办。天下不察,反以余躬为丛怨之府。呜呼!余真无乐乎为君,以堂堂七尺之躯,乃仅为左右之傀儡,其有罪也在余躬,其有危也在余躬。吾尝自哀自讼,不知前世作何恶业,今乃托生为专制君主,历尽人间世不能历之苦况也。人多以维新改革说吾,若卿者,最熟悉俄国事情者也。卿为我设身处地,余果一从事改革,则彼等太后党世家党其有不欲得余而甘心者耶?"

余再拜曰:"诚然。"帝乃继语曰:"余拥此虚位,阳似尊荣,实则与禁锢无异,求与民间一富翁比,尚不可得。坐是之故,余蓄志欲退位者,十余年于兹矣。徒以吾子未长成,未克当此难局,是以不果。今幸机会已至,平昔所志,可以实行。虽然,余知退位之后,仇我者尚不能释然也,天下怨毒甚深,举国中无论在朝在野,为臣为民,率皆欲刳刃余腹然后为快。然则余虽退位,曾不足释怨家之憾,徒自撤藩篱,无以自卫。故余不得不作欺人之事,佯死以掩天下之耳目,乃择一人迹罕到之境,送此残年。余既自幽于此,乃始得一餐之甘味,获一夕之安寝。回视数月以前,则昔地狱今天堂也。此事若能永秘,则吾如重囚遇赦,夫复何求?故吾只告余心腹五人,除吾妻吾子及忠义医生二人,仆一人外,无有知者。吾一切计画既定,以为在此醒醒世界,既一切无可留恋,余忘天下,天下亦遂忘余矣。即卿之友之为余近臣者,彼亦断不疑亚历山犹生,即偶见影响,亦以为鬼焉已耳。何图遭卿警敏,而计遂破。卿若不忘故旧,其有何策,可以解众惑而全贱躯耶?"

余闻言,心戚戚焉。方欲有言,忽忆波里斯相约十五分之限,急视时表,已逾十二分,因遽起立,再拜言曰:"有人相待,恐不为陛下利,请从此辞,愿陛下自安,余决不负陛下。惟有一事奉陈,则请陛下勿再与今皇所居之室数数往来而已。臣在法国公使馆,无论何时,倘有要事,当效犬马之劳。"言既,即告别,帝亦依依不欲余行。

余出见波里斯,彼正欲往传警报之时也。彼发疑问,余以巧言释之曰:"余所亲见,有难告君者,今姑说大略,君殆误认皇帝父子之貌也。夜中微行,安知不为今帝? 他日若君遭今帝微行,必能知其详,必不再疑为异物焉矣。"

波里斯以余言为诚也,尽信之。其翌日,更下一谕,令悉废空廊之守卫兵,于是此风说遂灭。阅数旬,波里斯亦有荣迁太平洋岸海参崴镇台中尉之命。

读者若诘余以后事,则非余所敢言也。然使先帝今尚住冬宫,则余此篇亦不肯遽出问世。虽然,亚历山陛下,今已借余之力,移于他处,其地至安极稳,已决非仇敌之所能踪迹矣。

十五小豪杰

第一回　茫茫大地上一叶孤舟　滚滚怒涛中几个童子

调寄摸鱼儿

莽重洋惊涛横雨，一叶破帆飘渡。入死出生人十五，都是髫龄乳稚。逢生处，更堕向天涯绝岛无归路。停辛伫苦，但抖擞精神，斩除荆棘，容我两年住。

英雄业，岂有天公能妒。殖民俨辟新土，赫赫国旗辉南极，好个共和制度。天不负，看马角乌头奏凯同归去。我非妄语，劝年少同胞，听鸡起舞，休把此生误。

看官，你道这首所讲的是甚么典故呢？话说距今四十二年前，正是西历一千八百六十年三月初九日，那晚上满天黑云，低飞压海，濛濛暗暗，咫尺不相见。忽然有一只小船，好像飞一般，奔向东南去，仅在那电光一闪中，瞥见这船的形儿。这船容积不满百吨，船名叫做胥罗，曾有一块横板在船尾写着的，但现在已经剥落去，连名也寻不着了。那船所在的地方，夜是很短的，不到五点，天便亮了。但虽系天亮，又怎么呢！风是越发紧的，浪是越发大的，那船面上就只有三个小孩子，一个十五岁，那两个都是同庚的十四岁，还有一个黑人小孩子十一岁。这几个人，正在拼命似的把着那舵轮，忽然砰訇一声响起来，只见一堆狂涛，好像座大山一般，打将过来，那舵轮把持不住，陡地扭转，将四个孩子都掷向数步以外了。内中一个连忙开口问道："武安，这船身不要紧吗？"武安慢慢的翻起身回答道："不要紧哩，俄敦。"连忙又向那一个说道："杜番啊，我们不要灰心哇！我们须知到这身子以外，还有比身子更重大的哩。"随又看那黑孩子一眼，问道："莫科呀，你不悔恨跟错我们来吗？"黑孩子回答道："不！主公武安。"

这四个人正在船面，话未说完，那船舱楼梯口的窗户，突然推开，先有两个孩子探头出来，跟着又有一只狗，蹲出半截身子，那狗三声两声的乱吠。那两孩子里头，有一个年长的，约有十岁左右，急忙忙大声问道："武安武安，甚么事呀？"武安道："没有甚，伊播孙啊，快回去罢，甚么事都没有。"那年小的又说道："虽然如此，但我们怕得很呵！"武安道："别要怕，赶紧回去，坐在床上闭着两只眼睛，这就甚么都不怕了。"那两孩子兀自不肯下去。只听得莫科忽喊起来道："好晦气！又一个大浪来了。"话犹未了，那浪又没命的自船尾轰进来，险些都从窗口灌入船舱里去了。那俄敦高声喝道："两位快回去呀！你们不听我们的话吗？"这两孩子方才没趣的去了，却又有一个探头出来，叫道："武安呀，你们要我们来帮帮力吗？"武安答道："不！巴士他呀，你们好好的在里面保护着那年纪小的罢，这里有我们四个人足够了……"

看官，你想这个船在怎么大一个太平洋上，更兼暴风怒涛之中，难道就只是这几个小小的孩子吗？别的大人一个都没有不成？这胥罗船，既然有一百多吨，总该有一个船主，一个副船主，五六个水手，难道单有一个细崽莫科就算了吗？又这船到底为着甚事，想往甚么地方呢？怪可怜的撞着这场恶风浪，为何缘故呢？

看官，若使那时候有别只船在这洋面经过，遇着这胥罗船，那船主，头一件定要根问这个缘故，这些孩子们自然会告诉过明白。但可惜不凑巧，那时这洋面上，前后左右几百里，连个船的影儿都没有呢。……

闲话休提，却说过了一日，风势越大，竟变成了一个大飓风，胥罗船好像被波浪吞了一般，那后樯既于两日以前被风吹折，仅剩四尺多长一根木杆，幸亏前樯还在。但风势越急，这孩子们的气力短小，想把风篷卷下来，也做不到。那篷搁不起这种大风，只见这樯夹不停的摇动，若使连前樯都没了呢？那时这船可不成了个没自由权的奴隶，任由风涛怎么簸弄吗？这孩子们可不是除了束手待毙之外，更没别的法儿吗？他们都睁着两只眼，狠狠的望前望后，却都是濛濛暗暗地，一寸陆影儿、一点火光儿都看不见。

看看又挨到晚上，一点多钟，忽然轰的一声，趁着那风声涛声响起来，只听得杜番疾喊道："前樯倒了！"莫科接口道："不是，却是把风篷吹断了。"武安向俄敦道："既是这么着，我们要把这断篷割去，你同杜番二人寸着舵轮，莫科呀，来这里帮我！"……

看官，须知莫科系船上细崽，自然该有些航海的阅历。武安曾从欧洲来到澳洲，经过大西洋、太平洋两条大海，因此亦学得些少船上的事体，这孩子们自然是靠这两个做胆，不消说哩。……

你看他们两个的本领怎么样呢？他们来到前樯底下，细心查看，只见那篷上边的索吹断了，摇曳空中，幸亏下边未断。他们先把上边的索都割去，仅留靠下四五尺，随将这篷上面两角扳下来，用绳捆在船面，这样着，那船倒反安稳起来了。武安、莫科两个，不停的走上走下，好几回险些被那大浪裹将去，足有半点多钟之久，方才回到舵轮旁边，这身子便如雨淋鸡一般，湿透了。正要略歇一息，蓦地那楼梯的窗口又推开，只见武安的兄弟名字叫做佐克的，探头出来，武安便问道："佐克，干甚么？"佐克道："快来快来，海水漏入船舱了。"武安道："当真吗？"随即起身走进舱内，只见一个挂灯，悬在当中，那十个孩子，七横八竖，倒在床上和睡几上，还有那八岁九岁大的，怕到无可奈何，你偎我我抱你的，搅成一团。武安道："别要害怕，我们快就到岸了。"一面点起洋蜡，周围张着，舱内却是有些海水，随着船势左右荡来荡去，但遍找找不出那漏缝儿，这水究竟从那里来呢？随后看出，却是因楼梯窗门关不紧，那船面的浪，从甲板上流进来的。

武安回到舱内，说明缘故，安慰孩子们一番，重复回到船面来，已经是两点钟打过了。那天越发好像墨一般，风势一点不减，但微微听见了一声两声从空中戛然过去，却是海燕的声音，这海燕是从不飞到岸边的，常年在大洋的中心翱翔漂荡。这样看来，这船去陆地越发远了。又过一点多钟，忽闻轰的一声，好像大炮发于空中，不好了，前樯断了两截，那布篷撕成一片一片，飞向海心去，就和一群白鸥似的。杜番道："我们没了风篷，怎么好？"武安道："怕甚么，这船趁着浪，不是一样的走吗？"莫科道："好在浪是顺风的，在船尾送着来，但浪太紧了，我们要将身子用绳捆着在舵轮旁边，免致被浪裹去。"

说时迟，那时疾，莫科话犹未了，只见一堆奔涛，足有四五十丈高，从船尾猛奔来，铛铛爆爆，声音乱响，撞落船面甲板，两只救生船，一只舢板，一个罗盘箱台，都掉下来。那余势还撞到船边，将左边的船栏板都碎裂了，还亏着碎了栏板，这水能够流出去，不然，这船受不起这种大压力，是定要沉了。武安、杜番、俄敦三个，被这浪一刮，掷出数丈以外，直到楼梯口，方才把捉得住，却是不见了莫科。评曰：刮落救生船、舢板、罗盘针、冲破栏板，将武安等三人掷向数丈以外，同是此一刹那间事。武安嗳呀一声道："不好不好。"随即高声大呼道："莫科！莫科！"杜番道："难道掉落海了不成！"俄敦忙向船边探头四望，却影儿也不见，声儿也不闻。武安道："我们不可以不救他！"急放下救生水泡，投下绳索罢，随又连声高喊道："莫科！莫科！"只听得微微声音答应道："救命呀！救命呀！"俄敦道："他没有掉下海，这声音是从船头来的。"武安道："等我去救他！"赶紧从船尾走到船头，跌了好几交，方才走到。便又高声叫道："Boy！莫科！莫科！My Boy！"却不听见答应。复连叫许多声，只听见微微的答应"呀呀"的两声，那声更沉下去了。武安手中又没灯火，只得跟着声音，暗中摸索，摸到船头那绞车盘和舳鲈中间，有一个孩子的身，横倒在那里，却是已经闷倒，不能出声了。

看官，你说莫科因何跑在这里，原来刚才那一阵大浪，一直刮送过来，撞着那风篷的绳索，将喉颈勒住，越发挣扎，越发勒紧，如今呼吸都绝了。武安赶紧从袋子里掏出小刀来，把绳割断。好一歇，那莫科才回过气来，便向武安千恩万谢的谢他救命之恩，携着手回到舵轮之下。但船既没了风篷，速力骤减，浪不能送船快行，船却陷在浪里，如盘涡一般。这孩子们想找别样的东西代着风篷,也是找不出来,只得听天由命罢了。这孩子们如今别的都无可望,只盼着天亮之后,风威略减;或者老天可怜儿的,望着个陆地的影儿。除非这两样能够有一,这便九死中还有一生之望哩。

捱到四点半钟,已见一带白光,从地平线上起来,渐渐射到天心,却是烟雾依然深锁,重洋望不见十丈以外,那云好像电光一样,快滚滚的飞向东方,风势有增无减的咯。这四个孩子眼巴巴的望着狂澜怒涛,不发一语,都如呆子一般,各发各的心事。又过了半点多钟,猛然听得莫科一声狂叫起来道:"陆!陆!"正是:

> 山穷水尽,怜我怜卿。肠断眼穿,是真是梦。

究竟莫科所见到底是陆地不是,且听下回分解。

此书为法国人焦士威尔奴所著,原名《两年间学校暑假》。英人某译为英文,日本大文家森田思轩,又由英文译为日本文,名曰《十五少年》。此编由日本文重译者也。英译自序云:用英人体裁,译意不译词,惟自信于原文无毫厘之误。日本森田氏自序亦云:易以日本格调,然丝毫不失原意。今吾此译,又纯以中国说部体段代之。然自信不负森田。果尔,则此编虽令焦士威尔奴复读之,当不谓其唐突西子耶!

森田译本共分十五回,此编因登录报中,每次一回,故割裂回数,约倍原译。然按之中国说部体制,觉割裂停逗处,似更优于原文也。

此书寄思深微,结构宏伟,读者观全豹后,自信余言之不妄。观其一起之突兀,使人堕五里雾中,茫不知其来由,此亦可见泰西文字气魄雄厚处。武安为全书主人翁,观其告杜番云:"我们须知这身子以外,还有比身子更大的哩。"又观其不见莫科,即云:"我们不可以不救他!"即此可见为有道之士。

第二回　逢生路撞着一洞天　争问题俨成两政党

却说这四个孩子正在绝望的时候,面面相觑,在那里发呆。

忽然空际烟雾微开,那黑儿莫科瞥见远远的一带好像陆影儿,他便狂叫起来道:"陆!陆!"但不知果真是陆地,还是他的眼花呢?武安闻说便接口道:"陆吗?可是真的吗?"莫科道:"是!前面是东方呀。"杜番道:"莫不是你错吗?怎么我们都看不见。"莫科道:"等那烟雾再开,我们仔细看罢。"

话犹未了,烟雾早渐渐破开了,不到一刻,左右前后几迈远都望见了。武安道:"不错,不错,当真是陆哩。"四人一同观看,东方地平线上有一带陆影,大约五六迈长,按照现下胥罗船的速力,不过一点钟,便可以到那里了。风越发大,船蓦地向着一直线走将前去,渐次近岸。只见岸上有十余丈高的石壁耸起,石壁前面有黄色的沙嘴,沙嘴右边有一簇的乔木。武安叫他们三个管着舵轮,自己独到船头细察岸边光景,看那里可以抛锚湾泊。谁知那岸不但没有一个湾港,却见那沙嘴外面有无数乱石,好像锯一般利,现时被湖水侵着,从黑波面上隐约看出他的蜿蜒起伏痕迹。

武安看清楚,仔细一想,这是行船最险的所在,不如将舱里这些孩子们都叫出来船面,预备不虞方好。于是回到楼梯口揭开窗门叫道:"大家都出来罢!"头一个不消说,一定是那只狗了,跟着便是十一个孩子,一哄都跑上来。那年纪最小的呢,睁眼一看四面光景,怕得急得要哭起来,却是为甚么呢?

看官,须知大凡近陆之处,海底渐渐浅了,波浪越发汹涌,俗话叫做埋沙浪的,比那洋心的光景更可怕哩。那时正是六点钟左右,船已走到岸边,武安早将外衣脱了,预备若有那一个掉落海去,自己便去救他。据武安的意思,这座船是十有九要撞在礁石上碎成齑粉的哩。

不到一会,这船果然搁浅,幸亏搁的地方不是大石,船皮虽然损伤,那海水还未渗进来。歇一会儿,又一个大涛来,驱着这船前进五六丈,在一沙碓上,连动也动不得了。这还算好,船算是不怕沉没了,但离那沙嘴还有一里多远呢。

武安、俄敦两人仔细查看船内房舱底舱，都还不十分破坏，那心安稳了许多。

两人回到船面，告诉大众道："不要害怕，船心自未有坏的，况且眼见着到岸了，我们等一会商量上岸的方法罢。"杜番道："甚么又要等呢？"内中有个十三岁的孩子叫做韦格的，亦跟着道："是呀，等甚么呢？杜番说得是，我们偏不要等哩。"武安道："你看这浪还怎么利害，我们若想凫过去，恐怕碰在石礁上，连骨都要碎了呀。"又有一个叫做乙菩的，年纪约同韦格一般，便道："整整等着，万一这船碰石粉碎了又怎的？"武安道："这却不怕，歇一会这潮定然退些，我们的船是稳当了。……"

看官，你说这两个道理，那边长呢？其实武安的话，一点不错，这太平洋的潮水进退，虽然不比别的小海相差怎么远，但到潮落的时候，自然要不同些。依着武安的话，或者再过几点钟潮退之后，或者从石礁的脊上能够步行过去，亦不定哩。……

虽然如此，但杜敦等数人依然争闹不休。这也有个缘故，不自今日起的。原来这一群孩子里头，那杜番、韦格、乙菩、格罗士四人，向来不肯佩服武安，每每无风起浪，找些事来和他怄气，也不止一遍两遍了。这一路上却为着武安晓得些航海的方法，故此凡事只得让着他、靠着他，但今已到陆地，他们可又自由起来了。……

杜番等四人离开众人，跑到船头，看着巨浪拍天，实在难以飞渡，不得已仍回原处。武安向俄敦及众孩子道："今日尚是我辈至危极险之时，大家同在一处，缓急或可相救，若彼此分离，是灭亡之道也。"杜番听见这话，以为武安有意讥诮他，便勃然道："武安，你有甚么权利，敢制定法律令我们遵行吗？"武安道："岂敢岂敢，讲甚么权利不权利呢！但大家欲保安全，这却离开不得呵。"就中最老成的俄敦亦接着说道："武安的话不错呀。"其余一班孩子都附和道："是，是！"杜番没趣，不复作声，便怫然带领他的党人三个又走开了。……

却说这陆地还是大陆，还是海岛呢？那石壁底下有蛾眉月形的黄沙嘴,两头都是高地,北方更高,南方略略低些。武安拿着个千里镜,很很的望了许久,便道:"怎么陆上没有一条烟影儿呢?"莫科道:"正是呢,怎么这海边连一只小船都没有?"杜番从旁嘲他道:"既没湾港,从哪里来的船呀!"俄敦道:"却不能怎么说,便没湾港,亦可以有渔舟来打鱼的,或者因为风浪太大,那渔舟都躲避别处去哩。"众孩子谈谈说说间,那风却转吹西北了。

顶住潮头,潮落越发迟慢,孩子们个个磨拳擦掌,预备上船,把紧要的物件都搬到船面,船中有干饼、干果、盐、罐头、肉品等。他们先把各色包裹起来,预备携带。

转瞬已到七点钟,石礁上的海水都落下,船越发斜向左边。原来这胥罗船因为想增加他的速率,故此造船时那龙骨格外高些,那船底格外尖些,今日搁浅在这里,越发危险,险些要斜到翻沉了。这孩子们都跌足道:"可恨昨夜的风,将我们的舢板船都送刮了。不然,我们便好趁这时渡过去,将来由陆上到船中,来往亦便易,今却怎么好呢?"

正说话间,忽听船头一阵叫声,武安等一齐过去看时,却是一只舢板搁在船头舢舻底下,乃系昨晚大浪刮来,恰好没有掉落海的,巴士他偶然寻得,便喊起来。众人看这舢板,大约只能载五六个人的,但慰情聊胜无,大家喜欢,自不消说。怎知道为着这个,武安和杜番又起一场风波,杜番见这舢板还在,便同韦格、乙菩、格罗士三人拖他出来,正要放下海去,恰好武安走来,便问道:"你们干甚么?"韦格道:"这是我们的自由!"武安道:"你们想落这舢板吗?"杜番道:"是!你有权利禁止我们吗?"武安道:"有呀,因为你们不顾大众!"杜番不等武安讲完,便接口道:"我们并非不顾大众,我们上去以后,再用一个掉舢板回船载众人。"武安道:"若回不来怎么呢?碰石沉了怎么呢?"乙菩推开武安道:"武安,你别管我们的闲事罢。"武安兀自不肯退去一步,厉声道:"这舢板一定要给那年幼的孩子先用的!"……

两面正争得开不了交,那时若没人调停,这武党、杜党定要打起来了。却说这群孩子里头单有俄敦年纪最长,兼且深沉有谋虑,众人都佩服他的。恰好俄敦行来,见此情形,心里想道,武安是有理的,这时候浪还恁么大,杜番等若落舢板,不但舢板没了,就连人命也是险的,只是怕他不服,不便强劝。因开口问武安道:"我们的船几点钟搁礁的呢?系六点吗?"武安道:"不错。"俄敦道:"这潮水几时全退呢?"武安道:"大约十一点钟。"俄敦道:"这正合式哩,我们赶紧收拾早饭吃过,好预备上岸,或者要凫水过去的地方呢,空着肚子没气力是不行的。"俄敦这话,果然说得有理,大家只得散开同吃饭去。这吃饭的时候,武安格外留神,监督着那小孩子不许他们吃多,因为已经一日一夜没得吃了,怕他们贪嘴过度,胀出病来。……

那潮既已退得极慢,兼之潮越发退,船越发歪。莫科放下测海索来量水步,只见船旁海水还有八尺多深。莫科恐孩子们害怕,不敢声张,悄悄的告诉武安。武安又密中和俄敦计议道:"这却怎么好,潮又被风顶住,不能全退,若等到明日,又怕到潮长时,船或倾覆,或撞碎。"因此他们商量,惟有用一人拿着缆凫到岸边捆紧在石上,慢慢的将绞盘绞船靠岸,除了此法,更无可施。只是拿缆到岸的人,那个肯做呢?不消说,一定自武安讨奋勇了。

武安既和俄敦商定,决意冒这一回险。于是先把那船上的浮水泡都取出来,挨次分给那最年小的,万一有险,则他们小的可以浮身,这年长的便一只手搀着那小的一双手,拉住那缆,便可凫泳到岸。

布置已定,恰好十点一刻,这一点钟内,就自潮落最低的时候了。但船头海水,尚有四五尺深,就使再过两三刻钟,亦不过减数寸。武安看定非行此策,一定无望,便脱了外衣,取出缆来,将一头捆住自己胸间。那时杜番等四人,看着武安如此慷慨,代众人冒险,心里自然感动,便跟同俄敦帮忙,助武安整备绳缆各件。武安预备齐全,将耸身入海,他的兄弟佐克,呱的一声哭起来叫道:"阿哥呀,阿哥别要去!"武安答道:"好兄弟,不怕的。"便咕咚一声跳下去了。正在起势凫泳,可奈那北风和那退潮相逆相击,兼之石礁凸凹,海水激荡其上,到处都是盘涡。武安凫了一会,气力已是不支,手足不甚能自由了。少顷只见他的身子被吸向一个大盘涡里头,

只闻得叫了一声:"快帮忙呵!"那好好的武安,便已绞将下去,不见人影儿了。正是:

> 男儿急难为同胞,天地无情磨好汉。

欲知武安性命如何,且看下回便知明白。

此两回专表武安,就中所言:"今日尚是我辈至危极险之时,大家同在一处,缓急或可相救,若彼此分离,是灭亡之道也。"我同胞当每日三复斯言。

读此回者无人不痛恨杜番,杜番亦只坐争意见、顾私利耳。恨杜番者宜自反,有竞争乃有进化,天下公例也。

武、杜两党抗立,借以为各国政党之影子,全书之生气活泼,实在于是。

读者勿徒痛恨杜番,且看其他日服从公议之处,便知文明国民尊重纪律之例,观其后来进德勇猛之处,便知血性男子克己自治之功。

好容易盼到靠岸,以为苦尽甘来矣! 不知此时之险阻艰难,更倍于从前,行百里者半九十,任事者最宜知之。叙了两回,到底这船为何事欲往何处,缘何只有这几个孩子,读者闷葫芦已打得不耐烦了,第三回便当说明。先泄漏一点消息,以慰看官之望。

第三回　放暑假航海起雄心　遇飓风片帆辞故土

前回讲到武安绞下盘涡里去,连影也不见。看官啊,你不必着急,这武安是死不去的,他是这部书的主人公,死了他那里还有《十五小豪杰》呢。却是前两回胡乱讲了许多惊心动魄的事情,到底这些孩子们是那国的,是甚么种类的人,这胥罗船到底欲往那里,为何没有船主,只剩这几位乳臭小儿? 我想看官这个闷葫芦,已等得不耐烦了,如今趁空儿补说一番罢。……

话说南太平洋地方,澳大利亚洲南面,有英国属地一座大海岛,名叫做纽西仑。那海岛最大的一个都会,名叫做恶仑;那都会一个最大的学校,名叫做奢们。那学校的学生,英、美、德、法各国人都有,大率岛中田主、巨商、官吏等有名望人的子弟居多。这纽西仑乃是合南北两大岛及附近许多岛屿而成的,南岛、北岛中间有一苇衣带水,叫做曲海峡,就是取那环游世界开辟新地有名的伋顿曲之名,做过纪念的意思。**澳洲、檀香山、纽西仑等地皆伋顿曲所寻得,后为檀岛土人所戕。**这座群岛,横亘于南纬三十四度至四十五度之间,和我们北半球的法国、美国、日本国同一样度数位置。那北岛西北角,狭而且长,成个半岛的模样。**三面临海一面连陆谓之半岛。**那半岛的颈,不过二三迈阔,这恶仑市正在那颈上。……

一千八百六十年正月十五日午后,就是这学校放暑假的日期,一百多名学生,个个好像出笼鸟一般,欣欣然归家去了。这两个月内,是任从他们自由的。这里头有一班孩子,许久想绕着这纽西仑群岛沿岸,环游一周,便趁着这空儿,各各禀准他的父母,约定同行。恰好就中一个名叫雅涅的,他父亲有这号胥罗船,于是各人凑些费用,预备齐全而往。……

却说英国学校寄宿舍的风气,是与别国不同的,专设种种方法,养成学生自助自治的习惯,所以那生徒的心思、身体,都比他国人长成的快些,有一种少年老成样子。

奢们学校学生,共分五级,那第一、第二级的,尚系和他父母接额为礼的小孩;**西人十岁以下童子见所亲皆接额为礼。**第三级以上的,大率皆握手为礼的长童了。英国学校风气,长年生有保护幼年生的义务,幼年生却有伺候长年生的义务,每日送朝饭,刷衣服,擦靴鞋,种种苦差,总是要当的。倘或懒惰不屑,那长年生便刻薄待他,却在学校里头站不住了。所以英国的小孩子,个个都是奉事长上,勤谨不过的。……

这回搭这号胥罗船去游历的,共有十四人,自第五级至第一级,都有在里头。杜番、格罗士都是第五级,年十四岁,皆恶仑市富豪子弟,田产最丰。他两个本属从堂兄弟,杜番天性伶俐,学问优等,但系有一种纨绔子脾气,万事皆要居人之上,因此各人起他个绰号,叫做"阔少杜番"。他看见那同年同级的武安,满校人都敬重伊,心里有些不平,每每要和他对拗,这亦是势所必至的。至于格罗士,却是一味捧着他那杜番阿哥,像菩萨一般,是一个平平无奇的孩子罢了。巴士他和杜番同庚同级,亦是市中一个巨商之子,为人静和有思虑,勤勉有才智。乙菩十三岁,韦格十四岁,都是第四级的,有中等的才智,父兄亲戚,都是富豪官吏。雅涅、沙毗两个,同庚的十三岁,都是第三级。雅涅的父亲,曾做海军官员,今已退职;沙毗的父亲,从英伦本国初来的,亦系个大富翁。雅涅最爱弹个小风琴,寸步不离的带着。沙毗为人最爽快,好冒险,平生最好读《鲁敏孙漂流记》等书。再有两个都是十岁的小孩,一叫善均,系纽西仑格致学会会长之子;一叫伊播孙,系牧师之子,善均在第三级,伊播孙在第二级,都是很超等的。还有两个却更小了,一个名土耳,一个名胡太,都仅不过九岁,其父皆属陆军兵官。土耳著名的执拗,胡太著名的大食。以上十一个都是英国人,此外还有两个法国的,一个美国的。美国的叫做俄敦,年十五岁,算是这一队里头最年长的哩,在第五级,他的才锋锐利,虽不及杜番,亦不失为本级中优等生。幼丧父母,受别人养育长大,所以有远虑,有常识。那法国人兄弟两个,兄叫武安,十四岁;弟叫佐克,九岁。他的父亲,系一个有名的工学博士,两年前来到北岛督办水工。武安有绝好的记性,有极热的感情,聪明活泼,恳切周到,尤用心怜爱幼年生徒,满校的孩子,个个欢喜他;佐克向来在第三级中,最为劣等,常好欺吓侪辈,除了这种顽皮举动外,无所事事,但系自从这胥罗船离了本土以后,他的性格忽然变了,成一个谨厚寡默的长者,这些孩子们都觉得出奇,不解甚么缘故。……

按下不表,却说这胥罗船本有副船主一名,水手六名,厨子一名,细崽一名。细崽就是这个莫科了,那船主便是老雅涅自己充当。

这船定期二月十五日午前开行,船主雅涅,是非到拔锚之前半点钟内不到船的。这十四日晚上,那十四个孩子,同着俄敦所养一只美国狗,名唤符亨的,一齐落船。副船主和莫科都在船上迎接众人,那水手们却都到岸上滴两杯威士忌去了。那副船主等这些孩子上床安歇后,亦上岸找个酒店坐坐,船上单留一个莫科,躲在船头水手房中,齁齁睡去。

这也是天公有意,要把十五个小豪杰磨练出来。那晚上不知甚么时候,因何缘故,这船的缆,竟自松了,潮水一冲,渐渐将船流到海中心,船上的人，连影儿也不知道。夜色又暗黑，风又大，不到一会，已经流来一里以外。那时莫科睡梦中，觉得这船有些古怪，翻起身到船面一望，看见这情形，便哎呀一声喊起来。那俄敦、武安、杜番等几个年纪大的，连才起身，走到船面，同莫科一齐大声喊救，却没人听见。船已自离岸三迈多，远望那纽西仑市的火光，都渐渐看不见了。武安倡议不如将风篷扯起来，驶转舵轮回到岸去，莫科也是这个主意。孩子们就大家协力来扯那篷，不料篷太重，孩子们气力小，扯不起来，眼睁睁看着这船越走越远了。那陆上求人帮助的念头，是靠不住了，就使有船跟踪来寻，但这么黑暗的海面，怎能够看得着呢？就使看得着，那寻的船，也要费许多时候才来得到这里，他来得时，这船又不知流远几多迈了。所以孩子们单有一件指望，侥幸遇着有别的船从他处来纽西仑，望他打救便了。

莫科便将桅灯高挂起来，做个识认，那时这年纪小的全都熟睡，惊醒他也是无益，所以由他们罢了。武安等一面设尽方法，想转过这船来，总是不能成功，越发向东流去了。忽看见前面二三迈远的地方，有一点白色，分明是一只大轮船。歇一会又看见一红一绿的两个灯光，那船一定是向一条直线对正我们来的了。孩子们拼命劈喉喊救，无奈那波涛汹涌的声音，机器轚轳的声音，和着愈吹愈紧的大风声音，把孩子们的声都盖过了，来的船如何听得见呢？虽然如此，但系有船上的桅灯，应该望着，却是天不凑巧，船一倾侧，忽将灯绳刮断，那灯竟自掉落海中，如今连一点识认都没有了。

看官知道，那轮船是一点钟走十二三迈的，不到几分钟工夫，他便从胥罗船尾一掠过去，把船尾上写着船名的一块板儿刮落，飞的一般走向西方去了。

船越行越东，不一会已到天明，四面张看，连一片帆影儿都没有。原来太平洋这一边，船只来往，本是极少，那从美洲走澳洲的船，大都在北方居多。孩子们整整望了一日，不见一只船。天又黑了，夜又来了，那天气比前夜更是古怪，风越发紧，东行越发速。

却说武安虽是小小年纪，他那膂力勇气，是老成人都赶不上的，因此大家都靠着他。便是刚愎自用的杜番，也不能不听他号令，所有驾驶这船的事情，全由武安一人主持。杜番只是日连夜，夜连日，时时刻刻望着地平线上，万一碰着个遇救的机会，免令错过。经了几个礼拜，未尝懈倦。或将遭难始末，书了许多，用酒坛子装着，投入海里；或用言语安慰那年纪小的，叫他们勿丧气，这也算他尽心尽力了。无奈那无情的西风，总是把船越驱越远，那后来的事情，看官在第一回是看见的了，只缘这胥罗船离岸后不到几日，更起一个大飓风，经两礼拜之久，自西吹向东来，幸亏这胥罗船都还坚固，不然，早已被怒涛打碎多时了。……

那晚上，船主雅涅知到胥罗船冲去的事情，和那孩子们的父兄，个个都是惊皇忧虑，自不待言，他们立刻派两只小轮船四面走寻，寻了一日，都是空手而回。这还不算，却执得胥罗船尾之木板一块，分明是船沉了，孩子们都淹死了，那父兄亲友都不免一场痛哭，不必细表。正是：

　　天涯游子无消息，白水青山空哭声。

究竟这孩子怎么能够上陆，那陆上系甚么地方，下回再表。

学生放假时，不作别的游戏，却起航海思想，此可见泰西少年活泼进取气概。英国人最贵自由，此全球所共知也。而其在学校中，幼年生服侍长年生，若厮养然。吾初游美洲、澳洲各学校，见此风气，心颇怪之。殊不知自由与服从两者，如车之两轮，鸟之双翼，相反而相成也。最富于自由性质者，莫英人若；最富于服从性质者，亦莫英人若。盖其受教育之制裁者有自来矣。立宪政体之国民，此二性质，缺一不可。盎格鲁撒逊人种所以独步于世界，皆此之由也。近世后生小子，或耳食一二自由平等之理论，辄放恣无复纪律，是安得为真自由哉？盎格鲁撒逊人，凡于各团体中，无论大团小团，皆听其自治。如一学校，其中规模，殆与一国无异，长年生与幼年生，即治者与被治者之两阶级也，而长年生既享有受服侍之权利，既有应尽其保护幼者之义务，权利义务，一一分明，及其出学校任国事，亦若是已则耳。英国之学校，无一而非实务教育，即此可见其概。

佐客自经患难后，全变其气质，为一完人，患难之福人大矣哉！此等机会，人生所最难遇也；苟遇此者，岂可错过，负天心仁爱耶？

第四回　乘骇浪破舟登沙碛　探地形勇士走长途

看官,那第二回讲的武安,独自凫水上岸,预备普度同人,却被绞落盘涡里去,不见人影。译书的人原许过下次《新民丛报》印出,便知详细。今已经隔了两期,迟了一个月,这算是我译书的人,对不住看官了。但系欲急故缓,原是小说家老例,这也专怪不得我一人的。

闲话休提。看官,该记得一个月前讲的,武安系将那缆一头捆在船上,一头绑着自己胸间,方才跳下海去,如今却是一个月后,被俄敦等七手八脚,将缆收回,才把那昏昏不省人事的武安,救到船上。经了好一会,方回过气来,但上岸的路途却系绝望了。

看看过了正午,那潮又涨起来。浪头越大,若等到潮满的时候,这船从搁礁处浮起,万一撞着那海边巉岩峭利的大石,这便变成齑粉;或者被埋沙浪打得几打,亦要沉没,这孩子们的性命是没有定了。这时候无计可施,只有一个个站在船尾,眼睁睁看着那些石头,渐渐被潮水淹过。况又火上加油,那北风复转成西风,潮越发高,浪越发大,这船的左舷已经浮起,船头还胶着海底,船尾又却落在两块大石之中间。一阵阵浪打过来,船便像米筛一般,不停的左摇右动。孩子们一面口中喃喃祈祷上帝,一面互相抱拥,仅免跌倒,心里都想道:不料二十几日海洋飓风都挨得过,却是送命在这里呀。

在傍徨间,忽然一堆怒涛比小山还大,从船尾直打过来,那一带岩礁飞起十多丈高的白沫,这船身突然抬起,像悬空飞过一般,转瞬间已在岸边沙漠之上,那一簇茂林近在眼前二十丈了。这也算皇天不负苦心人,绝处逢生,这惊喜自不消说。却是船到岸上,经了一点多钟,并不见一个人影儿,茂树那边,虽有小河流出来,却连打鱼船不见一只。俄敦道:"我们侥幸得到陆地,虽然看此光景,却像一个无人岛呀。"武安道:"目前最要紧的,先寻此屋舍,安顿这些年纪小的,至于此处系何国何地,慢慢查察不迟。"于是武安和俄敦一齐先上船,向茂林一带细勘光景。只见浓阴密树,在石壁和溪水的中间,越近石壁处,树林越密。进林中一看,只见乔木自僵,枝干朽腐,落叶纷积,深可没膝。闲闲寂寂,绝无人踪。时有飞鸟三两只,见有人来,即便惊飞,似已识性知畏人者。穿林而行,约一刻钟之久,便到石壁底下,石壁高二十余丈,矗立如平面板,不独没有洞穴可容孩子们居住,连攀登之路亦绝。沿壁南下,约半点钟,达于溪水之石岸。俄敦、武安两个,满拟觅一低处,登此壁顶一览四面光景,无奈峭壁依然,路早尽了,那对岸却是一幅平原,绝无苍绿之色。

不得已回到船中,述其所见,共议仍暂在船上居住,以作后图。这船虽龙骨破坏,敧斜不正,然暂时以蔽风雨,尚犹自可。武安等先取出一条绳做的梯子,挂在船的右边,预备孩子们上落方便。莫科收拾晚饭一同吃去,孩子们自从离纽西仑以来,直到今日,始得略放心些吃餐有味道的饭,那几个年纪最小的,早已嬉嬉笑笑起来了。最可怪者,那武安的兄弟佐克,向来在学校著名淘气,此时却独自向隅,悄然若有所思,众咸怪之,就问其故,则顾左右而言他耳。用饭已完,众人因连日疲倦已极,皆去就寝,独有武安、俄敦、杜番三个,恐防万一有猛兽来袭,独在船面张罗,彻夜不睡。

翌朝,同人起身,共歌礼拜诗感谢上帝。这日的功课,先要点明船内存储食品,及其他什物,以备持久。食物呢,除饼干一项外,其余干果、醃肉、熏牛肉、熏鱼等,若节省用去,计可支两个月。虽然以此有限之食物,而支无期之将来,势必不给,彼等不能不靠着渔猎两业来帮补帮补。于是取出船内的鱼钓,教那年纪小的去学钓鱼。一面将存储食物开出清单,计开:大小帆布、绳索、铁链、锚碇等一应船具若干件;网、钓竿、钓丝等渔具大小若干件;长铳八枝,射鸭铳一枝,五响短铳一打,火药包三百个,火药两箱,每箱各贮二十五磅,大小弹子若干;夜间通信用的火具一袭,**船上所用以做记号与他船通信者**。大炮二尊,火药包及炮弹三十个;厨具及餐具如锅碗等件,虽经二十余日之大飓风,破损不少,然尚足供孩子们此后所用而有余;卧具及枕席等亦有余于诸童子之数。此外晴雨表两个,大寒暑表一个,时辰种一个,隔远通话之喇叭三个,千里镜三个,风雨表一个。英国旗若干面,信号旗一副,木匠器具全副,针线钮扣等若干,火柴火镰若干,钮西仑沿岸详细地图数张,世界全图一张,阅书房内凡外国船中皆有阅书房。有英、法两国文之著名游历日记、冒险谈等书若干册;钢笔、铅笔、墨水、纸等若干;一千八百六十年之黄历一本,巴士他便将这本黄历每日做起日记来。又有金钱五百磅,葡萄酒、车厘酒各百卡伦,毡酒、泼兰地酒、威士忌酒各五十卡伦,麦酒共二十五石。这样看来,这孩子们可以若干月内无忧困乏。……

到了中午,那年纪小的从海边捡得许多蚌蛤之类,同着莫科归到船中。据莫科说道,那石壁一处,有鸽子数千,那喜欢打猎兼且熟练的杜番,搔着心痒,遂约出伙伴定议明日往打鸽去。此次午餐,不消说是要享用那蚌蛤等鲜味了,随搭些咸牛肉,从溪中汲些冽水,滴几滴泼兰地酒,皆觉饶有珍味。午后,大家检点船身破坏之处,共修补之。那年纪小的便往溪边钓鱼,晚饭后一齐就寝,韦格及巴士他二人轮更守夜。……

抑此地到底是海岛还是大陆,是武安、俄敦、杜番等几个年长的所最关心之第一问题也。他们屡屡聚谈,互斗意见,但大略看来,此地决不属于热带。何以故?其茂林之中,多有松柏桧桦及山毛榉等树,都是太平洋中赤道国里没有的,且当此时候,地上已落叶堆积,除松柏外无复苍翠。这样看来,此地一定在纽西仑更南了。果尔,则交到冬令严寒,将不可耐。今方三月中旬,*时赤道南各地之秋节也*。计到五月之际,即北半球十一月时节,或者天气格外险恶,亦不可料,所以他们要尽六个礼拜内将一切事预备停妥。他们经几次商议,先要往北岸高岬探望这地方的形状,再作商量。

这回差事,武安自先任之。约计此高岬与船相距不过五六迈之远,岬头高出海平三十丈以外,可以望见附近五六迈之形势。商议已定,不料连天阴雨,武安未能动身。但武安者,勤敏之人也,其生平虽片刻之光阴,决不肯虚度。于是趁此空闲,在舱中搬出水手所穿的衣服,与莫科一齐不停手的缝补,量度这孩子们身材,做些衣服,以备过冬御寒之用。其余各孩子亦不许空闲度日,每日由雅涅、巴士他二人监督着,往溪边钓鱼拾贝,各自劳作,以为欢娱。虽常洒思亲之泪,但各怀将来之希望,常得宽解。杜番、韦格、乙菩、格罗士四人，每日常携猎犬，跋涉林间，其与诸童子偕者殆希。……

至十五日，天气稍霁，晴雨表亦升高度，于是武安预备一切，明日起程，以上探险之途。随身带短筇一枝，短铳一枝，又要袋里装饼干若干枚，腌肉及泼兰地各少许，又带一个望远镜。行了一点多钟已到半路，约算上午钟便可到岬头。不料前途地段与这边不同，非复平垣沙场，全是凹凸的堆石，及蒙茸的海草团，跋涉困难，不可言状。或脱靴徒涉，海水没膝；或失足跌倒于石矶上，不止一次，到十点钟始达岬下。武安乃小憩石上，从袋子里掏出食物及泼兰地酒，少疗饥渴。随看四面光景，但见海中无数鱼族，印盘涡于波上。时有海豹两三只出没嬉戏，这海豹却是寒带动物，这越发见得此地系在北纬度高处了。俄而飒然有声，则有群鸟名鸦鹕者，从头上飞过，这种鸟系南极地方出产，此地极寒，更可推见。正是：

> 绝塞冰霜千里梦，天涯涕泪一身谣。

毕竟武安察看形势如何，且看下回分解。

本书原拟依《水浒》《红楼》等书体裁，纯用俗话，但翻译之时，甚为困难。参用文言，劳半功倍。计前数回文体，每点钟仅能译千字，此次则译二千五百字。译者贪省时日，只得文俗并用，明知体例不符，俟全书杀青时，再改定耳。但因此亦可见语言文字分离，为中国文学最不便之一端，而文界革命非易言也。

点检什物一段，看似无味，实则此后件件皆得其用，布置殊非偶然。

船中所存什物，统计之不能值五百磅金，然莫不有用。所最无用者，则此金钱五百磅耳。生计学言金钱非财富，在此等境地，便足证学理之确当。

第五回　如真如梦无人乡景色凄凉　忽喜忽忧探险队精神抖擞

却说武安憩息片时，旋起身攀岬而上，其岬乃无数巉岩大石累积而成，缘攀艰难，既可想见。但这百折不回的武安，毕竟能登其绝顶，先把望远镜展望东方,只见临湾一带石壁,及自己现时所立之岬头背后,其地势皆向内地逦迤而下。内地有一幅平原,茂林蔽之,林隙破处,时有川流,隐见出没,其末流皆入于海。向东方极自十一二迈之远,只是这样。更转望北方,只见七八迈之间,皆是海岸相续。海岸尽处,亦有一岬界断之,岬下一片沙漠,沿海蜿蜒。回顾南方,只见海岸次第折入于东南岸之内,有一沼泽。以此推之,此地若系岛屿,则亦甚为一大岛无疑。武安更持镜一眺西方海上,是我船所经来之路也。西倾的红日,斜射波面,摇光眩目,只见有三个小黑点,凸出海面,武安不觉失声叫道:"船!"熟视之,见其不动,料必是三个小屿,小屿与此地相距约十五迈内外。时已下午两点钟,武安不能久留,便将下岬,犹复取望远镜再眺东方,盖以为太阳益倾,其光线射点有变,或所见更为明晰,果也。眼界尽处,这茂林那边有一条浅碧色,横曳南北,处接天际。武安大疑,自付道:"这是甚么东西呢?"复谛视之,嘻!是海也。失望之余,望远镜几脱手落地。……

经一刻钟之久,他早已下岬,坐于矶上。五点钟,回到船来,这孩子们眼巴巴的望着听好新闻。晚饭既毕,武安一一报告所见,随后道:"这西边既是海,那东边又是海,这样看来,此地一定是海岛非大陆了。"众人自然一齐失望落胆,独有那杜番,往常总好反对武安,这时又望武安的话不确,还有指望,便起身道:"莫不是武安的眼花看不真吗?等我自己前往探查一番,方知确实。"那平日附和杜番的几个孩子都赞成他。俄敦亦以为这是第一紧要问题,不可不远征东方,查勘果实有海与否。于是倡议派遣远征队,武安、杜番两个之外,附以韦格、沙毗共四人为委员。……

翌日再雨,连天不息。这孩子们闷坐,每修补那船身的破坏之处,或雨小歇,则出而从事于渔猎。

忽忽之间,三月过了,已是四月一号,再迟一个月,便交冬令。现时已觉寒风凛慄,再到严冬,其何能支,就使此地果属大陆,亦须过此冬节,待向春和暖,乃图他计。这样看来,少不免要逗留五六个月了。惟是这胥罗船既已许多破损,日炙雨淋,罅漏日甚,到底不能够支持五六个月,所以越发着急东征,以求一栖居之地。若寻不着,亦须赶紧设法建造新居。

彼此商议已定,恰好是日晴雨表计,忽然升高,共知明日便当快晴,于是预备起程。计武安前者所望见之海色,约距此岸六七迈,照例来回一日,最多两日足够了。但因没有向导,怕碰着意外的阻滞,所以持四日粮前往。

这四位委员,各带长枪一杆,五响小手枪一杆,又公带斧头二个,指南针一个,望远镜一个,毛布数枚,火柴、火镰、燧石各若干。……俄敦本欲与四人同行,调和武安、杜番两者之间,又惦记着这年幼的无人照料,只得自己留守。于是悄拉武安到僻处,劝以远征时候,勿与杜番怄气。武安自誓以决无此事,俄敦始安心。……

明日朝七点钟起程,俄敦劝他带着那猎犬名符亨者同往,一齐进发。

是日恰如我北半球十月时节小春之好天气,四位沿海岸北行。他们拟不攀武安所登之岬,别求低处,攀缘而出其背后,一直线行去,便到武安所望海色之处。四人沿石壁行,约有一点钟,前面沙毗与猎犬符亨,忽焉不见,三人正惊愕寻求,随听得沙毗叫唤声,与符亨高吠声相和。三人跟踪到其地,只见沙毗、猎犬共立于石壁襞裂之处,盖由寒气热气之作用,或湿气之浸润,因此石壁自顶达地,成一纵裂之痕也。其裂痕中间宽阔,可容人身,且成四十度乃至五十度之斜面,其斜面凹凸不一,恰如一危梯,四人乃缘登壁顶。杜番先取望远镜向东方了望,韦格遽问道:"曾看见甚么水色么?"杜番道:"没有。"韦格旋向杜番索镜细望良久道:"望到眼尽处,只见一面茂林。"武安道:"这里比那岬顶低一百多尺,眼界更窄,那岬上望得着的,这里如何见得?若穿过这个茂林,一直往东,便可以证明我所见的是真是假了。"杜番道:"这太费事,费事犹可,但我断其劳而无功。"武安道:"然则你留在此处,等我与沙毗往前探察之何如?"韦格道:"我们自然也该同行。"随唤杜番道:"来,我们一齐前进呀!"沙毗道:"不错,但是我们已饿乏了,吃点东西再行罢。"于是四人各取出食物,用早饭。饭毕,再下石壁而东。……

初行一迈左右,都是草陂平软,间有小丘三五,藓苔封积;亦有一二灌木丛,其木则桤树及巴比櫟等,皆极寒地之植物也。既而进入茂林之中,只见僵木腐积，密草杂生，孩子们屡屡手斫榛莽，乃能进行。疲劳已甚，费数点钟之久，仅行三四迈。

至午后二时，到一条浅溪之上，孩子们藉草小憩。只见水石粼粼，直视见底，且水面无一根枯枝，一片草莽，料其发源之处，去此不远。横溪中央，有平石数枚，位置距离，整然有法，宛如以人工砌成作徒矼者。其溪向东北流，或即注于武安前所望见之海，亦未可知。

于是孩子们决议沿溪以寻其末流之所注，先涉徒矼，到彼岸，愈到下游，其溪愈慢愈阔，俄而溪面为密树所蔽，失其所在。行少顷，乃复得之，一路沿岸而下，那溪急转慢折，不一而足。大率仍是东流，虽然，其末似尚甚远，水流依然缓慢，溪面亦不加广，直至五点半钟，乃知此溪纯向北流。孩子们失望，乃舍川而再取途于东方，密树郁葱，当昼犹暗，丰草往往没顶，彼等相唤相应，始能成行。既七点钟，尚未能出林外。武安、杜番相议，今夕暂宿此处，明晨乃行。……

是时天已黑，不甚能辨物色。只见前面一团茂树，枝干下垂到地，俨如屋盖，乃共入其中，铺起所携来之毛布，取出熏牛肉、饼干等充饥。困倦之余，不觉皆沉沉睡去。猎犬符亨，守夜于树外，一夜无话。……

翌晨七点钟，大家醒来，尚未起身，独有沙毗先出树外，忽然叫喊起来道："武安、杜番、韦格，快来看呀！"三人惊皇走出。沙毗道："你看我们昨晚到底睡在甚么地方呀？"大家仔细一瞧，那里是窠茂树，却是一间小屋，用树枝编成，有屋盖有屋壁，好像那黑人所居之屋，叫做阿治约巴的。大约系百数十年前之物，屋盖屋壁，仅存其形。杜番开口道："哎呀，此地非无人之乡哩。"武安道："是以前谅非无人之乡。"韦格道："这样看来，连昨日那徒矼的来历，都明白了。"……

虽然，此地若是野蛮黑人所在，这孩子们越发危险了。大家再入小屋之中，仔细寻索，只见蔽地枯叶之底，有一个破烂的瓦器，亦是人工做的。大家离去此地，按着指南针，向东直行，到十点钟时候，已出林外。只见一幅平地，麝香草、芘莎草等丛生其上，前面半里许，一带沙白。沙白之外，则千波万浪，淘去淘来，噫！是即前者武安所望见之海也。此时毫无疑义,这地方确系一绝岛,并非大陆了。

　　孩子们由平地下于沙际,团坐用早饭,相对愁然,默不一语。饭毕,杜番欠身道:"我们回去罢,趁早起程,或者回到船中,天尚未黑。"四个童子一齐惘惘而返,复回头一望,恨恨地着实瞧那海面几眼,却见猎犬符亨突然走到海边,在那里饮水。杜番亦顺手掬些一饮,那水却是淡的,无一点咸味,哈哈! 这横断东方的,非海也,湖也。……

　　至是而此地到底系绝岛抑是大陆,这问题又不分明了。眼看这湖前面及左右,皆无涯涘。既有恁般一个大湖,或竟是大陆,亦未可知。武安道:"若系大陆,应是亚美利加洲。"杜番道:"何知,我早言此地是大陆,果然不错。"武安道:"我所望见的水色,亦不错呀。"杜番道:"错却不错,但不是海罢了。"……

　　看官,就使此地果是大陆,孩子们要寻那有人烟处,亦须待数月后春融时节,到底少不免要此地耽搁数月呀。那西方海边,既已寻不着一个栖身洞穴,然则在这边湖找一个暂居之处,也是目前要紧的事。兼之那徒矼,那小屋,各种古迹,皆是这边。试更仔细寻探,或别找出些前人遗物,亦未可定。况且所带食物,尚足够四十八点钟之用,天气亦无甚变动。于是四个公同商议,沿湖前进,又以向南行则离胥罗船较近,遂决意绕大湖南岸而行。正是:

　　　　凿孔岂惟张博望,远游今见哥仑波。

　　湖南地理如何? 第六回再表。

第六回　荒洞穷搜怆怀旧主　遗图展视痛语前程

　　却说杜番一辈,鼓勇前进,可喜沿湖一带,尽是平地,无甚崎岖,大家都不觉困乏。是日刚行了十迈许路,方才歇足。沿途留神四望,绝不见有人烟起处,那白砂之上,一只足迹也没有,此地当是无人之境了。可幸这样荒凉地方,没有猛兽,连他食草的动物,也未曾遇着一个,只有两三回望见茂林那里,有一种巨鸟,出没往来。沙毗指向众人道:"各位,这不是驼鸟吗?"杜番定睛看了一会道:"这是驼鸟,是算极小的了。"武安接口道:"他们果是驼鸟,此地若与大陆相接,一定是亚美利加了。"因为亚美利加原是一个最多驼鸟的地方呀。到了下午七点多钟的时候,各人重整精神,再走了一程多路,行到一条小河边,这小河分明是由该湖流出来的。大家觉天色已晚,商议在此一宿,且待明朝再作道理。于是四个小豪杰,同着那只猎犬符亨,俱横卧沙上。是日跑得倦了,各人无话,早已沉沉睡去。……

翌早醒来,睁眼见那太阳已高悬三丈,拿表一看,知已是辰正,各人大惊,急急起来。一眼望去,看见这条河的对面,全是沼泽,各人相庆道:"昨晚若是贪路,岂不像那楚霸王,陷于大泽之中么?"草草啖些干粮,就动身沿着右边河岸前进。见有一带石壁,自远处衔接而来,次第高耸,各人心中暗忖道,这莫不是与胥罗湾上屏立的石壁,同出一脉的么?……这里何以有一处地方,叫做胥罗湾呢?就胥罗船漂流到这里之时,童子们替他起这名字,以为纪念的。……

韦格忽然喊声道:"你们瞧那里,你们瞧那里。"各人见他手所指处,原来是一个系船地方,有许多石头,是用人工叠成的。虽然已经残破,遗迹尚模糊可认。武安道:"那处明白有人住过了。"杜番应声道:"是,你们不看见茂草之间,有几块木片横着吗?"那片分明是当日破船遗迹,且可认得他是为该船的龙骨,有一铁环尚附着其上。各人睹此情形,恰似当日曾操此船曾筑此系船地方之人,宛然现出面前一样,不禁触目伤心,面面相觑,不复能作一语。呆立四顾,但闻水声潺潺,如泣如诉,这船之被弃于此,不知几阅星霜,眼见他木片生苔,眼见他铁环生锈,心中欲问他旧主何人?胡为至此?可恨木石无灵,不能解语。后之视今,亦犹今之视昔,既悲往者,行自悲也。

四人正在凄凉怆感,忽见猎犬符亨,大有异状,不觉失惊。注目视之,见他耸耳摇尾,频伏地上作嗅,好像闻有甚么异味的,既而翘足张口,初犹徘徊,少焉望看一树丛里狂奔去了。这树丛在大湖之畔石壁之下,众童子望尘赶去,行至树丛阴处,抬头见前面有一株旧山毛榉树,刻有"F. B.

1807"六个大字。众童子一心要跟着符亨，不暇停足谛视，符亨忽然少却，绕出石壁角就不见了。武安着急大声喊道："这里来！符亨，这里来！"那符亨更不归来，只听见他在那边作怪声狂吠。武安向众人道："这里一定有异，我们当团作一队，以备不虞。"各人因恐有恶兽蛮人，窥见彼等，猛然来袭，大家都提了武器，整齐队伍，便跟着符亨吠声向前进发。绕过石壁，不及数武，杜番忽停足在地上拾得一物，认得是一个鸦锄，细审其工作，都不像那野蛮人之物，一定是欧美所制的，通身生满赤绣，与向所见铁环无异。知道又是若干年前的一个废物了，更留心四面察看，见石壁下有一处似系当年曾经有人耕过的，沟洫遗痕，尚可仿佛寻认。又见有一种植物，蔓延甚广，都是那荷阑薯变作野生的。

正审顾间，忽有一物在身边滚地大吼，好像那半天起了一个霹雳，几乎把他们都吓坏了。看官，你道这物是甚么东西呢？原来是那只符亨，望着众童子们跑来跑去，貌极激昂，声极悲壮，似欲敦迫众童子快跟着自己来的。众童子会意，大家都跟着那符亨跑去，行至一处，荆棘载道，灌木丛生，那符亨就站着不行。众童子知必有异，芟草斩木，冒着险深入其中，忽见有一洞口，黝然黑色。武安急聚枯草燃之，投入洞中，火犹不灭，知洞中空气无碍呼吸。因走往河边，折取松枝，束作火把燃之，率各人同入洞中。洞口虽高不过五尺，阔不过二尺，但其中巍然，俨如一室，方可二丈四尺，地上细沙平布，好像毛毡一样。室口右方，有一工作极粗的桌子，桌子上有瓦水樽一个，大贝壳数个，此贝壳想是当碗碟用的了。又有锈蚀殆尽的缺折小刀一口，渔具数事，锡杯一只；那边壁间，更有木匣一个，打开一瞧，只有些衣服破片，其外别无甚么。看来这洞从前定是有人住过的，但无从知他是那里人氏，那时情景真真令人讨闷得狠。挨次搜至室奥，见有草荐一具，破烂已极，其上盖有褪色洋毡一张。傍边更有一椅子，上放着酒杯、木烛台各一。众童子瞧到这里，毛发竦然，股栗发战，不觉退了几步，心中想道，这被窝里一定是有洞主的遗骨了。杜番鼓勇再前，揭起洋毡一见，竟如空空如也。

四人搜索已毕，走出洞来，见那符亨依然狂吠不已。遂跟着他沿河而下,行不到十丈多路,他们一齐站住,相顾慄然,这又为着甚么呢?因见河边那大山毛榉树下,有白骨累然,各人暗付道,这莫不是彼洞旧主葬在这里么,这果何人,莫不是失事水手,漂流至此,株守待援,遂垂老病死么?若果如此,彼在此间,何以生活度日,洞中所有之物,莫不是彼自本船拿来,抑或彼手自制作的么?兼且此地若属于大陆,彼何为不寻觅内地有人之处,何以甘心病死于此,莫不是因行路之难,彼终不能达其志么?抑或因路程太远,彼知其终不能到而止么?若斯人果曾寻觅有人之境,卒不能得,老死于是,今日这胥罗船之遭难,独可望得天幸而告成功么?众童子触目怆怀,呆立半晌。忽然想起,我们何不再去细索洞中一番,倘或觅得他日记一本出来,他的来历及这处地方的情形,都可知道,岂不便宜了我们吗?

商议既定,复再率符亨走进洞中。循着石壁而行,又见一个行囊挂在其上,取下展看,其中有蜡烛数条,乃用兽脂及船中所用填絮造成的。沙毗就拿一条点之,插在那木烛台上,众人靠着微光,用意搜索,先得了斧、锄、槌、凿、锯各一事,厨具两三种,又得一樽,似是载泼兰地酒的,不错不错。向所见木片,当时应是一只舢板,他用以装载这等日用器具到这里来的了。后来更寻出小刀、定南针、茶壶、铁镬、包针等数事,但不见有洋枪之类。韦格忽举一物,大呼道:“这是甚么东西?”他三人取来细验,原是两团圆石,用索系着,南美洲黑人以此击兽,百发百中的。想那死者因未带得兵器,所以自制此物,暂充其用。韦格又在壁上搜得时辰表一个,与寻常水手所用的不同,乃是两面密盖的,匙及炼俱用白银制成,都已生锈,费了许多工夫,始得打开。看其长短针所指,正是三点二十七分。杜番道:“表盖里面,应有制者姓名,我们试一看,便可推测这物主是那里人氏。”武安道:“说他有理。”因打开细认见着“Delpleuch. Saint Malo.”一行文字。武安道:“这样看来,他是法兰西人,与我同国的了。”杜番更将洋毡反覆扬了一会,觉有物坠地,拾来展视的是一本日记,可惜经年已久,纸色都黄了,所写文字,多不复可认识。惟其间尚有佛朗沙、坡阴二语隐约可读,其二语头字,与向所见刻于山毛榉树的同是一样,以此知为死者姓名,无可疑了。传中所记,应是他遇难以后的事情。

后来武安复就日记读出"周危特累烟"一语,揣测就是他遭难的船名了。又见簿面题有一千八百零七年,与树上所刻的相符,这不是他遭难的日子吗?以此推算,是五十三年前的事了。更细检这本日记,见有一张厚纸,叠折夹在里头,拿出展观,杜番疾呼道:"地图!"武安道:"这当是坡阴自绘的。"四人再细看一番,见现时所探西岸的湖及胥罗湾、胥罗湾上的石壁等,无一不次序井然,按图可索。但有一最可痛心的事,本岛之外,四而都是汪汪大海,全不出武安所料。然则十五童子现时所托足之地,确是一个孤悬荒岛无疑了,怪不得那坡阴不能插翼飞渡,卒在山毛榉下,断送一命哩。这地图想是坡阴亲历全岛,据所目击,绘出来的。彼茂林中的小屋及徒矼,想是彼跋涉时所造的。若果如此,此图精确,无可置疑。但这距离远近,本非携有器具,实在测量,不过因行路的日子,约略计算,或不无多少之差。

却说这个地图,所绘岛之情形,恰似一只蝴蝶,中央有湖,四面有茂林环绕。湖之东西五迈,南北十八迈,有几条小河皆由湖中流出,注入于海。洞外之河,就是其中之一,与在胥罗湾南端注入于海的,同为一流。岛中并无一山,尽是平野,北方干燥,沙场甚多,南方异是,沼泽占其大半。全岛面积,东西约二十五迈,南北五十迈。独恨本岛果属南半球何处,图中未能说明,但细想坡阴尽命于此,本岛之在于绝海人迹罕到之处可知。嗟尔十五小豪杰,看此情形,岂不是韬光于此荒岛之中,还有日子吗?……

闲话休提。且说四个童子,偶然寻得这个山洞,便自不胜欢喜,心中打算着,快把各位同难之人及一切物件,搬到这里,挨过一个严冬,胜似在胥罗船上,饱餐风雪,且恐有不虞。这时候,恨不得天生两翼,飞报各人。因细按地图,知洞外小河,就是流向胥罗湾的,遂决计沿河归去。这河长不过七迈,计着不消三五小时,便可到了。因在洞中拾一鸦锄,向刻字的山毛榉树下,掘一小穴,将坡阴遗骨收葬停妥,复回至洞口,用些木石塞了,免得野兽阑入。

事毕,循河而行。一路树木稀疏,无甚阻碍,行不上半个时辰,便觉离得石壁远了。武安且行且想，此河当可再胥罗湾与大湖之间，作一通路，因留意察看，此河果能容一舠板或一木筏，若乘潮长，顺流而进，当可省多少气力。

行至四点钟时候，忽遇着一个大泽，阻住进路，不得已迂道北西而跑。这条路杂木蔽地，步行渐难，无何钟鸣六点，天色渐黑，茂林益密。及至八点，夜色已阑，不复能辨方向。正在进退维谷之际，忽见火光一道，上冲霄汉，可不骇杀人么。正是：

殖民喜说辟新境，闻炮惊心中毒烟。

看官欲知后事如何？且待译者再执笔写下。

第七回　移漂民快撑寒木筏　怪弱弟初审闷葫芦

却说武安、杜番、沙毗、韦格四人，赶路归船，不觉入夜。正在暗中摸索，忽见空中闪闪，放了一道光明，沙毗惊问道："那是甚么呢？"韦格道："我想是流星罢。"武安道："不然！是一个狼火，是胥罗船所举的狼火。"杜番道："我知道了，是俄敦以此指示我们的。"因将所携的洋枪，发了一响应他。望着那火光便走，历尽许多艰难辛苦，至四十分钟之后，幸得无事归到胥罗船。是日跑得倦了，早去安歇，一夕无话。

翌日清早起来，个个都要听新闻的，团在甲板上头，请他四位委员把那远征情形，详说一番，遂集齐各人商量进退。武安提议道："目下第一要紧的事情，莫如将我们根据之地方，搬往那个洞里。"巴士他道："那个洞有怎么大，能够容得我们吗？"杜番道："不，总是我们可以凿那石壁，再为增大一点。"俄敦道："纵然有些不便，亦暂先将就将就，待将来再作道理罢了。"……

当时胥罗船的侧面同那甲板上头破损的地方，渐渐大起来了，这样光景，不但不能遮蔽风雨，万一吹了飓风，把那怒涛送来，扑不上几扑，恐怕这船就要粉碎了。那个洞里虽非十分宽广，也有二丈丁方，以居十五名孩子，还可勉强。况且那个洞通风的地方，虽然只有一个洞口，可幸里头却无湿气,四壁干洁,好像花岗石砌成的,东面亦有石壁,恰好防那海风带些潮气吹来。现时洞中未免昏昏如长夜,然能在前壁,开两三个通天的大窗,光线亦尽可够用,患难之中,这也可算一个安乐窝了。故此他孩子们立定主意,就要迁居的。……杜番道:"迁居之前,我们少不免另找一个地方,暂时栖身啰。那处相宜呢?"俄敦道:"有布帐,就在那河边,开一张布帐罢。"……

童子们须将船上物件,装束停当,又要将船体坏了,择取一切有用的材料,方能迁徙。照此算来,总要费一个月的工夫,不到五月初旬,是不能成行的。看官,他们的五月,便像我们的十一月,已属冬初时候了。他们所以着急,不敢一日怠慢,正为这个缘故哩。……

俄敦定计在河边立一行台,真是有见识了。何以故?他们欲将那船上的东西,搬去法人洞,应该是用一木筏,溯河运去的。然则他住在河岸之上,岂不占了许多便宜吗?

闲话休提,却说众童子自那日定议之后,便动起工来,造那行台,先相了山毛榉树,择其近水的,就在他交叉枝上头,横了几条长木,盖了几幅帆布,不费两日工夫,四壁都弄好了,好像行军的一个大营一样。众孩子欢天喜地,就先把那火器弹药各种食物厨具及一切紧要东西,七手八足,收拾停妥。每日虽然有些暴风,却幸天天快晴,他们不上数日,把船上的东西,都搬进那行台去了。

其次工事,是就要处分那只残船。知道那包皮的铁板,将来是有用的,十分小心剥取。他们都是个孩子,既非熟手,又无气力,想那百吨大的船体,全然解拆,谈何容易呢?可喜天公见怜,助了他们一臂之力。

至四月二十五日,忽然狂风袭来,其势比那山虫还猛,刚刚吹了一夜,方才止息。孩子们急往岸边一看,呀!呀!那只胥罗船,不知犯了甚么天条大罪,已被封姨君尸解了。只见有几多大小木片,横蔽滩上,自是他们尽力把那木片运到行台面前,或取长木作挑杆以起重;或取圆木作辘轳以转运。持的持,荷的荷,舁的舁,邪许之声,相属于道,个个奋勇,不敢少懈。

　　至二十八晚，凡附属船体有用的东西，如那绞盘车、铁灶、水桶等物，虽极笨重难举，亦都搬运清楚了。自是之后，一意编造木筏，使巴士他担任工程，其余各童，听其指挥。巴士他是个天生木匠的人才，他在经营行台解拆船体的时候，大众都见过他的本领，所以又把此事托他。他先将胥罗船的龙骨，截而为二。再将前樯后樯的下半及那帆桁等，排作长形，放下水去，然后横以短木，紧紧束束，一个长三丈阔一丈五尺的木筏格局已经成了。然后再把胥罗船甲板上及船旁的板，鳞次砌上，逐块钉妥。虽然不能叫做精工，然工程甚为繁难，众人合力，夜以继日，亦至五月初二日，才得落成哩。从此又要搬这货船下伊，善均、伊播孙、土耳、胡太等最年轻的，就各量着自己气力，拿这小件东西。筏上有武安、巴士他几个，听着俄敦的号令，把这东西用心安置，不使有偏重偏轻的弊病，幸有一个绞盘车，各年长的就借他帮助，合力把那铁灶、水桶、铁板各种粗重等物件，都绾放筏上，费了三天工夫，方才搬运停妥。

　　这日恰是端午，专等着明朝八点钟潮长，便要解缆开行了。俄敦忽向着众人道："我们几乎忘了一件紧要的事情了，我们既离了此处，纵然有船经过，我们亦无从望见，举个暗号求他来救了。为今之计，我们应在石壁之上，立一长杆，当悬看暗号旗，可便有船经过这里，使他知道，你们以为如何呢？"这是老成深算，自然无人反对他的。于是为着这件事情，又费了半天工夫。是晚各人安寝，一夕无话。

　　至初六日，各人起来，先把那布帐卸下，盖住筏上的东西。莫科准备了三四日的食物，到七点钟时候，各事已经办妥。各人就跑到筏上来，年长的各执一棹，等到八点半钟，见那潮流已转，海水都向湖中流入，因解了缆，高声齐唱道："进！进！进！"就见这木筏拖着那胥罗船所剩的舢板，离了岸，慢慢的追着潮流便进，众孩子一时快极，不禁拍手喝采，欢呼之声，怕那水底的潜鱼，都被他们惊破胆的了。

　　这筏常循着河之右岸而进，因为潮流趋向那边，进行甚急，又因右岸比那左岸，高出水面，便于鼓棹。虽然，这筏却不快捷，自解缆后，行了两点钟之久，才行了一迈路程。

自胥罗湾至湖,最少亦有六迈许,若是一次潮水,只行一迈半乃至两迈,则他们尚要经几次潮水,方能诞登彼岸哩。

至十一点钟,潮势退落,他们急把筏系住,在此休息。下午虽再有一次潮长的时候,俄敦恐乘夜兼进,或有不测,不如待明日再行。

因停了一夜,翌日下午一点钟行到一处,就是从前四个远征委员归船时遇着沼泽迂道而行的地方,因把筏系了。日来寒威渐烈,昼间已觉得瑟缩,入夜尤甚,一望沼泽,已见有些薄水,光光闪闪,各人甚为心忧,恐怕筏行太迟,河都冻了,岂不进退两难。可喜次日午后,遥望着前面湖水碧色,及三点钟零几分,不觉已到了法人洞前面,大众欢跃,忙把这筏系在河之右岸。善均、伊播孙、土耳、胡太等最年少的,早已一跃登岸,谈谈笑笑。正在得意扬扬,武安在筏上望见之,顾语其弟佐克:"你不往那里去吗?"答应道:"不,我留在这里。"武安道:"佐克,我近来见你的举动,有不可解的,你似有些事情,隐在心头的,你近来有病吗?"佐克道:"没有。"武安本欲再为穷诘,但以这个时候,尚不暇从容问答,遂不复声。

率着各人登了岸,急跑到法人洞口,把那木石除了,进去一捡,觉洞内一切都如往日,并无异状。众人喜极,忙将铺盖拿来,安排妥当,又将胥罗船所用的餐台,放在中央。雅涅统着年轻的把那锅釜器皿小件的,都运将进来。莫科又在洞外石壁之下,叠石作灶,架上一个铁锅,调了好些羹汤,当中途停筏之时,杜番往往提了小枪登岸,猎取许多小鸟,至此拿了几串出来,交过伊播孙、土耳,吩咐他好用心烧了。

到七点钟时候,各人齐集洞内,把那胥罗船所有的椅凳,环着餐台,安排停妥,然后依次坐下。桌上有气蓬蓬的热汤、熏牛肉、烧雀仔,又有些干酪、车厘酒及开白兰地的清水,各人鼓舌,饱餐一顿。数日积劳,到此不觉倦起来袭,正商量分头就寝,因俄敦发议,率着各人奔向那山毛榉树下,凭吊了同病相怜的旧主坡阴一番,感触万端,悲不自胜。

至九点钟,始共归洞。令杜番、韦格两人执兵守卫,众童子安心睡了一夜。早起,复从事起货入洞,又将筏拆解,收藏妥当,以备他日之用,如是者忙了几日。

至十三日,欲把铁灶运进洞里,置诸右方。巴士他见洞壁不甚坚牢,试为凿之,竟得穿了一穴,以通烟突。于是他们不出洞口一步,便足了炊事。

自是杜番、韦格、乙菩、格罗士四人,每日携一鸟枪,游弋近处,所获甚夥,常与众人分甘同味。

一日沿湖而行,约离法人洞迈许,见北方有一茂林,潜入窥探,忽见有几个深阱,散在各处,分明是用人工掘成的。上面纵纵横横,盖着许多树枝,试为俯视,觉其下犹有甚么动物的遗骨,缤纷狼籍,这定是那坡阴当日掩取动物的遗迹不错了。四人周历既遍,正欲行时,韦格道:"我有一法,何不将那陷坑仍旧盖好,或者有些动物,自来送死,亦未可定。"各人说是。忙取浮泥铺填停妥,方才归去。

路上又寻出三叶及水芹两种植物,俱是美味适口,又宜于卫生的。天气虽然渐寒,尚幸那湖及河,还未冰结。年轻的每日在那水边钓得好些鲜味,又不致有食无鱼之叹了。

十七日,武安思量道,在这左右石壁之上,倘能找出一个石窝,藏些东西,岂不甚妙。遂率着几个同伴出了洞外,分头探索,正行到杜番们前日发见陷坑的近处,忽闻前头有物嗥叫,声音甚怪。武安不敢怠慢,急去纵寻,杜番等随后便至。觉那声音是从一个陷坑里发出来的,就近一看,见从前所盖的浮泥及那树枝,都散落摧折,知是有甚么动物,投入其中,无可疑了。但是不知他是甚么狠恶的禽兽,不敢逼近坑口,呼道:"符亨,这里。"就见那符亨飞的一样跑来,到坑口略瞅一瞅,硬纵身便跃,跳下去了。正是:

群英设计,走狗争功。

欲知坑中果是何物?且待下文再表。

第八回　勇学童地辟豺狼窟　荣纪念名从父母邦

却说符亨跑到坑口一望,略无惧色,便跳下去。武安、杜番跟着,也到坑口一望,立举首望着众人道:"诸君来。"当初各人怕有甚么危险,退了几步立着,至此始敢走近前来。乙菩道:"豹。"格罗士道:"豺狼么?"杜番道:"不然,是一个两足的动物",再往下瞧着道:"驼鸟,是的。"……这是亚美利加驼鸟中之一种,头酷肖鹅,全身灰色,味甚肥美。……沙毗道:"我们生擒他。"那巨鸟陷在坑里,不能逃脱,地方又窄,虽有翼呀,无从高飞。沙毗话犹未了,身已在坑里了,见那驼鸟并不奋嘴来啄,忙伸手扼住他咽喉,不多时气力都衰了。企在上头瞧着的忙把几条手巾投下,就紧紧的缚他两足,好容易牵了上来。格罗士道:"我们怎样处置他好?"沙毗道:"不用说了,拿他洞里去养驯他,供我们一个骑坐就是了。"说着便走。这个畜生将来果能为他们效用与否?今且未说破。

总是带他回洞,原来无甚难事。俄敦远远的望见他们欢天喜地,牵了一个庞然大物回来,心中想道:"这样增了一个人口,为本洞生计界的情形打算,未知得失怎样呢!"方才思疑了一会儿,忽然记起那个新来的客,岂不是吃些野草树叶,就够过活的么?始安了心,任从他们摆布去。

在洞外寻了几天,还觅不着一个山岩,可以收藏物件,他们就死了心,决议在这洞里穿凿穿凿罢了。喜的这石壁不甚坚硬,从前巴士他曾经在那铁灶上头通了一个烟突,自此更把洞口开拓,将胥罗船所用的门板嵌上,又在那左右凿了两个通天的窗,虽然费了许多心力,却幸都成了功,所以他们就想另凿一副洞起来,这也断非妄想的。

过了五月二十七日,有举锤的,有拿铲的,个个争强,人人奋勇,就动起工来。武安道:"牵一条直线从这里凿去,一定可到湖边那石壁之下,若然遇着风吹得利害,不能打开正门的时候,我们就可从横门出去,这岂不妙?"……

自洞内到那湖边,直径约有四五丈长是的,童子们先开了一条窄窄的隧道,然后把上下左右逐渐扩张,果然不出所料,这地方的石壁,也是脆软得很,有几处还要用些木板撑住,才能免他颓将下来。为着这样,他们的工程,就容易做了。俄敦率着那几个手空的童子,把从前解筏时所留下的材木,拣了几条合作支挂用的,又伏进隧道,将土块石屑,都运出洞外去,日日大家为着这件事情忙煞。

至三十日下午,眼见的那隧道已穿了五六尺长。是日武安如常扒进里头,拼命开凿,忽听见那边离着自己不远,似有些古怪声音,不禁吃了一惊。再为侧耳细听,果然像有怪物在那里呻吟,武安急着,匍匐却行,见了俄敦、巴士,他便把这般这般告诉了他们一番。俄敦道:“莫不是你耳根乱么?”武安道:“你试往一听,无何。”俄敦自隧中出道:“武安说的不错,果然有甚么东西在那里低声发哮。”巴士他亦不信心,入去一息,便出来道:“是了,但不知是甚么东西。”三个急唤杜番、韦格、乙菩、雅涅那几位有年纪的,再入去听听,这时候声已寂然,他们一无所闻,都说是他三个心虚听错的,左右为这一疑似的事情,就把那工程罢手不成。武安只得再进去作工,到晚上九点钟时候,嗳约! 这会比不得从前,那声音越发大了。恰好符亨进来,这个声浪一敲他的耳膜,他便飞也似的走出隧来,面色有些作怪,不住的在洞内乱跑。是晚各人心上都挂着这件事,虽然睡了,频频惊醒,倒有几回。

次早起来,巴士他同那杜番两个,先跑进隧中一听,却不见有甚么消息;符亨也如常走动,不似昨日那么狂怒。两人商量定了,就跑出洞外寻了一条路,披荆斩棘,攀上那石壁,在法人洞的绝顶张望四围,好好觅了半天,仍不见有甚么罅隙。罢了罢了,急走下来,报了各人知道,依旧动手作工。是日绝不闻有甚么,唯是锄壁之时,觉得有些反响,像是里头空虚的一样。……

看官,若是里头果有一洞,与他们所凿的隧道接近,便省他们许多工程了,但不知有这样天幸不。……

是日毕工,方欲开饭,从来那符亨一定是在主人们左右,作伴食宰相的,今夕怎么不见了? 齐声呼符亨符亨几声,绝无影响。俄敦快出洞外高声呼了一遍,仍是寂然。自是杜番向那湖边,韦格向那河岸,各人都分头找去,像个秦始皇大索那张良一样,几乎把洞的前后左右,都翻过了,依然不见。拿表一瞧,见那短针已指着九点,又不可冒险远到那茂林沼泽之中,迫得各人没精打采,惆然归洞。正在相对太息,并无一人发言的,忽而狂叫怒号,怪声大作,武安道:“声正从这里来。”说着钻身进隧道去,年长的一齐蹶起，拿了护身东西以备不虞。年幼的吓得面如土色，急将被窝盖着首，动也不敢动。无何，武安出来说："石壁那边，一定别有洞天了。"俄敦接口道："然则有几个动物，定在那里。"杜番道："我也这么想着，且等明早儿我们细寻他的洞口罢。"话犹未了，忽闻可怖的怒吼之声，咆哮之声，呜呜然，隆隆然，不断不绝，险些儿把那石壁都震塌了。韦格道："莫是符亨同甚么动物格斗？"武安再入隧道一听，却无影儿消息。是晚各人不敢交睫，眼光光守到天亮。

杜番率了一队，仔细在湖边石壁一上一下，搜了好些时候，并不见有甚么洞口。武安、巴士他照常用功凿那石壁，才至正午，更深入了二尺许。吃中饭毕，再把锄进去，渐觉得与那壁的空洞更逼近了。急令年幼的跑出洞外，以避不测之事，杜番、韦格、乙菩等有年纪的，各人手执武器，刻刻留神，以便与隧中诸童子缓急相应。自鸣钟刚打了两点，忽闻武安大喊起来，你道他是做甚么呢！原来他举锄一下，不觉把石凿掘穿，就望见里面真有一个大洞。退身出来，正欲告诉外边各人，忽听得扑地一声，那隧道之中，跑了一只东西出来，惊得众人魂不附体。众人定睛看了，才知道就是那只符亨，一直跑到盂边，吸了几口清水，方摇头摆尾，徐徐行近俄敦立处。众人见他形状无异常时，知道无甚可畏的。武安在前，俄敦、杜番、韦格、巴士他及莫科等跟着，拿了灯笼走进隧道里，见那石前穿了，开出一个大穴，便由此转过，略瞧一瞧仍是一个大洞，其高大宽广，大约与法人洞差不多，一望似无路可与外边相通，若果然，怪那符亨不知从那里进去。韦格忽然跌了一交，大呼道："有东西！"快举灯笼一照，原是只豺狼的死尸。武安道："这不是符亨咬死的么？"我们从前的疑团，至今方才明白了，只是这个野兽，从那里进来的，童子们全想不出来。

武安留众人在洞内守着，独自一个出了法人洞，跑到湖边，循着那石壁，且行且呼，觉有一处，把各人答应的声音，传漏出来。因细心查勘，见石壁之下，几与地平那里有一个低陷的穴口，不错了，不错了，符亨同那野兽，俱由这里进去是的。再将他凿宽些，童子们就可以有出来湖边的门口了。

各人见得了这个新洞，不胜欢喜。自此更为出力，急把隧道扩张扩张，居然成了一条通路，这两个洞，就联络上了。他们商量数次，才定议将新洞作书房、寝室，将旧洞作厨房、食堂、仓库。忙把铺盖移往新洞，安排妥当，再把桌子、椅子及胥罗船所用的大火炉，都将进来，这样这样，陈设得也觉整洁。于是将那穴口嵌上两块胥罗船所用的门板，又在那左右开了两个透明天窗，这种工夫，不消说，又是费巴士他的心力弄来的了。

时北风渐紧，虽未至十分严寒，料着户外作工，不久便有为难了。为此众童子不肯怠慢，夜以继日的刚刚忙了两个礼拜，方才把那洞内的事情，整理完了。

众人念着我们流落这里，不知几时才能够脱离此苦，倘然日望日不做些事业，岂不白消了光阴。依着俄敦发议，遂决计在戒寒的时候，立了一定课程，那年幼的就从那年长的学些未曾学过的工夫，自明天为始，各人就按着课程勉力用功。

至六月初十日，晚饭已毕，各人正围着火炉上下议论，忽有一人道："本岛的握要地方，我们替他起个名儿，日常称呼，才为方便哩。"众人称是。杜番道："我们上岸的地方，已经呼他作胥罗湾，我想着依旧用他。"格罗士道："这个自然。"武安道："我们所住的洞，因为纪念旧主，也经呼他作法人洞，这个名字，亦可以留传的。"韦格道："流注胥罗湾那洞外的河呢！"巴士他道："我们思念故乡，就呼他纽西仑河罢。"雅涅道："那湖？"杜番道："故乡的纪念既有了，更为亲切一点，叫他家族湖，岂不好？"其余石壁则称为恶仑冈；冈北尽处武安所尝登临的，则呼作幻海台；寻出陷阱之林曰陷阱林；远征委员归途因逢沼泽折道之处，在纽西仑河畔，有一茂林，是称沼泽林；纽西仑河以南的沼泽，便号南泽；远征委员始觅见徒矼的小流，就唤他徒矼川。除此之外，且等他日到过，方为命名。唯是据坡阴的地图，有几处沙嘴，分明认得，因名他最北的曰北岬，最南的曰南岬；更那西岸有三个斗出海中，就因众童子的出处，名为法人岬、英人岬、美人岬。犹有一件紧要的，他们既占有这岛，那么可以不上他一个徽号呢！胡太道："我想着一个佳名了。"杜番道："使君么？"沙毗道："他定是想改作孩儿岛了。"武安道:"且勿说笑,听他尽其思想言论的自由才好。胡太,你的妙想?"应声道:"我们不是奢们学校的学生么,我就想呼他作奢们岛。"众人听了,俱拍手喝采赞道:"亏你想得好!"这时胡太满心欢喜,似比做了皇帝还得意咧。各人正欲散开,忽见武安恭立唱道:"某更有说。"真是:

　　莫笑童年无智识,依然议院小规模。

欲知武安提议何事?且等下回再说。

第九回　举总统俄敦初被选　开学会佐克悄无言

话说武安提议道:"我们既占这个孤岛为他起了名字,今更要举一总统治之才好。"杜番道:"举总统么?"武安道:"置一首领,凡事听其指挥,庶几号令出于一途,办理庶务,更为圆滑。"说毕,众童子齐呼道:"甚是甚是,快使我们选总统罢。"杜番接口道:"选总统亦可,但须限定任期,或半年,或一年。"武安道:"惟任满之后,倘再被选,仍得复任。"杜番满腹疑忌,唯恐各人选了武安,因着急道:"武安说的是,但我们当先选谁?"武安道:"自然是最贤明之人了,算来莫似我俄敦。"各人闻说,即拍手欢呼道:"是了是了,俄敦万岁! 万岁!"俄敦初欲逊谢,继想他武安、杜番两党,不时龃龉轧轹,全赖着我居间调停的。今举我坐了第一把交椅,似于和合他们,更为容易。再三想过,知道机不可失,遂欣然答应了。……

若使这个孤岛,果如众人所料,其位置在纽西仑以南,则自此至十月初旬,天气寒冷,其间五个多月,定是不能出门口一步了。……

俄敦严定课期,使他幼年的每日按着用功,不把光阴虚度。自是每日午前午后,各定功课两点钟,到了时候,尽会于新洞书室,命第五班的武安、杜番、格罗士、马克太及第四班的韦格、乙菩轮班讲书。教些历史、数学、地理,或就所谙记的,口说相传;或将带来的书籍,指出解释。他第三、第二、第一几班的欣然领教,乐此不疲,其受益之大,固不待言。即他们充当教习的,亦可藉此温复一番,不致遗忘,真可算一举两得的善法了。此外每逢礼拜日及礼拜四日,开一讲习会,或将历史事实,或就目前事情,拟定题目,大家讨论,其利害得失,集思广益,交换智识,彼此都觉得有趣起来,学识亦渐渐有进步了。

天朗气清、日暖风和的时候,又大众在那湖边,从容散步。有时相约竞走,练习体操,以防倦气来侵,沉郁生病。使韦格、巴士他两人监督着各人,都把时辰表较准,克期用功。又使乙菩每日将寒暑针、风雨针的度数记了,其外一切杂事,因巴士他从来已设一日记部,详细登载,遂将此任,归他专管。每到礼拜晚,大开音乐会,雅涅端坐弹琴,各人齐唱国歌和之。往日在学校,佐克是最有名能唱,各人都让他第一的,谁知他在这里,常坐在众人背后,无精无采,从未见他开喉唱过一句,武安从此更疑心他了。

光阴似箭,日月如梭。不觉已到了六月下旬,寒暑针渐渐降下,常在零点以下十度乃至十二度之间,洞内幸有许多积薪,每日燃着火炉,尚能保住零点以上的温度,不致僵手僵足。

一日寒威少减,雪花乱飞,刚刚下了一日,把这孤岛,全现出玻璃世界的景象。各人欢欢喜喜,跑出洞外,团雪为丸,相掷为戏。佐克这时亦在局外,袖手旁观,不料格罗士举一雪丸,猛力一投,正误中他的脸上,立时鼻血涌出,流个不止。格罗士瞧见道:"我本无心掷伤你的。"说着便走。武安拉住道:"你出于无心,我亦谅你,但你亦太不留意了。"格罗士道:"照你这样说,你佐克既非预份掷雪的,偏要企在这里,却非自己不仔细么。"忽闻杜番高声大叫道:"这样小事,为甚么就要吵嚷呢!"武安道:"自然是小事,但我亦只劝格罗士嗣后须少留意耳。"杜番道:"这件事不待你劝戒格罗士的,你不听见他已经谢过吗!"武安道:"杜番,我不解你为着甚么,偏要强来干预,这不是我与格罗士两个交涉,不干你事的吗?"杜番道:"虽然如此,总是我听见你说这种话,我就不能忍默的。"武安握拳道:"你想怎样就怎样罢。"杜番亦攘臂道:"自然不受你指挥。"两人正在盛气相向,势将用武,适俄敦走来瞧见,因宣言道:"杜番所为,有意滋事。"杜番闻言,不得已觍然入洞去了。俄敦及众人知道他两个断不肯干休的,俱放心不下。至两人究竟如何结局,此是后话,今且不表。

却说众童子至六月杪,天气愈冷,降雪愈深,常积至三尺四尺,除有要事之外,一步不能跑出洞外。童子们当未下雪时,一切大抵准备,惟是汲水一事,最是为难的。俄敦与巴士他商量了几回,巴士他建议,若在地中设一水管,自那河底通至洞中,则不独可省提甕出汲之劳,即使寒冱至极,河面冻了,河底亦断不冻的,我们的食水,岂不是源源不竭么。众人听说,俱大赞成道:"妙哉妙哉。"但这件事,言之虽易,行之甚难。可喜胥罗船浴室的铅管,尚在他们手里,巴士他就靠着他,与众童子尽心竭力,经营了好几天,才得成功的。

夜间点灯的东西,幸自船中带来的油,尚有许多,数月之间,尽可够用。但恐到了冬尽时候,就不免告乏。莫科早已虑及此事,每宰禽兽,辄将他的脂膏,收藏停妥,以备将来制造蜡烛之用。

于是童子们所关心的,就是他日用的食物了。他们因天时寒冷,许久不能出外渔猎,只有坐食,日少一日,惟靠着莫科从前准备下的野鸭、火鸡、咸鱼及由胥罗船拿来的罐头,目前尽可敷衍。但是他们十五个童子,幼的九岁,长的十五岁,都正喜健饭的,每日所需食物甚多,他们见食物渐短,未免寒心起来,正不同杞人忧天的。况沙毗畜了一个驼鸟,亦累他们不浅的。这时候洞外堆了好几尺雪,日日尚要掘些树根野草,将来喂他,惟是这个职役,沙毗独自担在身上,不敢劳别人的。常笑嘻嘻对着大众道:"他定可充俺一个好坐骑的,你们且看。"

一日天气寒甚,洞外寒度降至零点以下十七度,洞内积薪刚告乏了,孩子们无奈只得忍着寒,到那陷阱林,冰手僵足,好容易采了多少。莫科看此情形,忽然想出一计,把那长丈二尺阔四尺的桌子反转了,在积雪上面,推来推去,就似大禹泥行时所乘的橇一样,孩子们将所采的薪木,堆满其上,滑滑地推进洞中去了。比从前肩挑背负,省却许多气力。自七月九日起,日日照样搬运,不过忙了一礼拜,数十日内,尽可无薪尽之忧了。武安忽向众人道:"今日不是七月十五么,据北半球的惯例,今日倘然下雨,从此四十日间,难望晴快了。"他们忘了南半球的天气,与北半球不同,白躁了心。却喜是日连一点阴云都没有,惟东南风吹得极紧,寒威越发难挨,孩子们瑟瑟缩缩,终是团在洞内,有谁敢出门一步。只样枯坐无聊,不能运动,刚苦了一个月,都觉得不舒服的。

至八月十六日,忽然吹起西风来了,寒云渐散,天气微和。杜番、武安、沙毗、韦格、罗士他商量道:"我们想着到胥罗湾一寻旧游,已非一日,恨阻风雪,久不果行,今幸天和日暖,未免同走一遭则个?"他们郁郁已久,正欲藉此一舒筋骨,且念着插在石壁上的英国旗,定已破烂,决意把他换过。

禀准了俄敦,八月十九日早起,束装首途,踏雪而行,可不爽快。无何到了沼泽林,四面冰结厚了,更不必枉道,直履之而过。及抵胥罗湾,拿表一瞧,才不过九点钟时候。但见碧海之滨,鸦鹑乱飞;岩礁之上,海狮戏舞。遥望着自纽仑川至幻海台,白茫茫雪深几尺。俗语道琉璃世界,真不错的。眼界尽处,只是海阔天空,并不见一只飞鸟行迹。五童子急弄早饭吃了,就将带来的新旗换上,更采杜番的条陈,拾一块木片,把距此六迈路有一法人洞,众童子占了居住的事情,简明记了,系在竿头。这也算童子们用意周密,倘然有船经过这里,望见旗号,泊岸寻来,便可省知他们踪迹,前去援救的了。看见日已倾斜,各人急跑回洞复命俄敦,时自鸣钟正打四下也。自此无事。

至九月初旬,寒暑针渐渐升上,天气乍暖,知严冬垂尽,不久便是好春时节。童子们自念漂到这岛,不知不觉已过了六个月光阴。这岛的西方,是胥罗船的来路,行了几个礼拜,都没有一点影儿,是断无可属望的了。那东南北三面,虽然未曾巡绕,但坡阴所遗下的地图,并没记瞧见甚么陆地。坡阴的地图本是精精确确,无可疑的。惟是他当日苦没拿有千里镜,常人的肉眼,原望不到两三迈外的,他纵然曾立恶兰冈上,四处张望,或者远处真有陆影,为他目力所不及,亦未可定。童子们恃着自己拿有千里镜,立意再为探望一番。因展地图一看,知东岸有一海湾,凹入家族湖那边,与胥罗湾正遥遥相对,距法人洞不过十二迈许。遂决计先往那湾头,熟察东方情形。恨天气还寒,正苦苦闷闷的,等着春回日暖。

怎知到了九月中旬,愁云四合,狂风大作,一连吹了几天,比在胥罗船上所遇的,更为利害,那石壁也似摇摇摆摆,差不多就要塌将下来,人人害怕,个个惊心。这洞口所嵌的窗户,或被卷去,或被吹破,童子们狼狈非常,其困蹙之状,较昔时盛冬时节寒暑针降至零点三十度以下的时候,尤为不寒而慄的。而且无论甚么禽兽,为着这样暴风,都找个藏身的地方躲避去了。湖中游鱼,亦缘波涛鼓荡,深深潜伏。童子们或渔或猎,全无所获。这时风虽猛烈,地气却暖,积雪逐渐溶了,反转桌子造的雪橇,至此变了无用。

童子们早已算定,意欲造一手车代他。巴士他记着从胥罗船拿来的东西,其中有一个绞车盘,就把他车轮大小相同的拣了两个。那车轮本是有锯齿的,不是将他平了,断难转动。巴士他费了许多工夫,究没法将他除去,不得已用些坚木填塞上了,再找铁箍紧紧束住,竟得了两个车轮。到十月上旬,居然成了一辆手车。

这时候风色亦渐稳静,比及中旬,丽日当空,阴霾全散。童子们如鸟放笼中,虎出柙外,终日在洞外游戏,都无所苦。于是渔的渔,猎的猎,樵的樵,各自欣然从事去了。

俄敦老谋深算,知那弹药,是将来有大用处的,因严戒各人,切勿浪费。故他们猎手,专靠着张罗设阱,幸仍获得许多小鸟野兔,以饱枵腹。

至二十六日忽有一事,令童子们捧腹的,是日沙毗将平日所养的驼鸟,牵出槛外,拟乘此驰骋,夸耀众人。童子们都议议论论,或说可以,或说不行,争来看他。沙毗牵到一宽敞地方,将缰索系了,用两块皮革掩他两眼,使巴士他、雅涅两人牵住,腾身便欲乘将上去,不料驼鸟转身一扑,把他丢将下来。连上了六七回,才得坐定,便挥两人使退,急把缰勒了,将两块眼遮除去。方才驼鸟所以凝立不动,正为着这个东西的,现下开了眼界,正如国民有了智识之后,就不肯盲从那野蛮政府的束缚的,陡然一跃,腾身望着丛林中狂命奔逸,急得沙毗手忙脚乱,浑身是汗。正欲控缰制止,不料驼鸟把身一振,便将沙毗滚将下来,自向陷阱林里跑去,转瞬间连影儿都不见了。沙毗翻起身,面红红的作速逃往洞里,赢得众人一哄散了。

却说俄敦见风和日丽,天气渐暖,因自率童子一队,沿着陷阱林,直到家族湖西岸,踏勘地理,考究物产。知道这样天时,虽然在外露宿,亦无妨碍的。因提议命武安作留守,自与数人照往日所商,亲往湖东一行。

至十一月五日,正是出行日子,但见俄敦、杜番、韦革三条好汉肩着猎枪,他们是不容易消耗弹药的,因使巴士他修整那飞弹带了,以备袭取禽兽。知道湖西有两条河流,或要渡过的。适自胥罗船拿来的东西,内有树胶舢板一只,叠起来不过枕箱怎大,约七八斤重。乃并检得斧头两柄,一统带了。其余乙菩、格士、沙毗亦携了护身短枪,一同七人,威风凛凛,意气扬扬,辞别了武安各人,出了法人洞,循着湖边向北方进发。

行及两迈许路,忽见那只先锋猎犬符亨,在前头停足而立,似是相等的,各人疾趋赶上,见那里有许多洞穴,符亨正在一个洞穴旁边,以足扒地,仰首而号。杜番早知有甚么东西潜伏其中的,正拟装填弹药。俄敦高声道:"杜番君!且勿浪费弹药,余有一法,尽把穴中的动物,尽行驱出来的。"说着,便率各人往那灌木丛中,拿了许多杂草,塞进穴内,纵火燃着,无几有十余头狡兔,自穴中冒烟而出,张皇图逸。沙毗、乙菩瞧见,快把枪架斧头,斫倒四五头,符亨亦咬死三头。童子们喜出望外,各人肩了一头,急急离了灌木丛,选路前进。

至十一点钟,始抵徒矼川流入湖中的地方,据坡阴地图知已离法人洞六迈路程。童子们就在川边,选了一个雅洁地方,班荆坐定,先把三头兔儿烹了,合些干饼,饱餐一顿,然后济川北行。沿途沮泽,并无驻足之处,及离了湖畔,更向茂林南进。树木阴森,都与法人洞附近无大差异。啄木、鹡鸰等翱翔上下,羽彩烂然。忽有"貔加里"厚皮兽,状类豚,在面前惊走,杜番见着,急问准了俄敦,便发枪击之,应声倒毙。这种兽肉,味美异常,童子们欢喜无量,乐得今晚的晚餐及明朝的早餐,又有嘉肴了。

到下午五点钟时候,又见有一条小川横着前面,约有四丈阔。查坡阴地图,知是由湖中流出,绕恶兰冈北端趋注胥罗湾的,这里距法人洞已有十二迈路。童子们是晚在这川畔露宿,因名他作停宿川。

翌早起来,急把绳索探这川水深浅,知是不可徒涉的。喜有树胶舢板带来,因展开放下水去,居然一叶扁舟,但系渺小轻巧,只能容得一人。屑屑往返，费了一点多钟工夫，才把各人毕渡。一切携来什物，都赖此不至濡湿，收拾妥了，后向北方前进。一片干沙，更无沮洳。渐舍茂林，取途湖畔。日方当中，遥望见对岸有树梢轻拂，掩映于水天之际。自此湖幅渐窄。

至下午三点钟，对岸树林，了然入目，想两岸相去，当不出二迈以外。此地荒凉寂寞，四顾悄然，只有二三海鸟，翱翔湖上，除此之外，更无一个生物。向使胥罗船不幸漂到这里，十五小豪杰岂不坐困食尽，早投饿鬼道去么！既而两岸相逼，已到湖之尽处，各人见天色晚了，决计在此留宿，因把毛布敷在地上，坐定，熟望四围，但见白沙如铺，青草不茁。虽欲举火，苦无枯木，迫将所携的干饼牛肉等，聊以充饥，一夕无话。

翌早起来，张眼遥望，见相离数武之地，有沙丘一座，高可四五丈，苟造其峰，四方形势，当可了了。饭罢，各人到那丘上，用千里镜望了一会，果如坡阴地图所载。北东一面，全是沙漠，目力所尽，不睹际涯，据地图测线，自此至海，北十二迈，东七迈。各人知行此长途，渡过沙漠，亦无益处。格罗士先说道："我们既到这里，将更奈何？"俄敦道："只有乘兴而来，失望而返罢。"杜番道："今除归洞之外，别无可图了。但须另择一新道，以资阅历，较之复寻来路，不更有趣吗？"俄敦道："君说甚是，我等沿着湖畔，到停宿川上，然后折而之右，直抵石壁下，循恶兰冈而归就是了。"杜番道："果欲循石壁归去，自此直向陷阱林，抵其北端，然后转出石壁下，岂不更捷。陷阱林北端，距此不过三四迈路，若要返至湖畔，便迂回了。"俄敦道："虽系直向陷阱林，亦必要一涉停宿川之流，此川愈近海愈阔而险，或至不可横流而济，亦未可知。为万全计，仍以到川之南岸，然后转路为佳。"

商议定了，各人返至露宿处，把毛布收卷，便循着来路而行。十一点钟抵停宿川上，依旧用那树胶舢板把各人渡了。杜番在路上弋取两只鸨鸟，各重二十余斤。沙毗与各人割了他一只，七人都饱餐一顿，将那残骨，饲了符亨。遂起程入陷阱林中，选一条路从前来往行过的，大踏步望着石壁而进。所过茂林，不似法人洞附近之繁密，有几处并无大树大木，日光所照，春草如裀，野花似锦。又有百合数株，高三四尺，随风拂舞，娇态迎人。俄敦素好研究植物学的,因在此寻出几种有用的草木,一是可以造酒,一是可以制茶。他们法人洞内于此两物,方将告乏。俄敦因命各人取了许多种子,带归培植。

及下午四点钟,到了恶兰冈北端,自此循壁而走,南行二迈,见一条细流,自壁腹迸出,奔向东方,这就是徒矿川源头了。俄而日已西斜,各人知今晚断不能赶回洞去,因决意在此流南岸,卸了行李。沙毗与其他童子,正在料理晚餐。俄敦与巴士他两人,在左右近处,徘徊瞻眺间,忽见那边林中,约略有一大群动物,蠕蠕蠢动,吓得两人嗳哎一声,退了几步。

欲知两人所见果是何野兽,且等下回再表。①

----

① 《饮冰室合集》本下有说明文字:"按,任公先生所译止此。(全书共十八回,以下九回,罗孝高先生续)。"

第二编

政　论

各国宪法异同论[*]

[1899 年 4 月 9、19 日]

宪法者英语称为 Constitution①，其义盖谓可为国家一切法律根本之大典也。故苟凡属国家之大典，无论其为专制政体、旧译为君主之国。为立宪政体、旧译为君民共主之国。为共和政体，旧译为民主之国。似皆可称为宪法。虽然，近日政治家之通称，惟有议院之国所定之国典乃称为宪法，故今之所论述，亦从其狭义，惟就立宪政体之各国，取其宪法之异同，而比较之云尔。

第一章　政　体

政体之种类，昔人虽分为多种，然按之今日之各国，实不外君主国与共和国之二大类而已。其中于君主国之内，又分为专制君主、立宪君主之二小类。但就其名而言之，则共和国不与立宪国同类；就其实而言之，则今日之共和国，皆有议院之国也。故通称之为立宪政体，无不可也。故此篇所述，专就立宪君主与共和国论之，而专制君主国不与焉。

全世界上之立宪君主国共和国等，其名称虽同，至其国内之实情，则皆各国不同。其君主政府之权力若何？国会之权力若何？人民之权利若何？互有大小强弱之异，不可不察也。

---

* 录自《清议报》第十二、十三册，光绪二十五年三月十一日（1899 年 4 月 9 日）、三月二十一日（4 月 19 日）出版，署"新会梁任译"。收入《饮冰室合集·文集》之四。
① "英语称为 Constitution"，原作"欧语称为孔士九嵩"，据《饮冰室合集》本改。

宪政立宪君主国政体之省称。之始祖者,英国是也。英人于七百年前,已由专制之政体,渐变为立宪之政体。虽其后屡生变故,殆将转为专制,又殆将转而为共和。然波澜起伏,几历年载,卒能无恙,以至今日,非徒能不失旧物而已,又能使立宪政体,益加进步,成完全无缺之宪政焉。

其余欧洲大陆之各国,亦于近古以来,次第将变专制而为立宪,不幸为君主及贵族所压制,其收效不能比英国。于是由压力而生激力,压之愈甚,则激之愈烈,至西历十七世纪之末,*即距今百年前也*。法国民变大起,摧毁王室而行共和之政。其后更为拿破仑之帝政,又为王国,屡次转变,糜烂不堪。其余各国,亦相继骚乱,政体频变,盖各国宪政之成就,不过数十年耳。

若英国之宪政则不然,自近古以来,非如各国之有大骚动,故能次第进步,继长增高。又各国之宪政,多由学问议论而成,英国之宪政,则由实际上而进。故常视他为优焉,英人常目他国之宪法为纸上之宪法,盖笑其力量之薄弱也。

宪政之国在欧洲则除俄罗斯、土耳其之外,其余各国皆是也。在亚洲则日本是也。土耳其当十余年前骚乱之际,曾一布宪法,设议院,后卒中止,故至今仍为专制国云。

第二章　行政立法司法之三权

行政、立法、司法,三权鼎立,不相侵轶,以防政府之专恣,以保人民之自由。此说也,自法国硕学孟德斯鸠始倡之。孟氏外察英国政治之情形,内参以学治之公理,故其说遂为后人所莫易。今日凡立宪之国,必分立三大权,行政权则政府大臣辅佐君主而掌之,立法权则君主与国会即议院也。同掌之,司法权则法院承君主之命而掌之。而三权皆统一于君主焉。虽然,其实际则不能尽如此,如英国之巴力门,*即英之国会也*。有黜陟政府大臣之权,*凡宪法政府大臣之进退,其权皆归君主*。盖行政、立法二权,全归国会之手。故英国之谚有之曰:国会之权,无事不可为,除非使男变女,女化男乃做不到耳。观此可知其权力之大矣。惟司法之权,则仍归于法院也。

其余各国，凡有政党习气之国，其国会之权力亦甚大，不特能压倒行政官而已，亦时时能黜陟之，若奥大利、德意志及日耳曼之各邦。为无政党习气之国，则反是。又如美国虽属共和政体，然其行政之大权，实归大统领之掌握，其政府大臣，大统领得任意黜陟之，盖行政官之权力比于政党习气之君主反有加云。

孟德斯鸠①又云：行政权即行法权也。后世学者，多诵此语，各国之宪法，亦多引用之。是盖惩于前者君主与政府之专制，欲裁抑其权力，故谓君主及政府之职，但当奉行国会所议之法律而已。殆有为而发也，平心论之，国家之政务，决非徒执行法律，逐可以尽其责也，故近世学者，颇有辨此语之非者。又康士汤竟、弗郎等诸硕学，别言国家之权力，为四大权，以行政权为最重，而隶于行政权之下者，有立法、司法、兵马三大权云。从来三权鼎立之说，皆以为兵马权包含于行政权之中。虽然，兵马权之性质，与行政权实有异，康氏、弗氏之说，亦不为无见也。

又孟德斯鸠以为三大权必须分立，不相统摄，然后可保人民之自由；有硕学布龙哲驳其说，以为三权全分离，则国家将有不能统一之患。故三权决不可分，而亦不可不分，惟于统一之下而歧②分之，最为完善云。

第三章　国会之权力及选举议员之权利

古代国会体裁未完备，有分为数院即议院。者，亦有惟置一院者。今日则除日耳曼之数小邦，及瑞士之数小邦，惟置一院外，其余各国，无不有上下二院。盖两院并置，其益甚多，既可以防议事之疏漏，而加郑重绵密，又能使进步、保守两党之宗旨，保其平均，盖上院之员每多保守党，下院之员每多进步党也。

上院之制度，各国不同，如英国全以王族及贵族及高等之教士充之，

① "孟德斯鸠"，原作"孟的斯鸠"，据《饮冰室合集》本改。
② "歧"，原作"岐"，据《饮冰室合集》本改。

而贵族之内,有世袭者,有选举者。奥国、普国及日耳曼各邦,其制虽互有小异,然皆以王族一,贵族二,高等教士三,有功于国事、有功于学术者四,富有田产者五,大学之代表者六,代表犹头领之意,然亦稍异,盖众人之意皆可托此人以代宣之,则谓之代表。大都会之代表者七,充之。意大利、西班牙、葡萄牙亦大略相同,比利时、荷兰、瑞典、嗹国则少异,上院员独重纳税多者,其数每更多于他类云。挪威之制度,下院议员选举既定,乃选拔其四分之一,以为上院议员。

各国上院之制,大略如右。要而论之,凡君主国之上院,其选员约分三种类:一专取贵族者,一专取多纳税者,一兼合数种者。惟德意志帝国因联邦而立,故其上院由各邦政府派全权委员以充之。

至于共和政治国旧称民主国。上院之制度,法国则于各县由选举委员所举之议员充之,美国及瑞士,皆以联邦而立,上院议员,则各邦①之代表也。其选举之法,美国则由各邦之邦会公举;瑞士之选举,又分为二种,其中有数邦由人民选举,有数邦由邦会选举。

上院之制,随各国之国体而异,既已详之。至下院之制则不然,无论君主国、共和国,虽国体大异,其制皆如出一辙,皆由人民之公举,为人民代表,至如英国有云某大学之代表者,则因其大学有许多土地故耳。

下院议员选举之法,大率分国内为数区,名之曰选举区,其每区得举若干人,皆有定额。至如何然后可以被举,如何然后可以举人,其权利则各国小有异同。要而论之,可分为有限制、无限制之二种:无限制者,凡男子及岁,悉与以选举权,除疯癫及刑人不在内。法国、德国、瑞士是也。其余各国多为有限制者,其限制或以年龄,或以财产,或以纳税,种种不等。其宽严亦各国不同,而英国之制限最宽焉。又选举之例,有直选、间选二类:直选者,直由人民公举议员也;间选者,先由人民公举选举员,然后再由选举员公兴议员也。英国、法国、德意志帝国、比利时、意大利、瑞士、美国,皆用直选法;普鲁士、西班牙及日耳曼列国中之数小邦,皆用间选法。

---

① "邦",《饮冰室合集》本作"国"。

以上所言,皆可以举人之权也。至可以被举之权,则亦有以年龄、财产、纳税为制限者,亦有许及年即得被举者,惟现任官吏许被举为议员否,则各国不同。又有指名某官许被举,某官不许被举者,其满任之年数,亦各国相异。最长者为英、法两国,英七年,法六年,其他则皆以三年或四年为度。满任之时,或同时全院易人,或易其半,留其半,或易其三分之一,亦各不等。

此宪政国上下两院选任议员之大概也。要之,上院多以王族、贵族、教士、功臣及富人等充之,下院则为一切人民之代表。故吾前者,谓上院多保守党,下院多进步党,此实自然必至之势也。虽不敢谓上院必无进步党,下院必无保守党,然其畸重之势,十居八九矣。夫有保守而无进步,不足以立国,斯固然矣。然有进步而无保守,有时恃气急进,或亦误国家之大事。昔法国革命大乱之时,深受此弊。故现时各国,因经许多之试验,皆以兼置两院为最善也。

国会之权利,凡自政府提出之改正宪法案件、法律案件、预算案件,预算加王制所谓冢宰于岁杪制国用也。皆归其议定,惟美国、瑞士,遇有宪法当改正者,不由国会议定,而别开一改定宪法会,由人民另举员以议定之。国会之权力有政党习气之国则加大,往往可以黜陟政府,然非宪法所定本有之权,不过侵轶他权耳。

国会又有监督政府之权利,大臣有违法之事,可讦告之于两院,而其制亦微有少异,或两院皆可受讦告,或惟下院可受。又受其讦告以后,审判之权,或委之上院,或委之国事法院。英国则讦告之于下院,而审判之于上院,美国亦然。法国、比利时、荷兰审判之权,皆归国事法院。

第四章 君王及大统领之制与其权力

君主者,立宪政体之国,世袭继统者也。而其继袭之法,或专许男子继统者,如普鲁士、瑞典、比利时是也。或兼许女子继统者,如何兰、日耳曼各邦及英国、西班牙、葡萄牙是也。荷兰、日耳曼,必本系支系俱无男子,然后以女子入继。英、西、葡等,则本系苟无男子,虽支系有男子,亦不许立,而惟立本系之女子。

共和国之大统领,必由公举,定期更任,而其选举之法,法国、瑞士则由国会,英①国则特开选举统领会以举之。

凡奉天主教之各国,其宪法必言国王之身神圣也,不可侵犯云云。奥大利、巴威里、西班牙各国皆然。奉耶稣教之各国,则删去神圣之语,但云国王之身,不可侵犯,普鲁士、荷兰等皆然。

又各国皆于宪法上声明国王无有责任,虽然,又声明政府大臣有责任,夫大臣所以辅佐君主者也。君主不得大臣之承宣,则不能发制诰而施法律,故君王之责任,即大臣之责任也。惟拿破仑第三所定之宪法,不许君主无责任,其意殆欲以矫法国前朝之弊也。虽然,彼且不能躬践其实,卒为人民所放逐,不得其死。然则立此虚法何为乎?但君主之私产,则必当遵守民法,不能踰越,惟于行政上及刑法上,可邀特免耳。然其于民法上之关系,凡涉于诉讼规矩,仍与常人大有异。

至共和国之大统领,则无论何国,皆有责任。故共和国者,大统领与政府人员,同肩责任者也。而美国及瑞士皆有违法之处分,其审判不由法院,而由上议院。法国则稍异,大统领非犯叛逆之罪,不受审判。

凡各国君主皆称大元帅,有统率陆海军并总管军令之大权,然共和国则总管军令之权,归于国会,故美国大统领,惟有指挥预备兵之权耳。其他权利,必经国会委任之,然后能有,瑞士亦然。法国之大统领,有司军令之权。虽然,不得称大元帅统率陆海军,凡君主皆有宣战媾②和及与他国订立条约之权,共和国之大统领则无此权。美国宣战之权,国会掌之,媾③和及订约之权,由大统领请上院之批准而施行之。瑞士则一切权利,皆掌握于国会。

凡君主有改正宪法及准驳法律之权利,德国宪法则惟关于陆海军及关税等之法律,皇帝得准驳之,至共和国则大异。美国之大统领,虽非无

---

① "英",《饮冰室合集》本作"美"。
②③ "媾",原作"讲",据《饮冰室合集》本改。

准驳改正宪法法律之权,惟须经国会再议,三占从二,苟议员有三分之二以为可,则大统领不能驳之。瑞士则大统领全无驳案之权利。又以上所言君主驳案之权利,虽著有明文,然用之者甚少,盖英国二百年以来,未曾有议院议准而君主驳案者云。

凡君主有召集国会及开院、闭院、停会、延会并解散下议院等之权利,但当命令解散之时,必先定期,使新举之议员,于何时再开院。盖此解散之权利,不免有拂逆舆论之虞,故定期再集,不可缺也。至共和国之大统领,则无此等之权利。

凡君主有发布法律、敕令、施行一切政务之权,又法院必奉君主之名,执行司法权,又特赦减刑之权利,亦有所限制。①

属于君主及大统领之权利犹多,今惟举其重要者,其余姑略之。

第五章　法律命令及预算

法律云者,虽为总括国家一切法制规则之称,然于立宪国则惟以经国会议定者称为法律,至于君主及政府大臣,所发布之法制规则,则别称之为命令,而就中又与敕令、省令等名称。

以此之故,立先国之法律,无不经国会议定者,又于法律之外预算岁出岁入之一事,亦政府提出之,国会议定之。惟国会议定预算案之权利,各国亦有异同,或得委曲详细以议之,或否。

又所定法律之界,各国亦有异同,虽难一定,今得举其重要者,曰民法,曰民事诉讼法,曰刑法,曰刑事诉讼法,曰政法,曰收税法,曰会计法,曰征兵法,及定一切官民相接之分宜等之规则是也。英国法律之种类最多,法国最少,德国在其中云。

---

① "执行司法权,又特赦减刑之权利,亦有所限制",原作为"执行司法权,君主亦有命特赦减刑之权。共和国则不必奉大统领之名,以执行司法权,又特赦减刑之权利,亦有所限制",据《饮冰室合集》本改。

第六章　臣民之权利及义务 义务者略如名分职分之意

厘定臣民之权利及职分,皆各国宪法中之要端也。如言论著作之自由,集会结社之自由,行为之自由,居住之自由,所有权利,如某物为我之所有,他人不能占夺者,谓之为所有权利。请愿权利 请愿者如欲做某事,先请之于行政官或与此事有交涉之人是也。其详别著之。及其他重大之各权利,并纳税义务、兵役义务及其他重大之各义务,皆须确定之,但各国所定宽严亦异。

第七章　政府大臣之责任

如前所述立宪各国,其政府大臣,得由君主任意黜陟,惟有政党习气之国,则其党人占国会议员之多数者,辄举其党之首领为首相,而各部大臣皆由首相所任命。若奥国、法国皆无政党习气之国,则其黜陟之权,仍归君主,而美国黜陟政府权亦归大统领云。政府之大臣,合而共执一切之政务,又分而各执各种之政务者也,故有行政法上、刑法上之责任,若有违法之事,必不可不受其罪,故法律、勅令,必要政府大臣签名云①。

---

① "云",原作"焉",据《饮冰室合集》本改。

二

国家论*

[1899 年 4—10 月]

卷　一

第一章　国家之改革

第一节

以学理释国家之意义,实自希腊人始也。昔时东方诸国之惑于宗教者多矣,犹太人则奉天神为君主,印度人则委政柄于僧徒,埃及并波斯人,尊崇国王,则以神祀之,迷溺宗教,牢不可破。希腊人独大悟曰,国犹身也,不羁特立,始能自行其志者也。

当时硕学布拉吐、亚利斯土尔二氏,著有《国家论》。其有补于学理,实非浅鲜。布氏以为国家积弊滋深,不图维新,何以自立?乃创言曰:国家者,由道义之相聚而成者也。以政务委之精通法律之人,以军务委之干城腹心之士,以农业、工业委之柔弱妇女,则国之本植矣。

亚氏《国家论》,盖按当时国势,且征于人性固有之思想以立说者。其言曰:聚村落为一团,即合众为国之意。原生民天然之性也。故治国者,宜深观建国之原因,使人事日臻良善,日臻美备焉。夫初建国之时,其意

---

* 《国家论》系德国伯伦知理著,梁启超翻译,1899 年 4—10 月刊登于《清议报》。

只期得全人之生命耳;其后渐进,不可不谋人生之乐利矣。

然是时希腊人之论政,多有越于建国之外者,是以希腊实不异于古代诸国。其国家有无限全权,执政者得以擅用威福,凡宗教、风俗、法律、教育、家族及民间一切产业,皆管理之,干涉之。虽夫妇间事,一遇政府,亦不能保其自由之素也。政府惟知有国家,而不知有人民。故希腊人于立法行政,仅能议定耳,无复有自由之权焉。

第二节

于时诸国之通达法律政务者,罗马人为最,然其说犹率由希腊之论。故知赭露曰:国家者,藉德义至高之人所创建者也。又曰:国君之于民,犹心之制支骸也。然罗马人立国之意义,与希腊不同者甚繁。今略述如下:

罗马人分法律道德为二,以明国家之本在法律。埃及、印度人,以为国家由于神造。神之道尊而德大,不可不唯命是听也。罗马人则不然,其意以为治国不外乎人民公同之理,公同一曰共同,言人民自守自作自行,为千万人所同,千万人所共,非出于政府之命令者。故风俗及宗教之事,但任民所欲。惟神祭之礼,为政府所定者耳。其敬神之事,比雅典为稍宽焉。

罗马人将公法_{国法。}与私法_{民法。}明立界限,听家长与家族之自由,并保护所有主谓有土地之人,一曰地主。及商贾之自由。其保护之厚,过于希腊人;然人民之权理,其保护与否,或毁损之。唯国家所欲,是罗马与希腊相同也。但罗马之民,及其政府,务保护既定之民法,互自裁制,不敢专恣耳。

能悟政治上之真义者,以罗马人为嚆矢。其言曰:国家者,国民之形体也。又曰:国家自有一定共通之民意。是实为一切法律之本源矣。盖希腊人称其国家,曰波利知,即中央惟一政府之义也;罗马人称其国家,曰例波白律苦,即全国民合众之义也。

希腊诸国,皆是小邦。如斯巴他与雅典,当时虽称极盛,然不过弹丸地耳。罗马则不然,并吞四海,以其都罗马为京师,奉罗马帝为一国之主，欲使普天之下，悉主悉臣。以勇悍为能，以侵略为事，势威赫赫，版图绝大。其抗之者，惟西方有日耳曼，东方有波斯而已。此外诸国皆唯唯听命矣。

第三节

至中古之世，事之大有关系者，有二端焉，即基督教徒与日耳曼人之崛起是已。

基督教徒，起而抗犹太、罗马二国，自后遂蔓延于诸国。该教之兴也，原非藉王公之力，其主权又非受之于国家，不过托渺不可知之所谓天神者，以立宗旨。故自罗马国中有此教，而政教遂分为两途。虽其后教徒立法王，奉为首领，复罗马之旧权；然当是之时，罗马国家，惟司现世并形而下之政，其未来并形而上之政，则该教徒司之。均是权也，而教徒独占上位矣。德国人之灭罗马也，奋然欲夺其权，主张政教一权、贵贱合一之理。然当时宗教家之气力文化，迥在政治家之上，故亦不能制胜也。

日耳曼人在中古时，并吞欧洲诸邦。其性勇悍，长于战斗，贵不羁特立，重德行，有坚忍不拔之气。且国势方盛，无惑乎其能凌驾罗马之上。然文化则不逮远甚，故于宗教政务，势不得不待罗马人之指导也。自日耳曼人破坏罗马霸业以后，抚绥属国，多有许其自立①者。且其民已明法理，知觉大开，以为法律者，从事物之本性而生，以应夫日用者也。因究明其蕴奥，不敢自逞私意而背天然法理，人各以享自由之权为喜。然其国家为基督教所掣肘，故党社之自由权，与民法之特立权，交相牵制，不能运用自在也。

其民恶国君专制，乃立裁判所，张贵族及平民之权，以制国君之威力，而国事遂全归党族②与自由之民人。然当时政学未开，国法民法，互相混淆，无复次第。司法之官世其职，且予之采邑，使世袭之。于是国家不相

---

① "自立"，《国家学纲领》作"自由"。
② "族"，《清议报》第十一册作"旅"，今改。

统一,委靡莫振,不能复谋国民之乐利矣。盖中古之封建,与世袭官职之制,实由国法民法之混淆而生也。

第四节

当十五世纪下半期,有复古代建国之制一事;第十六世纪上半期,有改革宗教一事。时势迁移,即此可见矣。复古一事,始于意大利人;改革宗教一事,成于德国人。能使国君有自治之志者,其初政治皆国君专制耳。复古代建国之制之效也;使民心脱于罗马教数百年来之羁轭,且夺罗马教王之权,使国君与国土不受其制者,改革宗教之效也。此皆于文明之道,开一生面者也。然当时未能发见国家之新义,其故何也?盖当时之人,虽因改革宗教,而悟宗教无钳制国家之权,然以宗教为形而上、国家为形而下之旧说,犹中于人心而未能解脱也。迨其后政学渐兴,诸邦文明之士,相继踵起,而国家改良言改弊就善也。之基暂立矣。今举政学家之著名者,略述之:第十六世纪,弗鲁连则有麻季维利,法国则有暮担;第十七世纪,荷兰则有夫卧特具洛,英国则有密耳敦、胡北土及洛苦等诸人。所论分为共和、专制、立宪三种,各不相同也。此外又有德人不文德儿夫、来伯尼克二氏,及在荷兰国之犹太种人斯卑诺萨,其学稍逊焉。

由是国家学渐免基督教之牵制,脱犹太神道之旧习,而以道理与阅历为根据,其范围致广大矣。

然当时所谓国家,亦不免拘守古说,不本于国家全体以立论;更着眼于各部各民,欲因社会之体裁,而结合为一国。*社会详于卷二第二章*。于是社会盟约之说起,学理上,益修饰以自由之议论。然自一千五百四十年凡二百年间,此说竟不能利世也。当是时,中古制度日就衰颓,欧洲各国之君,皆擅用威福。如法王路易十四世,其尤著者也。法王削贵族之权,而渐伸民法,似压倒封建旧制;然政府犹逞威力,抑屈民人之自由。故当时上下异说:其学者曰,国家即社会也;政府驳之曰,国家即君长之谓也。是时欧洲全土,皆苦于君主之压制。独英国自由之民,全藉议院之力,救正政府。虽国民因此事或遭斩刈,然既感动其君主,使之不能专恣矣。其所以能奏此功者,盖经千六百四十年共和党之革新,并千六百八十八年立宪王政之革新,拥护旧来之民权,改中古之等族宪法,等族详于卷二第二章。以开今世代议宪法制定之基也。

第五节

方今列国开明之运,实始于第十八世纪。其间大事最当留意者有三:千七百四十年来,普国藉其君弗利德律克王之力,以致隆盛,一也。中古之人,以君权归神授,以国家为君主之私有,普王深非之,始发一新论曰:国君者,国家第一之臣仆也。又北美利加之民,脱英国束缚,立代议共和政府,自称合众国,二也。千七百八十九年来,法国人主张自由人权,及人类平等之说,遂动干戈,以致革命,三也。

凡此三者,实为今世风气、今世国家及人类自由之现象。盖当时言学理者,亦与有力焉。当时著名之学者,意大利则有维哥及喜朗热利,法国则有孟的斯鸠、路骚①及诗韦,德国则有弗利德律克二世及看度匈蒲杜,北美国则有哈弥敦也。

然彼改革党,亦时不免空漠狂妄之弊,故往往为历史党衙抗抵。英国急进党之革新说,颇涉过激,伯儿克氏抗之,盛称英国宪法曰:阅历万国,未有国基之巩固,如此宪法者也。德国弥列儿、卧衣兹二氏,亦驳法国改革之议,与拿破仑统一之政,以谋保持国家旧制。又千八百十五年后,欧洲再造之时,言拿破仑败亡而各国复安之时。德国之历史法学家尼蒲儿及萨维克尼等,论说蕴奥,名噪一时。而究理党之倡自然法者,虽有大家非喜父多、非革耳二氏,亦不能敌之也。

国家之学理与政务,如是大变面目,以开方今世态及国体之基础。至第十九世纪,变迁亦甚多矣。夫时局益变,欲循时势制法度,以建自由之政,亦愈难。然而第十九世纪中,国民团结立国之风气盛行,国家进化,大有可观者,盖公法归于纯洁明晰故也。公法之益,有数端,试详举之:陋隘

---

① "路骚",《国家学纲领》作"卢骚",下同。

私曲之辈,视国家如家族,以国家为君主之私有,今之公法,脱此范围,一也;待国土民人之一切义务,公法本体,无不备之,二也;知国家有意志及德义之性,三也;国家始与宗教别,且不为宗教所制,四也;民人参政之权,普及于全社会,五也;一定国家主义,且期国力之合一完备,六也;置民选议院以参与国事,监督政务,七也;据一定成法,明示法规,八也;民人参预裁判之事,即陪审官。得自治之制,九也。凡此数者,实为当今国家之本体,所以与上古中古之邦国异撰也。

第二章　国家之主义

第一节

国家之名何自始也?盖建国之初,实出于一家一族。故一乡之长,其民敬之如家严;一族之长,敬之如其部族之君主。如今亚细亚及斯喇荣种俄罗斯、匈利牙、勃斯尼亚、鲁米尼亚人,皆此种也。诸邦,尚仍旧制。

然限于一家一族,非建国之宏规也;合无数家族部族,相助为理,则成一大国矣。故方今国家立法行政之权,与蛮夷家长族长之权,全然不同,如国民之共同,国势之扩张,及政治之自由是已。家族部族之国,由婚姻系谱之关系而成者也;今之国家,则成于民人之天性与其欲望也。

今之文明诸邦,皆民人国家也。民人国家者,凡国中之民,合成一体,自断其理,自宣其意,自行其政之谓也。故民人之意志,即国家之精神。宪法为其体,官府议院为其四支五官,以成一活动体之国家也。由是观之,国家之要旨,可一言以蔽之,曰无人民则无真国家。

第二节

何谓国土?盖民人有一定居住之地之谓也。有国土而后始得称之曰国家。逐水草而居,漂泊无常处者,此蛮民也。虽有酋长统率之,然非真国民,又无真国土,岂得谓之国家?昔犹太人从摩西远涉,亦未可称为国家也。又昔日耳曼诸部之王侯,各率其民去乡土,远侵罗马。当是时,其民既弃旧国,未建新国,岂有所谓国家乎? 其后各占所有侵地,建立国家,而家之名始成焉。东西俄颠、亚拉念夫阑、乾伯儿贡、得耳伦、伯耳佃等国疑是旧国。亦若是矣。故一言以蔽之,曰无国土则无国家。

第三节

国家一完具之体,欲宣布其意志,指挥处置,以执政务,必不可无所统一也。然亦有联结无数邦国,成一合众国,而置二政府者。如德之帝国,与德之联邦是也。如是之国,宜留意于合众全国,与各支邦之统一,以防彼此之扞格,或豫设法度,以保护统一之治。不然,则不能久立也。

第四节

国家之中,有相反者二端,君长之于臣民,出治者之于被治者是也。此反势不独君主之国、贵族议政之国有之,即民政之国,亦不能免。倘欲通国利权,平等无小差,与不欲有国家,何以异乎? 无上下之别,岂复成国? 故民人之权,隶于立法官之权;寡数之民,屈于多数之民,谓民人议政之时。是势之所不得已也。

第五节

以国民为社会,以国家为民人聚成一体,此说由来尚矣。而德国政学家,独以新意驳之曰:国家,有生气之组织体也。组织,化学语,犹言结构也。筋肉关节,相错综以成人体,犹组织布帛也。凡有生气者,皆谓组织体。徒涂抹五彩,不得谓之图画;徒堆积碎石,不得谓之石偶;徒聚线纬与血球,不得谓之人类。必也彼是相依相待,以成一体者也。故国家者,非徒聚民人之谓也,非徒有制度府库之谓也。国家者,盖有机体也,有机无机,皆化学语。有机,有生气也,人兽草木是也;无机,无生气也,土石是也。然又非动物植物之出于天造者比也,实由屡经沿革而成者也。夫沿革之端有二:国家固有之事,与所以起此沿革之势,一也;君长措施之权,民人参预之权,二也。

然以理论之,人之造国家,亦如天之造一种有机体也。今举其类似天造者,胪列于左:

一、精神与形体之联合。

二、支骸即其形体中各部,各官皆具固有之性情及生活职掌等事。**即诸官府及议院。**

三、宜联结此等支体,以构造一全体。**即宪法。**

四、其成长始于内部,遂及外部。**即国家之沿革。**

据此四者观之,可知国家之为物,元与无生气之器机相异。器机虽有枢纽可以运动,然非若国家之有支体五官也。且器机不能长育,唯有一成不变之运动耳,岂同国家可随其心之所欲,有临机应变之力乎?

国家联合之性,早为古代阿利戌种人**欧洲诸国及小亚细亚数国,皆此种也。**所发见。如国家之身体,国家之君长,国民之意志,国民之精神,国民之特性,国家之主权,国家之威力等语,此种人常用之,是可征也。

第六节

组织国家,非若天之造禽兽也。盖国家实有利于人类,人始组织而成之也。故组织中,自含有人类之性情矣。盖国家即高等组织体,亦如自觉自行自语随己意而动之人体耳。

然组织国家,又非如天之造人类也,亦非成于技工,出于想像也。国家之本体,必由民人之天性而成,嘘吸人类自由之性而生息。虽其本体囿于一定固有之民性,不能出乎范围,然亦优游于不羁自由之域矣。

国家已知天然道理,又将所定之道理宣布,由是制作法律,领受其权理而保守之。观于此,而知国家不外一法律上之人也。国家之职,专在制定法度,而保护人民,故理之世界无上之法体。

又国家有德义者也,宜自知其义务有尽神人之责。故民人生息于版图之内,凡补助保护之事,及人世之公道,外国之交涉,此三者皆国家当尽之义务也。现时万国公法,虽未能使各国尽法律上之责,然就古今兴亡之迹,观天之福善祸淫,亦可知德义之力极大矣。

维持保护社会及民人之财政与教育,皆国家之责,然则国家者又财政教育之归也。且国家欲一国均得安全,于是经之营之,制定宪法,应民之需,兴教育之事,立富厚之基,张其国权,以与外国并立,故国家又政略之归也。

第七节

国家外,别有乡村、社会、协会、商社等。虽均为合同团体,然综合全国民及各社会,使皆有生气,成一大有机体,唯在国家与宗教耳。彼乡村、会社等,其规模之狭隘,不过一微小团体也。宗教托天神之权,可以维持国中教界;国家则有男子之性,可以自决自行。谚有之曰:"宗教为母。"然则国家为父矣。

今据理推究,以求方今文明之世所谓国家之主义何如,则其要领当如下文,曰:国家者,即民人团体,在建立一定国土,而自行处政务者也。

其主义若此,故人之崇国家,服命令,忠信事之,不敢背叛。若使国家无生气,如一种机器,则人生息于父母之国,一旦有事,虽弃妻子,掷货财,万死不顾以赴国难,然究何益哉?

第三章　国家之建立、沿革及亡灭

第一节

夫国家者,由国民之沿革而生,势不得不与沿革共推移也。古初建国之始,已不可考;然征之近代,亦不难审知建国之所由来。凡国家之寿,长于人寿数倍。若以岁月计之,或涉数千百年,则国家诚为不死之物也。然历观古今国家,其气魄消耗,渐至老衰而亡灭者有之。今世国家中,建国在数千年以前者,不数见焉。欧洲各邦之最古者,成于漂泊放牧之世,自余则仅历数百年而已。若亚美利加各邦,则建国尤为日浅者也。

国家之建立者,谓新构造一国,或始得国土之时。

太初之国,即始纠合新国之民,而得新国土者,亦不过传于口碑耳,史册可征者甚希矣。上古罗马人所谓不朽帝都者罗马府是也。

以古今史乘考之,建国有二种:一既设政府,俨然具国家之体,而后新得国土,构成一国家者。如古犹太人略有巴列土颠,日耳曼诸邦人略有罗马帝国之州郡是也。一民人散居各地,后相合为一国,制宪法以出治,确定国家之威权者。如爱士兰者,共和政治是也;北亚美利加之民,合一而制定宪法,以建今之合众国,亦类是也。

按:爱士兰,一名冰国。西历八百六十年,诺威国人始发见之。比九百三十年,爱士兰诸部首长,合一建共和政府。其后诸酋横恣,内讧不已。诺威人乘衅蚕食其地,自千二百五十六年,至六十四年,全土尽归诺人。千八百十四年,丁抹国王,割诺威予瑞典,于是爱士兰土亦属瑞典。

第二节

此外,或合旧时数国为联邦,或分旧时一国为数国,或割据国之一部,别设特立之国,此乃改造旧国,非创建新国也。今列举此类如左:

一、数小国合成一国,外观似一合众国,而实不成国家之体裁者。千七百九十八年前,及千八百十五年后,瑞士联邦;千七百七十六年至八十七年,北亚美利加合众;千八百十五年至六十六年,德国联邦,是也。

二、数国联合,立一合众政府,内治其民,外与列国并立,能察全国之情状,而施政无不宜者,此合众之国也。联合各邦之权理,虽有限制,犹不失特立体裁者,此联邦之国也。如千七百八十七年,北美合众国;千八百四十八年,瑞西盟约国;千八百七十一年,德国联邦,是也。

三、凡君主久并有两三[1]国之地,与外国相比较,亦如一合众国,是所谓君主合一之制,实与上文第一条所引之联合国相类。昔时德国伦拔、儿德两王之联合,一千八百十四年以后,瑞典、诺威合一,比

---

① "三",《国家学纲领》无。

国王与拉文堡克侯合一,皆是也。

四、与上文第二条所引合众联邦相类者,是为国务合同之制。虽数国统于一君,然比之寻常君主合一之制,立法行政,共统于一政府之下者略异。盖国务合同,而彼此自有特立权也。千四百七十四年,加斯犀蔺、阿拉昆西班牙之州名。两国合一;千八百四十九年,及六十一年,奥国宪法是也。方今奥大利、匈牙利所定宪法,千八百六十七年制定。殆近于君主合一之制;然观其官制、外务、军务、财务、议院,实国务之合同也。

五、又别有统一合体之国,即各邦互废其风俗之殊异者,而定于一尊之国也。千七百七年,英吉利并苏格兰建大英国;千八百年,又并爱兰;又千八百六十九年,比国合荷狠租连侯国;千八百六十年至六十一年,桵冈德、纳勃儿二王国及数侯国,并归于意大利国,是也。

六、国王死后,有分割其土地,以予诸王子者。夫分一国为数小国,中古往往有此事。今世国家学、法律学,以为大庆于国民合同国家统一之义,共排斥此说。然而政党不相容,遂使其国分裂者,虽今世亦不能免也。荷兰国分裂,而比利时新建国,是也。

七、国内一州,脱本国管辖,而自成特立国者有之。千五百七十九年,荷兰脱西班牙之管辖;千七百七十六年,北美脱英国之管辖;千八百三十年,希腊脱土耳其之管辖;近世南美诸邦,脱西班牙、葡萄牙之管辖,是也。

八、往古希腊人,谓殖民地殖民,言移民于远地,以辟土地,滋生齿也。殖民言国外之属地也。为本国之支国。近世欧洲诸国,殖民于海外,元非欲兴新国。然而移住之民,历年既久,生齿渐滋,势力日旺,自足以执国务,其崛起建国而称特立者,比比皆是也。故殖民者,实为异时建国之基也。夫支国欲免本国束缚而自立,若本国大度,许其所请,国之幸也;否则支国或动干戈,以求遂其所欲矣。昔时诸国忌支国之特立,不免有构兵之事。晚近惩于殷鉴,顿悟良计,见支国欲特立,势不可禁,则助之,使遂其建国之志。如千八百七十一年,英国自弃希腊诸岛之管辖权,是也。

九、凡欲兴特立国,其民人不可无十分之威力与自由也,亦有仰命于外国,或藉外国之力以立国者。千七百九十七年至九十八年,法兰西建利克黎塞、北阿儿、边伯他威塞、黑耳威知塞四共和国;其后拿破仑第一,列置诸藩于法国四境,是也。凡此等国,元无活动之力,故所恃之外国,一旦衰败,则又同归于尽矣。

第三节

夫人类之生育,必有一定之期,可以卜其盛衰。而国家则不然,盖国家非天造之有机体也;然亦有与人类之生育相类者。国家幼稚之时,与国家势力强大之时,其性质固不同矣;及进至老境,则更得别种性质。昔时罗马人区分国之年龄为幼、弱、壮、老四等①,可谓善状矣。

国家形状及事业,皆随国之年龄为变迁者也。其变迁之迹,就各国宪法之沿革观之,则了然矣。此种变迁,于第三卷详之。

第四节

新国建而旧国亡者,往往有之。盖新国建立之基,即旧国亡灭之兆也。兼并众旧国,以建一大新国,或分割大旧国,以建众小国,皆新旧兴亡之代嬗也。

新国不兴而旧国先灭者,亦有之。如政府一时闭废,民人散乱,自外而观,亦似新国不兴,而旧国先灭。然政府闭废,是一时之变耳;时至则将复甘旧态。故以政府一时闭废属此类为不当。然则旧国独灭而新国亦不兴者,其状果何如?

一、民人自去其故国,转移他国,或为外寇所驱逐而去国,如是者其国灭矣。是与得他国土而建新国者正相反。

---

① "四等",《国家学纲领》作"四时"。

二、甲国以兵略夺乙国,则乙国亡,是非新建一国,唯扩甲国之版图耳。昔时罗马人出兵并吞四方,其版图遂极海之南北,是也。

三、众小国委靡不振,其同种族中,有一强国起而兼并之,则众小国皆亡。千八百三年至六年,德意志诸大国,多没收僧领侯国,又并旧帝国直隶之小藩,及特立都府;千八百六十六年,孛国兼并哈挪为尔王国,克尔黑扇、纳叟、戍列斯威、荷尔斯军诸侯国及法朗克、荷尔特特立府,是也。

第四章　立国之渊源

据古今史乘,以察国家之真相,建国之初,其规模体制①,千差万别,有不可胜纪者。而理学家者流之论国家,皆以建国渊源,归于单一事理。今列举其说如左:

第一节

往古东方执弥知羞种人支那、东印度诸邦及日本等皆是。之说曰:国家者,以天帝之意成立,系天帝之所构造。

据此说推之,则其国家定立神道政体,其深信此说不疑者,古之犹太人是也。以为天帝自造之国,则天帝必自保持之,自命令之。法律皆出神之托宣,而非人之所为,决不容变更改正。裁判不必用明达法理之人,唯依据神道,以神明决之可耳。故其行政之机务,亦非君主之所能左右,俱委之于神之托宣。如此之国,概使僧侣伺候神意,故僧侣实秉国柄焉。

征之古今史乘,知天神为政之说,实背乎理。勿论国体如何,凡建立国家,且维持国家者谁乎? 实非神非鬼也。人类之精神、思虑、膂力、热望四者,以经营之,处理之,终始不相离者。照之史乘,历历有不可复蔽者也。观古今兴亡之故,僧侣辈托神命以擅政,或干预政务,以至覆亡国家者,不为少矣。故知神道政治者,毕竟不适人类之政体也。假令天神有亲

---

① "体制",《国家学纲领》作"体裁"。

政之意,当明示征验,使人无可疑,而一一传其旨也,又何必赋人以识与自由,使其自执政哉?天之造人世,即以政务一委之人类,使其自治,非欲使人立神道体也。且大小邦国,棋布于坤舆,而各国为政,或趣向殊科,或互相争斗,亲政者一天神耳,何其凿枘如是乎?故知人类自为政而自相争,无他故也。天神亲政之说,与人世之实况,全不相符,不足取也。

或曰:国家成于天意。天帝之所建立,是由其里面而论之者也。夫天赋人以建国为政之性,则虽建国为政,出于人为,而实天意也。且人自为政,不受神之牵制固然也。然神亦有祸福之权,观国家之存亡盛衰,其效验最著明矣。予固知此论之信然。然至理奥妙,可以资清谈,未足以解国家之活权也。夫心不忘上帝者,宗教之所贵;然泥守此说,则出于国家学之范围,而陷于迷溺之乡矣。人何以建立国家,何以维持国家乎?据此大题,终不能得其明解也。

"保有天祐"之语,始于古者罗马帝并法朗克王。当时以此语加于尊号之上者,不过表敬神谢恩之意,与"赖神明之冥助"等语无异。此语最行于中古,不独世袭君主用之,即由民人公选新即君位者亦用之。他如僧侣称"保有天神及法王之祐助",诸侯称"保有天神及帝王之祐助",俱此类也。要之,中古举行政权,一归之于神授也。

第十六世纪以来,诸教之中,有路特儿派,并英吉利教派之僧侣,深信古者弘法师罢武耳士之言。**罢武耳士初大抗基督教,后却入该教,历游希腊、罗马等诸国,宣布教道,颇得教徒之信赖。后犹太人囚之,终为罗马政府所杀。**其宗戒曰:苟在主宰者之下者,谁非臣民?盖天下除天帝外,无复有主宰者矣。彼僧侣等以此语为教门要诀,又谋扩充之以及国家,当时天帝亲政之说行于世,故此论更有一层势力。然彼辈实误解弘法师之本旨矣。师本犹太人,虽幼浸淫神道教,然其作宗戒以谕犹太基督教民之在罗马者,其意非欲煽动教民,使益固其奉神道之心,**罗马人素奉多神教,不敬天帝。故犹太基督人之在罗马者,深怨之。**却欲使其翻此执拗之念,而归真理公道也。其意以为一切主宰之权,操之天帝。罗马人摈一神之教,固纯然本于人道以定国权者也。夫国权不可不本于神意,何则?上帝造人,使之尽其职也。犹太基督教人之崇敬天神者,苟居罗马府,不可不服从其命令也。师之本旨,盖不外于此。故尝于罗马之奉基督教者书曰:欲奉神意,请服从一切人世之法规云云。是足以证僧侣辈所言,全反宗戒本意。

其后,法国王路易十四世,盛倡君权神授之说,以此为法朗西之国体,以谋定专制之基。欧洲诸邦之君主,效其颦者颇众。独英国议院,极力排斥,以为专制如此者,大与英国之民权及宪法相乖戾,因经千六百八十八年之变故,遂废之。其后第十七八世纪间,不分德儿夫、头麻瑞士、普国王弗利德律克第二世等,大兴德国文学,痛击神道专制之君权,以明国家成于人为之权,于是旧来迷梦,始经唤醒。夫国家之权,本成于人为,故亦当受人之牵制,是真不易之确言。方今文明之民,于学理,于施政,一率由之,以为天下通义。人为之国家,与神为之德义世界,自相为表里。神司人世沿革之机,则今人之所信凭,未有敢非之者也。

第二节

理学者流之言曰:国家者依威力而立。又曰:国家者无他,强制弱耳。此说非由学理上得来,盖就世态实况而立言也。

此说举权理之渊源,与其制限,一归之于威力。故君主之暴虐,民人之逆乱,均视为当然,不甚恶之。夫权理者,实出于天性。彼茫然不解,藐视一切国权与民权而不顾,此种谬说,毕竟超于禽兽界,而非趋于人间界者也。

此说不足取,固勿论耳,然其中亦有合真理者。夫威力不唯不能自生权理,且不能与既成之权理相抗争而毁损之也。然国家宜有威力,无威力则无权理;幸有权理而无威力,则势不能保持权理也。国家有主宰权,别有威力之足以抑制民人,然后始得决行保持一切政令法规。故无威力,则国家不立,政府不存也。

第三节

自第十七八世纪之交,至本世纪之初,有一说最为世人所称赞。其说曰:国家成于民人之随意作为,而民人加入盟约,故国家即盟约之结果耳。

此说始于湖北土、不分德彝夫二人。其后路骚著《社会盟约论》,颇行于世,至晚近国宪改良之时,天下多称赞之。盖当时之士,欲资此论以除旧法设新法也。今日主张此论者不少,而德国之国家学者流,独视此为邪说妄论,排斥不道焉。

据路骚民人社会民约之说,即如左所述,前分条辨之:

一、国民分离为千万人,不可不使各人随意生息,随意进退。夫人之好恶思想,固不能相同,设使各人任意盟约,何以得统一,何以立国家哉? 若此盟约,仅可立一时社会耳。其间制度变更不已,安能可保一定之法规,以传之永远,使国民一意同心,置国家磐石之安乎? 盖人众徒相聚而已,未足以成一团体也。

二、民人当保有平等权利。亚利斯土尔有言曰:建国之事,决不起于其国民保平等地位之时;必其中有一人威势超出者起,为众所推服不违,然后有之。

三、全国民人之许诺。所谓盟约者何也? 加盟之众人,皆许诺其条约之谓也。方今天下,未尝见有如是盟约之国。而路骚独主张之,立暧昧奇说,以民之多数,故饰为全数,曰:多数之民意,即全国之民意也。不知民约由人人所欲而决者耳,非少数者有必从多数者之义务也。路骚不辨社会与国民之义,又不知国家所以要统一之理,与国家经其沿革渐次变旧态之理,又不悟国家自有固有之意志存,非聚各民意志而后能行者。彼以国家为各民随意所作。果然,则各民意志变迁,国家亦随之变迁,譬如沙上筑屋,朝成夕颓矣。且其立说之旨,以为藉民间众论之力,以宰一国,不免大损国家之威望。噫! 使堂堂一大公体,变而为社会之微贱私体,其为惑亦甚矣。

是故路骚之说,不啻不合真理,又有不合人生实态者,其不足取弗论耳。今夫人之生也,幼养于家庭,自浸染其家之风俗,遂习惯成性。于国亦然。既长,入乡校,受教育,则民间所存一种风气,渐移其心,久之遂成第二性。乃知各人之性情,为全国风气之所感化,无疑也。然则路骚所谓国家成于各民之任意盟约者,非也。全国民人与各人,其间有一种关系,欲断不可断者,互相感孚,而后国家成,盖理有固然也。

路骚之说,虽妄谬如是之甚,然间亦有合真理者。其言曰:国家不啻逼于民性不可已之势而成也。又曰:人类自由之意志,实占国家枢要之地,以立法行政。路骚此言,可谓砂中之金。

第四节

继盟约论而起者,以国家归于人生固有之建国心,此论是也。盖盟约论之妄谬最甚者,在以国家徒为民众之聚合。姑勿论种类何如,夫既目之曰国,孰非民众之聚合者? 是固不待言也。然及其既成一国,岂可徒聚徒合哉? 人心各不相同,故其度世之道,亦随而异。人皆知己身不羁特立,而己身所固有之习惯才能思想,与人不相同。既有此观念,则民法不得不本于人情愿欲而制定也。虽人人所抱观念,各不相同,然及其相聚而为一家,为一村,则人人亦知己身为共同团体中之一部;及合而成一国,则思一村一身之外,更知有共同公通之大利害。既有此念,而后能图全国民众之公利公便,国家于是乎始建矣。故国家者,因欲民遂其愿欲,经营之一大公体也,即民人感发共同心之结果耳。

亚利斯土尔所谓人有建国之性,即此意也。何则? 人之性情愿欲,及遂此愿欲之智慧,此三者实为国家根本。国家赖民人之自由而生息,民人以共同观念建立国家,相合相助,而居其中以为之主。

观古今建国之迹,其体裁常不一致者,非民人建国性外,别有他故也;活用此性之道,各不相同,或外观有异故耳。故路骚盟约论,征之于古今邦国之实状,未有相符者。自其外形观之,虽似成于盟约;而推究民人建国之观念果何由而生,则但谓生于其共同心可耳。

建国之心,非积渐经久,不能成熟。此心盖初发于一部落之民众者也。酋长恃其强,以威力临其民,则其民视酋长之主权,为出于天授,尊崇敬事,生杀予夺,惟命之从。其后气运渐开,民众中占上流者,至自进而参政。自是欲望参政之风,渐渐蔓延全境。全境之民,亦共欲建设国家,经营共同之政。

第五章 国家之准的

第一节

近时有曼知士他**英国地名**。之论,系英国学者所倡。其言曰:国家无他,一种器具,供各人之使用者耳。此说与旧说正相反,旧说曰:有国家而后始有民人。盖旧说以国家为人生无上之准的,不免视国家过重。此二说皆涉偏倚,不得其中。曼知士他论,极重各人之权理。倘云国家有谋民人共同安全福利之义务,则当矣;乃以国家比民用器具,则蔑视此可贵可重之公体,以毁损民人爱国之心,其害之所及,岂浅鲜哉?

又旧说曰:国家本是一公体,所以表一切民人之生活者也。且国家有固有准的,不可为各民意志之所牵制。此言信然。又曰:各人不特为国家尽力,别有顺天尽诚之职分,固不可受国家之抑制。是言又殊不可解矣。

一以国家为民用之器,一归之固有准的,可谓二说皆失肯綮。然由一面观之,固全属器具;由他面观之,则有固有之准的存也。一物而两用,所随人之所见而异耳。天下之事,莫不如是。譬嫁娶可知矣。以结夫妇为生人之情欲也,则婚媾亦情欲之具耳;以夫妇为生人之大伦,相与成一家,营生业,育子孙,则婚媾又成家之准的矣。于国亦然。观其一面,实民人使用之器;观及他面,又当使民人从事于吾准的。

以常理言之,人人之福利,与国家之福利,常相联络,不可须臾离。民人殷富,则国亦殷富;民人文明,则国亦文明;民人强,则国亦强。是固不待言矣。然有时国利民福不能两立者,如国家使民人举其生命财产以救己,是也。自此一面论之,则国家至贵至重,而民人不过为其辅翼之具耳。然国家或肆其骄傲,擅行威权,漫干涉民人私事,至侵宗教学术之域内。当是之时,民人即有抵抗国家,以保护其自由之权理。

第二节

或曰:国家之准的,在制御民人也。此说妄矣。果如是,则国家专任权势,以虐待民人,究其极,遂至举一世委暴君污吏之手,使天下苍生,尽变为奴隶,安望有文明自由之宪法也!

此说盖误会建国之心,为奸权之心也。亚利斯土尔曰:宪法专谋君主之利,是国之病也。夫政府为民人受重大之责,倘政府之所为,不免害国家之福利存立,则民人离反,政府失权,灭亡立见矣。故由国家观之,民人重而政府轻也。

第三节

或曰:国家之准的,本在国民之外也。此说盖欲使政府独司境外之政也,妄愈甚矣。论者欲回护罗马法王之政府,以张其权,因为之说曰:欲总理天下之教会,统一法权,则不可无法王政府也。不知此种政府,大悖于国家本义。论者以扩法王之权,统治天下之基督教民为名,欲使罗马人去其真国家,就伪国家,岂非大戾于天理人道乎?

第四节

国家本然之准的,专在保护民人耳。此说也,第十八世纪末,盛行于世,而方今学者犹往往主张之,看度、维廉风匈蒲杜二学士,其尤者也。

保护国内民人,使之安全,原属国家之重要职分,不容疑也。然国家之事,止于此哉? 今以此事限国务,是知其一而未知其五也。彼坐于民法之狭隘区域中,以观国家,欲一倚法律以处凡百政务。果如是,则至大至重之政略,凝滞不行,而国家废。推其弊,必留意于社会之财产。何则? 此种国家,倚法律以保护民人之财产为自足,全进取之气也①。且如此国家,必至壅学术技艺奖励之涂,使之委靡不振。何则? 其准的惟在保护

---

① "全进取之气也",疑作"全无进取之气也"。

也。限国家之职务，以为在保护一端，则其弊有如此者。方今国家，以助长民人身心之福利自任，立何制限，倚何等方法以行之，则最适其宜，是即今人之所深切讲究者也；使国家任何等职务，是非今人之所问者也。故保护之说，不行于今日。

第五节

上文所举国家准的，过于狭隘；而下文欲举者，亦过于广漠。或曰：国家本然之准的，在天下生民之康乐。此说果是，则人生百般之事，无不归于政府之管理。虽一人一家之计，亦尽受官府之干涉指挥，而民人自由之权，将全扫地矣。是古代恶政，复布于今日也。故欲使国家不忘天然制限，凡力所不及，与权外之事，不敢干涉，则莫善于明定其准的。

第六节

罗马人素明于法理，熟于政务。其言曰：国家之目的，在共同之福利。其意以为共同之法律者，原非国家之准的，唯不过设以谋共同福利耳。故当因时察宜，以制定之。

此说不谓天下生民之康乐，而谓共同之福利，其区域专在国家不干涉他事，故比前说为优，且近于真理。然而未可必其无弊。设有暴君奸吏，藉口于共同福利，以弄政权，将何法能防之？况古来不乏其例乎？故国家之准的，须慎重讲究，明定其区域也。

第七节

然则何谓国家之准的？曰将职分分为二：一国家自己之准的，直系全国之利害者；一国家之职分，阴系各社会并各人之利害者。

国家自己之准的何也？曰保存国家，施行政令；白使民人改良，进于文明，是也。今别为六条：

一、司理财之事，以谋民人之利用厚生。

二、司教育之事，以谋民人之文明。

三、司法律之事，以辨民人之邪正是非，且设公平便宜之法规。

四、司兵政并外交之事，以宣扬国威于内外。

五、许民人参政之权，且养成其自由之权。

六、施行万机政务。

凡此六条，皆属国家之至重准的，不可缺一。然通观古今之邦国，专用力于其一二，而遗其四五，以成一种国体者，比比皆是也。故偏于理财，则或为主农之国，或为主商之国，或为主工之国；偏于教育，则为文学之国；偏于法律，则为法律之国；偏于兵事，则为尚武之国。即如今之欧美诸邦，概专用力于自由与政略也。抑国家之准的，当注意国民全体之事，不当及社会及各私人之事。各私人犹言各细民也，别官吏与公会人之辞。夫改良，诚美事也，然社会及各私人之改良，犹属政府分外之务，非所宜干预也，使自营之可矣；唯有事系全国之安危存亡者，而后可下手耳。

然则国家之准的，惟在谋国民全体之改良及间接职分耳。间接，直接之反也，犹言急着、间着、表面、里面。凡接物，无其名而有其实，表面不然而里面然，皆谓之间接，即迂曲而到之意。间接职分惟何？谋社会并各私人之便宜是也。今大别为三条：

一、平居保护众庶，使他人不得戕害其权理生命，又使众庶不罹天然灾害，是也。保护权理生命之道如何？曰修民法，置逻卒，设法庭以绳不道，定刑法以惩有罪。豫防天灾之道如何？曰常留意于理财之道，使田园不侵不害，保有膏腴，用心于行政之务，设豫防之策，以除人民毒害时疫、水旱类。等，是也。然国家为是等事，犹须有定限焉。欲保护权理生命，则准乎法律为其所当为而已；欲预防天灾，则惟行其急务不可措之事可也。慎勿行分外之事，而陷干涉，此当路者不可不知也。

二、各人之自由是也。然所谓自由者，非谓横恣无所不为之自由也。人之性情，元不羁而有智虑。由性情而发为言动，不受他牵制，是谓之自由。故自由者，人人固有之性情，发见于外，欲已不能已之天机也，又人生之至宝也。何则？人有自由，然后始可以显其灵魂之妙用；又人人得随意营其事业，而后始有不羁特立之实。故自由者，实天帝造人时之模型。人之精神，常由此灵妙不死之自由而振兴也。

法律上并政治上之自由，别之为二类：一曰国家之自由，即随意经营国家之谓也。国家之自由，与各人之自由，古今诸国，见解不同。或视国家之自由过重，抑压各人之自由而不顾；或视各人之自由过重，抑压国家之自由而不顾，是皆不可也。苟欲谋一国之治安，宜伸张国家之自由，而保护各人之自由，不宜偏倚也。

各人之自由，一系一身之事，即衣食居处之类也；一接人之事，即结婚、结社、缔交之类也；一生计之事，即仕宦营业之类也。凡此三者，随意自决，并随一己之信仰经验识见，自择宗教，作论说，即所谓自由也。

著名性理学者斯卑诺萨以国家之准的，一归之于自由，即谓各人之宗教并精神之自由也。盖欲保持宗教与精神之自由，辛苦经营，不遗余力者，宇内间未有如吾德人者矣。

其三，社会之福利是也。然是时政府之致力，亦须有定限，不可防碍各人之安康与自由。若各人力有不足，或社会欲塞各人之望，特仰其救济，则政府自当下手也。

卷二[①]　国体

第一章　四种正体政体

自古代希腊人别政体为三种，学者至今皆依据焉，曰君主政治，曰贵族合议，曰国民合议，是也。亚利斯土尔稍改其名，曰君主政治、贵族政治、合众政治；又别其变体，曰暴主政治、权门政治、乱民政治。盖主权者，能自制私欲以谋公利，则目其政治曰正体；反之曰变体。世人多据主权者

---

① "卷二"，《清议报》作"卷三"，并注明"卷二缺"。今改，下同。

之员数,以别政体:一人握政柄,谓之君主政治;数人握政柄,谓之贵族政治;全国民握政柄,谓之合众政治。可谓谬矣。夫政体之别,视其政府之构造何如耳。凡天下邦国,必推一人为最上官,使之专当国事。此最上官之人品,足以辨别国体之种类。希腊人别国体,各由其主宰者之种类,以附名称,亦以此故耳。

此三种政体之外,宜加集合政体一种。此说古代既有之,而今人亦往往倡之。古之罗马、日耳曼政治,并今之立宪君主政治,皆包含君主、贵族、合众三种,相赞相制,以成一体。故谓之集合政治,亦无不可,然实非集合也。盖罗马之总宰、元老、民会三者,并今世之君主、上院、下院,唯立法官之集合,而非行政官之集合也。凡一国之政柄,当归于最上官一人,不当涉于多歧。是故从亚利斯土尔氏之旨,区别主政之人,则无所谓集合政体者。

然古来别政体为三种,未可谓至尽善也。三种外更加神道政治一种,则备矣。凡政体皆以人为君主及主政之人,独神道政治,以天神若人鬼为国之真主,故其根本与他三种政体不同。或曰神道政治,虽以鬼神为真主,实赖人代之以行政也。代理者为法主,则君主政治耳;代理者为僧官,则贵族政治耳;代理者为全国之民,则合众政治耳。固不出于三种政体之外也。然余观之神道政治,元是一种异样政体,即实有君主、贵族之代理,亦未可遽断为君主政治、贵族政治。盖以国家之主权,归之于人,与归之于鬼神,于国家之规模,实大相径庭也。

亚利斯土尔氏分别政体,而未尝言及神道政治,岂其识之不足哉?亦以为国家为人所构造,非鬼神可得干预,故蔑视之,不以神道政治列入政体中也。

神道政治,与君主政治,其外观相似矣;唯有以神为君,以人为君之别耳。主治被治者,悬隔不啻霄壤,上下之分,严不可犯,固两者所同也。贵族政治,与合众政治,则反是。主治者被治[①]之间隔甚微,或有全无间隔

---

① "主治者被治",疑"主治被治者"之误。

者,盖同为一人,当其主治之时,即与被治无异也。贵族政治之国,被治之庶民,固奉命令,即贵族亦不必常在主治者之地位。何则?贵族在政为主政官,或参政官,则有主治者之权;然视为私人,无官职者。则主治者自服被治者之义务,则无异于民也。合众政治,虽稍有主治者、被治者之别;然其国民,无论何人,凡为议员,为官吏,握政权者,概视为私人,故主治者不得不服从全国民之主权也。

神道政治,有与合众政治相类;君主政治,有与贵族相类者。神道政治之神,合众政治之全国民,均握其国之主权,而不能自行之,必得代理者以托之也。君主政治与贵族政治,其君主若贵族,皆握国之主权而自行之也。两两相类盖如是。

右四种政体,俱各据固有之主义而构成之者,其要领如左:

国民全般之福利,非人力之所能及。有监临人世,控御人世之神,遂欲藉其威灵以立国政,此神道政治之所由起也,夫国家之兴废存亡,举归之神意,何其惑之甚也!

民人中有卓拔者起,自握政权,君临群下时,于是有君主政治。盖民智渐进,始悟神道政治之非,而思人道政治之可恃,君主政治之起,实在此时也。统率一国,总揽主权,收全国民之势力与意思,而集之一身,是为君主政体。

于民人中,立贵贱差等,以为豪族。位高而才能亦大,乃付予宪法、行政发令之权,是贵族政治之所由起也。

人之才能权理,不因等级而差,惟本于人类同等同权之理,以立政体,使民人皆得参预政治,是谓合众政治。

以上所举四种政体,据国法之差异,立其别者也。一国之宪法,实本政体制定,先察其宪法之差异,则政体自了然可别矣。然政体之别,不可泥宪法而判之,时又当求之于政略。盖宪法一变,政体随改,而政略则犹取昔日之方针也。然宪法未变,而政略既变者,古今亦不乏其例。

今本此理以判别政体,则纯然神道政治处,又有君主政治、贵族政治、合众政治,而兼神道者。夫纯然神道政治,概行于草昧之时,于亚细亚诸邦,几属固有之政体,其余邦国行之者甚少。然兼他种政体而行之者,今世不乏其国也。奉回教之诸国,无不以神道为主义。且全然脱宗教之累者,天下几不可见。在中古日耳曼诸邦,稍陷神道。如罗马法王政府,并僧正管领政府,几是纯然神道政治,不异古代亚细亚诸邦。其余毒延及中古末。及加哇尔党起于卉布、藐列答尼儿党起于英国及新英兰,渐臻改良之运矣。

方今国民,苟以文明自许者,莫不以神道政治为诈术诡道;凡政略有此臭味者,概摈斥之以为鄙陋有害。往时未开化之民,以云气雷鸣,验神之喜怒,以飞鸟之去来,神签之符号,卜事之吉凶,或以巫祝之妄言为神托。此种神怪浅陋,今世之人,岂有信之者哉?近世君主,欲擅其威福,乘民之迷信宗教,托于神者有之。人人知其妄诞,皆曰神既赋人以智识,使之各赖其力,以图生存之道,与其候难知之神意,以决国务,不若由我天禀之思虑,以处理之也。

国体之纯驳,不惟神道政治然,于贵族政治,亦往往有之。如古代希腊之斯波他,并罗马共和政治,中古维尼斯,并百仑共和政治,中古德国,方今英国,观其宪法,则君主政治,观其政略,则实带贵族政治之精神也。

凡阿利戌种之民,欧洲各国之民族。重贵族政治,其国政无有不含此臭味者。故或不委政柄于贵族,而贵族犹有几分势力。中古贵族之势甚强,其不能自执政权者,则或辅君主,或为国会议员,居间而握政柄。今也不然,以其富贵之资,外则示君主之尊严,内则抑君主之权力,使君主不敢亢慢,下则检束士民,使其谨守礼节,不至轻举妄动,是现今贵族之职分也。然比于中古,其势力稍逊焉。

夫贵族之所以为贵族者,以其咸望有卓越于人者也。故为贵族者,须得社会之实权,以维系此咸望。其所由得实权者,不一而足:一曰名门大姓之子孙,门阀贵族。二曰世袭莫大之田园,地主贵族。三曰勇武闻于一世,武士贵族。四曰文学有名,或宗教有名,文学宗教贵族。五曰占政府之重任,如罗马之管长、元长二职。六曰富累巨万,为人之所敬重,富有贵族。是也。

是故贵族而失维系威望之实权，或经世之变迁，而失其功用，则势不免于废灭。即不废灭，而地位亦降矣。

又有共和政治，而类君主政治者。观其国法，则纯然共和政治，观其政略，则大统领无异于国王，希腊比利克列士之时，荷兰世袭统领之时，法拿破仑第一世、第三世为大统领之时是也。法国共和政治，在智儿麻克麻烘之时，犹不能免此弊。又有君主政治，而类共和政者；其外观如君主政治，而其实近共和政治，诺威国自古有此风。

第二章　四种之变体民体

国体有名异而实相类者，有名同而实相反者。今一据希腊人之原则，唯就主宰官，判别国体，倘遇其变体，将如何裁之？夫今日立宪君主政治，与代议共和政治，均以自由权付国民。其名虽异，而其行政施设，有太相似者。比之于昔时专制君主政治之类神道政治者，真同名殊实也。今欲察政体之名实异同，不可不将亚利斯土尔氏之分别论，敷衍而弥缝之。亚氏别国体，以主治者为根据。余谓据被治者以别国体，亦无不可。即就被治者参政之方法，与参政权之大小，定其国民之状态，而断其政体属何种，是也。且国民之语有两义：其一并称主治者、被治者，即国义。其一专就被治者而言。即民人义。今将论国民之状态，因姑从第二义。

以此义分别国民状态如左：

一、被治者常受主治者之制御，不能脱其羁绊。不惟不得参政之权，即监检政务之权，亦不能得。唯主治者之命是从，举政权委之主治者掌中。是谓无自由之国，不问其君主之无道横恣谓无限专制政治。与有道遵法，谓有限专制政治。其民皆不得享自由。

此种之国，可谓列国中居最下位者。夫国家依法律以立，一日无法，又何有国家？亚非利加及亚细亚未开化诸邦，往往行无限专制政治。此固无国家之体裁者。若假以国家之名，是渎国家也。古罗马帝国之末，并第十七八世纪间，专制政治多行于欧洲诸邦。虽其时自由之芽渐发，民向开进之途，然欲望自由之风气，仅发于上等人士耳。

其余皆俯仰于压制羁绊中，不能去奴隶心也。

二、贵族唯有参预立法，监检政务，参预政事之权，其余民人不能预政事，未尝享自由。凡政务之事，视为贵族之特权。如是者，是谓半自由之国。

凡中古封建制之诸邦，皆半自由也。盖其时虽君主亲政，而其臣僚之从属者，皆相与构立政厅，而握参预政务，议定法律之权，以制君主之专横也。当时，等族制之国亦然。等族政体新立法，必先咨之僧侣贵族；若不得其首肯，不能制定法规，以行之也。故僧侣贵族辈，持其特权，得以监捡①宰相之政迹焉。

三、一国之民，不问贵贱贫富，一切有参政之权，是谓自由之国。古罗马人所用"例波白律苦"即同体之义。之语，原此意义也。当时以王侯为君长，使总万机，犹不害其"例波白律苦"。今日合众政治，与君主政治相对比。若依古义用之于上文，所谓自由，或使人错误。因更称自由国曰共政国，较为妥当。

自由有二种：其一国民皆直接参预立法，监检政务；或于国民之大集会，或于舆论之所归。其二使所选之议员，参预政事，国民乃间接而行参预监捡之权，是也。

第一种，行于古代共和政治之国。方今瑞西山地之乡邑宪法，犹略存其遗制。

第二种，由全国民选有教育、有学识者，为议员，使政府不苦于妄语横议之弊，盖欲并行教育之利与自由之权也。是方今代议政体之本旨，所以博一世之仰望者也。

四、无自由国，半自由国，古代直接参政之自由国，及方今代议政国，为四种变体。将四种变体与四种正体相比例，则两者有相通，有相反。又可见两者相结，更生一种国体。

神道政治之国主治即天神。独以赫赫威灵临被治者，即隶属。任意

---

① "捡"，疑作"检"。下同。

而行政令，其为无自由国无疑也。然昔犹太国耶和华神，以政权予民，或结条约，设制度，委老成人、家长、武人等以议政之权。然则犹太之神道政治，可谓稍同共和政治之旨者矣。

贵族政治之国，占社会之高等地位者，独有政权，故谓之半自由国。此种之国，小数之权门大族，独握大柄；其余大数之小弱贵族，唯有参立法监行政之权耳。

然贵族政治，亦有分政权予民人者。第二世纪后，罗马人设代议民会，置平民议员，允平民就官，是也。

庶民政治，各民直接参政之自由国也。初无知愚民，日以操政权为快，于是此种政体起。及民智渐开，悟为政之难，遂变为代议政体。

众之制寡，势所不免。故虽自由国，而有与无自由国相同迹。待其国内奴隶，虽自由国，亦不异于半自由国之所为。

君主政治，有一种奇特之性，能容诸种变体，融和无忤。虽种类有相殊绝如霄壤者，亦包含于君主政中，不见拂戾。即如东洋诸国，并古罗马帝国，俱君主政，而无自由也。如中古欧洲诸王国并侯国，概半自由也。古罗马王国奉塞耳维宪法，古法朗克王国设国会，俱各民直接参政之自由也。今之立宪君主政之国，即自由代议政也。

将国家正变两体对看，则其名实相反者，或相当者，一目了然无可疑矣。盖立宪君主政治，所以甚类代议共和政治者，由两者俱属第四种变体；而所以异于无限专制君主政治者，以其属第一种变体故也。

第三章　近世代议君主政治及代议共和政治

方今开明之民，芟除古来错杂政体，而仅存二种：曰代议君主政治，曰代议共和政治。前者多行于欧洲，后者多行于美洲。

今将两种政体之本旨，胪列于左：

一、政权不得私有。以政权为私有，是贵族政并封建制之所以废灭。

二、政权悉自国家发生，而供万民之用者也。故无有与国家乖戾之政权。

三、国家之存立、目的、宪法三者,至大至重,政权当受其制限。

四、国家之元首,非在国家之外者,又非国家之所有主,乃国民及国家之最上机关也。今之国家,非一人之国家,实国民之国家也。

五、国家立法,必要民选代议士参预之。_{代议士,一曰代议员,谓代民议政者也。}

六、民选代议士监政府之政务,使宰相任其责。

七、司法之权,特立自主,不与行政相涉。

八、各人身体之自由,及国民全般之自由,当体认之,且保护之。

九、国民除宪法并法律所定者外,别无有服从之义务。

古罗马人殊重国民之自由,国民之共同心极盛,则称其国用"例波白律苦"之语,以对照国王世袭私权之国。由是观之,称代议君主政曰"例波白律苦",亦无不可。

然"例波白律苦"之语,于今人所用之意义,与君主政治正相对比。然则今人每称共和政体即"例波白律苦",而代议共和与代议君政,将何由别?

或曰:君主之权,大于大统领之权,是可以决两者之别。此说非也。北美合众国大统领所握之主权,大于英国王之主权;法国大统领之主权,大于比利时、荷兰两国王之主权。何得以威权之多少,立两种之政体之别乎?

人或曰:国权归于一人之手,是君主政治不可缺之事,于共和政则无之。故君主政治,置一人以总万机;共和政治,置一官衙以总万机也。此说亦未足以明两者之别。何则?共和国举主权委之一人,昔时往往有其例矣,亦有专握政权之大统领矣。

或曰:定施政之法,委司政之权,俱出于国民之意志,是共和政之本旨也。主权元在国民,是其所以异于君主政也。此说亦未为得。中古德国之选君制,及罗马法王之国体,虽国家之元首,俱出于选举,而其所以为君主政,曾不异于世袭君主之制也。如古罗马帝,其位由民意而得,其威权亦由民意而得。然观其政事,则共和之本旨,全行消灭,而为纯然君主政。近世法国拿破仑之为帝也,威权皆得于民意,然其制度绝不效共和政,而立纯然君主政。

　　然则两种政体之别，将于何求之？曰亦就国家之元首别之而已。其差异分明，故立其别，亦极易矣。夫君主者，其身与完全无缺，不羁无上之权，结合而为一者也。故君主之身，不惟施政之权归之，即国家之主权，至尊之威灵，亦皆归之。要言之，君主独为国中之主宰，其余皆臣属耳。共和政之元首则不然。据宪法论之，全国民及贵族，实为国家主权之本。全国民及贵族，以国权委大统领。而国权非大统领固有之物，任满则去；又非不羁之物，必受代议士监检，不过假大统领以当政务也。

　　共和政之国，其元首不能无主权。然国民虽遵奉宪法，服从政府之命，而并不欲为大统领之臣属。要之主治者、被治者之间，不设藩篱，互保平等均一之地，是共和政之本旨也；离隔君主与臣民之间，使上下分明，毫不可犯，是君主政之本旨也。且共和政欲短元首在职之期，屡更选之；君主政欲巩固元首之地位，不易不犯。两者之别，更可见矣。

　　以上论两种政体之别如此。今举其实状实迹，叙之如左：

　　一、君主政之类于共和政者，姑置而不论，今就其纯者言之。夫君主政以世袭王族为本王族，视国家之政权，如一家之私有，世继承之。君主政欲其君必出于此家之血脉，于是此种之血属一系，连绵不绝，亦犹一国民继续，亘数世纪不绝也。王族长与国民相结不离，故君主政巩固永存，王统不绝，不敢以主政之权，委一系族。贵族世袭司政，是谓世袭贵族政治，选贵族之贤者司政，是谓选任贵族政治。前者比后者，稍失共和之本旨；后者比庶民政治，亦不合共和之本旨。

　　二、由共和政之纯者言之，凡国民无不可就之官，无不可任之职。大统领者，无上之官职也，而至贱之人，犹得任之。世有民选为君，终身不得罢废。其事虽与共和政殊，而民选一事，稍合共和政之旨。至于世袭君主政则不然。任官不问贵贱，不论门地；独王位则必限一系，不肯杂以异姓。是此政体之所以为优也。盖一以绝奸雄之觊觎，一以使民免争位革命之惨祸也。

　　三、共和政，使有司各任其责，即大统领不能免其责。君主政则唯君主不任责，所以示君主在百官之上，至尊不可犯也。故法廷亦不能审判君主。然使君主自任答辨之责,古来非无其例也。

四、君主威权赫赫,非共和政之所企及。故虽大国之大统领,其仪仗装饰之简略,不如小国之侯伯。轶近君主为风俗之所移,已废旧时陋态,衣食、住处、言语、动作,务学高等缙绅而已。此外所存者,独能有尊号,有爵位,有仪仗卤簿,庄严可观耳。今世君主之尊,又迥非高等缙绅可及,而大统领则反更不如富商豪农焉。

五、除同类外,天下无可服从者,是共和政之本旨;立万民之上至荣也,以此至荣,归于君主,是君主政之本旨。故共和政之民,服从共同体之国家;君主政之民,隶属国家主权集点之君主。

六、共和之大统领,任期不长,一旦去官,则一介私人,不过为寻常庶人而已。君主则位民人之上,终身非可入私人之列者。其职与其身连结,未尝分离也。君主辞其职,或国亡被废,则降入私人之列,或有之。是实非常之变,悖于道德之旨者也。盖已为人君,虽去职失位之后,其资格依然不消亡也。

七、君主政之任官授职,虽胥吏必出于君命。若共和政,则唯行政官为大统领所选任,其余官吏,多委之选举会。不隶大统领。

君主政不得其宜,使君主弄权势,则其弊至于君重民轻,上下乖戾。故调和君民之间,使之连结巩固,莫若立宪君主政体。

共和政之弊,正与之相反。若究其弊之所极,必至于国民妄逞威权,专横无所不至。使国家无制御之权,则政府如一公司矣。共和国之人,宜预防此弊。预防之策如何?曰共和国纵令制度得宜,不若使政府势威,足以立万民之上,大权足以制御国民。是于统一之道,施政之术,属不可缺之急务也。

第四章　代议一曰立宪,义同**君主政治之端绪**

原欧洲立宪君主政之所由起,其端有二:一曰中古等族君主政治之王国、侯国,此政体自第十三世纪中叶至第十六世纪中叶行于世。二曰新专制君主政治之王国,此政体自第十六世纪中叶至第十八世纪末行于世。

今举中古等族君主政治,叙之如左:

一、中古之国君,视其位为私有,又不知当尽之义务,故不免横恣自用。然幸有古来因袭之法,以制限之。且当时等族,亦以己之权为私有者,每藉其权以制限王侯之权,以故国君横恣,不至太甚。

王侯以其封地职位号传子孙,世袭之权,因日久而益固。但选立侯国,并僧正所领之地,概无此种之权。初王侯有割其封土,分予子弟者;有力矫分地之弊,从子孙继承之法者。二法并行于世,不能归一。然其后继承之法犹行于世,大抵皆效德国王侯继续之法,_{千三百五十六年,加儿第四世所制定,所谓金条是也。}使嫡长嗣立。盖欲全其封疆,使国人协同和辑也。

二、国王为国内无上之法官,常临法廷,然不能自判决,必谘之陪审官,据其审判以断诉。又国王若犯法,则得引致之法廷。当是时,国王虽有一种特权,不难保护名誉。然国王不得不至法官面前,答其讯问,而服贵族之判决。

三、国王,一国之大元帅也,然于军事不能有十分权力。中古等族之世,国王以其旗下臣隶,编成军队。臣隶住国王之境内,固有从军之义务;而于境内法廷,又有为陪审官之权。其大者俨然养陪臣,几如小诸侯。是以一旦有警,国王欲使诸侯从己之命,服兵役,颇属难事。如德国然,诸侯骄傲,往往有违王命辞从军者。当其称臣,朝觐以时,忠勤自誓;一旦强大,则恃势凌君,有如此者。

国王亦自知其势微,而诸侯不足恃,于是雇人编军队,使隶属于己。然应募者,率皆外国之人,及瑞西贱民,德国农民。故虽名为国王亲兵,其实国人蔑视之,几毫无威力也。且当内忧外患之际,贵族始支办军饷,而平时一仰给王室,故不能多养兵员,多制军备。

四、制限国王之政权,更有三者:封大臣于郡县,使为独立不羁之主,一也;官中诸职,定为世袭,门阀子弟任之,盘踞要津,国王不惟不能任意颐使,反不免受其掣肘,而国家要务,每为贵族之所干涉,二也;贵族检政务时,与国王共握主宰之权,三也。

五、中古封建之世，国王自给全国之政费，每由内帑岁入之项支办，而其费额实占王室岁出总额之大半。若有不足，则新课贡赋以填补之。而新赋之事，须豫诸贵族，贵族以为是，则与之订条约而后发令。当时贵族贪婪昧义，既与国王订增税约，则专课之农民以自免，是其常也。由是观之，国王困乏，而财政不振，可知也。

六、国王于国家之警察权，亦微弱不振，无有如今之警官宪兵者。其警查之务，一委之普通法官，或任地主之专断。

七、国王不得擅制法律；若欲设法律条规，须豫求贵族。

卷三　公权之作用

第一章　至尊权　国权　主权

国家者，代表国民之威力者也。苟欲伸张其威力，开达民心，不可无运用全局者。此物具十分威力，能指挥他人，使服从于己；或强制之，必达其意。德人谓之至尊权，又谓之国权，法人谓之主权。中古法律语，凡事由官衙判决者，民人或不服，不许更诉之于他官衙，法人称此类曰有主，行政官衙及选举会，于其所管区内，独立行事，不隶他上官者，亦称有主权。

其后主权之义，随世而变，至于指无上之国权曰主权。夫学术上，讲究主权之意义，使其归完全者，以法人为嚆矢，是近世国家学者之所首肯也。当十六世纪，蒲弹氏实为之首唱。法人之意，在以国权为无限之权，使国王握之。蒲弹曰：主权之于国家，无限无穷之权力也。蒲弹所谓"无限"者，国家之他权与法律，不可加之制限之谓也；非不服从天帝之命，不率由天理之谓也。蒲弹又曰：法律依主权者有效力，非主权者依法律有权势云云。就条约言之，主权者与外国之君缔结，固无论矣；即与己国臣民相约，亦有使主权者履行约款之效力，是理之所易睹也。然蒲弹以为履行条约，是天理之当然，人道之常耳；非使主权者任履行之责之谓也。蒲氏又以为主权者所定之法律，出于国权，而国权生于主权者，故法律无归责于主权者之力。

古罗马法曰:皇帝不为法律之所检束。此一条足以见罗马帝横恣无惮之意,与当时法学者怯懦无操守之实。蒲弹不惟不究之,且称之曰:是本于主权之本义,即理论之结果也。

将国家之元首,与国家之全体混同之,其所关系极大,或至于酿祸乱。夫苟混同之,则无论实行与理论,举国家本然之权势,并国家内百般之权势,归之君主一身,又扩张之进于无限之域,则其极必至举等族并被治者全体,供牺牲于君主矣。蒲弹以后,世人概混同国家之元首与国家全体。具洛秋斯氏,始区分国家全体之势力,与君主之势力,而信之者甚稀矣。盖自十七世纪至十八世纪上半期,各国政体,专归于专制主义。盖以君主为国家之妄说,遍行于世之所致也。

蒲弹氏释主权为国权,盖本于国家之意义,下之解释,可谓得其当。其后倡专制主义者,安欲使主权尊且重,曰君主占位于国家之上,国家依君主之力而成;君主之于国家,犹天神之于人,任意主宰之耳。而国①与主权之关系,全然颠倒矣。

专制君主政体,以主权为无限之权力。古来人君,皆欲试之实际,以收其功。然其势力效用,不久而衰颓,人始疑此政体不能固国本。至近世,国民益不信赖专制之君,而视国家及社会之见解,尽一变矣。时路骚氏著《主权新论》,天下之人,久思覆历史上国家,而兴道理上国家,故舆论靡然向之。

路骚曰:主权不在于主治者,而在于公民社会。夫各人有自由并同等之权理者,欲建国家以谋安康,乃相结约以兴社会,由是共同之意志及权力生矣。共同之意志及权力生,而后主权及国家立矣。故公民之全体,即在主权者,各公民不得不隶之。要言之,共同之意思,国家全体皆服之,是主权之所存也。主权不可让予人,不可割予人。纵令国会求之,亦不可交付。又主权常表示社会之威力与权理,而社会常得使用此主权。是故以

---

① "国",疑作"国家"。

此主权变更现在宪法,厘革从前权理,亦无不可。由此观之,路骚氏之论无他,排专制君主之主权,代之以专制国民之主权耳。

呜呼!路骚之论,误谬亦甚矣。而其浸染世人之脑筋不浅,欲匡正之岂易哉!尔来积无数经验,发无数辨论,终于学理上觉破此迷梦,以讲究此至重至要而危险可惧之主权,果为何物,始得确定,如左之原则:

一、主权不唯属君主,不唯属社会,又不立于国家之外,及国家之上,其实在国家与国家所定之宪法,即主权之所由出。而主权有无之决,实在于此。

父之于子,犹长之于族民;僧侣之于信徒,师长之于弟子。在国家外,别有权势威望之可以临其下;然同在人类中,不羁特立,具制御万众之权,即有至尊权。而除国家本然之权,并国家内所有万般之权外,不容有别权。吾人所谓主权者,正指此种之权而首耳。夫方革命之际,尽破其国家旧章,有势力、有威望者,新起而立人上,则国家靡然从之;或国内之大众,愤激作乱,屈少众而统御之,是皆非倚从来国宪,以得主权者,故不得直认为有个主权,设新立之国。至于整顿就绪,人人视以为真国家,而后始得有主权也。

盖在国家兴亡之际,主权亦必随之兴亡。国家与主权必相待而立,故曰:有主权则有国家,有国家则有主权。

二、由是观之,谓社会即一私人之集合团体,而为天然之主权,其说谬妄不足取矣。私人虽自有其私权,然以私人之资格,而求公权,固不可得也。若由其说,将使整然具体裁之国家,变而为群众乱杂之区。譬如变国家与国民为无粘凝力之轻尘,置于烈风之前,其扰乱不知所底止也。故此说虽庶民政体,犹不能行之。纵令此说果行,其执政必其社会之公民也,其代议士亦必出于公选。而代议士,必待其所选之公民也。乌合之私民,安能建社会?故知此说之妄诞不足取也。

三、或曰有一族民,同志团结为一,虽未具国家之体裁,然于理言之,则谓之有主权亦可。此说谬妄何哉!如是之族民,未足成一国家,国家之名,不可用之国家以外也。谓此族民,有为国民,为国家之力量志望则可,谓有主权则不可。虽建国之基诚立,然为国家之体裁尚未完全,即无有主权,其存于族民中者,主权之萌芽耳。安有国家未成,而主权先存者哉?

今列举主权之意义如左:

一、主权不羁特立,无有班次在其上以统之者。今由条理上释不羁特立之义,则主权无限。究其极弊,外则废却一切义务,不顾万国公法;内则蹂躏各个人,并各团体之自由而不顾,是使人类复陷于古代之无政权也。由道德上释不羁特立之义,则主权有限,使国家外则循万国公法之制限,内则认许各人、各团体之权理,则于主权之义亦何伤?

二、主权即国家之权力也,此权宜归于国家及元首。如乡村团体、法廷、选举会之类,均是隶国家之机关,不过各奉其职。故虽至高之官衔,不得有主权。

三、主权即至尊权,罗马语所谓"麻塞斯提杜"是也。元首握之,立于国内所有之权力与臣民之上。

四、夫国家欲统一,则又要主权之统一。故主权之统一,实属国家至重至要之事。设国内有二个主权并立,则扞格不相下,国事终致纷乱。所谓主权统一,观君主治政之国,极为明了,不容复疑。虽然,国家本成于各人之集合,故国之主权者,不必泥定一人,或以议院,及其余团体为主权者亦有之。在庶民政体,则国民为其主权者;在贵族政体,则贵族会议为其主权者;在立宪政体如英国者,则国王与代议院,联合为主权者是也。

在联合国,则主权有重复之观:一面有联邦全体之主权,一面有各邦之主权。见卷三第十章。

五、以无限独裁,释主权之义,古人间有此说,然未得其当。夫偏于专制政体者,以无限之国权归于君主一人;为过激之论者,以无限之国权归于公民之大众。凡谬妄之说之最有害而可惧者,皆胚胎于此说也。神道学者、法律学者、哲理学者，竞倡主权有无限之性，欲使此理确然不可动也久矣。神道学者，以天神之权，无量无边之理为根柢，曰君主是代天帝宰治也。法律学者，引用罗马之国法，并其皇帝之权势，欲以无限之权力予君主。哲理学者，每流于高远，而爱无限无穷之说，其释国家国权之意义，亦好用无限语。当时世论，无所适从。迨阅岁年之久，世态变迁，观于沿革之迹，而知人类所以不堪握无限之权；又知以君主为无量降威福之神，大有害于国民之自由与福利。于是天下之人，证之学理与实迹，始有所警戒。以为国权可得而制限，主权亦有有限之性，主权原出于国法所定，故亦宜受国法之制限。继又悟以宪法定主权，扩充宪法以制限主权之道。

第二章　国家主权国民主权　君主主权政府主权

国家者，国民集合之团体也。即能独立，有威力，有至尊权，能统一国家，则又不可无根本之主权。故国家者，具主权而有威力者也。夫国家之事，总宜依据宪法，使秩序井然，莫不美备。如国民相集组织一国，处理国事，以资国家之活动，所以指国家之主权，一称国民主权也。然吾所谓国民主权，与庶民政体所谓国民主权者，其义不同。盖彼指国民之大众，直谓之国民，独适于庶民政体耳；在立宪政体，虽以议院为一大权，然不敢使之凌贵族以总揽国家统御之权。此余所谓庶民政体与国民主权有以异也。立宪政体既然，况于贵族并君主政体乎？

国家主权之义，就外交观之，为最明了。据宪法而论，代国家者，君主也。君主以其国之名，与外国缔条约，是行国家主权也。及条约既成，任其履行之责者，国家也，非君主之身也。故国有革命之乱，君主丧其位，而他君代之，或国体变为共和国，其国尚不得免条约之责何也？虽君主及国体变更，其国家则依然国家也。若国家无主权，如何得有此事？故知无上之威力与至尊权，一归于国家，不容疑也。罗马语"麻塞斯提杜"，今译日"陛下"，为国家之元首，代国家摄其至尊权者。用此语以为尊称，是今世普通之例也。然此语，古人以为至尊权。故古罗马人之言曰罗马国民之

"麻塞斯提杜",乃大统领,并皇帝之"麻塞斯提杜"之渊源也。

又就国家内部之事,求立法权之所在,则知国家主权之所存,据今之国法、宪法及制定法律之权,非君主并政府之专有,必使议院参预之。夫自国家元首,以至各种机关,具一定之秩序,以成一团体,谓之国民。此国民制定宪法,发布法律,是行国家主权也。

国家主权者,一国之元素,化学语,一曰素,义同。其威力之大,位望之高如此。而天下之邦国,无不使其元首握之。其元首为帝王,则称之君主,予之君主之主权;元首为大统领,则称之为元首耳,不称尊号,又不予主权。盖惧大统领,或忘身为国民之代理,窃蓄异图以谋政变也。古罗马人局量宏大,不为龌龊如是之事。当其共和政体之时,予大统领以"麻塞斯提杜"之权,而不怪也。在君主专制及君主暴虐之国,国家主权为君主之所并吞。在过激之共和国,庶民之权势,赫赫夺目,而国家主权失其光彩。夫主权有二种,征之立宪君主政之国而可知。英人称其国体,曰议院王国,若内阁王国。国王与上下两院联合行事,是行国家主权也,目之曰议院王国;国王与内阁大臣联合以行事,是行君主之主权也,目之曰内阁王国。

国家主权与君主主权,原非扞格不相容者,是理之易睹者也。请假古人之语辨之。具洛啾斯氏曰:人能视物,人之眼能视物之谓也。又人之思想,属人之全体,而发露之者,独口也。言有善恶,不是非其口,而是非其人,是皆谓之名异而实同也。国家全体之主权,与国家元首之主权,其关系亦如此。故国家之于元首,二而一,一而二,不可须臾离。犹人之全体之于头脑,相和则生,相离则死。

国家主权之作用如左:

一、国名、位地、记号、版笰、徽章及国旗之可以表国家之权威名誉者是也。损之渎之,则辱国家之名誉及至尊权也,犯之者有罚。

二、不服从外国之权。外国欲干涉于吾国事内政,则谢绝之。不敢受与外国交际,常持独立之体面,使国家元首及使臣,与外国商量,又与外国缔约时,使代国家署名。

三、国民制定宪法之适于其天性志望者,且厘革之之权理是也。苟有自由之国民,不可须臾丧此权理也。夫国民大众激事作乱,破坏国家之秩序法律,驱除政府之吏员,如主人之革佣夫,世人往往以此为国民之权理,过矣。如是者,岂吾所谓国民之权理哉?谓之乱民之暴行可也。

四、立法是也。夫法律者,国家之意思,发而见于外者也。故欲发之,要政府与被治者之协议同意。

五、君主之系统绝,及政府覆亡,则造新政府,造新君之主权是也。夫政府国民得造之,国民非政府之所能造。

六、特行国权时,代理人所任之责是也。

政府主权,即君主主权之作用如左:

一、称号、位地、祷式及记号之可以表君主之威力名誉者是也。

二、君主位于国内百官万民之上,以占执政者之至高位地名誉是也。

三、施行各种政权是也。政权原指政略之权而言,然日常施政之权,亦可谓之政权。夫国家主权,制法律、定秩序等,事关远大,其作用不常。政府主权则不然,以处理国家日常要务为其本分,故运用无休期。

四、使国家之官吏及事务员,各尽其责是也。

五、在今之君主政体,君主不任其责是也。夫使君主不任责,颇属重要之事。然以理论之,实非也。中古德意志王及罗马帝,皆任其责,不异于德国之诸侯。但共和国之元首,无责任之特权耳。

六、于外国交际,代国家主权而自任之。

第三章　公权之区别

凡国权之发见于事业者有数种,古代学者,既言其当区别。亚利斯士尔氏,别国权之作用为三种:一曰议共同事业之权,即国民之权理。二曰政府百官施政之权,三曰裁判之权是也。方今别国权为立法、行政、司法三种,正与亚氏之说相符。古罗马人亦将立法、行政、司法三权之作用区别之,为最明核。

于今世之国家,不唯别其作用,且以作用之机关,为不可缺之要务。昔时雅典之国会,并有立法、行政、司法三权;罗马人付大统领以行政、司法二权,且大统领往往发布法令规则,是行今之所谓立法权也。中古德国之侯伯行政官,兼任法曹,一面按罪行刑罚,一面发布封内之税则。英国之议院,今日犹握立法、行政二权,而其上院更行司法之权。法人蒲弹氏,始论国内,特设数种机关,以分任各种作用之急务。然当时之人,以为是理论家之希望耳,其实不可行也。其后博识大儒孟的士鸠氏出,又痛论三权分离之急务,而倏为天下之所倾听。北美合众国首行之;自法国革命以来,天下之立宪国,多用其说云。

孟的士鸠氏,大别国权为二种:

立法权,

执行权。

再别为二种:

重要之执行权,**即今所谓行政权**。

司法权。

古罗马大统领,既有行政权;而罗马人,欲加强烈手段,使人民恭顺,唯其命是从,因更付大统领以裁判权,实欲使政府之权势,益旺盛也。孟的士鸠氏曰:须设三个机关,分任立法、行政、司法三权,不可使一人总收此三权,是保护自由之要务也。盖孟氏以为一人握三权,则其权过重,恐有横恣自用、抑压人民之自由权理之弊。不若三权鼎立,互相掣肘,使相竞立功也。要言之,不可以一个机关兼数个之用,宜每一权设一机关。

孟氏之论,大合真理,不容疑也。然欲全然分离国权,使各鼎立,则失之过激。今征之实际,类别国权非**分离也**。而求国家设机关之本意。就人身言之,目司视,耳司听,口司言,各个机关,分任精神之作用,而不敢兼他作用。于国家亦然,欲其作用整顿,须使官衙各执当然之职,不许使一官衙兼数种之职。盖司法、行政之事务,不惟形于外部者不相同,其目的亦不同。故处办其事务,各要适当之才能。夫同为一人已,能为出众之行政官,又能为迈群之法曹者,未可保其必无,然亦稀矣。由是观之,各种事务,非分付于具其本然组织之官衙,与受其教育之官吏,终不能收其功也。

孟氏不类别国权,而分离国权。路骚氏承之,痛论立法、执行二权对立之理。北美合众国始实施之,使立法、行政、司法三权,分离鼎立。夫国权要单独,已如前卷所述。然分离之为二为三,使各独立于一方,不相联属,其弊必至于彼此互相争权,纷哎无已。欲国无分崩离析而不可得,是理之所最易睹也。北美人置宪法于立法、行政、司法三权之上,据宪法选大统领并代议士,使各当其职,以为是足以调和一致,而免纷争之弊。其实不然。裁判所势已不能敌大统领;及议院之为政,大统领又不得不服议院之威力。由是观之,三权鼎立之谬,昭昭不待言也。

欧洲边阃泯昆士丹氏,欲防三权分离之祸,别置王权以统一三权,曰国王牵制三权,使各调和一致,以禁其出于权限外。庶民主义①之患,发于下院,则直散议会。贵族主义之患,起于上院,则新增议员;大臣滥弄威柄,则更造内阁;裁判所有瑕疵,则会议院改正法律。要在遏弊于未然,以保治平。夫国内之一致,赖人君之力为最多。而人君固有制御国家诸机关之威德,真如昆士丹氏之说。虽然,三权加王权为四种,以此仅为调和三权,保治平之具,则不可也。况于置国王于行政、立法之范围外乎?

凡划然分离立法、行政二权,极有害于事,且于实际上亦不可行之。征之天下邦国,确无可疑。而急谋分离,以施于实际,无若北美合众国及西班牙者。观两国之实况,才近接于分离之目的耳,未可谓达其目的也。何哉?其政府于报告大发议权,并大统领不允权,始有立法上势力,此外未见收其功也。立宪君主政体则不然,其政府以行国家统御之实务为本分,代表全国民,为国家之无上机关,据宪法实以发表国家之意思。由是观之,此种政体,亦合自然之理者也。

---

① "义",《清议报》"议",今改。

当类别而误分离之,亦不见其害者,为行政、司法二权。其故何哉?司法于行政,未必要独立也。故司法省、检事局并诸裁判所,求警察官之援助,彼此之间,频频交通,终岁不绝。

谓立法、行政、司法,皆同等同格,无上下之序,则不可也。三权原非同阶并列。盖作机

(此稿未毕)

现今世界大势论*

[1902 年 5 月]

叙

叙曰：士生今日之中国，不务反观内省，竭精虑以图张国力养民德，而芒芒然摇笔弄舌，规画天下五大洲之形势，可谓不知本矣。虽然憨儿处火宅而酣嬉，盲人临深池而踯躅者，彼不知有险象，而奚从畏也，鱼见毛嫱而深入，鸟睹西施而高飞者，彼不知有美色，而奚从恋也。然则今日中国之人士，不能反观内省竭精虑以图张国力养民德者，得毋因其于天下五天洲之形势见之有未察耶？使其能游目于本国以外，观他国所以自强之道，及其所以谋我之术，一一探其朔烛其微，而因以自审焉，当必有瞿然汗流浃背，剑及屦及以从事于世界竞争之舞台者。然则语国民以现今世界之大势，其亦非词费也。避地海外，日亲典籍，偶读美人灵绥氏所著《十九世纪末世界之政治》、浩丁士氏所著《平民主义与帝国主义》、日本人浮田利民氏所著《帝国主义论》等书，因撮译其意参以己见，著为是篇。意不在客观之世界，而在主观之中国人也。壬寅三月，饮冰室主人自叙。

---

* 原载《现今世界大势论》，上海广智书局 1902 年 5 月出版，引自《〈饮冰室合集〉集外文》"专集补编"。原署"饮冰室主人译著"。

第一节　论民族主义之进步

天下势力之最宏大最雄厚最剧烈者,必其出于事理之不得不然者也。自中古以前罗马解组以前,欧洲之政治家,常视其国为天下,所谓世界的国家。World state 是也。以误用此理想故,故爱国心不盛,而真正强固之国家不能立焉。**按:吾中国人爱国心之弱,其病源大半坐是,而欧人前此亦所不能免也。**近四百年来,民族主义,日渐发生,日渐强达,遂至磅礴郁积,为近世史之中心点,顺兹者兴,逆兹者亡。所号称英君哲相,如法王路易第十一、显理第四、英女王意里查白、英相格林威尔、渣沁、意相嘉富洱、德相俾士麦,皆乘此潮流,因势而利导之,故能建造民族的国家,声施烂然。苟反抗此大势者,虽有殊才异能,卒归败衄,法帝拿破仑是也。拿破仑所以取败者,由欲强合无数异种异言异教异习之民族,而成一绝大之帝国,其道与近世史之现象太相反,其不能成也固宜。

夫此民族主义,所以有大力者何也? 在昔封建之世,**罗马以前,欧洲之封建时代也。**分土分民,或同民族而异邦,或同邦而异民族,胡汉吴越,杂处无猜。及封建之弊,极于坠地,民求自立而先自团,于是种族之界始生。同族则相吸集,异族则相反拨。苟为他族所钳制压抑者,虽粉身碎骨,以图恢复,亦所不辞。若德意志,若意大利,皆以同民族相吸而建新邦;若匈牙利,以异民族而分离于奥大利,皆其最著者也。民族主义者,实制造近世国家之原动力也。

此主义既行,于是各民族咸汲汲然务养其特性,发挥而光大之。自风俗习惯法律文学美术,皆自尊其本族所固有,而与他族相竞争。如群虎互睨,莫肯相下。范围既日推日广,界线亦日接日近,渐有地小不足以回旋之概。夫内力既充而不得不思伸于外,此事理之必然者也。于是由民族主义一变而为民族帝国主义,遂成十九世纪末一新之天地。

民族帝国主义有两种,其发生皆不自今日,今则合一炉以冶之而已。甲种者,优强民族自移殖于劣弱民族所居之地,殄其臂而夺之,若英国是也。英人自中古以来,与罗马帝政不相容,去而自立,实为民族国家发生之嚆矢。故其民族帝国主义,亦著先鞭,得善处属地之法,遂能控驭全球,凡日所出入处,皆见其国旗焉。乙种者,优强民族能以同化力能化人使之同于我,谓之同化力。吞纳劣弱民族,而抹煞其界限,若美国是也。美国百余年来,由大西洋之十三省,逐渐扩充,奄有太平洋岸全陆之地,自三百万人增至八千万人,固由吸集同族之效,亦未始不因买受并吞他国之属土而同化其民之所致也。今日之美国,尚能容纳德意志、爱尔兰之移民,绰有余裕,皆其同化力强盛使然也。

第二节　论民族帝国主义之由来

近世诸儒之学说,其于孕育民族帝国主义与有力者不一家,而以玛儿梭士、Malthus,英人,生于一七六六年,卒于一八三四年。达尔文,Darwin Charles,英人,生于一八〇九年,卒于一八八二年。二氏为最。玛氏尝著《人口论》一书,谓人类日渐繁植,其增加之率,常与食物之增加不能相当。食物之增加,算术级数也;即由二而四而十六而三十二是也。人口之增加,几何级数也。即由二而四而八而十六是也。苟无术以豫防之,则人满之患,必不能免,而战争疾疫自杀之风将日盛。此论一出,大耸动全欧之耳目,而政治家之思想,几为之一变。按:玛氏谓人口之增加以几何级数,实属杜撰,后儒驳正之者已不少。其所论豫防之法,亦不可行。要其立论之大体,则实为近世政策之一转捩也。当玛氏以前,欧洲列国,尚以奖厉产子为急务;千七百九十六年,英国著令云:凡民能生多子以富国家者,可有权要求政府使教育其子。千八百六年著令云:英人有两子以上者,可享免税之特权。及于今日,则除法兰西一国外,殆无不以人满为忧者矣。法国人口增加最少,详见下表。以此之故,千八百八十五年,法人著令云:贫家有子七人者,以公费教之养之。又今年议员俾阿氏提案于议院,谓民有及岁而不婚者,则课以重税。今试举近百年来欧美各国人口增进之大概,列表如下:

	一八〇〇年　人口	一八八〇年　人口
英	一五,五七〇,〇〇〇	三四,六五〇,〇〇〇

法	二七,七二〇,〇〇〇	三七,四三〇,〇〇〇
德	二二,三三〇,〇〇〇	四五,二六〇,〇〇〇
奥	二一,二三〇,〇〇〇	三七,八三〇,〇〇〇
意	一三,三八〇,〇〇〇	二八,九一〇,〇〇〇
班	一〇,四四〇,〇〇〇	一六,二九〇,〇〇〇
合计	一七二,二六〇,〇〇〇	三一二,九九〇,〇〇〇

此八十年前增进之大略也。其中速率最著者,尤以德、俄、美三国为甚。德国当千八百五十年只有三千五百二十万人;至千九百年,则有五千六百三十四万人。俄国当千八百五十年,只有六千八百万人;至千九百年,则有一万二千九百万人。美国当千八百年,只有五百三十万人;至千九百年,骤增至七千六百三十五万人。美国人口,由外国移民入籍者居多。以此之故,欧洲区区之地,断不能容此挐生蕃衍之民族,使之各得其所,势固不得不求新政策以调剂之。此事理之易见者也。于是乎殖民政略,遂为维持内治之第一要著。此近世帝国主义发生之原因也。

前代学者,大率倡天赋人权之说,以为人也者,生而有平等之权利,此天之所以与我,非他人所能夺者也。及达尔文出,发明物竞天择优胜劣败之理,谓天下惟有强权,惟强者有权利,谓之强权。更无平权。权也者,由人自求之自得之,非天赋也,于是全球之议论为一变,各务自为强者,自为优者。一人如是,一国亦然。苟能自强自优,则虽翦灭劣者,而不能谓为无道。何也?天演之公例则然也。我虽不翦灭之,而彼劣者弱者,终亦不能自存也。以故力征侵略之事,前者视为蛮暴之举动,今则以为文明之常规。欧美人常扬言曰:全世界三分之二,为无智无能之民族所掌握,不能发宣其天然之富力,以供全球人类之用。此方人满为忧,彼乃弃货于地。故优等民族,不可不以势力压服劣等者,取天地之利而均享之。其甚以为世界者,优等民族世袭之产业也。优等人斥逐劣等人而夺其利,犹人之斥逐禽兽,实天演强权之最适当而无惭德者也。兹义盛行,而弱肉强食之恶风,变为天经地义之公德。此近世帝国主义成立之原因也。

由此观之,则近世列强之政策,由世界主义而变为民族主义,由民族主义而变为民族帝国主义,皆迫于事理之不得不然,非一二人之力所能为,亦非一二人之力所能抗者也。今请就诸国中,择其有代表帝国主义之资格者而论之,得四国焉。

第三节　英国之帝国主义

其一英吉利　英国本境之人口不满四千万,而其谋生于海外者殆倍之。人口日日增多,而三岛之面积不加广,物产不足以给民用。故英国若一旦失其属地,不特富源立涸而已,而国威民力,皆随而衰颓,国民之品性,且将澌灭,势必与古代之雅典、罗马,同列于亡国之籍。故英人之帝国主义,非直为进取计不得不然,即为保守计亦不得不然也。英国今日之盛强,半由煤矿之丰富。据千八百七十一年政府所报告,谓本国之煤,尚足供三百年之用。然尔来英人用煤之率,日增月加,曾靡底止,故其势不久必须仰给煤炭于本境以外。或者谓英煤涸竭之时,即英国衰亡之日,非过言也。况其制造之品,消售于属地者,常视他国有加焉。彼英属地之依赖母国,不如其母国之依赖属地为尤重大也。故英人之政策,务使其母国与属地永不相离,不惟保守其版图而已,又使其海陆通航之路,交通利便,以是为第一要义。以故海军之关系,日益重焉。海军既重,故屯泊贮煤之湾港,亦随之而重。英国所行于东洋及亚非利加之攻略,皆以此为根据者也。彼其保护土耳其,占据赛布拉士岛,皆所以防俄国之蚕食,保地中海之航路,使英国与印度交通之锁钥,不至授人也。其市恩于意大利,助其独立,用术于埃及,握其国权,亦皆为地中海苏彝士河之运航权也。近者与杜兰斯哇之战,不惜糜重帑菅人命,掷狮子搏兔之全力,所以保好望角之权利也。彼波亚民族,日新月盛,骎骎有为南非全境主人翁之势。英人非挫摧之,则其在非洲之权力,将坠于地也。故英国北自君士但丁奴不**土耳其京城**,南至好望角,其所行之政策,皆自保护航路而生者也。保护航路,即使母国与属地永不相离之第一著也。

英人之所汲汲者,又不徒在海权而已,于大陆交通机关,亦丝毫不肯让人。近以俄人西伯利亚铁路将成,思所以抵制之,乃拟筑一大铁路,自亚历山大利亚、经波斯湾沿岸、横贯印度、接缅甸、由泸州出扬子江以通上海，一以巩势力于印度，二以张威权于波斯湾沿岸诸国，三以通血脉于支那。而现时印度境内已成之铁路二千余英里，实利用之以为此路之一部。其规模之宏远，实有使人惊叹而不能措者。

英国工商之国也，无商利是无英国也。近年以来，德国、美国之商业骤进，骎骎乎有驾英而上之势。畴昔英人于加拿大、澳洲、印度、埃及及其余属国保护国，皆专握商权；近则国民之竞争愈剧，新属地之贸易，容易不肯为母国之附庸。故今者英国商务，除澳洲、印度外，皆日见减色。于加拿大、古巴为美国所夺，于亚尔焦利亚为法国所夺，于南美为德国所夺。其在澳洲能保其旧位者，不过其地之民，与母国同嗜好同习惯，故日用饮食之品物，多取给于母国云尔。然则英国今日之政策如何？英国自二十年来，产业之发达，既臻绝顶，昔为世界工业之中心点者，今则变为世界资本之中心点焉。自美国行保护税则，**免出入口税者，谓之自由税；则重抽入口税者，谓之保护税则**。拒英国之货物，英人乃以资本代货物，美国各省所有大制造大公司，英人皆投资本而分其利。于非洲、南美等处亦然，于亚洲亦然。故今日全球到处，几无不有英人资本之安置。而其此后进取之政策，惟以扩充其工业资本两者之势力范围为务，此亦不得不然之数也。因此之故，其所最切要者，在使世界各地，皆平和秩序。若夫政治枢机不完不备之地，其政府之能力薄弱，难保秩序，或官吏腐败，苛法纷纭，则放置资本于此间，最为危险，工商之业，末由繁荣。乃不得不干预其内政，代组织一强固而有责任之政府，于是经济上**日本人谓凡关系于财富者为经济**。之势力范围，遂浸变为政治上之势力范围。此其政略，不独英国行之，而英国其尤著者也。

第四节　德国之帝国主义

其二德意志　欧洲列国中，其最能发挥现世帝国主义之特性，代表近来世界历史之趋向者，莫德国若也。德人行帝国主义之政策，不过近十年事耳。当俾士麦时代，德政府专以统一国民为急务；若天勤远略以驰域外之观,铁血宰相所未遑及也。彼非不热心以奖厉殖民,但其殖民事业,不过为扩充商务起见,于政治毫无关系。及千八百九十年以后,而德之政略一变。盖经俾公三十年之经营惨淡,国权既已整顿,国力既已充实,精华内积而不溢于外。俾公之商业政策,既已使德国工商,雄飞于世界,而商业竞争之剧烈,其影响自及于政治,而政府不得不以权力保护之。然则由俾士麦之国民主义,以引起今皇维廉第二之帝国主义,亦事势之不得不然者也。

德国虽称雄于欧洲中原,然以无属地故,其溢出之人口,皆移住于美国,旋同化于美人。德人徒失其国民,而于国力不能有丝毫之增益。今美国人口三分之一,皆吸收德意志民族者也。德之爱国者,怒焉忧之,渐知殖民政略之不可以已。前柏林大学教授脱来焦氏之《政治学讲义》有云:"今日国际历史,日以发达,势将压迫第二流以下之国家,使失其独立。我德人徒局眼光于欧洲之天地,而未尝放观欧洲以外之天地。今者荡荡全球,几为英、俄两国所中分,其尚有容我德人之一席否耶?此可为浩叹者也。"又云:"白种人必握世界之全权,无可疑也。但白种中之诸民族,果谁能捷足以得此权利乎?吾得以一言决之曰:苟无属地于海外者,必不足以入于强国之林也。"云云。由此观之,德民族近来之思想,可以概见矣。德人病美国之坐夺其民也,汲汲然设法以维持侨民与母国之关系,故首注力于亚非利加及小亚细亚,而浸及于南美洲及东亚大陆。自一八九〇年,与英国定非洲界约以来,君臣上下,同心戮力,以实行帝国主义。或用铁路政略,或用殖民政略,或用商业政略,殊途同归,集于一鹄。仅阅十稔,而声势隆隆,震五洲之耳目矣。

试观其经略小亚细亚。彼米士坡坦麻 Mesopotamia 与叙利问 Syria 之两地,古代文明之祖国,而今则蛮族之弃壤也。顾德人用全力以殖民政略于此何也?此地虽不及中国之丰腴,然物产甚富,适于农工诸业,其山多矿,其位置亦便于通商。且人口寥寥,土民之压力不强,移民于此,无被其同化之患。自水陆形胜观之,适当亚、欧、非三洲交通之孔道,有山河之险,为兵略之一要区,得之者于他日世界政略占优胜焉。德人今虽以保护殖民商业为名,一有机会,则攫而纳诸怀必矣。他日亚洲大陆铁路成,自卡罗埃及京城经波斯、印度以达北京之大道既通,则帕黎斯毡,为三洲铁路之中心点,握商务之枢权,此德人所梦寐见之者也。**此铁路即英国所经营者,见前节。**德皇自即位之始,即注意于小亚细亚,故务买土耳其政府之欢心。当亚米尼亚虐杀事件之起,钳束其国内舆论,毋使伤土国之感情;当土希之战,密援土以破希腊,皆所以为经营安息**即小亚细亚**之地步而已。今者实行铁路政略于此间,自君士但丁至波斯之巴俄打一大路,其筑路权及运输权,皆为德意志银行所得,以九十九年为期。此外附近枝路之权利,亦皆归德国焉。小亚细亚,既已为德人囊中物矣。

更观其经略南美。近十年间,于南美大陆之地,德国之产业及殖民,殆为突飞之进步。虽其商务出入口之总额,尚稍逊英国,至其投资本之多,与商业发达之速,终有非他国之所能及者。即以巴西一国论之,德人所投之资本,已在三万万圆以上。此资本或筑铁路,或濬运河,或修桥梁,或设银行,或兴公司,运全巴西于股掌之上者,德人也。委内瑞辣之大铁路,德人之资本也;智利之农业,德人之营产也;亚尔然丁之土地,半皆德人之所名田也。今日德人在南美之势力,虽不过产业殖民,而其政治之势力,必随之而来,此吾所敢豫言也。德皇尝扬言云:"凡德国臣民所到之地,无论何处,政府必扩张其权力以保护之。"将来南美全洲,必为德意志帝国之运动场,无可疑也。

要而论之,德人之帝国主义,由俾士麦之商业政策一转而成,其目的在以国民主义为基础,而建一工商业帝国于其上,使充盈横溢之民力,得尾闾以蓄洩之也。故于政治之争,可避者则勉避之。既与俄亲,又与法和,复与英联,务调和国际之关系,使得用全力以从事工商殖民之业。此德廷君相之微意也。

惟时与势,驱列国于人于二十世纪商战之场。而彼德国者为英、美、俄列强捷足先登,颇有四面楚歌之感,故竭其全力以训练从事商战之兵士,及其器械。而其作战之准备,莫急于连络世界各地之市场。故德人向此鹄以进行,首以奖厉航业振兴海军为务。德国之航业,二十年来,徐徐增加;至近数年间,忽有一飞冲天之势。当一八七一年,其大轮船仅有百五十艘,合八万吨;至一九〇〇年,骤增至千三百艘,百十五万吨。其增率之速,自美国外,未见其比也。又不惟商船之吨数增加而已,其航业政略,亦进步甚速。畴昔英人在大西洋独占航权者,今则德国与之代兴,骎骎乎有夺席之势矣。

德国本陆军国也,但昔者惟争强弱于欧洲以内,故以陆军而自雄;今则将决雌雄于欧洲以外,故以海军为急务。盖德国此后之运命,非徒在俄、法境上,以枪丸马足而决胜负者也;其必在支那之海,非洲之洋,南美之港湾,鼓轮冲风,实力乃见。故德皇以如荼如火之热心,思扩张海军。虽国民初未喻旨,不肯听从,而其大臣每因各事变以游说其民,皇复亲自演说于各地,苦诉海权微弱,为德国之憾事。卒能以一八九八年之议会,议决海军案,以十万万圆之豫算以经营之。及此案既成,英、俄亦相继增海军力,美国亦破西班牙而振威海上。德人复以前案为未足,乃于一九〇〇年**即前年**,更议决新案。依此案所经书,则十四年后**一九一六年**,除英国外,德国遂为世界第一大海军国矣。呜呼! 德意志自建国以来,不过三十年,而其进步之速如此。观此可以见民族主义之势力,最强最厚。苟得其道而利导之,斯磅礴郁积,沛然莫之能御矣。

第五节　俄国之帝国主义

其三俄罗斯　俄罗斯之帝国主义,由来最久。其初起也,虽缘君主之野心,其大成也,实缘民族之暗潮;其外形虽为侵略之蛮行,其内相实由膨胀之实力。试细论之。俄国之发达,可分为三段:第一段,君士但丁奴不也;第二段,阿富汗斯坦也;第三段,支那也。俄人之欲建大帝国也,起于突厥未据君堡**即君士但丁奴不之省称,下仿此。**以前。第十世纪时,乌拉秩米第一受洗于君堡,娶东罗马帝之女,实为俄人与君堡交涉之始。其后为蒙古所侵害,雄图一挫。至十五世纪后半,伊凡第三又娶罗马帝之侄,始称尊号曰沙 Csar,用东罗马双鹫徽章,隐然以承袭罗马帝统自命。然彼时突厥之势正强,君堡遂为所陷**一四五三年**,俄人志不得逞。至十六世纪，伊凡第四益巩势力于墨斯科俄旧都，号为第三罗马，遂越乌拉山，进入鲜卑即西伯利亚。实大彼得以前百年间事也。十七世纪之下半，彼得即位，锐意侵略。但其手段虽在侵略，其用志全在平和，以开化国民为最大之目的。彼不徒变俄国之兵制，与俄国之海军而已，以万乘之尊，亲赴荷兰，杂伍佣作，学种种文明技术，传之于本国。大彼得之主义方针，即俄国二百年来之主义方针也。大彼得之品性，本在半文半野之间，俄国指人格之俄国亦然。虽然，彼常以平和为竞争之手段，以开发内国为对外竞争之本原。其欲出君堡也，欲出极东之辽东半岛也，皆继大彼得之遗志，藉此以开化欧俄俄地之在欧洲者及鲜卑也。大彼得常言：吾之所欲者，非陆而海也。故既突进于波罗的海，复略格里迷亚，汲汲然欲出于黑海。其目的实在繁殖内地，而以君堡为世界商务之中心点也。

抑俄国之涨进，不在工商业而在农业。俄人土著之民也，非有地面，则不能挥其势力。其工业近年虽大发达，出入口皆颇增加，虽然，大率皆假手于外国人，而其本国所营者至有限也。俄人虽取保护税政策，排斥外国商品，然其国内新工业仍不能起，惟旧式产业愈益繁昌耳。然则俄国之帝国主义，必非如外国之欲求市场于他地也，彼虽求得市场，而亦无制造品以充牣之利用之也。故俄人之经略世界，不用飞越远攫之法，而用就近蚕食之法。无以譬之，譬诸火山，其喷口愈冲愈力，镕石之汁，蔓延四方，而不知所终极者，俄国之情状也。

俄人有一种贵族，在其国中，最有势力，所谓军人门阀是也。彼等素怀野心，欲行侵略主义于亚细亚。其政府之政策，大率为此辈所鞭策而进取之方针益强。此辈大率谋略优长，手段活泼，且与国同休戚，一国之实权，皆在其手。彼其数世纪以前，蚕食中亚细亚及土耳其也，皆非由政府之命令，不过军人功名心盛，毅然以一身负责任，征服土民，移植俄族。先以一私人之资格，创此大业，然后政府以政略随其后耳。近世黑龙江畔之侵略，亦由谟拉威夫等私人之事业以为之前驱。然则谓俄人帝国主义，全由君主之雄心而发者，尚非能知其真相也。彼其民族膨胀之力，有非偶然者也。英人之灭印度也，亦由一公司以私人之资格，筚路蓝缕，以启心林，百战功成，主权斯得，然后以奉诸政府。其事与俄人在中亚细亚在黑龙江畔所行者正同一辙。但英国商国也，故商人开之；俄国军国也，故军人开之。其起于私人一也，其为民族主义一也。即我中国亦固有之矣。新加坡槟榔屿之地，皆由广东嘉应州叶姓者一族，与土蛮力战三次，前后亘十余年，乃开辟之者也。顾彼则一私人创之而政府为其后援，故大业克成，而同族皆受其益；我则有私人而无政府，故叶族既辟星、槟，不能自治，不得不拱手以让诸英人。呜呼！我民族非劣于他国，而有压之使不得涨进者焉。此可为浩叹也。

由此观之，俄人之帝国主义，其主动力有三：一曰君王之雄图，二曰民族之涨性，农业之盛大，人口之渐增。三曰军人之野心。合此三者，并为一途，此必非如暴风疾雨，可以崇朝而息者也。要而论之，则俄罗斯者实代表斯拉夫民族之特性者也。斯拉夫为世界各民族中后起之秀，其前途泱泱如春潮，勃勃如坼甲，隐然有蹴踏拉丁凌驾条顿之势。当今势力之最可怖者，孰有过于俄者乎？

俄人于所征服之地，其驭之最有方。厚遇其酋长，授以官位，结其欢心；宽待其土民，多兴工业，使食其利；因其性不易其俗，随其教不易其宜，务使之知俄族之可亲，以生其喁喁向内之心。故当其侵略之始，恒用绝大蛮力，当头一棒，使畏俄国之威；其既得之后，则用噢咻煦妪，宽大羁縻，使怀俄国之德。故俄人在亚洲所得属地，能使其土民忽与俄同化，固由俄族本为半欧半亚之种，与亚人易于混同；亦由其深察亚人之性质习惯，得其道以驭之也。以视英人德人等之自尊大自表异而屡憎于人者，其手段之强弱优劣，殆相去万万也。故欧人谓俄国为殖民事业成功最多之国，非虚言也。

第六节　美国之帝国主义

其四美利坚　距今二百年前，欧人有以爱平等爱自由爱进步爱活动为目的者，相率而迁于新世界。欧人常称西半球为新世界。其子孙日渐滋殖，日渐涨进。一战而建造独立自治之国家者，华盛顿时代也；再战而实行平等博爱之理想者,林肯时代也;三战而掌握世界平准**日本所译"经济",今拟易以此二字。**之大权者,麦坚尼时代也。美国之地理之人民之历史,皆有其不得不然之结果。昔以农业国得名者,此后二十世纪中忽变为工业国商业国。质而言之,则美国者实将来平准界中独一无二之大帝国也。

麦坚尼之帝国主义,非麦坚尼一人所能为也,美国民族之大势,有使之不得不然者也。平准学大家波流氏曰:"美国昔以其食品苦我欧洲之农业界者,今其制造品,且将以滔天洪水之势,淹没我欧之产业,使无余地矣。"盖美人商业进步之速,实为古来所未有。一八九九年与一九〇〇年比较,一年之中,其出口货之增,实四万万零六百万圆。其制铁事业之壮大,足以寒欧工之胆。自近世托辣士提**各公司联合资本之义**之制行,平准界之组织一变,世界之货币,尽吸集于美国。纽约、芝加哥诸大市,遂为全地球金融谓金银行情也。**日本人译此两字,今未有以易人。**之中心点,而平准大权,竟由欧而移于美。今日对美政策,实全欧公共之最大问题也。又不惟欧洲而已,其在东方,美国之物品,亦日增月盛,入中国者,入满洲者,入西伯利者,入日本者,其率皆骤进。如煤油烟草之在日本,开矿机器铁路材料等之在满洲,其尤著者也。彼其势力之在东西两洋者如此,两洋之人惊骇之而妒嫉之者又如彼,然则美国人之自视果何如? 昔犹未能自知其力之如此雄且钜也,今则其国民之多数,皆以财界牛耳自任。元老院议员洛知氏尝言:"吾美今与欧洲商战,方始交绥。诸国出死力以敌我,吾之准备,一刻不容稍懈。非使全世界各国之民皆服从于我国财力之下,则不可止也。"云云。虽其言不无太过,然亦可以见美人之意向焉矣。

麦坚尼审此大势,因风潮而利导之。其与西班牙战也,决非欲灭西班牙而扩美国之幅员也,实欲得商业政略所不可缺之地也。故其政策能得国民多数之赞成,为有识者所许可。及其再举大统领时,司法院乃至下新注释以解宪法,使其得免旧论之束缚,而自由无碍以实行帝国主义。亦可见此主义为全国人之公言,而非一人一党之私言矣。麦坚尼之并夏威**即檀香山,日本译为布哇。**取菲律宾,所以握太平洋之主权,而为东方商力之基础也。前此美国势力,全发挥于欧洲,固由其民族相切近,亦由大西洋为文明之中心点。美国东部先发达,职此之由。今则文明之中心,移于太平洋,故美国之文明,亦日趋于西部。麦坚尼以为亚细亚者,世界第一大市场也。吾美欲占一席位于此间,不可不先谋根据之地。其夺菲岛也,实将以马尼剌为美国一支店,以压倒香港、新加坡,而为泰东之主人翁也。[①] 故一面并夏威以为中站,一面开尼卡拉运河以通两洋之气脉,一面奖厉大平洋航业,设太平洋海电,以通往来,其政策皆一贯,其经略皆伟大。美国之前途,谁能限之!

或疑麦坚尼主义与门罗主义相反对,其实不然。门罗主义,实美人帝国主义之先河也。夫门罗主义何自起乎? 一千八百二十三年,美国大统领门罗宣言曰:"欧洲列国,现在西半球所有之属地,吾美不干预之。虽然,若其地既已独立,而为美国所认者,欧洲列国或干涉之,则是对于吾美而怀敌意者也。"云云。夫美国果有何权利而为是宣言乎? 无他,美国不徒以己之独立而自足,隐然以南北两大陆之盟主自任,以保护他人之独立为天职也。是实帝国主义之精神。既欲防他国之干涉西半球,势不得不先握大西、太平两洋之海权。故其县古巴攫菲岛,实皆此主义之精神,一以贯之者也。麦坚尼最后之演说云:"吾国之生产力,其涨进实可惊,我辈不可不尽全力以求新市场。此实今日最紧切之问题也。商业之涨力,压迫我辈,我辈非以博大之智识强毅之心力以应之,则吾国今日之势力,将有不能维持者矣。"云云。今也麦坚尼虽死,而帝国主义不死,屏足而立,相继而起者,人人皆麦坚尼也。美国之前途,谁能限之!

第七节　论今日世界竞争之点集注于中国

此四国者,今日世界第一等国,而帝国主义之代表也。自余诸国,或则怀抱帝国主义以进取为保守,而尚未能达其目的也;或则为他人帝国主

---

① 梁启超译文中有关地名举例、属地关系等的表述与当前语言文字规范不尽相符,本书保留底本,不做订正,下同。

义所侵噬，而势将不能自存也。全地球八十余国，可以此三者尽之矣。要之其君相宵旰于在朝，其国民奔走于在野者，安归乎？归于竞争而已。今日之能有此等庞大帝国也，前此竞争之结果也；今日之既有此等庞大帝国也，又后此竞争之原因也。盖自人群初起以来，人类别为无量之小部落，小部落相竞进而为大部落，大部落相竞进而为种族，种族相竞进而为大种族，复相竞焉进而为国家，进而为大国家，复相竞焉进而为帝国进而为大帝国。国家者，State 之义也，帝国者，Empire 之义也，其性质各有不同。自今以往，则大帝国与大帝国竞争之时代也。脱来焦氏所谓国际历史，势将压迫第二流以下之国家，使失其独立，诚哉！天地虽大，而此后竟无可以容第二等国立足之余地也。

夫竞争之剧烈而不可止既如是矣，而其竞争之场果安在乎？欧罗巴者十九世纪前半期之舞台也。若神圣同盟也，俄、普、奥三国。若三角同盟也，法、奥、意三国。若俄法同盟也，若拿破仑之役也，若德意志、伊大利统一之役也，若塞尔维亚、门的内哥独立之役也，若普法之役也，若波兰问题也，若爱尔兰问题也，若土耳其问题也，若埃及问题也，埃及在上古时代，常附于东洋史之范围；其在近世时代，常附属于西洋史之范围。凡兵家所冲突，政治家所捭阖，无一不在于欧洲。近三十年来，则全欧均势之局定，而红髯碧眼儿之野心，皆飞腾于欧洲以外之天地矣。欧洲以外地非小也，然北亚美利加、澳大利亚两大陆，久已变为第二之欧洲。主权既定，且将竞人而非可竞于人矣。于是游刃余地，仅有南亚美利加、亚非利加、亚细亚之三土。南美、非洲，其位置无可以为世界竞争中心点之价值。然南美之巴西、智利、委内瑞辣、亚毡丁，其利权固已为德人铁血政略所镕铸。非洲内地公果立国戴白人为君王，而德、英、法相轇轕相驰逐于此土者亦既有年，比康士菲德英前相，与格兰斯顿齐名者。之南非政策，且酿为英杜之争，至今风潮未平矣。美犹如此，非犹如此，而况我亚天府之奥区者耶！

亚洲竞争界之第一期，在于印度。法人在印之殖民政略，既已失败，英人受之以雄一世，诸国嫉妒之念起焉。俄人越乌拉山蓦进于中亚细亚，隐然有拊印背而扼印吭之势，于是波斯、阿富汗遂为英、俄竞争之烧点。英人之扩权力于中国者，其初亦不过经营印度之余力也。鸦片战役以前，广东互市之事，皆东印度公司之附庸也。而法人之初插足于安南、暹罗，亦不外欲与印度争利也。然而亚细亚人之主权，则已去其半矣，大势所趋，愈接愈剧，及竞争之第二期，而重心点专集于中国矣。

第八节　论各国经营中国之手段

俄人以坚忍沈鸷之性质，佐以眼明手快之政略，首看破中国之暗弱，先登捷足以逞侵噬。其图中国也，凡分两路：一曰由东北方者，满洲一带是也；二曰由西北方者，自西伯利亚以及伊犁、新疆帕米尔喀什噶尔一带是也。以言乎第一项，则《爱珲条约》以前之事且勿论。《爱珲条约》乃咸丰八年黑龙江将军奕山与俄将岳福所订者。俄人南下之势由来已久，吾别有《俄罗斯侵略史》言之甚详。此文专论近势，无暇词费也。当咸丰十年，英法联军入京之役，俄使伊格那夫诡称调停和议，欺总署诸臣更订界约，以为报酬。割乌苏里江、兴凯湖、白稜河、瑚布图河、浑春河、图们江以东之地，奄有朝鲜、日本沿海数千吉罗米突之广野，其所得乃远在英、法二国之上。于是海参崴之市场，始建立焉。及光绪廿二年，乘日本战事后，市还辽之恩，李鸿章遂与俄使喀希尼订秘密条约，所谓《中俄密约》者是也。以此条约，而满洲之实权，逐全归俄人掌握。未几引起胶州之役，俄遂借口以攫旅顺口、大连湾于怀中矣。以言乎第二项，则西北一带，自雍正五年以来，为界约及互市章程交涉者凡十六次。恰克图为西伯利亚往来孔道，俄人设行栈于各处卡伦，垄断其利，怀柔诸酋长，给以兵器弹药，设电线以通本国，前年且有要索恰克图达北京铁路权之议矣。而伊犁一带，自崇厚、曾纪泽两次交涉以来，虽名为回复主权，而实则俄人与彼之关系切密于中国者多多矣。自满洲铁路条约既定以后，西伯利亚铁路线，其距离缩短五百四十俄里，且工事加易，料费大省。而彼得以来二百年间，苦心焦虑，欲求一无冰海港而不可得，遂以巴布罗福之条约光绪廿四年，安坐。而得亚洲第一之旅顺港。自此以往，而俄人尽将其东欧政略即巴干半岛与土耳其交涉者,暂置脑后,养精蓄锐,以从事于远东。既得旅顺,俄人遂有海军国之资格。于是定计自一八九三年至一八九九年七年之内,备四百六十一兆零十万罗卜俄币名,以为海军费,九六九七两年,复增加二千六百万,九八年复增加九十万皆罗卜数,骎骎乎有于陆上海上皆以东洋主人翁自居之意矣。

其次为英国。英国当中日战役以后,政略稍因循,势力几坠于地;及胶州起义以后,渐有一飞冲天之概。计光绪二十三四年之间,英人所得大利益于中国者凡七事:其一,与总理衙门定约扬子江地方不许让与他国;其二,内地江湖河川许其通航自由;其三,缅甸铁路延长之以达云南大理府,复由云南经楚雄、宁远以通四川;其四,开湖南为通商口岸;其五,定总税务司赫德之位置永用英人;其六,租借威海卫以抵抗旅顺;其七,租借九龙以扩张香港。数月之间,而其权力已深入巩固,而百年大计,于以定矣。其前乎此者固非一朝一夕之故,其后乎此者又岂得尺得寸而止耶?

此外德国则专用强暴手段,如胶川之役,以两教师而索百里之地;义和团之变,德皇誓师谓当留百年恐怖之纪念于支那,是其例也。美国则专用笼络手段,如列强竞占势力范围,而美国不与闻;今次赔款,而美人以所应得者还诸中国,是其例也。若法兰西,若意大利,虽其帝国主义之内力,不及此诸国,然以世界竞争中心点之所在,亦眈眈注意焉。日本者,世界后起之秀,而东方先进之雄也。近者帝国主义之声,洋溢于国中,自政府之大臣,政党之论客,学校之教师,报馆之笔员,乃至新学小生,市井贩贾,莫不口其名而艳羡之,讲其法而实行之。试问今日茫茫大地,何处有可容日本人行其帝国主义之余地,非行之于中国而谁行之?近者英日同盟之事成,黄白两种人握手以立于世界,亦可谓有史以来,未有之佳话也。然试思此佳话之原因若何,其结果若何,岂非此新世纪中民族竞争之大势,全移于东方,全移于东方之中国,其潮流有使之不得不然者耶?而立于此舞台之中心者,其自处当何如矣。

第九节 论殖民政略

今日之竞争,不在腕力而在脑力,不在沙场而在市场。彼列国之所以相对者姑勿论,至其所施于中国者,则以殖民政略为本营,以铁路政略为游击队,以传教政略为侦探队,而一以工商政略为中坚也。列国之行殖民政略于中国也,自割香港开五口,以至胶州、旅顺、大连、威海以来,四十年间之历史,多有能道之者,兹不具论。惟论其性质。夫殖民云者,其所殖之民,能有人而非有于人也。何谓有人?凡殖民之所至,则地其地,人其人,富其富,利其利,权其权,如欧美人之在中国是也。何谓有于人?充其地之牛马,而为之开耕;备其人之奴隶,而为之佣役,如中国人之在外洋是也。嗟夫!有竞争力与否,岂必在人数之多寡哉?试以外国人在中国者,与中国人在外国者,列为两表,以比较之,而观其结果,有使人瞿然失惊者。

外国在中国商店及人数表据千八百九十八年一月统计,香港不在内。

	商店数	人数
英国	三七四	四,九二九
德国	一〇四	九五〇
葡萄牙	——	九七五
日本	四四	一,一〇六
美国	三二	一,五六四
法国	二九	六九八
瑞典、挪威	——	四三九
西班牙	——	三六二
俄国	一二	一一六
合计	五九五	一一,六六〇

中国在外国人数表未得统计报告,不能确指,姑就所知,举大略耳。英属香港及俄属东三省之地不在内。

暹罗　约八十万人

安南　约二十万人

南洋群岛英属荷属合计　约六十万人

菲律宾群岛　约二十万人

澳大利亚洲　约四万人

日本　约七千人

英属加拿大　约四万人

美国　约三十余万人

墨西哥　约一万人

中亚美利加巴拿马一带　约一万人

南亚美利加秘鲁、智利、巴西等国　约十万人

印度　约一万五千人

南阿非利加　约三千人

太平洋群岛檀香山及其他　约四万人

西印度群岛古巴夏湾拿一带　约十五万人

合计　约二百五十余万人

　　试合两表观之,外人之来者,不及我旅民二百五十分之一,不及我本国人数五万分之一。且分为十数国,其最多者惟英,不过数千人耳。又散处于廿余租界之中,计每一口岸,多不逾千,少不及百。而制度鳌然,隐若敌国焉。我民所至,动以亿计,而不免于为人臧获,若是者岂能尽归咎于政府之无状哉? 盖吾民族之弱点,亦有当自省焉者矣。何也? 彼各国之以殖民著成绩者,皆其民自以私人之资格,开辟斯土,然后政府以政略从其后也。英人割香港及五口通商,仍是东印度公司主为动力。今则民族之争,愈接愈厉。吾国二万里之地,开门以待他族之闯来;而环球四大洲之中,无地可容吾人之投足。吾昔游美、澳时,所著《汗漫录》,有一条云:

　　　　华人之旅居于他国及其属地者,白人待之有二法:其一则,听其簇来而不之禁,但其既至也,则为设特别不平等之法律以苛治之,如香港、南洋群岛、墨西哥、南亚美利加诸地是也。其二,则于其既至也,与本地人同受治于一法律之下,权利义务皆平等,惟限之不使得

至,既去不使复来,如美国、加拿大、澳洲诸地是也。大抵其地白人少,未经开垦,需人为牛马者,则用第一法;其地白人多,开垦就绪,劳力之竞争烈者,则用第二法。要之中国人之不能齿于他人一也。今者 White Australia 译言白澳洲也。巴顿氏演说,昌言白澳洲主义,谓必使澳洲为白人所专有之洲也。之言又倡矣。十年以后,天地虽大,竟无黄帝子孙侧身之所。呜呼!我国民其思之也邪?其不思也邪?

右一九〇一年一月四日,在雪梨市会,听澳洲联邦首相巴顿氏演说,归而记其所感。

观于此,则殖民与非殖民之辨,可以立见,而优胜劣败之趋势,及中国民族之前途,从可想矣。彼欧人之殖民于我中国也,视之与其既得主权之殖民地如印度、新加坡、香港、非立宾等。相等,其所以待我者,则吾所谓第一法是也。彼其利吾人之耕而彼食之也,故不必潴其地,不必俘其人,惟施以特别不平等之法律,以制其死命,斯亦足矣。夫欧人固未尝全得中国之主权以归其手也,而吾谓其能施特别不平等之法律于吾民者何也?彼不必用其权以压我民使低一级,而能用其权以抬彼族使升一级。不见夫内地商贾,欲得优等之权利者,则悬他国旗牌以作护符乎?不见夫内地乡民,欲得优等之权利者,则夤缘入教以逞武断乎?在外者则以下于人为不平等,在内者则以上于我为不平等,其为不平等一也。若是乎吾国之久已为印度、新加坡、香港、菲立宾而不自知也。彼英人固以加拿吉大、孟买、孟加拉、麻打拉萨、锡兰数口岸而制全印矣;中国虽大,以二十余租界可以生之死之而有余,而况乎此后之租界不止二十余也。此殖民政略之可畏,如此其甚也。

第十节　论铁路政略及传教政略

灵绥氏曰:"近世各国所行支那政略,皆铁路政略也。"可谓至言。岂惟支那,彼近十年来各国所以伸其帝国主义于他地者,安往而不用铁路政略哉?彼小亚细亚及南美洲所以为德国人势力范围者,以铁路权也;波斯所以为英国人势力范围者,以铁路权也;暹罗所以为法国人势力范围者,以铁路权也。若俄、日之于高丽,则既争此权矣;英人之欲图杜兰斯哇,则先觊此权矣。然则今日之中国,其割据此权之形势何如?请以表示之:

路名	地段	主权国
一、满洲铁路甲	接西伯利亚线达于海参威	俄国
二、满洲铁路乙	自旅顺达牛庄	俄国
三、榆营铁路	自山海关达牛庄	英国
四、芦汉铁路	自北京达汉口	比利时 **实俄国**
五、津镇铁路	自天津达镇江	英德两国
六、粤汉铁路	自广州达汉口	美国
七、山东铁路	自胶州达沂州	德国
八、山西铁路	自太原达柳林堡	俄国
九、江南铁路甲	自上海达吴淞	英国
十、江南铁路乙	自上海达杭州宁波	英国
十一、缅甸铁路	自缅甸达云南,复分三派:一达香港,二达汉口、上海,三达成都。	英国
十二、越南铁路	自安南一达广西一达云南。	法国

此外与铁路权相辅而行者,则曰开矿权,曰内河通航权。盖自此等条约结定以后,而外国人之放下资本于中国者,殆六七百兆两。此等铁路,姑无论其以行兵为目的,以通商为目的,要之彼外人者,何以肯放掷尔许之母财于此政纪紊乱伏莽梦扰之国,而如不介意者,彼其所恃必有在矣。其资本所在之地,即为其政治能力所及之地。吾若拒之,彼固有辞矣,曰:吾若与通商,将以广利益求安宁也。若能保我利益,还我安宁,吾何为哓哓?不尔,则吾安得不为尔代也?若是乎铁路政略果为实行帝国主义之良谟也。以故榆营铁路,而英、俄几开兵衅以争之;津镇铁路,英、德卒持均势以划之。彼梦梦者犹曰:此等事业,利用他人资本,而无损于我主权。果尔,则人之竭死力以互攘夺,而丝毫不肯相让者,不亦大愚而可笑矣乎!此铁路政略之可畏,如此其甚也。

近数十年来,中国士民以仇教为独一无二之大义。传教政略之奇险,夫人能言之焉。虽然,自义和团以后,此事几成偶语弃市之禁,莫有敢挂齿颊者矣。吾非如乡愚一哄者之谤耶教,吾非如盈廷瞆瞆者之与传教为难。耶教非不可采,教士非无善人,而各国政府利用此教以行其帝国主义之政策,则我国民不可不日相提撕者也。德相俾士麦,宗教思想最浅薄之人也。其在本国,剥夺教徒之特权,风行雷厉,不遗余力;至其在中国也,乃与法人争罗马教护教之名义,岂所谓"司马昭之心,路人皆见"者耶?果也,及其身后,而以两教士易胶州百里之地,山东一省之权。呜呼!欧美政治家之抱此等思想,怀此等术数者,又岂止俾士麦一人哉?四百年来,欧洲战争以百数,而藉口于宗教者十之八九;四十年来,中外交涉问题以百数,而起衅于宗教者亦十八九。试一览地图而比照之于历史,凡各国新得之殖民地,其前此筚路蓝缕以开辟之者,何一非自传教之力而来?此传教政略之可畏,如此其甚也。

第十一节　论工商政略

昔者忧国之士,以瓜分危言,棒喝国民,闻者将信而将疑焉。及经庚子之难,神京残破,銮舆播荡,而至今犹得安然于湖山歌舞之下,不丧七邑,而各国联盟保华之议,且相应相和。彼梦梦者以为瓜分之祸,可以卒免,吾高枕无患矣。不知有形之瓜分,或致死而致生之;而无形之瓜分,则乃生不如死亡不如存,正所以使我四万万国民陷于九渊而莫能救也。夫今日之竞争,不在腕力而在脑力,不在沙场而在市场,夫既言之矣。野蛮国之灭人国也如虎,皮肉筋骨,吞噬无余,人咸畏之;文明国之灭人国也如狐,媚之蛊之,吸其精血,以瘵以死,人犹眈之。今各国之政策,皆狐行也,非虎行也。姑无论其利用政府疆吏之权,以政府疆吏为彼奴隶,而吾民为其奴隶之奴隶也;即不尔,而握全国平准界之权,已足使我民无复遗类。何以言之?二十世纪之世界,雄于平准界者则为强国,啬于平准界者则为弱国,绝于平准界者则为不国。此中消息,不待识微者而知之矣。今试观全地球平准界变迁之大势如何:资本家与劳力者之间,划然分为两阶级,富者日以富,而贫者日以贫。自机器制造之业兴,有限公司之制立,而畴昔之习一手艺,设一尘肆,得以致中人之产者,殆绝迹于西方矣。自托辣斯特之风行,托辣斯特者,各公司联盟以厚竞争之力也。前年英国之制铁业创行之。而小制造厂小公司亦无以自立矣。自今以往,五大洲物产人力之菁英,将为最小数之大资本家所吸集。至此外之多数者,亦非必迫之使为饿殍也,要之苟非摇尾蒲伏于大资本家之膝下,而决不能以自存。此实未来之暗黑世界,前途之恐怖时代,稍有识者所能见也。夫在欧美方盛之国,犹且以此问题日夜绞政治家、学问家之脑髓,而未知所以救;况中国之民,不知自为计,而政府亦莫为之计者耶? 自今二十年以前,中国贫富之界,悬隔最不相远,十室之邑,辄有拥中人产,号称小康者,今则日剥月蹙,风景全非矣。除一二租界之外,游其市镇,则商况凄凉,行其遂郊,则农声憔悴;号寒啼饥之声,不绝于耳,鬻身荡产之形,不绝于目。吾氓蚩蚩,莫知其所由然。或曰是由官吏之朘削也,或曰是由偿款之漏卮也。斯固然矣,然岂知犹其小者,非其大者。其大者乃在全球平准界之横风怒潮,波及于我国也。夫此风此潮之来,今不过萌芽焉耳,而吾之蒙其害者已如是,自今以往,何以堪之?

夫吾国人今日之资本,不足与欧美诸雄相颉颃也明矣,然犹恃天产之富,苟能利川之,则一转移间,而雄弱之数变焉。虽然,天产之富非可恃也,非有良政法以导之护之剂之,而必不能食其利也。故各国政治家,所以讲求保护政策,务以全其国民固有之利益者,皇皇兢兢焉,使本国人比较于外国人,而常得特别优等之利益,此地主之权利,而人民所恃以生存者也。夫是以其大权常在本国人之手,而竞争得有所盾,中国则不然,本国人非惟不能得特别优等之利益而已,而与外国人相较,此等利益,反为外人所特有。夫内河小轮船皆用外国旗号者何也? *扬子江一带,多用日商名;西江一带,多用英商、美商等名义,其实资本皆自华商也。*用本国名则承办难,过关难,滋事多而赔累难,摊捐多而应酬难;悬他国旗,则百结并解也。行商之多托外国名义何也? 有三联票,完子口半税,而虽经千百釐卡,无所留难也。铁路公司,官办则一文不能集,洋款则争趋惟恐后者,何也？明知其大利所在，而又畏法律之不可恃，不能堪官吏之鱼肉，附于洋人，则高枕无患也。自余各事，莫不皆然，似此不过其一二端而已。夫以吾民风气之不开，平准学理之不讲，虽为政府者日日家喻户晓，勉其从事于各种之富国事业，犹恐其不肯担任，或担任而不能善其事，而况乎其扎搏之而敲削之也！即使无外界之侵入，而生齿日繁，人满为患，犹且非兴新业，不足以相周相救，而况乎掀天揭地之风潮承其后也！夫使吾不能自开其源，而亦无能挽而夺之者，则姑以俟诸异日，或尚有无穷之希望在将来也；其奈得寸入尺获陇望蜀者，既眈眈相逼乎前，而政府之慑狐威者，今日许以寸，明日予以尺，民间之贪蝇利者，甲也导诸陇，乙也导诸蜀，如长堤一决，万流注入，其势狂奔泛滥而莫知所届。不见夫奕者乎？要害之地，为敌占先数著，则全盘俱负矣。今我国民以敌人前此所下之数子，犹为闲著乎？夫既已制我之死命矣，及今知之，而补救固已大难；失〔及〕今不知，而后局更何堪问也？在本国有地主应享之权利者，犹且如是；其在外者，更何有焉？吾尝游历美洲、澳洲、日本诸地，察华商之情况，皆有一落千丈不可收拾之概，比诸十年前，若霄壤矣。吁嗟吁嗟！更后十年，又当若何？若是乎吾中国人之真无以自存也。由今之道，无变今之政，不及一纪，而十八省千百州县之地，势必全为欧美资本家之领域，则夫此间之数万万人，所恃以赡饔飧而资事畜者，惟有鬻身入笠，充某制造厂之工匠，某洋行之肩挑，某铁路公司之驿卒，某矿务公司之矿丁，某轮船公司之水手；其最上者，则为通事焉，为工头焉，为买办焉，至尊矣，至荣矣，蔑以加矣。此非吾过激之言也，二十世纪之人类，苟不能为资本家，即不得不为劳力者，盖平准界之大势所必然也。夫事势至于若彼，则我民族其无噍类矣。然而政府可以如故也，官吏可以如故也。彼所取者实，而当惟其名；所吸者血，而岂惟其肤也！所谓无形之瓜分者，如是如是，以视有形焉者之利害轻重何如哉？呜呼！险哉！工商政略之可畏，如此其甚也。

第十二节　结　论

二十世纪民族竞争之惨剧，千枝万叶，千流万湍，而悉结集于此一点。然则吾人之应之者当如何？或曰：今后之天下，既自政治界之争，而移于平准界之争，则我辈欲图优胜，宜急起以竞于此。嘻！此又不成本末之言也。夫平准竞争之起，由民族之膨胀也；而民族之所以能膨胀，罔不由民族主义国家主义而来。故未有政治界不能自立之民族，而于平准界能称雄者。不然中国人货殖之能力，岂尝让他人哉？而今顾若此，毋亦梗其中者多所蠹，而盾其后者之无所凭也！故今日欲救中国，无他术焉，亦先建设一民族主义之国家而已。以地球上最大之民族，而能建设适于天演之国家，则天下第一帝国之徽号，谁能篡之？而特不知我民族有此能力焉否也。有之则莫强，无之则竟亡。为强为亡，间不容发，而悉听我辈之自择。噫嘻吁！前不见古人，后不见来者。念天地之悠悠，独怆然而涕下。噫嘻吁！吾又安知夫吾涕之何从哉？

国家原论（日本小野塚博士著）*

[**1906 年 2 月 8、23 日**]

法学博士小野塚喜平次，日本第一流之政治学者也。新游学欧洲归，任东京帝国大学政治学讲座。其所著《政治学大纲》，根据现世最新最确之学说，而以极严整之论法演述之，实可称斯学第一良著。此论即其书中之第二编也。

《政治学大纲》，留学界曾有译本，余未之见。惟同人多云有不慊之处，故怂恿余别译之。

原著文简义赅，恐读者或难领会，故量余学力所能及，时或加以解释。又或鄙见所感，时亦加以引申。其解原文者加一（注）字，其引申鄙见者加一（案）字，惟皆以小字附一段之末，不搀杂原文。

所用术语不欲妄易其难解者，亦为加注。

原著凡以三编组织而成，第一编绪论，第二编国家原论，第三编政策原论。今先译此编。

译者识

---

* 录自《新民丛报》第七十四、七十五号"译述"栏，署名"饮冰"，光绪三十二年一月十五日、二月初一日（1906 年 2 月 8 日、2 月 23 日）出版。

第一章 国家之性质

第一节 关于国家之性质诸学说

国家者,宇宙现象之一也。宇宙现象,语其究极,不过渊源于人类之心界,无绝对客观的者存。(注一)故欲语国家性质,而毫不参入主观的分子,实学理上不可能之业也。虽然,畴昔学者,往往以国家为超然于人类心理作用之外,成一独立之现象。此种学说,今总名之曰客观的国家说,其他则名之曰主观的国家说。(注二)彼诸说固非截然各不相容,但就彼所认为重要之点以区别之而已。故有一人而兼祖两说者,亦无足怪。

(注一)宇宙现象,渊源于人类之心界,此原著绪论中所说明也。其大略曰:"人类之所谓宇宙,果能离人类之思想而为绝对的存在乎?与人类思想相缘而始存在,则谓之相对的存在。此问题,实无论何人,而皆不敢武断者也。夫宇宙者,人类所认之宇宙也。人类由知觉以得印象;蓄积所得印象,而联想之,则概念生焉,以概念之结集,而见有所谓宇宙者存。故欲研究宇宙万有之象,及溯其本原,则所研究者,实不过外界之与人类精神相缘者耳。而此外界别有其本体与否,则非人类之智识所能及也。"此其理甚精深奥妙,若欲阐发,则累万言不能尽。此属于哲学范围,且勿具征。若骤括其大意,则佛经所谓"三界唯心,万法唯识"尽之矣。盖言宇宙一切事物,其真有真无不可知,不过我见之为有故有耳;若无我,则一切现象或竟不可得见,是与我相缘也。相缘故不能为绝对的存在,而只能为相对的存在也。国家亦宇宙现象之一,故国家亦不能为绝对的存在也。

(注二)主观的者,凭吾心之理想而研究也;客观的者,就事物之本体而研究也。据前所言,则凡百现象,皆不能有绝对的本体者存,然则凡百学问,亦不能有绝对之客观的研究,明矣。而人类社会之现象,比诸自然界之现象,愈加茫漠,故益不能纯任客观也。

第一款　客观的国家说

其重要者四:曰事实说,曰状态说,曰分子说,曰自然的有机体说。

第一,事实说。

其言曰:国家者,现存之事实也。申言之,则国家者,非由心界而生,而实现于吾目前之一现象,虽欲疑而无所容疑者也。轶近学者,主持此说者颇多。虽然,不过断言其为事实而已,而不能言其为何种类之事实,物理的乎? 心理的乎? 将心物合并的乎? 含有物质的观念乎? 抑含有事态的观念乎? 此诸问题,不能剖答,故欲以此说明国家之性质,无有是处。

第二,状态说。

自然法派(注一)之论国家,多主状态说,屡以种种之形式表示之。而其所表者,常不能独立,而与他说相连。其言曰:国家者,状态也,统治之状态也。盖自然法派,以国家为国民的状态,而与自然的状态相对者也。(注二)康德亦取此说。其言曰:国民中各个人相互关系之状态,谓之国民的状态;国民全体与其分子关系之状态,谓之国家。(注三)

以国家为统治关系说,亦状态说之一变形也。

持状态说者,究其极,则举国家而分为共存的、断续的无量数之统治关系也。(注四)于是乎国家之统一观念,与国家之永续观念,不可得表见。夫所谓统一此无量数关系之一物(注五),不过假吾人结集的思想而始生,非能离吾人而独立,无待言也。而持状态说者,弃置此结集所必要之点而不问,故其说不完,无有是处。

(注一)自然法派者,一派之学者,主张人类循自然之状态而有自然之原理者也。此派当十七世纪之下半迄十八世纪之末,为全盛时代,虎哥、霍布士、斯宾挪莎、洛克、卢梭,皆派中之巨子也。

(注二)此派谓国家由人为之力以构成,即所谓民约也。未相约以建国家之前,谓之自然的状态;既相约建国家以后,谓之国民的状态。

(注三)谓一国中么匿与么匿关系之状态,为国民的状态;么匿与拓都关系之状态,为国家的状态。

（注四）自然法派之论，谓众人相约而成国家。其意即谓国家非为积极的存在，而为消极的存在也。因众人合意而始有国家，故为共同的；人相嬗代谢，则众人之意亦相嬗代谢，故为断续的。并时而有多人，故横数之而有无量数之统治机关，积年而有多人之代嬗，故竖数之而又有无量数之统治机关也。是使国家缺统一之观念，且缺永续之观念也。

（注五）此物即指国家。

第三，分子说。

分子说者，举构成国家各分子之一，而指为国家者也。国家之分子，曰土地，曰人民，曰统治者，此三者皆属显而易见之象。论者认其一为国家之最大要素，而遂至与国家之本质混视也。其别有三：

（甲）土地说。

欧洲中世，视领土为君主世袭之财产，与古代希腊、罗马之国家观念，正相反对。希腊、罗马，重人轻土，认人之团体为国家。中世反之，认土地为国家。国家观念之重心点既变动，故由市府国家，变为领土国家（注一），谓土地之广狭，与政权之消长，有大关系焉。此历史所明示也。此说也，视土地过重，其误谬甚易见。

（注一）至今西人犹称公民为 Citizen，市民之义也，盖沿希腊之旧。希腊纯为市府政治，罗马则不然。罗马解纽以后，而欧洲又生出许多市府政治。

（乙）人民说。

以国家与构成国家之人类，视为同一。其理若甚顺而易明，故为最古之一学说。自希腊人即以之为根本观念，下逮中世，和者尚多。降及近世，而有力之民权说，且以为根据。彼主张"国家机关构成权"一派之学说（注一），谓国权之作用，本在人民，国家机关之权限分配，当由民出。是皆以人民说为论证者也。

（注一）洛克、卢梭等不必论，即孟德斯鸠，亦属此派也，故有三权鼎立之说。

此说之缺点,在以国民与无数之个人混而为一。夫国民者,指多数有统一的思想之人类也。故必能结合多数以成唯一之组织,始得受此称。此组织何自而成?必凭依一法理焉可以缩多数之意思而使归于一者。故所谓国民意思者,非一之自然意思,乃表示多数自然意思于法理上之一法定意思也。而由多数之意思,遂能自然产出唯一之意思乎?恐非心理上所许也。且使有少数之意思与多数之意思相矛盾,彼此对峙,则舍法理更何道以解释之?(注一)故此说之蔽,亦由偏重国家之一分子而蔑其他也。

(注一)此段先论国家意思之不可不统一,然由何道以使之统一,决非能由自然而致,而必赖于法定也。持民权说者,谓多数之意思,即国家意思。然使多数而个个孤立,则是复体而非单体也。谬于统一之义,若谓合多数即成唯一,则由复体以产出单体,物理上容或有之,心理上则决不许也。且多数者,亦多云尔,非全数之谓也。世固未有全数之意思而悉同一者,苟有少数戾于多数,则彼少数之意思,不被排斥于国家意思以外乎?彼少数者非国家乎?非构成国民之一分子乎?故此说无论如何,不能完满也。此本段之大意也。

(丙)统治者说。(注一)

(注一)"统治者"者,统治国家之人也,如君主之类是也。曷为不言君主说而言"统治者说"?统治者不专限于君主也。

有混统治者与政府与国家之三物而一之者,则"统治者说"其当之矣。以统治之人,有实见之躯壳而易于名状也,故直指之为具体的国家。坐此之故,而谓国家之所以现于实际者,惟在此统治者而已,而人民土地,皆其统治之目的物也。此说也,古今学者,多或祖之。而彼祖此说者,且自称曰:以此论国家,而国家始现于实。故吾之说,现实的也。(注一)虽然,谓统治者即国家,而统治者不过一"自然人"耳。夫如是,则国家之生命,必且断续而不相属。(注二)若欲辩护此说,则不可不别假一制度焉,使个人之生命虽变绝,而国家之生命不随而变绝。质言之,则必设抽象的统治者以继承一定之地位,而视之为唯一之统治者然后可。(注三)此而曰现实,则与彼之民权说所谓多数之意思即唯一之意思者,何以异也?(注四)

（注一）此说在上古、中古,最占势力,固不待言。即十九世纪之下半纪,亦尚有倡之者。如德人哈尔黎、沙狄尔托、河仑等,皆著名法家而袒此说者也。

（注二）自然人者,法家所用语,对于法人而言也。法人者,法律上所认为人格;而自然人,则寻常一般之人类也。国家本属于法人之种类,统治者之个人,则属于自然人之种类。法人可以历百千年而不死,自然人则为生理上所限制,无长生久视之理。若谓统治者之个人即国家,然则统治者死亡之时,国家之生命,岂不随之而俱绝乎?是不通之论也。

（注三）具体与抽象,为相对用语。具体者,英文之 Concrete 也;抽象者,英文之 Abstract 也。其义如其文。具体者,本体具足也;抽象者,抽出其现象而与本体相离者也。以我国家名者流通用之语示其例,如坚白石三字,"石",具体的也,实指一物也;"坚"、"白",抽象的也,指一物之属性,而可离其物以立言也。如本文所谓具体的统治者,则实指此统治之人也;抽象的统治者,则谓此人有统治之属性,今抽出此属性以立言也。前者所重在"者"字,后者所重在"统治"字,二者显然有别。

（注四）如前所难,则持"统治者说"之根据既破,苟欲回护之,不可不变其说,曰所谓"统治者",非具体的而抽象的也。然具体与抽象,既已具物。然则有一物于此,吾曰:此物白石也。及为人所难而不胜,则曰:以其白故,故谓之白石。可乎? 夫白与白石,固显然为二物焉矣。夫统治与统治者,亦显然为二物焉矣。

故统治者说,用之于抽象的以说明国家之实质,则无大效,而反使法理上之抽象的统治者,与事实上之具体的统治者,易生混淆。使世界而仅有专制君主国,则此说尚或可存。若以语于近世国家之现象,则去之远矣。且就令在专制君主国,亦止能谓立法行政之最高机关,在君主耳。谓君主与国家同一物,固论理学上所不能许也。夫统治本为国家一要素,论国家则不能忽视统治者,此何待言。而直以之为国家,则无有是处。

今请括分子说之三种而总评之:夫既欲以学理明国家之性质,则不可不举普通国家公共之性质以立言。若仅取特别之国家,举其偶有之现象,而推论于一般国家,是大不可也。土地也,人民也,统治者也,此三者,其在国家,如鼎之足,不能缺一。仅用其一而欲以组织国家,此大过也。而持分子说者,皆误认一部以为全部者也。夫言语所以表示事物,社会愈进化,则事物愈复杂,而言语亦愈增多,非得已也。今者,各文明国,所谓“国家”之一语,与彼“统治者”、“国民”、“国土”诸语,咸独立而并行,乃无端而欲相即之(注一),其毋乃自乐于退化也欤?

(注一)谓国民即国家,国家即国民,乃至谓国土即国家,统治者即国家,皆所谓相即也。

第四,自然的有机体说。

以国家为有机体,古今学者多赞之。然其说亦各有异同,今大别之为二:一曰自然的有机体说,二曰心理的有机体说。自然的有机体说,谓国家为自然科学中有机体之一种,其与构成国家之个人,各自独立,而被支配于自然法则之一物体也。亦有虽认国家为有心理的性质,然总谓国家之形相,纯与自然的有机体相同,国家实人类中之至大者也。此种学说,皆属于自然有机体说之一派也。其蔽也,视两者类似之点过重,乃至有以研究寻常有机物之结果,直推而比附之于国家,以生出种种奇论者,今不暇一一举驳之。

第二款　主观的国家说

主观的国家说,亦非纯不任客观的研究也。虽然,其于国家现象与自然现象之差别,深留意焉,而以国家归于人类之心理作用者也。其有力之说凡三:曰心理的有机体说,曰团体说,曰人格说。

第一,心理的有机体说。

此说比诸自然的有机体说,稍重主观,其所论不至如彼之走于极端。此派中虽亦持说各有异同,要之以国家与自然界生物,稍异其性质,故往往于有机体之上冠以心理的、道德的、合同的、高等的、不完全的等语。其言曰:畴昔学者,以国家为个人之集合体,由个人之性质以说国家,误也。国家实自始即为统一的之物,当由国家以解释个人。又曰:国家非如器械然,可以由人任意制作之变更之者也。其所以以国家列入有机体之论据,诸家亦微有异同。如云物质的元素与精神的元素相结合也,全体之分科也,各部之独立及协同也,先自内部发育然后成长以达于外部也。若此者,皆举国家与其他有机体,一一比较之,又其细胞组织机关等,一皆据解剖学上、生理学上、生物学上、心理学上种种公式,以相对照。此其论据之要点也(注一),其论颇有理趣,近世学者,大率皆赞同焉。虽然,此说也,亦有未敢尽附和者。次节更详辨之。

(注一)国家有机体说,发源甚古。若希腊古哲柏拉图,以人身喻国家,是也。虽然,其说不光大。自法国大革命以后,自然法派之民约说,大失价值,其反动力遂产出有机体说。十九世纪初元,西埃灵、毕格拿辈,已倡之;其后黎阿福郎治等,更谓国家纯然与自然界诸有机体同物,即本文所称自然的有机体说是也。及伯伦知理兴,始冠以精神的有机体、道德的有机体诸形容词,以与自然的有机体示区别,即本文所称心理的有机体说是也。此派实以伯氏为巨子,今因原文简略,恐读者未晰,故撮述伯氏学说一斑,以供参考。

伯氏曰:十八世纪以来之学者,以国民为社会,以国家为积人而成,如集阿屯以成物体,似矣,而未得其真也。夫徒抹五彩,不得谓之图画;徒堆瓦石,不得谓之宫室;徒集脉络与血轮,不得谓之人类。惟国亦然。国也者,非徒聚人民之谓也,亦有其意志焉,亦有其行为焉,故曰有机体。试即国家与寻常有机物相类之点而比较之:(一)精神与形体相联合;(二)全体支官,各有其固有之性质及其生活职掌;指政府各机构及议会。(三)联结肢官以构成一全体;指宪法。(四)先自内部发育,然后长成以建于外部。指国家之沿革。此其大概也。其他尚有种种新奇之论,如以国家代表男性,以教会代表女性,又列举人体十六种机关,以与国家之机构对照。今摘举其二三:

Männlicher Geist(精神)＝Regiment(政府)

Verstand(理会力)＝Rath(议会)

Gedächtniss＋Gerüdi(纪念＋名声)＝Inneres＋Äußeres(内治＋外交)

Sprache(言语)＝Herrscher(统治者)

伯氏学说,其大体段固极有价值;然如此类,未免好行小慧,失诸穿凿,故小野塚氏不取之也。

第二,团体说。

团体说,谓国家者人类之继续的结合,即所谓共同团体也。此说实自远古传来,不得谓之新说。惟古代所研究者,注意于团体之目的,而团体本身之性质构造,莫或省焉。中世之团体说与近世之自然法说,虽皆指国家为社会的团体,但其论据偏于法理的,而于历史的、社会的不甚厝心。轶近学者,于国家本体之外,更以历史的、社会的为左证,于是团体说乃大光。

其在最近代,助长团体说之发达者,则志尔奇氏也。志氏之意见,虽非尽无可议;若其研究组合现象,学识邃远,能证明国家存立于法律以外之理,真可谓有价值之言已。据其说,则国家者,以强固的组织与永续的目的所结合之团体,而与个人有区别之一体也。而其体之所以成立所以继续,实多数之个人为之。(注一)

(注一)志尔奇氏(Otto Gierke),现今德国柏林大学总长,世界第一流之法学家也。著有《人类团体本质论》(Das Wesen der men‑schlichen Verbande),以极高尚之哲理,极精密之论理,解释人类团体所以成立之由。他日更当介绍其梗概于我学界。

此说也,于国家与个人之关系,国家机关与国家全部及一部之关系,与夫国家之永续性等,皆能一一说明之;于国家自然的发生变迁,与人为的助长改造,皆可以解释之而不相矛盾。故以团体观念为国家观念之第一义,诚哉其然矣。虽然,团体云者,谓多数人类以共同结合力所集之一体也。如此则"社会"一语,已足表明此意义而有余,而言社会则国与群之关系益易见,且研究社会所得之结果,直可利用之以说明国家观念。故与其谓之团体,毋宁谓之社会。至其属于何等之社会乎?则次节更毕其词。

第三,人格说。

人格者,谓法律上之人格,即法人之义也。(注一)公法学者,往往主此说,认国家为有法律上之人格,在私法上为权利之主体,在公法上为统治之主体。此说所以异于"统治者说"者,彼直以统治之个人为国家,此则谓国家为主观的人格。而国家与个人之统治者,未可并为一谈也。(注二)此说就法理论一方面,其价值若何,且勿具论。今惟以政治学之资格论其当否。

> (注一)人格者,有人类之资格也。复分两种:一曰自然人,即生理上之人格也;二曰法人,即法律上之人格也。

> (注二)统治者,一自然人也,纯乎客观者也。国家为法人,则必附益以主观的分子,乃能构成之。

夫字国家以法人,谓国家有法律上主体之人格云尔。据法家言,则一切人格,皆由法律所认定,(注一)不问其为自然人与否,皆以人视之。法人云者,便于与自然人示区别而已,非以其为法人之故,遂能举自然人所实含有之性质而悉有之也。(注二)故无论自然人,无论国家,其以何因缘而称为人格,此法学所证明也。然法学所证明之范围,止于此而已,其他固非所问。故无论自然人,无论国家,皆当于法学以外,更为种种科学上之研究。(注三)法人之观念,非绝对的,而关系的也。(注四)直推之以释政治学上之国家,安见其可?

> (注一)人格缘法律而始生,法律以前无人格。人格者,法律之所创造也。法人之人格有然,自然人之人格亦有然。法律以前之人类,

可谓为事实上之人，而不可谓为人格也。

（注二）法人与自然人相异之点甚多。如就其发生之原论之，自然人当未有法律以前，既已成为事实上之人，即客观的单位之一实质也；法人则当未有法律以前，毫不见其存在也。就其内容性质论之，自然人生理上所有种种之机能，法人非全有之。自然人为生理所限，寿命一定；法人则可以不老不死。凡此之类，不可枚举。

（注三）故两者之同为人格，可以法学证明之；至其为若何之人格，则法学所不过问也。如欲知自然人为若何之人格，则不可不别求诸生理学及心理学，明其体干之组织，机能之作用，然后所谓自然人者，具有何等之性质，可得而见也。所谓法学以外，更为种种之研究也。若仅曰：此人有人格也。谓之知法则可，谓之知人则未也。今方欲讨论国家之性质，而答以国家者人格也，是得为知国家矣乎？

（注四）自然人之观念，可谓之绝对的观念，盖划然为一客观的具体，不必与他体相缘也。法人之观念，则自法理上说明而始可得见，明藉法理之关系，故非绝对的也。

故使人格说而能于法理论以外更得论证，吾固乐赞之。何也？凡解释复杂之现象，苟能以简单之定义说明之，最可贵也。其奈法律以外，更无可以证明国家为人格之事实。不宁惟是，此说与有机体说等，其论国家也，皆提挈统一之本体过重，而视组织之之分子即个人过轻，其不免于流弊也明矣。况如伯伦知理所倡之人格说，非举一切国家而可适用之，时又或国家以外之团体亦适用焉。故欲以此说明国家之性质，无有是处。

第二节　关于国家性质之研究

本节欲明示国家性质，进而求得国家之定义，有先当研究者三事：一曰国家与实在，二曰国家与有机体，三曰国家与社会。

研究伊始，先置一言，曰国家性质之观念是也。凡观念只能有一，不能有二。（注一）国家之观念亦然。通诸国所表于实际诸现象中，求得其公共之原素，而举其特别独有之点，与其他自然的现象、社会的现象相异者,建设一观念,此即国家性质之观念也。(注二)申言之,则合过去、现在所有之国家,有缘吾心理的作用而浮出于吾脑际之一影象,名之曰国家观念。(注三)此观念若有二,则除去其一,误谬即生。(注四)畴昔学者之研究社会的诸学科也(注五),每贵理想而贱事实,于是乎国家观念乃有二:其一则理想的、抽象的观念,其他则实际的、具体的观念也。虽近今巨子,犹或不免此蔽,良可慨叹。吾非谓理想的国家性质之不可以研究也。虽然,理想者,各人之希望也。以希望条件,加入国家实在性质之中,宁有当邪?(注六)

(注一)观念者,英文之 Idea,德文之 Idee 也。如是如是,斯谓之人,所谓观念也。不能曰如此谓之人、如彼亦谓之人,故曰只能有一,不能有二,二则非观念矣。

(注二)对于一事物,而欲得正确之观念,其道何由? 则(一)当通观其同种同类之事物,求得其共有性;而(二)其所举共有性,又必为他种类事物所无,而此种类事物所特有者。如云"人也者,有理性之动物也",斯可谓极正确之观念也。何也? 凡属人类,无不有理性。故有理性云者,可谓人类之共有性也。人类以外,更无他种有理性之动物。故有理性云者,又可谓人类之特有性也。<small>人类以外,如上帝也,鬼神也,其有理性与否,是非吾人知识所能及,可勿论。即使彼有理性,而亦不足以破此观念。何也? 彼既非动物也,故谓"人者,有理性者也",或不正确;谓"人者,有理性之动物也",则极正确矣。</small>若云:"人也者,性善者也",则不正确。何也? 以吾所经验,人类中明有性不善者,则"善"不足为共有性也。<small>言性恶亦然。</small>又若云:"人也者,能群之动物也。"则亦不正确。何也? 以吾所经验,即蜂即蚁,亦皆能群,匪直人耳,则"群"不足为特有性也。欲求正确观念,必以此两者为标准。故国家观念,(一)必须为诸国所同具者;(二)须为其他自然的现象<small>如普通之有机体。</small>及社会的现象<small>如个人及非国家的团体。</small>所无,而国家所特有者。然则求得之,岂易易耶?

(注三)观念者,实际所经验之事物既去之后,逾时复遇同一之经验,与前所经验者相结合,而留一影象于吾心目中者也。故非根于过去现在,则观念不成立。

（注四）观念必须一。若有多数之观念，苟其不相矛盾而有系属者，固可结合而为一，则仍一而非二也。如"人者，有理性之动物也"，"有理性"一观念，"动物"一观念，然此两观念不相矛盾而有系属，故能合成一新观念。如云"中国人者，亚洲中有理性之动物也"，可也。盖合三观念成一观念也。又云"孔子者，古代亚洲中有理性之动物也"，可也。盖合四观念成一观念也。若云："人有性善有性不善。"则不可，两观念矛盾，不能合为一也。就性善一观念按之，则彼性恶者，人欤非人欤不能断。就性恶一观念按之亦然。故曰：除去其一，误谬即生也。又若云："人也者，能言且能群之动物也。"亦不可，两观念不相系属，言不属于群之系，群不属于言之系。不能合为一也。有能言不能群之动物于此，可谓之人矣乎，不能断。能群不能言之动物亦然。故曰：除去其一误谬即生也。

（注五）社会的诸学科，对自然界的诸学科而言。自然界的诸学科，如物理学、生理学、人类学等皆是；社会的诸学科，如生计学、伦理学、法学、政治学等皆是。

（注六）如卢梭民约说，后儒以其缪于历史上事实难之。康德为之辨曰："事实上虽无此种性质之国家，理想上应有此种之国家也。"似此者，无论其理想若何高尚，总不能以加入国家观念之中，以其仅属于希望的也。如云摄生之道日进，人寿可至数百，此其希望之能至与否且勿论，要之不能立一观念曰："人也者，数百岁之动物也。"或曰"数百岁之有理性动物也"。

第一款　国家与实在

或曰：国家者，与自然学之目的物（注一）等，为独立之一体而实在者也。或曰不然，国家者，由思想构成，学问上假定之物也。此两说绝不能相容，而语国家者最初所起之问题也。欲释此问题，当先明"实在"之界说，次乃及国家与"实在"之关系。

（注一）自然学者谓自然界诸学科即研究自然界现象之各种科学

也。目的物者,凡研究学问,必以一事物为目的而研究之,如生物学以植物、动物为目的物,人类学以人身为目的物也。凡自然学之目的物,皆实有其体者。

第一,实在。

实在与想像对,其事物非徒虚悬焉,丽吾脑际而若或有之云尔。以吾之心理作用,见其立于吾以外,比较的成一客观的独立相,而于时间空间占位置焉,若是者谓之实在。

独体物之实在,夫人能知之;集体物之实在,则其根据有可言焉。集体物者,以常识所谓独体物(注一)为么匿,而集之以成拓都者也。凡集体,无论为物质为现象(注二),其所以集而成体也,必有一理由焉,能概括其诸么匿而约之于一者,所谓统一之基础也。此基础有二:一曰结合原因上之统一,其各么匿以同一原因之作用相结合者是也;二曰共同目的上之统一,其么匿之多数,以若干之共同目的(注三)相结合者是也。故仅以外形上共存接续之有无,断独立实在之有无,非正鹄也。国家者,集体现象也。而结合原因上之统一,于国家实在论最有关系焉。今缕言之。

(注一)以科学的智识严格论之,其在化学方面,则可称独体者,惟原素 Elements 耳。除原素外,皆合二以上而成之集体也。其在物理学方面,则可称独体者,惟原子 Atom 耳。除原子外,皆合多数而成之集体也。然则虽谓自然学之目的物,无一非集体物焉可也。若寻常所称,则一树也,一马也,一人也,一地球也,乃至人工所制造之一物也,皆谓之独体。此言常识者,就通称以别于科学的也。

(注二)集体不必专属物质,现象亦有之。物质,有形的集体也;现象,无形的集体也。虽无形不得谓之非实在。前文所谓比较的成一客观的独立相,谓现象也。

(注三)此目的不必么匿之全体而皆同也,多数而已。么匿之多数,又非必一切之目的而皆同也,若干而已。

试举自然界之实例以明之。彼一切无机物,缘物理的、化学的诸力而生结合,即所谓结合原因上之统一也。若夫动植等有机物,其结合原因,果仅在物理的、化学的范围内,如今者科学家所考征乎?抑更有一种特别之生活力,为我辈所未能考征或终不可得考征者乎?是未可知。要之其本身必有一原因焉,为各么匿结合之媒介,然后其拓都乃能为独立之实在相,无可疑也。集体之么匿,虽恒相接相属,然此非其所以能独立而成实在相也。固有积若干么匿,相接相属,而不能指其拓都为独立实在相者。如杂累土石,虽至成陵,不为集体。彼其所以能不溃散者,其原因不在土石自身,乃地球之吸力运于其外耳。反是,如彼天体,各么匿之相距离,不可以道理计,而不害为一集体,成独立之实在相焉,则天体自身有原因存也。

普通观念,大抵认其拓都体为一独立实在相者,同时亦并认其么匿体为一独立实在相,似未精确。盖两者恒以其一为主,其他则或为其分子而属于其下,或为其集团而踞于其上,仅为相关系的实在相而已。(注一)虽然,此观念不足精确之程度稍不足耳,未可云全误也。认拓都、么匿各为独立实在相,其在思想上虽同时不得两立,然非谓实在相绝对的限于其一,不能以命其他也。同一物也,以所观察方面之差别,而甲见为多数独立实在相之一集团,乙见为一独立实在相之多数分子者,有焉矣。而甲乙所见,非不相容,两者皆持之有故,且皆言之成理也。(注二)徒以种种原因,原注云:例如物质的密接。故骤观焉,或仅见其拓都,或仅见其么匿,而直觉的认为独立实相;至其他之实相,则再思熟察焉而始见之耳。(注三)

(注一)拓都与么匿,为关系的存立,而恒以其一为主,以其他为从。如一军队容多数兵士,军队之拓都体,主也;而兵士之么匿体,不过为其分子而从焉。如多数商店结一公所,如糖业公所、钱业公所、茶丝业公所等。商店之么匿体,主也;而公所之拓都体,不过为其集团而从焉。又如一房屋容多数瓦椽,多数房屋成一闾巷。房屋对于瓦椽,拓都体也,而主也,瓦椽从而已矣;其对于闾巷,么匿体也,而亦主也,闾巷从而已矣。

(注二)主从非不可互相易。如美国四十五省,省各有政府,复有一联邦政府。其各省政府,么匿体也;其联邦政府,拓都体也。谓各省政府为主,而联邦政府不过其集团,可也;谓联邦政府为主,而各省政府不过其分子,亦可也。特视各人所观察何如耳。两者皆可通,且两者皆正确也。

（注三）此等关系的实相,最易认其一而遗其他。如乍睹一树,吾只见其拓都体,认为唯一之实相,而不知其非有多种原素之么匿体,则此树决不能滋长,而彼原素,亦实相也。又如乍睹一军舰,吾只见其么匿体,认为唯一之实相,而不知非有舰队之拓都体,则此舰决不能立功。而彼舰队,亦实相也。"直觉的"者,英文之 Intuitive,谓眼、耳、鼻、舌、身所受之现象,直接而感觉之者也。

第二,国家现象之分析。

欲知国家之性质,不可不先取国家现象中之客观的事实为尽人所同认者而论之,即其所发表于人类间一定之活动是也。申言之,则人类以相互意思之关系所发活动(注一),有一定之形式以相并相续者是也。领土者,人类活动之场也。苟将"国家的人类"(注二)之观念除去,则所余者惟地球上一部分之土地耳,无复领土。故国家之为物,离人类而不能构成者也。国家中可以直觉之物体惟二:曰领土,曰人类。其不可以直觉者一焉,则人类之作用是已。此作用,非物理的,而心理的也。夫此作用固未尝不由物理的原因而生,此作用亦未尝不产物理的结果。虽然,所谓国家的现象之人类作用,非直接为物理的而常为心理的,至易明也。然则国家之最大要素,亦曰人类之心理的集合现象而已。故谓国家为立于人类以外之一种自然的现象者,其于根本观念,已刺谬矣。(注三)国家既为多数人类之现象,则其现象亦自多数。顾何以能约此多数现象使归于一,以称国家? 又必有其统一之基础存。则结合原因上之统一,与共同目的上之统一,必居其一,或兼有其二也。

（注一）活动者,译英文之 Activity,名词也,即指其活动相也。此活动相不专指行为,乃兼行为与意思言之。意思则所谓动机也。

（注二）国家的人类，谓人类之已构成国家者也，即国民之意。

（注三）此指有机体说也。

第三，决论。

国家各分子，恒有共同目的以相持续，即以此证国家为独立实在相，亦未始不可。虽然，国家目的安在，言人人殊。此种论辨，与国家实在论无关，今暂置之，惟论国家有结合原因上统一之理。

国家现象，以人类为主动。人类者，自然科学上所明认为实在者也。惟人与人之间，未尝为物质的密接，故就此点论之，与其谓人类为国家之分子，毋宁谓国家为人类之集团。虽然，集体之能否为实在相，不以其分子之密接与否为断，而以其结合力存于各分子本身与否为断。故苟能确指国家所以成立之故，有一定之原因，存于人类，则国家能独立而成实相之要素，于是乎具。夫所以能集人成国者有一最大原因焉，则人类之共同性是也。论此性之起原者，其说虽不一，然凡能建国之人类，莫不有此。此不惟古今学者所公认，即征诸现在事实，其左证固无量已。即间有少数人，偶于一时一地，演出反对之现象，此不过有特别原因起焉，适与此普通性质为反对之方向，偶障其本性使不发现耳。不得遂以此证共同性之不存也。（注一）若是乎，以此一端，而国家之为一独立实在相，已无所容难矣。既认国家为独立实在相，则其构成之之个人，势不得不认为分子。**原注云：拓都与么匿之独立实在相，同时不得两立。**虽然，就个人方面观察之，则谓国家不过人类之集团，别无客观的独立，亦未始不可。此两种观察法，自古迄今，恒对峙不相下。岂惟古今，吾恐更尽来劫，亦终不获一致也。**原注云：观察之所以差别，则学者思想之方向，与研究之起点，各有差别，是其原因也。此原因，则虽未来永劫，终不能免。**

（注一）国民共同性，最难磨灭，亦如个人之特性焉。性素怯者，遇急难时，为自卫计，或生奇勇，移时而怯性复见矣；性素忍者，闻仁人言，或发慈悲，移时而忍性复现矣。皆所谓有特别原因为反对之方向者也。如法国民之共同性，不善自治。虽大革命起，若与其本性绝相反,不旋踵而帝制兴焉。即继以数次革命,然至今为中央集权制如故也。此最足以证共同性者也。故以政治家自命者,不可不深察此性。

吾谓此两种观察,各有真理,而皆不免走于极端。吾命其名,一曰国家主义,亦称国家本位说;一曰个人主义,又称个人本位说。(案)要之任主一说,而于国家之有独立实在相,不足为病也。至于此实相,与自然学目的物所谓集体之实相,为同为异,此未能断定,抑亦政治学范围中终不可得断定者也。盖彼则物质的实相也,而此则心理的实相也。物质的实相与心理的实相为同为异,则非人智之所能及也。

(案)著者尚有调和此两主义之说,见次编。

第二款　国家与有机体

国家一有机体,此近世论国家者最盛行之一说也。大抵以有机体为前提,以生出种种决论。但或其决论虽正当,而前提与决论之连锁,每不适于论理;又或连锁与决论,咸无间然,而前提非由直觉,须委曲加以论证。夫论理学公例,苟前提非有完全根据,则论础必至动摇。此不可不审也。欲断国家为有机体与否,则有机体之观念,先不可不分明。世固有骤视焉若夫妇之愚可以与知,细按焉虽圣人亦有所不能尽者。如有机体之观念,亦其一也。有机体之特征,在生活。曷为能生活? 曰有生活力。何谓生活力? 则不可思议也。盖生活之本质,今未有能言之者,且恐终无有能言之者,则亦仅据其盎睟于外者,为区别之鹄云尔。吾今所欲研究者,国家性质与有机体之异同耳。且无暇缕述自然学上之有机体论以增支蔓,惟遵捷径以达本文。

生活分为二:一潜伏生活,二发现生活。二者复各分为二:一植物生活,二动物生活。自然发达之现象,凡生物中所共有性也。分科的组织,分业的协同(注一),则生物中大多数原注云:除最下等生物。所共有性也。若智觉,若意思,则惟高等动物始见之。持国家为有机体之说者,以国家与高等动物,类似者多,乃直认为有机体之一种,其意盖以示别于器

械的集合云尔。欧美人称有机体一语，原与器械之观念相对待。夫以自
然界诸学之进步，他日或竟能发明有机之为物亦不过一种复杂的器械组
织焉，是未可知。然在今日，则器械云者，谓由人制作以供人利用之物也。
若国家之为物，则国家自身以外，无有能制作之、能利用之者。故谓国家
异于器械，诚至言也。虽然，以欲证其异于器械故，而必假有机体一语以
冠之，其毋乃蛇足也。且所谓国家与高等动物相类似者，吾固不能谓其全
无，但其相差别者亦不尠焉。今条举之：

（注一）凡有机体必为分科的组织。如人之一身，五官四支脏府
血轮，各有所司，不相侵轶，是也。又必有分业的协同，如五官四支脏
府血轮，交相为养，交相为用，是也。

（一）么匿独立之范围。凡有机体，其愈高等者，其各么匿独立之范围
愈狭，划然定主从之关系。若国家，则论者所称为最高有机体也，愈趋文
明，而其么匿之个人，独立范围，乃愈趋广。原注云：活动、移转及智情意
之发达。（注一）

（注一）下等动物，其各么匿或离本体而可以独立。如蚯蚓，断其
半而所余半体犹蠕蠕然，是也。若人，则残其一官，而可以致死。故
曰愈高等者其么匿独立之范围愈狭也。国家不然。野蛮时代，个人
往往失其自由；愈文明而民权乃愈发达。如今世各国，莫不采地方自
治制，以与中央集权制相辅。英、美号称最文明，即其地方自治制最
圆满者也。

（二）发生成长消灭之状态。（注一）

（注一）有机体之发生，纯任天然。国家则天然人事参半。此其
发生状态之异也。有机体之发育，各有定期。未届其期，莫能强焉；
既届其期，则亦莫能御。国家进步，虽亦有不可躐之阶级，然可以人
力助长之，使一阶级所历之期，大加减缩，若委任运，亦可以涉千岁而
无寸进。非若人之七八岁而齿必龁，十四五而必通人道也。此其成

长状态之异也。人寿不逾百年，而国得良治，千载未艾。此其消灭状态之异也。

(三)么匿间隔多少及对于外界明确之程度。(注一)

(注一)凡有机体，其构成之之各么匿，恒相密接。国家则不然，有机体划然成一躯壳，与他躯壳显相离异。国家于此种程度，不如彼之明确。国家之外界有二：其一则包含于其中之各人，其行动有为国家所不干涉者。故个人为国家之么匿，同时亦为社会之么匿，是曰社会的外界。其二则对峙于其外之各国，是曰国际的外界。国际的外界之程度，虽稍易明；社会的外界之程度，则非仓卒所能辨也。

(四)物质法则与心理法则支配之程度。(注一)

(注一)有机体为物质的实在相，故受支配于物质法则；国家为心理的实在相，故受支配于心理法则。受支配于物质法则，故其结构自受生而已定；受支配于心理法则，故其机关须运人事以组织之。组织完善者，则指挥如神；组织拙劣者，或全失其驾驭之力。

(五)客观的存在之程度。(注一)

(注一)现象不能全离主观，固也。然比较的有程度之差焉。如草木禽兽，虽无人焉，彼固自在，彼确有客观的存在也。国家不然，离人无国。又不徒有人而已；即有人焉，而其人无国家观念，则犹之无国也。如彼图腾社会之部民是也。故国家虽非无客观的存在，然其程度甚微矣。何也？国家者，人类仞之而始有，不仞之而遂无也。

彼持有机体论者，于此等差别，非必其尽无见也。见之而欲回护前说，故加种种形容词于有机体一语以上，以示国家之特征。虽然，既谓之有机体矣，则必其于有机体之性质，既已具备，而所加形容词，不过于诸有机体通性之外，而更举其特性以示别于他种有机体焉，斯可耳。乃若前所述五者，固有机体之通性也，而国家缺焉，则无论加何种形容词，而终不能以厕诸有机体之列。此论理学之严例，不容或干者也。(注一)又有命国家为不完全之有机体者,其意固稍周,而用语明陷于矛盾。彼固欲将有机体一语,狭其内包,而扩其外延。(注二)小至种子细菌,中通哺乳动物,大极国家人群,悉纳诸一名词之中,是亦一种之世界观也。虽然,似此则已非复普通生物学上所谓有机体,是直取有机体一语而别命以新义云尔。夫概括多数事物,而约以一观念,可也;一名词而大小两义杂用焉,则治科学者所当勉避也。学者苟能慎审焉,明国家与普通有机体之异同,勿徒夸张其类似之点,则时或借用此语,以佐说明之具,亦安见其不可?或乃轶学理之轨道,取普通有机体之现象,直推以论国家,而于国家特有之现象为普通有机体所无者,反漏略焉,则其所失宁细故也?且徒命国家曰有机体而已,则普通有机体之特征所谓"自然发达"之一观念,久铭篆于我辈脑际,骤闻此名词,而此观念缘而生焉,则于个人之意思行动,其足导国家之进步以绝大影响者,或反蔑焉而不以为意,其毋乃以学说毒天下矣乎?(注三)况乎欲研究国家之机关与组织,则有机体一语,殊不足为轻重也。吾所以虽祖国家非器械之说,而于国家即有机体之说,终未敢苟同也。

　　(注一)凡科学用语,于种类之系属,最当分明。如云"人也者,有理性之动物也"。动物之通性,人皆备之,虽直曰"人也者,动物也",决无以为难也。加"有理性"一形容词,所以示其既全有动物通性之外而复有此特性,以别其为此一类之动物云尔。又如云"中国人者,亚洲中之有理性动物也",亦复如是。动物之通性,中国人皆备之;有理性动物之通性,中国人亦皆备之。加"亚洲"一形容词,所以示其于既全有彼两种通性之外,而复有此特性也。若云"上帝者,有理性之动物也",则决不可。上帝之果有理性与否,姑勿论,而动物之通性,上帝皆不备之,则无论加何种形容词,而卒非论理学所许也。谓国家为某种的某种的之有机体者,得毋类是?

　　(注二)内包外延者,亦论理学上用语也。凡事物,其外延愈广者,其内包愈狭;其内包愈广者,其外延愈狭。如人与动物相比较,人之外延狭于动物,盖人以外尚有他种动物也。其内包则广于动物,动物所有之性质,人皆有之,而复于共有之通性外,别加入其独有之特性也。

（注三）有机体之流弊，以此点为最。盖普通之有机体，皆受物理学上因果律之支配，有必至之符，而非人力所能强易，即所谓自然发达者是也。学者骤闻有机体之说，直以此观念推之于国家观念，以为国家之自然发达，亦若是则已耳。则有甘为天演之奴隶，而蔑弃人演之自由，悉委心以听其迁移，几何不为中国旧说言气数者助之焰也！昔列子曾论力与命消长之理，夫普通有机体之发达，命为之也；国家之发达，则力为之也。是乌可以并为一谈也？

（本节未完）

五

论法律之性质*

[1906 年 8 月 4 日]

此奥田博士《法学通论》中之一章也，以其可供治法学者之参考，故译之。

译者识

第一节　法律观念

第一款　关于法律观念之学说

卒然问曰："何谓法律?"发问虽简，而作答殊难。故古今释法律观念者，言人人殊，学说如鲫矣。夫学说之变迁，即此学沿革发达之表征也。是以古代法律，有古代之观念，近世法律，有近世之观念。而近世观念中，学者亦各出其所信，而言之有故，持之成理，今通古今而胪其重要者如左。

(1)神意说。神意说者，谓法律或以直接或以间接受牖示于神天者也。直接云者，谓神天自制法而亲授诸人类；间接云者，谓虽非亲授而默相之也。谟罕默德(Mohamat)自称入定深山，天使加布里埃下降，授以法典，名曰可兰(Koran)。来喀瓦士(Lycurgas)自称从十二神之一名亚波罗者，受《斯巴达法典》，皆谓直接受牖示于神天者也。犹太之《摩西(Moses)法典》、印度之《摩奴(Manu)法典》、希腊之《绵尼(Menes)法典》，皆以同一

---

* 录自《新民丛报》第四年第十二号（总八十四号），光绪三十二年六月十五日（1906年 8 月 4 日）出版。标题下原署"日本法学博士奥田义人原著"。

之观念而发生者也。我国称天乃锡禹《洪范》、《九畴》，亦其类也。此观念起于最古，而有国莫不皆然。盖由统治者欲壹其民，察彼之缺于智力而强于迷信也。利用此为施治之政术，政术与迷信和合，而此观念益确立焉。其后时势迁移，根据渐弱，乃不得不稍更其说，谓吾之法悉循天心而立也。此间接论所由起也。虽然，古今法学巨子，其持此观念以释法律者，实不乏人，意之麦士德尔、法之佐波那尔，其著者也，惟欲立此观念之左证，则宜先确知神天之有无，藉曰有之，其性质何若，睿不及此，则武断而已。

（2）正义说。正义说者，或曰法律即正义也，或曰正义之一部分也。所说虽有出人，要之，以正义为法律基础者近是。其在希腊，毕达哥士（Pittacus）曰："法律者，正义也。"柏拉图曰："正义一称法律，实个人与国家两有机体所同具之智、勇、节三德和合而生之原理也。"喀来士布（Chrysippus）曰："法律者，正不正之鹄也。"大率以正义与法律视同一物。其在罗马，锡尔士（Celsus）曰："法律者，术之公且善者也。"哥克（Coke）曰："法律不外正理。"其说亦率同希腊。夫正义观念，能包孕法律观念，不俟论也。虽然，据此观念，遂能定法律之为何物乎？谓法律即正义，则反于正义之法律不应存在，然谓反于正义之法律，则司败不得适用焉，恐非学理所能许也。又如，关于手续之法律，将由何道而以正义之观念说明之乎？限期上控，何故为正义，逾期不能上控？何故为反于正义？虽有辩者，恐难索解也。况所谓正义者，于何定之？伊谁定之？漠然亦安适从也。

（3）人性说。人性说者，谓以法律为完复人性之鹄也。德儒倭儿弗（Christian Wolff①）曰："法律者，所以使人履行其义务，以复其本性之一手段也。"是其义也。虽然，一切法律，果皆可为完复人性之鹄乎？藉曰：可也，彼道德宗教，何一非完复人性之鹄？然则若何之鹄，命曰法律？若何之鹄，命曰道德？命曰宗教？其界说抑难言尔。

（4）道德说。道德说者，或曰法律即道德，或曰道德之一部分也。虎

---

① "Wolff"，原作"Molff"为错字，今改。

哥曰:"法律者,强人于正,而道德的行为之规则也。"佐谟曰:"法律者,以对外一定之权力,付与人群,而道德上之规则也。"是其义也。夫道德与法律,其为人事之鹄一也。虽然,外形判焉,道德以心为主,由内正外;法律以行为主,由外正内。法律上规则,虽为道德上规则之一部,然仅据此未足以明法律之观念,信如此说,则必谓反于道德之法律皆非法律然后可。不宁惟是,如手续法,如宪法,如行政法,皆可谓之非法律,何也? 此等诸法,其所含道德观念实鲜也。

(5)自然律说。自然律说者,谓法为自然律之一节也。法也者,非天作之,非人作之,实一种天然之现象也。宇宙万物,有伦有脊。既有伦脊,法自弥纶,日月星辰,循此以运行,春夏秋冬,率是以来往,岂其于人而独能外之? 人也者,自然界之一物也。故法也者,自然律之一部也。孟德斯鸠曰:"法也者,以广义言之,实事物本性必至之符。天帝有法,万化有法;众生有法,人类亦有法。"是其义也。此学说以近世科学之进步,殆益证其不诬。虽然,以之释法律,盖有所未尽,盖推其全体以言其一端。虽无刺谬,而此一端属于全体之某部分乎? 国家法律属于自然律之某部分乎? 苦难见也。

(6)秩序关系说。此说颇与前说近似。谓法也者,则也;则也者,事物因果相嬗而有一定之关系者也。英国物理学大家赫胥黎(Huxley)曰:"法之本质曰秩序,所以示有一定之原因者,必有一定之结果也。"是其义也。虽然,此亦推全体以言一端,而此一端属于全体之某部分,未能言之。

(7)自由规律说。自由规律说者,谓法律所以定各人自由行动之范围。一面为天赋自由立制限,一面为天赋自由施保障者也。康德曰:"根据自由原理,而立条件焉,使各人之自由与他人自由相调和谓之法律。"莎威尼亦曰:"设规则焉,示一无形之界线,而使各人之生存动作得正确之自由范围,谓之法律。"是其义也。当自由论全盛时代,此说殆披靡学界。虽然,斯亦未可称笃论,盖此观念可适用诸法律之一部,而未可以概全部也。何也? 法律中有保障人之自由者,亦有为保障一人之自由,而限制他人之自由者,亦有无论何人咸不得自由者。

(8)民约说。民约说者,谓国家由人民相约而成,法律由民意一致之结果而立。申言之,则法律者,民相约建国时所定之约章也。此说虽萌芽于古代,而大成之者为卢梭。其言虽辩,奈历史上无一根据,适成为空华幻想而已。国家法律,果成于人民之约法乎?历史上曾见有先民为兹约法者乎?法律以前更有约乎?祖父约法,何故以其自由意思,侵缚子孙之自由意思乎?此皆民约论败绩失据之点也。

(9)公意说。公意说者,谓法律所以发表当时人民全体之意思者也。莎威尼曰:"法律,非人力所能创作,而发育于自然者也。"人民于日用交际,积久而习成焉,因酿之以为法,故惯习法者,最良之法律也。何也?彼直接以发表人民之所信也。立法者之制定法律,不过取人民所信,加以形式云尔,实则人民公意间接而发现者也。此说与民约说略相似,其所异者,民约说谓初建国时相结契约,公意说谓当时人民全体意思。彼为一时的,而此为随时的,彼为有形的,而此为无形的也。然以此释法律,义亦未完。盖此说若信,则反于人民公意之法律,当不得复谓之法律。不宁惟是,所谓公意者,果由何道以形于外,抑太不分明也。

(10)命令说。命令说者,谓法律为主权者之命令,此观念导源于罗马法曹,而大成于英国之分析法学派。霍布士曰:"法律者,有权力之人命某部下,以某事当为某事不当为之言语也。"其后,边沁、阿士丁皆祖述之,因曰:"法律者,治者规定受治者之行为所颁命令也。"此说大得学者之赞同,一时阿士丁之名,震全欧法学界。虽然,亦非笃论也。命令云者,优强者所行诸劣弱者也,劣弱者若不率则恶报随之,制裁是也。信如是也,则(一)宪法及行政法之一部,可谓之非法律。何也?以其多属于规定国家自身之行为者也。于是德人边达英迁就其说,谓"法律者,对于国家及人民所发之命令也"。盖谓如是,则宪法、行政法,可纳入而无碍也。虽然,发令者国家也,自为发令者,自为受令者,毋乃矛盾矣乎?(二)惯习法可谓之非法律,何也?彼非由命令而成立,由承认而成立也。(三)法律不得以权利为本位,何也?由命令而服从之关系生焉,由服从而义务之关系生焉,然则权利果何在也?(四)人民行为,有仅为法律所许,而非必为法律所命者,私法中数见不鲜焉。故直以命令释法律,无有是处。

(11)强行规则说。此说与前说相待,谓法律者藉外界之制裁以强行之规则也。无强制力不得谓法律,德儒德玛莎士曰:"法律与道德之别,在制裁之有无。"其弟子康德陵曰:"法律者,立一规则而以外界之苦痛惩彼侵轶者也。"伊耶陵曰:"强行者,非徒为实行法律之手段云尔,实法律之要素也。"故无强行力之法律,谓之非法律,外此如英之边沁、阿士丁,德之黎布匿、康德,其以制裁为法律之要素也皆同。虽然,制裁之观念,言人人殊,此观念不明,则此说无著。又无制裁之法律,时非无之,若宪法及行政法之一部是也,故此说亦未完粹也。

(12)共同生活要件说。谓法律为人类共同生活要件之一部也。匈牙利之蒲卢士奇(Pulszkey)曰:"法律者,国家所认为社会生存要件之规则也。"英之坡洛(Pollock)曰:"法律者,示人以人类共同生活之要件也。"是其义也。夫法为利群而立,固无待言,然直以此为法,则反于共同生活要件者,当不可谓之法律。夫反于共同生活要件,固恶法也,然以其恶故而谓之非法,则乌可。

(13)行为说。行为说者,谓法律为行为之规则也。英儒荷尔郎曰:"法律者,人类外界行为之规则,藉政治的最高权力而强行之者也。"法儒埃莎伯曰:"法律者,人类外界之义务的规则也。"是其义也。学者或难之,谓信如此说,则关于意思者,当谓之非法律,然法律固有制裁及于意思者。

第二款　法律之实质的意义

综上所述,互有短长,而行为说,其最普及且最适于近世之法律思想者也。今采之以立定义,曰:

法律者,国家所制定、所承认之行为规则也。

更分析之如下:

(1)法律者,国家所制定、所承认者也。

行为规则中,经国家制定承认者,谓之法律,制定与承认二者,法律之所由生也。其在成文法,则制定之,其在惯习法,则承认之。

(2)法律者,行为之规则也。

法律所以异于道德者，一以其专属于外界行为规则，一以其必待国家之制定承认也。难者或曰："以法律而示内部意思之规则者，未始或无，限以行为，毋乃不周。"应之曰："古代法律，其干涉或及于内心，盖古者谓法为神天所牖示，为道德之一部，其不设内外之界，宜也。"虽然，法律者，进化者也。故其观念，非必古今同揆。近世法律，惟规饬行为，不制限意思，章章明甚也。故生今日而以行为规则示法律之定义，决无大过。难者又曰："若宪法，若行政法等，皆属于国家机关内部之组织，安得曰行为规则？"应之曰："此等非直接之行为规则，固也。虽然，其目的将以使行为规则，运用自如，非于行为规则外，独立而为其用也。故此等规则，常与他规相须而不可离，其不失为行为规则明矣。"

学者或附益以制裁之观念，谓法律者，国家强制执行之行为规则也。虽然，法律非皆主制裁者，如宪法中国家自规定其行为者是也。又法律非皆用制裁者，干法行为，则制裁之，适法行为，则放任之也，故附益以制裁观念，徒隘法律之围范耳。

抑吾更有一言，法律者，固国家所制定、所承认也，然制定与承认，非必国家躬自为之也。凡规则之渊源于国权者，皆可以当法律。故国家以外之公法人所制定承认诸规则，皆为法律，又非必一国家独为之也。数国公同制定承认之规则，皆可以当法律，故国际法亦称法律。

第二节　法律与道德之区别

欲深明法律之性质，则其与道德之界线，最当三致意也。两者之所由起，其鹄皆以利群，故在昔先民，视同一物，即洎今代，而以法律为道德之附庸者，尚比比也。自国家观念发达，然后两者之界线益明。盖今世之法律，舍国家无所丽也。今请语其区别：

(1)法律所支配者，人类交涉之外界行为，及与行为有关系之意思也。道德异是，支配意思，而严监动机焉。申言之，则法律者，外而制行，且缘制行而获制心；道德者，内而制心，且缘制心而获制行。

(2)法律者，国家之典要也，其成立必假援于权力；道德者，社会之大经也,其成立不假援于权力。

(3)法律以假权力而制诸外故,其遵守之也,缘关系而无所逃;道德以不假权力而制诸内故,其遵守之也,各反其良心而负责任。

由是观之,两者之差别,可以略识矣。至法律果与道德全异其范围乎?抑为道德之一部分乎?学者往往哓辨。然此殆不必辨也,法律上之规则,其大部分与道德上之规则相一致,无待言也。惟道德以意思为主,延及动机,法律以行为为主,不及动机,此其最异者也。何谓动机?如杀人,法律所禁也,报君父之仇,道德所许也。然终不能以报仇故而不以杀人论,则法律之性质然也。不宁惟是,虽有穷凶极恶之规则,苟经国家制定承认,则不得不谓之法律,故专就法律论法律,竟谓之与道德殊科可也。其内容与实质,虽或从同,若其形体,则彼自彼,此自此也。吾非谓可重法律而轻道德,盖二者相俟,然后举利群之实,苟缺其一,群终不可得而理也。

第三编

诗　歌

渣阿亚*

葱葱猗，郁郁猗，海岸之景物猗。

呜呜！此希腊之山河猗，呜呜！如锦如荼之希腊，今在何猗？

．．．．．．．．．．．

．．．．．．．．．．．

呜呜！此地何猗？下自原野上岩峦猗，皆古代自由空气所弥漫猗。皆荣誉之墓门猗，皆伟大人物之祭坛猗。噫！汝祖宗之光荣，竟仅留此区区在人间猗。

嗟嗟！弱质怯病之奴隶猗，嗟嗟！匍匐地下之奴隶猗，嗟来前猗，斯何地猗，宁非昔日之德摩比利猗？

嗟嗟！卿等自由苗裔之奴隶猗，不断青山，环卿之旁，周遭其如睡猗，无情夜潮，与卿为缘，寂寞其盈耳猗。

此山何山猗，此海何海猗，此岸何岸猗？此莎拉米士之湾猗，此莎拉米士之岩猗。

此佳景猗，此美谈猗，卿等素其谙猗。

咄咄其兴猗，咄咄其兴猗。光复卿等之旧物，还诸卿卿猗。

---

* 这首诗歌选自梁启超的《新中国未来记》第四回，原诗为英国诗人拜伦所作。梁启超翻译这首诗，目的在于借他人之酒杯，浇自己心中之块垒，表达自己忧国忧民的心态。正如他所言："摆伦(今译拜伦，编者注。)最爱自由主义，兼以文学的精神，和希腊好像有凤缘一般。后来因为帮助希腊独立，竟自从军而死，真可称文界里头一位大豪杰。他这诗歌，正是用来激励希腊人而作。但我们今日听来，倒像有几分是为中国说法哩"(梁启超. 梁启超全集(第十七集). 汤志钧，汤仁泽，编. 北京:中国人民大学出版社，2018:48.)。

二

哀希腊[*]

[沉醉东风]咳！希腊啊！希腊啊！你本是平和时代的爱娇，你本是战争时代的天骄。"撒芷波"歌声高，女诗人热情好。更有那"德罗士""菲波士"(两神名)荣光照耀。此地是艺文旧垒，技术中潮，即今在否，算除却太阳光线，万般没了。

[如梦忆桃源]玛拉顿后啊，山容缥缈！玛拉顿后啊，海门环绕！如此好山河，也应有自由回照。我向那波斯军墓门凭眺，难道我为奴为隶，今生便了？不信我为奴为隶，今生便了。

---

* 《哀希腊》选自梁启超的《新中国未来记》第四回。原诗系英国浪漫主义诗人拜伦的《端志安》(*Don Juon*，今译《唐璜》)中的第三出第八十六章第一节和第三节。梁启超翻译该诗，同样是借他人之口，警醒国人。

① 翻译本属至难之业，翻译诗歌尤属难中之难。本篇以中国调译外国意，填谱选韵在在窒碍，万不能尽如原意，刻画无盐，唐突西子，自知罪过不小，读者但看西文方知其妙。作者注。

梁启超译事年表

1873 年 1 岁

2 月 23 日,生于广东省新会县熊子乡茶坑村。祖父梁维清,父亲梁宝瑛,都曾以士绅身份参与乡政,在当地有一定影响。

1882 年 10 岁

年初,前往广州参加童子试。才华震惊四座,获"神童"之称。

1884 年 12 岁

11 月,前往广州应试,中秀才,补博士弟子。

1887 年 15 岁

往广州学海堂求学,拜师康有为。

1890 年 18 岁

春,赴京会试,不第。回经上海,往江南制造总局得观所译西书,眼界大开。

1891 年 19 岁

在广州万木草堂求学,协师康有为校勘《新学伪经考》,编写《孔子改制考》。

1895 年 23 岁

甲午战败,反对签订《马关条约》,联名众举人上书光绪帝,请求拒和、变法,史称"公车上书"。

1896 年 24 岁

4 月,发表《变法通议》,呼吁变法维新,名声大震。

1897 年 25 岁

于上海集资创设大同译书局,极倡译书,曾印行译书《瑞士变政法》《日本书目志》《俄士战记》《意大利侠士传》《新学伪经考》等。

1898 年 26 岁

6 月 11 日,光绪帝下诏,宣布维新变法,随后召见梁,赏六品衔,办理京师大学堂译书事宜。

8 月,于上海创设编译学堂。

9 月 21 日,慈禧太后发动政变。当晚,乘军舰流亡日本。途中,译日本柴四郎(Cai Shiro)《佳人奇遇》,刊于《清议报》,从第一册(1898 年 12 月)连载至第三十五册(1900 年 2 月)未完辄止,刊登时未署译者,但据多方考证,译者为梁启超。

1899 年 27 岁

4 月,在东京箱根攻读日文,大量阅读西文,集资设立东京大同高等学校。9 月,东京大同高等学校正式开学,注重传播西洋文化。

1901 年 29 岁

译日本矢野龙溪(1850—1931)《经国美谈》,分前后两篇。前篇刊于《清议报》第三十六册(1901 年 1 月)起至第五十一册(1901 年 6 月)载完,后篇自《清议报》第五十四册(1901 年 7 月)刊起,连载至第六十九册(1901

年 11 月)仍署"未完",但此后再未接续。刊出时,未署译者。据多方考证,译者为梁启超。

是年,转译日本政治家中江兆民译著《理学沿革史》,重命名为《霍布士学案》,发表于《清议报》第九十六册和第九十七册,由导语 1 段、正文 16 段和"按"4 段构成。原作为法国哲学家阿尔弗莱德·福耶(Alfred Fouillée)之 *Histoire de la Philosophie*。

1902 年 30 岁

2 月 8 日,在横滨创办《新民丛报》,意为"欲维新吾国,先维新吾民"之意,语出自《大学》。将日本森田思轩译著《十五少年》转译为《十五小豪杰》(只译前九回,后九回由罗普续译),连载于该刊第二至二十四号上,原著为法国儒勒·凡尔纳(Jules Gabriel Verne)之 *Deux ans de vacances*。

3 月,首次结集出版《饮冰室文集》。

11 月 14 日,创办《新小说》杂志,小说《新中国未来记》初载于该刊第一、二、三、七号,后收入 1936 年出版之《饮冰室合集》。小说内含节译诗歌《哀希腊》(时译《端志安》),诗歌原作为英国浪漫主义诗人拜伦(George Gordon Byron)之 *Don Juan*,梁填译原作第三章中第八十六节里第一、三片段。

是年,编译法国文学家佛林玛利安(Nicolas Camille Flammarion)《世界末日记》,刊于《新小说》第一号。

同年,转译日本德富芦花《俄皇宫中之人鬼》,标"语怪小说",刊于《新小说》第 2 号,1936 年收于《饮冰室合集·专集》第十九册第九十一卷,中华书局版。原作为英国作家艾伦·阿普沃德(Allen Upward)之 *Secrets of the Courts of Europe*(1896)中短篇小说"The Ghosts of the Winter Palace"。

同年,在日本横滨集资创办译书局。

1903 年 31 岁

由日本横滨乘船赴美国,途径温哥华、纽约、必珠卜(匹兹堡)、先丝亨打(辛辛那提)、纽柯连(新奥尔良)等地,初步了解美国社会、经济、政治、文化。10 月 31 日,返日,整理出版游美日记《新大陆游记》。

何擎一编撰的《饮冰室文集》由广智书局出版,这是梁启超论文的最早结集,辑集他在 1896 年至 1902 年在《时务报》《清议报》《新民丛报》上的论著。采用编年体,梁启超写了序言和《三十自述》。

1911 年 39 岁

辛亥革命爆发,于 11 月 6 日乘日轮"天草丸"号,启程回国。睹形势不利,遂返日。

1912 年 40 岁

中华民国成立,于 11 月下旬回国。参政,与袁世凯合作。

1915 年 43 岁

看清袁世凯"帝制"野心,与之决裂,起兵反之。

1916 年 44 岁

商务印书馆印行《饮冰室丛著》,精装四册,平装二十册,收录梁启超 1902 年至 1915 年的学术专著《新民说》《德育鉴》《墨学微》《史传今义》《国学蠡酌》《饮冰室自由书》等十三种,封面和每书题"启超自署",近二百万字。

1918 年 46 岁

春夏,失望于中国政治,决心退出政坛。

10 月,发表谈话,公开宣布退出政坛。此后,埋头于著述与佛典翻译研究。

12 月 28 日晨,于上海登日轮"横滨丸"号,开始欧洲游历。

1920 年 48 岁

1 月,回国。在佛学研究领域,撰写《佛典之翻译》《佛教东来之史地研究》《佛教与西域》《说华严经》《中国佛法兴衰沿革说略》《印度佛教概观》《佛教教理在中国之发展》等著作。在先秦诸子方面,撰写《老子哲学》《孔子》《老墨以后学派概观》《论孟子稿》等。

3 月,整理欧洲游历心得成书《欧游心影录》,后更名为《欧游心影录节录》收录于《饮冰室合集》之二十三。

9 月,成立共学社,编译西方著作,涵盖时代、教育、经济等主题。其子梁思成译韦尔斯(H. G. Wells)《世界史纲》也刊印其中,参与译文校订工作,亲做示范。

1921 年 49 岁

撰写佛学研究论著多篇,如《翻译文字与佛典》《佛学之初输入》《读异部宗轮记述记》。在先秦诸子方面,撰写《墨经校释》《墨子学案》《墨子讲义摘要》《诸子考证及其勃兴之原因》等。

是年,于南开大学主讲中国文化史,后将讲稿整理成书《中国历史研究法》出版。

1922 年 50 岁

撰写《佛教心理学浅测》《说大毗婆沙》《大乘起信论考证》等佛学论著和多篇学术演讲稿。

1923 年 51 岁

撰《清初五大师梗概》《颜李学派与现代教育思潮》《清代学者整理旧学之总成绩》等多篇学术论著。

1924 年 52 岁

整理出版《中国近三百年学术史》。

1925 年 53 岁

9 月,被聘请清华大学国学研究院导师。同年,出任京师图书馆馆长。是年,撰写《中国文化史——社会组织篇》《桃花扇注》《佛陀时代及原始佛教教理纲要》等多篇学术论著和先秦诸子研究多篇。

1926 年 54 岁

春,就任北京图书馆馆长。美国耶鲁大学欲授予其名誉博士,因病未成行。3 月,因肾病住进北京协和医院,手术失败。

同年,撰写《汉书艺文志诸子略考释》《先秦学术年表》《历史研究法补编》和先秦诸子研究多篇。

梁廷灿重编《饮冰室文集》,凡五集、八十卷,中华书局出版。

1927 年 55 岁

年初,卸任清华大学国学研究院导师。至 11 月,除任职清华大学外,辞去一切职务,静心养病。

同年,撰著《儒家哲学》和目录学著作《中国图书大辞典簿录之部——官录与史志》。

1929 年 57 岁

1 月 19 日,在协和医院逝世。

1936 年

林志钧编辑的《饮冰室合集》由中华书局出版。包括文集十六册、四十五卷,专集二十四册、一百〇四卷,合四十册、一百四九卷。

1947 年

梁启超译柴四郎《佳人奇遇》由中华书局出版。

1989 年

《饮冰室合集》(全十二册)由中华书局出版。

1992 年

梁启超译儒勒·凡尔纳《十五小豪杰》("世界科幻名著文库",插图本)由安徽少年儿童出版社出版。

2008 年

《新中国未来记》由广西师范大学出版社出版。

2010 年

《中国历史研究法补编》由中华书局出版。

《新中国未来记》由广西师范大学出版社再版。

2013 年

《汉译世界史纲》(插图版,全五册,函套装)由上海人民出版社出版。

2014 年

《新大陆游记》由商务印书馆出版。

《欧游心影录》(精装本)由商务印书馆出版。

2015 年

《饮冰室合集》(典藏版,全四十册)由中华书局出版。

《中国历史研究法·中国历史研究法补编》("中国文化丛书")由中华书局出版。

2016 年

《新大陆游记》("世界著名游记丛书",第二辑)由商务印书馆和中国旅游出版社联合出版。

2017 年

《欧游心影录节录》("清末民初文献丛刊",影印本)由朝华出版社出版。

2018 年

《中国历史研究法·中国历史研究法补编》由四川人民出版社出版。

《新大陆游记》("清末民初文献丛刊",影印本)由朝华出版社再版。

《梁启超全集》(全二十集,汤志钧、汤仁泽编)由中国人民大学出版社出版。

2019 年

《梁启超讲中国历史研究方法》("大师讲堂学术经典")由团结出版社出版。《中国历史研究法》("清末民初文献丛刊",影印本)由朝华出版社再版。

《饮冰室合集》(典藏纪念版,全四十册)由中华书局出版。

《中国历史研究法》("蓬莱阁典藏系列",汤志钧导读)由上海古籍出版社出版。

中華譯學館 · 中华翻译家代表性译文库

许 钧 郭国良 / 总主编

第一辑

第二辑